U0464898

中央民族大学国家“十五”“211工程”建设项目
国家社会科学基金资助项目

钟进文 著

甘青地区特有民族语言文化的区域特征

中央民族大学出版社

图书在版编目（CIP）数据

甘青地区特有民族语言文化的区域特征/钟进文著. —北京：中央民族大学出版社，2007.10

ISBN 978-7-81108-462-7

Ⅰ.甘…　Ⅱ.钟…　Ⅲ.①少数民族语言—文化语言学—研究—甘肃省②少数民族语言—文化语言学—研究—青海省　Ⅳ.H2

中国版本图书馆 CIP 数据核字（2007）第 170602 号

甘青地区特有民族语言文化的区域特征

作　　者　钟进文
责任编辑　白立元
美术编辑　布拉格
出 版 者　中央民族大学出版社
　　　　　北京市海淀区中关村南大街 27 号　邮编:100081
　　　　　电话:68472815(发行部)　传真:68932751(发行部)
　　　　　　　68932218(总编室)　　　　68932447(办公室)
发 行 者　全国各地新华书店
印 刷 者　北京宏伟双华印刷有限公司
开　　本　880×1230(毫米)　1/32　印张:13.875
字　　数　350 千字
印　　数　2000 册
版　　次　2007 年 10 月第 1 版　2007 年 10 月第 1 次印刷
书　　号　ISBN 978-7-81108-462-7
定　　价　30.00 元

序　言

16年前我和田联刚合写了一篇文章，题目叫《语言间的区域特征》，发表在《中国语言学报》第四期上。

文章首先谈到：在历史比较语言学和结构主义语言学占统治地位的局面下，语言的相互影响研究得不够。我国幅员辽阔，自古民族众多。几千年来，各民族交错杂居，密切交往，无论是语言结构还是使用情况，都产生了深刻的、多种形式的相互影响。这些影响有的似乎单纯用语言的历史演变不好解释。文章列举了许多分布于一定区域内的各语言的共同特征，其中有：

广西、海南一带的壮语、布依语、水语、毛南语、黎语、临高语、拉珈语、京语、勉语、回辉话、琼州汉语、儋州汉语都有内爆音 ʔb 和 ʔd。

川黔滇毗连地区的彝语喜德话、藏语德格话、纳西语丽江话、贵琼语麦苯话、尔苏语则洛话、扎巴语、木雅语六坝话、纳木义语保波话、史兴语水洛话、白马语罗通坝话、苗语石门坎话都有鼻冠浊闭塞音声母 mb、nd、ndz、ɳdʐ、ȵdʑ、ŋg 等。

新疆的维吾尔语、哈萨克语、柯尔克孜语、塔塔尔语、乌孜别克语都是浊闭塞音b、d、ʤ、g 与送气清闭塞音ph、th、ʧh、kh 对立，而甘肃、青海一带的西部裕固语、撒拉语、蒙古语、保安语、土族语、东乡语、东部裕固语、西宁汉语都是不送气清闭塞音，p、t、ts、ʈʂ、ʧ、tɕ、k 等与送气清闭塞音 ph、th、tsh、ʈʂh、ʧh、tɕh、k 对立。

地处华南的广东、广西、海南，无论是汉语方言还是少数民族语，如粤语广州话、客家语梅州话、闽语海南文昌话、壮语、侗语、毛南语、仫佬语、黎语、临高语、勉语、京语都有不除阻的塞音韵尾-p、-t、-k和鼻音韵尾-m、-n、-ŋ。这个地区的诸语言还有另一共性，就是带韵尾的元音，特别是低元音a都长短对立。

藏语分三个方言，远在西藏、云南、川南的藏族都有辨义声调，但是青海、甘肃、川北的藏语没有，而这个区域的蒙古语、保安语、东乡语、土族语、撒拉语、东部裕固语、西部裕固语、哈萨克语、五屯话和羌语的北部方言也没有声调。

汉语有区别事物类别的量词，但是量词的多少有区域性的差别，南方汉语量词多，北方较少，兰新官话最少，那里的“个”几乎是万能的。我们知道，在这个区域里不仅阿尔泰诸语言缺少量词，藏语的量词也很少。

甘青地区阿尔泰诸语言的主要语序“主—宾—谓”，在这个区域里的五屯话、唐汪话、河州话和藏语的主要语序也是“主—宾—谓”。

这些区域特征既有语音方面的，也有词汇、语法方面的，而语音又包括声母、韵母、声调三部分。构成同一区域特征的有的是亲属语言，有的是非亲属语言。可见语言的区域特征有一定的普遍性。

语言之间的区域特征是怎样形成的？从中国的语言实际来看，主要是民族杂居，为了交际的需要，形成了双语制。操双语的人根据某种语音条件或语义条件把一种语言的特征推广到另一种语言的固有成分，这就是类化。类化使原来性质不同的语言在双语人口里在某些方面变得相同起来。例如说突厥语的人有些人会说汉语，但是他们说的汉语没有声调；说彝语支语言的人有些人会说汉语，但是他们说的汉语没有鼻音韵尾；说壮语北部方言的人有些人会说汉语，但是他们说的汉语没有送气声母；贵州的一些汉族人会说苗语，但是他们说的苗语没有小舌塞音声母。

历史比较语言学者强调语言之间的发生学关系，认为只要两种语言来源不同，不管一种语言从另一种语言借入了多少成分，仍然没有亲属关系。但是人类已有几百万年历史，人类语言当然也有几百万年了。语言年代学提出了基本词的保存率1000年是81%。如果这个参数是符合实际的，那么1万年后亲属语言之间保存的同源词只有1.5%了。所以历史比较法解释语言间亲疏远近的能力是有限的。我觉得找出一个区域内诸语言（特别是非亲属语言）之间的共同特征，并给予有理有据地说明可以解释一些历史比较法不易说明的语言演变问题。

1995年，我和钟进文到上文提到的甘青毗连的古河州去调查语言。尽管有关领导对我这个年届古稀的人能否适应那里的海拔和气候有所顾虑，但我们还是顺利地收集到了许多有价值的资料。这些资料把我的研究兴趣吸引到了西北和华北。回到北京以后，进文撰写的硕士学位论文得到了评委们的好评，并获得了中央民族大学和香港中文大学的优秀论文奖。不久，党和政府决定重点开发我国西部地区。进文又以此论文为基础申请了国家社会科学基金，并扩大研究领域，深入研究甘青地区特有民族的语言和文化。从本世纪初开始，他多次到甘青地区深入调查，广泛采集，终于完成了这部著作。

书稿不仅系统地阐明了这个地区各个语言的共同结构特征和交际功能，而且还介绍了独特的书面语——小经；不仅描述了语言，而且还介绍了用语言创作的民歌——花儿，史诗——《格萨尔》和各种传说故事；不仅阐述了语言文化的现在流传形式，而且还探索了他们的历史渊源和发展趋势，使读者对这一地区的民族关系和价值取向有一个比较全面的了解。

开发西部当然首要的任务是发展经济，改善民生。但是上层建筑也必须同时相应地发展，社会才能和谐，才能全面繁荣。我相信本书出版以后，对西部建设的决策，对各条战线的具体行动，甚至对旅游观光都会有重要的参考价值。

陈其光

2007年3月9日

目　录

第一章　历史地理概况

在甘肃省和青海省交界的河湟地区和河西走廊居住着东乡、土、保安、撒拉和裕固五个小民族。这五个民族人口较少，民族来源各不相同，迁徙到甘青地区的时间不长，只有几百年的历史，是目前甘肃和青海两省的特有民族[①]。这些特色各异的民族生活在甘青地区的这一特殊环境中，与周边民族频繁接触，相互影响，在语言文化方面发生了一系列的变化，形成了鲜明的区域特征。

第一节　地理环境

一、河湟地区

甘青交界的河湟地区和河西走廊在地理位置上呈“丁”字形。河湟之地，在历史上指黄河上游地区和湟水流域。该地区位于今青海省大通山——大坂山以南的广大地区，在地质构造上，湟水谷地属于祁连山结晶岩轴，黄河谷地为三叠纪地槽带。燕山运动时期，发生了断裂凹陷，形成了许多山间盆地，沉积了很厚的第三系红色砂岩和砾岩，喜马拉雅山运动使第三系发生了平缓的褶皱和断裂。第四纪又堆积了较高的黄土，在河流的侵蚀作用下形成了许多峡谷、山岭和盆地，西宁盆地、乐都盆地、贵德盆

① 目前新疆也有部分东乡族和撒拉族居住，这些民族人口主要是新中国成立后从甘肃和青海迁移过去的。

地等就是这样形成的。这一地区海拔在2500米左右，是青海省地势最低之处，其海拔是西南高，东北低，呈倾斜状。

根据气候记录、史料和考古材料分析，在新石器时代，河湟地区的气候比现在的气候温暖湿润，具有暖温带气候的特点，这里生长着大片的桦树和竹子。温暖湿润的气候一直持续到青铜器时代，即辛店、卡约和诺木洪文化时期。东汉以后开始变冷，隋唐又进入一个温暖时期，10世纪下半叶又转寒冷。13世纪初开始回暖，这时河湟地区的气候已经和今天大致相同[①]。秦汉时期的河湟地区森林茂密，《后汉书·西羌传》记载："河湟间少五谷，多禽兽，以射猎为事。"明代，"境内多产林木"、"伐木于邻边，而用自饶足"等记载多见于当时的史志文献。

河湟地区由湟水和黄河两条河流冲积而成的谷地组成，由于两条河都在高山和峡谷中行进，这样在河湟地区形成了一些独特的地理标识和自然分界线。《西宁府新志》称："北依山作镇，南跨河而为疆。地接青海、西域之冲，治介三军万马之会。金城屏障，玉塞咽喉。"这里所说的"北依山"中的山，是指横亘于河西走廊之南的祁连山，高大的祁连山成为河西走廊与河湟地区的分界线，也成为河湟地区北部的自然屏障。"南跨河"的河即黄河，黄河在这里由西向东流去，河宽水深浪高，在古代生产技术条件下成为难以逾越的屏障。"地接青海"中的青海，专指河湟地区以西的广大牧业区，特别是指今天的青海湖地区。青海湖地区和河湟地区过去有一自然的分界线，那就是今天的日月山。日月山古称"赤岭"，以山体为红土构成而得名。这座南北走向的山脉，正好位于青海湖和河湟地区之间，是甘青两省耕作区和畜牧区的分界线。日月山东西两面景象完全不同：西部是海拔

① 陈新海：《河湟文化的历史地理特征》，载《青海民族学院学报》2002年第2期，第29—33页。

4000多米的青藏高原，地势高峻，山川横亘；东部则是与黄土高原相接壤的河谷平地，村庄相连，田畴成片，是绿树成荫的农业区。

河湟地区，是我国从东北到西南的半月形文化传播带的转折点①，也是历史上农耕经济与游牧经济的过渡地区。换句话说，这是一块既适宜农耕，又适宜畜牧业生产的相对独立的地理单元。自古以来就有许多民族在这里繁衍生息，这些民族有的是农耕民族，有的是畜牧业民族，虽然他们各自的经济形态不尽相同，但是他们用自己的智慧共同创造了这里的文化，使这里的文化与其他地区的文化有了明显的区别。河湟地区拥有独特的地理生态环境，是这种鲜明的区域文化赖以产生和发展的基础。

二、河西走廊

河西走廊主要指由黄河向西北方向延伸的一条狭长地带，位于青藏高原支脉祁连山北麓和蒙新大沙漠戈壁之间，与河湟地区形成“T”字形相交。走廊长约1000千米，宽10～200千米不等，海拔1000～1500米间。祁连山主峰海拔5000米以上。酒泉黑山与民乐大黄山的横向断块隆起，把走廊分隔为三个内陆平原、即疏勒河水系平原、黑河水系平原和石羊河水系平原。这些水系均发源于祁连山，由56条大小河流汇合而成，目前灌溉着数千万亩土地，是我国干旱区域的重要农业区之一。

河西走廊由东向西，气候逐渐由半湿润区向半干旱与干旱区过渡，人口由稠密至稀少。河西走廊西北的肃北蒙古族自治县每10平方公里仅有1人；阿克塞哈萨克族自治县每10平方公里仅

① 刘夏蓓：《安多藏区族际关系与区域文化研究》，第92页，民族出版社2003年版。

有2人[①]。经济生活由农业、半农业向畜牧业与游牧业转变，河西走廊东部为河谷农业文化景观，西部为荒漠草原与半山区。

历史上，河湟谷地和河西走廊是东西方经济、文化交流的要道，甘青地区很多古老的城镇和重要文化遗址，都分布在这条交通要道上。同时，该地区也是汉民族或入主中原的中央王朝向西部发展、经略大西北的主要基地。因此，河湟谷地和河西走廊是中原地区与边远少数民族地区的过渡地带，是黄土高原和青藏高原的接壤之地，是农业文化与草原文化的结合部。

第二节　历史概要

一、古文化遗存

历史上，甘青地区是一个民族迭起、文化融合的大舞台，很多民族在这里兴起又消亡。

考古学上各种文化的命名，多是以第一次发现的典型遗迹的地名为文化名称的，马家窑文化最早发现于甘肃省临洮县的马家窑而得名。此后在各地区发现的文化遗存，其文化性质与马家窑所出相同者，都叫做马家窑文化。马家窑文化的主要标志是彩陶，其显著特点是用浓亮如漆的黑线，在细腻光滑的橙、红色陶衣上绘上纹饰。我国是世界上最早出现彩陶的国家之一，而地处黄河上游的甘青地区是出土彩陶最多的地域。从甘肃东部的清水县，向西延伸至青海的贵德县，北入宁夏南部，南达四川汶川县。黄河支流大夏河、广通河、洮河、湟水、隆务河中下游流域都是马家窑文化的主要分布地区。今东乡族自治县林家村出土的青铜刀，经鉴定是由锡、铜模铸而成的生产工具，是我国目前发

① 冯绳武：《甘肃地理概论》，第235—236页，甘肃教育出版社1989年版。

现的最早的铜铸工具，距今约 5300 年左右[①]。

半山类型 1923 年首次在甘肃省广河县半山村发现而得名，约在公元前 2600 至公元前 2300 年。青海境内的民和、乐都、互助、同仁、兴海和同德等地也是主要分布区。马厂类型是半山类型的继续与发展。当时人类的经济生活以农业为主，兼营狩猎，出土文物表明，当时的农业生产已经发展到了相当高的水平[②]。齐家文化是 1924 年首次在甘肃广河县齐家坪发现而命名的。它是新石器时代晚期西北地区独具特色的文化类型，它的晚期相当于夏朝。其地理分布东起泾、渭水流域，西达青海湖畔，南抵白龙江流域，北入内蒙古阿拉善左旗鹿团山附近。在这广大的区域内，发现齐家文化遗址或墓地 350 余处。辛店文化 1924 年首次发现于甘肃临洮县辛店村，是商周时期分布于甘青地区的一种青铜器时代文化。甘肃境内的遗址发掘以今永靖县为主，该县莲花台出土的锡、青铜模铸铜罐，目前被认为是国内发现的最早的铜制容器[③]。青海的文化遗存主要分布在民和、乐都、循化、化隆、同仁、西宁、湟中、大通、互助、共和一带。这一时期的人类以农业生产为主，兼营比较发达的畜牧业。另外，根据考古发掘，河西走廊的历史也可追溯到马家窑文化类型时期[④]。

二、历史上的民族活动

上述这些既相互联系又彼此不同的考古学文化系统表明，新

① 马效融：《临夏文史资料选辑河州史话专辑》，第八辑，第 17 页，中国人民政治协商会议甘肃省临夏回族自治州委员会文史资料委员会编，1994 年。

② 张祁庆：《隆务河流域的古文化遗存》，载《黄南文史资料》，第三辑，第 164—177 页，青海省黄南藏族自治州政协文史资料委员会编，1996 年。

③ 马效融：《临夏文史资料选辑河州史话专辑》，第八辑，第 19 页，中国人民政治协商会议甘肃省临夏回族自治州委员会文史资料委员会编，1994 年。

④ 李并成：《河西走廊历史地理》，第 12 页，甘肃人民出版社 1995 年版。

石器时代的黄河上游甘青地区是一个相对独立的文化区，很多古老的民族就发源于这片土地。

根据史籍记载，最早在这一带活动的民族应该是戎族。戎是兴起于殷周至春秋时期的一个民族，他们对开发西部广大地区，做出了巨大贡献。据《后汉书》记载，春秋时："自陇山以东及乎伊洛，往往有戎。于是渭首有狄、獂、邽、冀之戎，泾北有义渠之戎，洛川有大荔之戎，渭南有骊戎，伊、洛间有杨拒、泉皋之戎。"[①] 他们在这些地区，或农耕，或畜牧，开发了这里的荒辟土地，发展了生产，建筑了城镇。如义渠戎，他们长期活动于泾水流域，筑城数十，发展了当地的经济；强大的骊戎，在当地发展了牧业生产，培养了当地有名的"文马"；姜戎迁至伊洛时，其地"狐狸所居，豺狼所嗥"，还是一片荆棘，姜戎诸部在这里开荒种植，发展农业。战国以后，戎族部落大量与这一带的华夏部族融合形成新的族群。

殷商时期，羌族是一个很有影响、很活跃的民族。羌族的主要居住地区，在"河关之西南"，"滨于赐支，至乎河首"，河关即今甘肃临夏与青海交界处，其西南正是青海。羌族主要从事畜牧业。《后汉书·西羌传》说，赐支河曲的羌人，"所居无常，依随水草，地少五谷，以产牧为业。"到战国时期，中原地区的一些羌族部落大规模向西迁徙。这与秦的兴起有很大关系。《后汉书》根据传说记载，羌族一位首领叫羌无弋爰剑，此人在秦厉共公时，为秦人"所拘执，以为努力"，"后得亡归，秦人追之急，藏于岩穴中，得免。既出，又与劓女迁于野，遂成夫妇。女耻其状，被发覆面，羌人因此为俗，遂俱入三河间。"三河间，即指黄河、湟水和赐支河（黄河河曲）流域，也就是今天的河、湟流域。在这里爰剑被诸羌推为首领。"河湟间少五谷，多禽兽，以

① 《后汉书》卷117"西羌传"。

射猎为事，爰剑教之田畜，遂见敬信，庐落种人依之者日益众”，“其后世世为豪。”到无弋爰剑的曾孙忍时，正值秦献公用兵渭水流域，忍的季父卬“畏秦之威，将其种人附落而南，出赐支河曲西数千里，与众羌绝远，不复交通。”从此以后，羌族由甘青地区不断向东西南北四方扩散，不断与其他民族融合，并且弃牧务农。其中向西南迁徙的有所谓发羌、唐羌，后来成为藏族先民的一部分；有的进入昆仑山以北南江地区；一部分向南迁徙，称之为旄牛羌，即越嶲（今四川雅砻江一带）、白马羌即广汉羌（分布在四川西北部的绵阳地区北部、甘肃陇南地区南部）、参狼羌即武都羌（分布于甘肃陇南地区），以后逐渐与当地民族融合，成为西南藏彝语族各支的先民。据记载，“自爰剑后，子孙支分凡百三十种”①。

漠北的匈奴强大后，在南下侵扰中原的同时，也向甘青地区发展，他们垂涎于水草丰美的河西及祁连山牧地，同时和月氏为争夺河西走廊展开拼死斗争。“至冒顿单于攻破月氏，而老上单于杀月氏，以其头为饮器，月氏乃远去。”② 匈奴和月氏争夺河西的斗争大体经历了冒顿和老上单于时期，即从公元前 209 年到公元前 176 年，共 33 年。匈奴占领河西及祁连山牧地后，扩大了游牧地区，凭借优良的自然条件使其以游牧为主的生产活动得到长足发展。与此同时把河西作为重要的后勤军事基地，向东威胁关陇，向西挟制西域，向南交联羌氐，梗阻于中原与西域之间，切断中西通道。匈奴统治河西时期，河西仍有许多其他民族部落，他们诸王分辖，各有居地，但总统于匈奴休屠和浑邪二王。走廊自东向西依次有速濮部、稽沮部、休屠王部、猪野部、卢水胡部、番和羌部、梨汗部、焉支部、折兰部、乌梨部、浑邪

① 以上所引均见《后汉书》卷 117“西羌传”。

② 《汉书西域传》，中华书局点校本，第 3891 页。

王部、义渠戎部、单桓部、酋涂部、武都氐部、龙勒部、狼何部等，走廊北部居延海一带又有居延戎部。其中匈奴族诸部主要居于走廊东、中部的今武威、张掖一带，这里较之河西西部水草条件更为优越，更适于游牧活动。

秦汉时期，汉族开始向甘青地区渗透，匈奴战败河西归汉以后，为了实施有效统治，并从根本上切断匈奴右臂，确保边境安全，进而加强对天山南北地区的控制，发展东西经济文化交流，汉朝在甘青地区推行了一系列重大的政治、经济措施，在河西设置武威、张掖、酒泉、敦煌四郡。河州北扼黄河天险，西控山口要隘，"犄角河西，肘腋陇右"，是秦、汉王朝与匈奴、西羌必争之地。霍去病在北驱匈奴的同时，又西逐西羌，筑令居塞（今甘肃永昌境内），在湟水流域建立了临羌县（今青海湟源县东南）、破羌县（今青海乐都县东南），在河州境内置枹罕县、大夏县（今广河县），属陇西郡。河湟地区纳入汉朝统治之下[①]。由此大量汉族人迁往甘青交界地区，他们置郡县，筑城池，屯田，把中原先进的耕作技术和手工业带到这里，使该地区的农牧区分界线不断西移北进。

除匈奴之外，另外一些北方游牧民族也不断南下，进入甘青地区。如鲜卑族吐谷浑部4世纪由塞北西迁上陇，在甘青地区建国，历经300余年。如秃发鲜卑，由河西走廊进入河湟地区，397年至414年建立南凉王国。西晋永嘉时，由辽东长途跋涉而来的鲜卑乞伏氏，以榆中、枹罕为中心，385年至431年建立西秦政权，其势力曾伸至青海的河南地区和湟水流域。[②]

吐蕃是成长于西藏地区的一个古代民族，从古代主要活动的

---

① 《汉书》："蒙恬死，诸侯叛秦，中国扰乱。诸秦所徙适边者皆复去。"由此可知这一地区，秦汉之际为羌人所控制。

② 芈一之：《青海民族史入门》，第1—5页，青海人民出版社1987年版。

地区来说，不属于西北少数民族。但自唐代以来，吐蕃部落逐渐向外扩张，其势力在甘青河湟一带得到很大发展。唐贞观十二年(638)，吐蕃赞普松赞干布向唐朝求嫁公主，为唐朝拒绝，遂发兵北上侵入吐谷浑及党项境内，其兵锋曾到达今甘肃甘南南部。唐高宗显庆五年（660)，吐蕃再次北侵吐谷浑，今青海大部为吐蕃所占。吐蕃以此为基地，不断向东侵袭。占据鄯（治今乐都，包括湟水流域)、廓（治今青海尖扎县北)、河（治今甘肃临夏县西南)、芳（治今甘肃甘南迭部东南）诸州，统治了这里的羌、党项等族，同时也迁来了一部分吐蕃部落，使这里成为在政治上以吐蕃人为主的多民族地区。唐政府为了抵御吐蕃的北侵，展开了长达几十年的拉锯战，并订立了“唐蕃会盟碑”，但是吐蕃的势力却不断扩大。9世纪40年代末到50年代初，唐朝相继收复陇右、河西地区，建立了张义潮的归义军河回鹘政权。湟水流域及洮水流域虽然已不受吐蕃赞普统治，但仍在吐蕃各部落实际控制和占据之下。吐蕃部落“自仪（今甘肃华亭一带)、渭（平凉华亭)、泾（泾川灵台)、原（今镇原)、环（今庆阳华池）及镇戎（固原)、秦州（今天水市）暨于灵、夏（今宁夏灵武至银川）皆有之。”① 河西地区更是吐蕃集中之地。在唐末及五代纷争的年代里，这些部落或“自置收守，或请命于中朝”，不仅长期存在着，而且有了很大的发展和壮大。到了宋代，占据河西、陇右、河（包括洮水）湟流域的吐蕃部落有：秦州（今天水一带）安家族、大小石族、大小马家族，原州、渭州三十二族，凉州六谷部，河西者龙族和其他四十五族，河湟流域有宗哥族、河州诸族。这些族虽然都向宋朝进贡，宋朝也曾封予官爵，但实际仍处于独立和半独立状态。他们与西夏、甘州回纥、于阗等有密切关

① 《宋史》卷492“外国传”吐蕃条。杨建新：《中国西北少数民族史》，第348—349页，宁夏人民出版社1988年版。

系。他们之间各自为政，互不相属。

在吐蕃占据河西约100年之后，回纥自漠北迁入河西。进入河西走廊的回纥人是分批而来的，较大规模地迁入有两批。第一批是开成五年（840）自漠北直接南下的一支；另一批是南迁回纥失败后，“余种西奔，归于吐蕃，吐蕃处之甘州。”[①] 此外还有一些先后零散迁来的部落。回纥逃奔甘州后，“役属吐蕃”，吐蕃“乃以回鹘散处之。”[②] 将他们分散安置于河西及陇右各地。史书将被分散安置的这些回纥分别称为贺兰山回纥，秦州回纥，凉州回纥，合罗川回纥，肃州回纥和瓜、沙回纥等。甘州是河西、陇右各地回纥人最为集中的聚居区，各地回纥以甘州回纥的药逻葛氏首领为共同的统帅。史书又称他们为甘州回纥。9世纪中叶，河西吐蕃政权崩溃。甘州回纥控制了整个河西走廊，而且这个河西霸主的地位一直维持了100余年。甘州回纥统辖的范围还包括走廊北侧的荒原和半沙漠地带，即今内蒙古的阿拉善和额济那旗等地。出使宋朝的甘州回纥使节曹万通说：“本国东至黄河，西至雪山（东部天山），”[③] 即其地域东接黄河之滨的贺兰山，西与伊州和巴里坤草原相连。甘州回纥地扼河西走廊，与中原王朝关系密切，对沟通丝绸之路上的东西交通做出过重大贡献。而且回纥人因“多为商贾于燕，尤能识珍宝”，[④] 其足迹远达波斯、阿拉伯等地。宋天圣六年（1028），西夏军攻破甘州城，甘州回纥统治河西的历史结束。

10世纪初，党项羌占据河西走廊建立西夏政权。党项是由羌族发展演变而来的一个古代民族，故又称党项羌。5世纪后，

---

① 杨圣敏：《旧五代史·回鹘传》，第213页，吉林教育出版社1991年版。

② 杨圣敏：《新五代史·回鹘传》，第213页，吉林教育出版社1991年版。

③ 杨圣敏：《宋史·回鹘传》，第214页，吉林教育出版社1991年版。

④ 马曼丽：《甘肃民族史入门》，第55页，青海人民出版社1988年版。

党项羌兴起，最初分布在今青海河曲、甘肃南部和四川省松潘以西一带。其自称及吐蕃称之为“弥药”（Minyag）；北方突厥等民族称之为“唐古特”（Tangut）。到隋代（581—618）后，党项以姓氏为部落，一姓又复分为若干小部落，史籍记载党项共有八个大的部落。[①] 唐时吐蕃强大，不断挤压、蚕食党项，党项归附唐朝，唐王朝将他们安置在今甘肃东部、宁夏南部和陕西北部地域。该地域与汉族接触频繁，加速了其社会经济的发展。党项逐步强大之后，首领李继迁认为“李氏世有西土”，决意率领酋豪以图“复兴”。[②] 即“西掠吐蕃健马，北收回鹘锐兵。”[③] 目的是控制河西走廊，进而占据河湟地区。河西走廊历来是兵家必争的战略要地，又是游牧民族必争的天然牧场。党项和吐蕃、回鹘都是以游牧经济为主的民族，甘州回鹘自五代以来已占领河西走廊的大部分地区，正在充分利用当地优越的自然条件发展壮大。李继迁、李德明父子前后两代两次进兵吐蕃占据的西凉府（今甘肃武威），六次偷袭甘州（今甘肃张掖），均未得逞。天圣六年（1028），李德明遣子李元昊率军攻破甘州，明道元年（1032），攻破西凉府。李德明征战20余年，终于将势力深入到河西，拓疆数千里。这对党项李氏政权具有重要意义：河西的富饶不仅提供了丰富的农产品和牲畜（特别是马匹），而且政权获得了巩固的后方。[④] 绍兴六年（1136），西夏军攻占民乐，经大斗拔谷（今甘肃民乐扁都口）南下，攻占西宁州、乐州（今青海乐都），次年又攻占廓州（今西宁东南），金国退出积石州。河西走廊和河湟地区遂被西夏统一。[⑤]

---

① 周伟洲：《早期党项史研究》，第1页，中国社会科学出版社2004年版。

② 《宋史》卷485上《夏国传》。

③ 方步和：《张掖史略》，第339页，甘肃文化出版社2002年版。

④ 周伟洲：《早期党项史研究》，第1页，中国社会科学出版社2004年版。

⑤ 方步和：《张掖史略》，第339—342页，甘肃文化出版社2002年版。

蒙元帝国的兴起，又一次以更大的规模重现了游牧骑马民族的大迁徙。在蒙古人统治之下，原西夏国内诸族，作为色目人，又卷入了新一轮民族大融合的历史进程之中。

蒙古族是在我国北方草原上形成的，南宋开禧二年（1206），铁木真被尊为成吉思汗后，即开始向邻境扩张。南宋宝庆元年（1225），成吉思汗西征东返。次年（1226）夏，攻取河西走廊的沙州、肃州和甘州等地。同年冬，率师攻灵州，歼灭西夏大将名令公所率主力，进围中兴府（今银川）。南宋宝庆三年（1227）正月，成吉思汗留兵攻中兴府，自己亲自率师渡黄河而南，进入金朝境地，攻破积石州，控制关津要地。二月破临洮府，三月分兵攻破洮州、河州及西夏的西宁州，四月取隆德州，六月尽克西夏城邑，西夏亡。宋端平三年（1236）阔端驻守凉州，管辖原西夏属地及甘青一带。宋宝祐元年（1253）在河州设置“吐蕃宣慰使司”，管辖青海在内的安多藏区。宋景定元年（1260）忽必烈继大汗位，至元八年（1271）改国号为“大元”。元朝时，西宁州一带和柴达木西北部设治甘州的甘肃行省，其余地区由“吐蕃等处宣慰使司”（治河州）管辖，上隶属宣政院，称宣政院辖地。并有诸王率军在此镇守。[①] 这就是蒙古军队征服中亚和西夏之后，为进一步降服甘青吐蕃，屯兵河州，兵临青藏的大致过程。

蒙古军队西征时，通过签发探马赤军，征调工役，通商，入仕等方式使大量的中亚人源源不断地东迁而来，这些东迁的中亚和西域各民族，后来以甘青交界地区为基地，逐渐与当地汉族、蒙古族、藏族等民族相互融合，经明、清两代形成了若干新的民族共同体。

① 芈一之：《青海民族史入门》，第20—21页，青海人民出版社1987年版。

第三节　现有民族概说

现在甘青地区分布着汉、回、藏、蒙古、东乡、撒拉、土、裕固、保安和哈萨克等民族。其中汉族、藏族和蒙古族是早期移居该地区的古老民族。其他民族都是经明、清两代形成的新的人们共同体。

据2000年第五次全国人口普查资料，青海省的藏族人口为114.5万余人（以下人口统计数据均来自第五次人口普查资料），占全省总人口的21.89%。主要分布在玉树、果洛、海南、黄南、海北五个藏族自治州和海西蒙古族藏族自治州，西宁市的大通县和海东地区也有部分藏族居住。甘肃省的藏族人口为44万余人，主要分布在甘南藏族自治州和天祝藏族自治县境内，另有一些居住在临夏回族自治州和肃南裕固族自治县等其他少数民族地区。

青海省的蒙古族人口为8.9万人，占全省总人口的1.71%。主要聚居在海西蒙古族藏族自治州和河南蒙古族自治县，其余分布在海晏、刚察、祁连、门源、共和各县，少数居住在海东地区。甘肃省的蒙古族人口较少，总人口为1.6万人，主要聚居在肃北蒙古族自治县所辖的马场、乌呼图尔、盐池湾、党城湾等南山地区，以及马鬃山等北山地区。另外在甘南藏族自治州、肃南裕固族自治县白银乡、张掖市甘州区平山湖乡及阿克塞哈萨克自治县等地也有少量蒙古族居住。

回族是经明、清两代形成的人们共同体中人数最多，对甘青地区的民族格局和文化类型格局产生重大影响的民族。甘青地区是回族自形成以来（形成历史见第九章）的主要聚居区，在此之前，也是回族“先民”们的主要活动区域之一。今天在甘肃境内居住的回族已超过100万人口，仅次于宁夏回族自治区而居全国其他各省、市、自治区之首。甘肃的回族主要聚居在临夏回族自治州（所辖一市七县，即临夏市、临夏、康乐、和政、广和、永靖及东乡族自治县和积石山保安族东乡族撒拉族自治县）和天水市张家川回族自治县，其他分布较集中的地区还有16个乡和甘南藏族自治州、定西、陇南、平凉、天水等地区。可以说遍布甘肃全省各地。青海省的回族人口为83.1万余人，占全省总人口的15.89%。主要聚居在化隆、门源回族自治县和民和、大通回族土族自治县及西宁市、湟中县、祁连县，其余州县也均有分布。

与上述几大民族或比邻而居，或杂居而处的是经明、清两代逐步形成的甘青地区独有的五个小民族，即东乡族、土族、撒拉族、裕固族和保安族。他们主要分布在青藏高原与黄土高原相接壤的边缘地带，即牧区向农区过渡的地区。

具体而言，东乡族主要聚居在甘肃省临夏回族自治州境内大夏河以东和黄河以南的山麓地带，即东乡族自治县、广和县、和政县、康乐县及积石山保安族东乡族撒拉族自治县。东乡族总人口为51万人，其中甘肃境内东乡族人口占全国东乡族人口的80%左右。①

保安族聚居在甘肃临夏回族自治州西北部，黄河南岸的积石山下的积石山保安族东乡族撒拉族自治县。该县东南与临夏县接壤，西与青海循化撒拉族自治县毗邻，北与青海民和回族土族自治县隔河相望，东北部与永靖县以黄河为界。保安族现有人口

① 东乡族经过20世纪60年代三次向新疆迁移，新疆也成为我国东乡族的主要聚居地之一。据不完全统计，新疆已有东乡族8万余人，位居新疆各族人口第七位，由此也改变了东乡族甘肃特有民族的身份。撒拉族、裕固族也有类似情况，本书为行文方便，仍将上述民族视为甘青地区特有民族，特此说明。

16505人，主要聚居地是自治县的大河家镇的大墩、梅坡、甘河滩村，刘集乡的高赵李家村及柳沟乡的斜套村等，其余散居在临夏回族自治州其他各县和兰州市以及青海省的海东、新疆等地。

撒拉族在甘青地区有三个聚居区：即青海省循化撒拉族自治县、化隆回族自治县的甘都镇和积石山保安族东乡族撒拉族自治县，其余则散居在青海省和甘肃省的临夏市、夏河县等地。撒拉族的聚居区都在黄河沿岸，相互毗邻，历史上统称“积石川”，自然条件基本相同。散居各地的撒拉族绝大多数都是从循化迁居他乡的。如新疆维吾尔自治区约有撒拉族3000人，他们主要是光绪二十一年（1895）“河湟事变”后迁去的，也有1929年随马仲英流落该地的；夏河县的撒拉族是辛亥革命前后迁去的。①

土族现有人口24.1万人，主要聚居在青海省互助土族自治县、民和回族土族自治县、大通县、黄南藏族自治州同仁县和甘肃省天祝藏族自治县。其余散居在青海省的乐都、门源、都兰、乌兰、贵德、共和、西宁和甘肃省的积石山、卓尼、永登、肃南等地。

裕固族现有人口1.3万人，主要聚居在祁连山北麓的肃南裕固族自治县大河乡、明花乡、康乐乡、皇城镇以及酒泉市肃州区的黄泥堡民族乡。此外在新疆哈密市大泉湾乡和玛纳斯县等地也有少量的裕固族居住，他们是20世纪60年代从酒泉一带迁移而去的。

宗教文化方面，回族、东乡族、保安族、撒拉族信仰伊斯兰教，他们以河州为中心，借经堂教育传播伊斯兰文化，故河州有“中国的麦加”之称。藏族、蒙古族、土族和裕固族信仰藏传佛教，在甘青交界地区有塔尔寺、拉卜楞寺和佑宁寺等著名佛教寺院。藏传佛教的黄教势力对甘青地区有重大影响。

① 芈一之：《青海民族史入门》，第46—47页，青海人民出版社1987年版。

生产生活方面，回族、东乡族、保安族和撒拉族以农业生产为主，兼营商业与手工业。藏族和蒙古族主要从事畜牧业，土族从事农业，裕固族则半农半牧。与生产相应，农业区以面食为主，牧业区以肉、乳为主，辅以面食。

语言方面，除回族操汉语外，其他民族都有自己的民族语言，有的民族使用两种本民族语言，如裕固族使用东部裕固语和西部裕固语。有的民族一部分人放弃民族语转用了汉语，如民和的土族、梅坡的保安族、黄泥堡的裕固族等。除河西走廊的裕固族外，其他民族均以具有混合性质的河州话为第二语言。

第二章 民族语的共性特征

甘青地区特有民族的语言分别属于阿尔泰语系突厥语族和蒙古语族。具体而言，撒拉语和西部裕固语属突厥语族；东乡语、保安语、土族语和东部裕固语属蒙古语族。突厥语和蒙古语虽同属一个语系，但各有自己的特点。每一种语言在发展过程中都产生了一些新的变异现象。

当我们从亲属语言的角度观察同一语族（甚至同一语系）的各个语言时，会发现它们之间有许多差别；当我们从地域的角度去观察时，会惊奇地发现它们之间有许多共性。换句话说，就是它们在甘青地区的生活过程中，越来越远离了阿尔泰语系语言文化，在与汉藏语系语言文化不断接触过程中，渐渐形成了兼有两种语言文化特征而又有别于它们并具有鲜明的区域特色的民族语言文化体系。

语言的变异以及新的共性的产生，与语言接触有密切关系。甘青地区特有民族的六种语言与汉语接触最频繁、最广泛，所以，受汉语的影响也最大。这种影响不仅表现在语言结构方面，也表现在使用功能方面。

第一节 语音特征

突厥语族中分布在新疆的维吾尔语、哈萨克语、柯尔克孜语、塔塔尔语、乌孜别克语都没有复元音，即一个音节里只有一个元音。而撒拉语和西部裕固语中不仅出现了复元音，而且由于吸收汉语借词，增加了一些专拼汉语借词的复元音。例如：

复元音	撒拉语	汉语	西部裕固语	汉语
iə（iu）	jeniu	野牛	ʃinɕhiliu	星期六
ua	kua	瓜	xuar	花
ue	khueɕi	会计	thuela－	推
uo	kuoɕa	国家	ləuʂuo	漏勺
ye	ʃyeʃo	学校	tʂəŋjyer	正月

这些复元音与从其他语言中借词而出现的复元音一起构成了撒拉语和西部裕固语元音体系的一部分，并成为与我国突厥语族其他语言相区别的特点之一。同时，该地区属蒙古语族的东乡语、保安语、土族语和东部裕固语与蒙古语相比，复元音也有不断增多的趋势。例如，在蒙古语标准音里只有五个前响复元音、一个后响复元音和一个三合元音，其中后响复元音和三合元音多用于借词。而甘青地区的蒙古语族语言的复元音情况是：东部裕固语有 15 个，保安语有 13 个，土族语有 12 个，东乡语有 11 个①。

元音和谐是阿尔泰语系语言的一大特点，它要求多音节词里各音节元音之间，或部位相同，或唇状相同，或松紧相同。但是甘青地区的这六种语言，由于与其他语系语言接触，并受其影响，元音和谐已遭到不同程度的破坏。撒拉语和西部裕固语的元音和谐以舌位和谐为主，词干与后附加成分的和谐已不够严整。突厥语元音系统中存在的唇状和谐，在撒拉语里有很大局限，主要表现为后圆唇元音的和谐，即词干末一个音节的元音为 o 或 u 时，附加成分的元音大部分是 u。例如：khurliux“眉毛” ＋ －um →khurliuxum 我（我们）的眉毛；qol“胳膊” ＋ －um→qolum 我（我们）的胳膊。西部裕固语的元音和谐在群众口语中极不稳定。

---

① 笔者根据《中国少数民族语言》一书相关资料统计而得，四川民族出版社 1987 年版。

例如：kisəler // kəsəlar“人们”；saqtar // saqter“绵羊”（复数）。东乡语和土族语的元音和谐仅仅局限于少数几个元音范围内，带有残存性质，常常出现与元音和谐相抵触的“例外”现象①。东部裕固语的元音和谐虽然相对严整一些，但是借词不遵循元音和谐律，而该语言中的汉语借词已经占相当大的比重（详见下文词汇统计部分)。保安语是蒙古语族语言中个性最多的一种，它是中国阿尔泰语系语言中唯一完全没有元音和谐的语言。无论在词干内部还是在词干上接缀附加成分，任何元音都不受限制地同性质相同或不相同的元音配伍出现 。例如：maxɕi“明天”，sənklɯ“青稞”，themər“铁”，nimsθŋ“泪”，khurqaŋ“丈夫”②。

分布在新疆的突厥语族语言，都有浊塞音和浊塞擦音与送气的清塞音和清塞擦音对立。但是分布在甘青地区的西部裕固语和撒拉语却没有浊塞音和塞擦音，因而与送气的清塞音和清塞擦音对立的是不送气的清塞音和清塞擦音。这里的蒙古语族语言和汉语也正好是不送气的清塞音和清塞擦音与送气的对立。例如：

西部裕固语	p	t	tʂ	tɕ	k	q
	ph	th	tʂh	tɕh	kh	qh
撒拉语	p	t	tʂ	tɕ	k	q
	ph	th	tʂh	tɕh	kh	qh
蒙古语	p		tʃ		k	
	ph	th	tʃh		kh	
保安语	p	t	ts	tʂ	tɕ	k
	ph	th	tsh	tʂh	tɕh	kh
土族语	p	t	ts	tʂ	tɕ	k

① 布和：《东乡语的元音和谐现状探析》，载《东乡语论集》，第 33—47 页，甘肃人民出版社 1988 年版。

② 陈乃雄：《保安语和蒙古语》，第 72—73 页，内蒙古人民出版社 1987 年版。

	ph	th	tsh	tʂh	tɕh	kh	
东乡语	p	t	ts	tʂ	tɕ	k	q
	ph	th	tsh	tʂh	tɕh	kh	qh
东部裕固语	p	t	ts	tʃ		k	q
	ph	h	tsh	tʃh		kh	qh
汉语河州话	p	pf t	ts	tʂ	tɕ	k	
	ph	pfh th	tsh	tʂh	tɕh	kh	

西部裕固语和撒拉语没有浊塞音和塞擦音，可以说有蒙古语等民族语的影响。但是，汉语的影响更大，因为从语言接触的密度和吸收借词的多少来看，汉语对它们的影响远远超过蒙古语。不过汉语的影响也许是间接的，因为北方汉语声母的清化也是受蒙古等语言影响造成的。[①]

我们知道突厥语族语言的重音都在多音节词的最后一个音节上。例如：

撒拉语：	a′na	姑娘	pox′tʃi	小麦
西部裕固语：	mo′ŋəs	角	pə′ləth	云
维吾尔语：	be′liqh	鱼	di′xan	农民
哈萨克语：	the′mir	铁	themir′ʃi	铁匠
柯尔克孜语：	a′ta	父	e′ne	母亲

蒙古语族语言中，蒙古语和达斡尔语重音都在词首，而同语族的东乡、保安、土族和东部裕固语的重音都在词末，与蒙古语、达斡尔语不同，而与突厥语一致。例如：

蒙古语：	′aarɷɷl	酸奶干	′tymər	野火
达斡尔语：	′paakan	陵墓	′khathaa	盐
东乡语：	a′na	母亲	ə′nə	这个

① ［日］桥本万太郎：《语言地理类型学》，北京大学出版社 1985 年版。转引自陈其光、田联刚《语言间的区域特征》，载《中国语言学报》1991 第 4 期。

保安语：　xar′qə　弄回　te′raŋ　四

土族语：　naa′tə　玩　kə′le　说

东部裕固语：kə′lət　锁　kələt′le　上锁

同语族语言重音发生位移，显然与语言接触、影响有关。东部裕固语、东乡语、保安语和土族语都在甘青地区长期与突厥语接触，受其影响，重音后移；而蒙古语和达斡尔语则远离突厥语，因此重音仍保持在词首。

由此可见，复元音的出现或增多，元音和谐的日趋消失，不送气的清塞音和清塞擦音与送气的对立，重音后移等已成为甘青地区诸语言在语音方面的共同特征。

第二节　词汇特征

六种语言在词汇方面的共同特点是吸收了大量的外来词，尤其是汉语词。我们先介绍各语言中的汉语借词和藏语借词的统计数。

《土汉对照词汇》一书收词 4444 条，其中汉语借词 619 条，占 13.92%；藏语借词 283 条，占 6.36%。《土族语词汇》一书收词 6000 余条，汉语借词 820 条，占 13.66%；藏语借词 253 条，占 4.2%。《土汉词典》收词 1.4 万余条，其中主词条有 6959 条，主词条中汉语借词 1166 条，占 16.75%；藏语借词 836 条，占 12.01%。[①]

① 以上三书中的统计资料转引自席元麟的《从土族语词汇看其文化的多元性》一文，载《青海民族学院学报》1993 年第 1 期。

《东乡语词汇》[①] 一书收词4000余条，汉语借词1780条，占44.5%，其他借词仅占5%。

《东部裕固语词汇》[②] 一书收词2660条，汉语借词143条，占5.4%；藏语借词77条，占2.9%。但另有资料介绍，20世纪50年代语言调查的记音材料中，东部裕固语2093条词里汉语借词有500条左右，占23.9%。

《保安语词汇》和《保安语与蒙古语》等书中介绍说，根据20世纪50年代语言调查的记音材料，保安语大墩话3020条词中汉语借词占40.4%，在中国蒙古语族诸语言中仅次于东乡语；保安语保安下庄话3032条词中汉语借词占14%。[③]

撒拉语和西部裕固语在词汇方面出版的专著有《撒拉汉—汉撒拉词汇》、《西部裕固汉词典》和《中国突厥语族语言词汇集》[④]。虽然这三本书对这些语言的词汇组成情况未做数量统计，但是我们通过其他途径仍可测算出汉语借词在上述两种语言中所占的比例。

1995年7月，我和导师陈其光教授赴甘青地区用统一编制的调查大纲调查了撒拉、东乡、保安、土和河州话5种语言。其中我们记录的1440条撒拉语词汇中，汉语借词有254条，占17.6%。我们的调查大纲共分14个部分，基本覆盖了词汇的各个方面。《撒拉汉—汉撒拉词汇》收词1.2万条，依我们调查材料的比例数推算，其中大概有2117条汉语借词。

---

① 布和等编：《东乡语词汇》，内蒙古人民出版社1983年版。

② 保朝鲁编：《东部裕固语词汇》，内蒙古人民出版社1985年版。

③ 参见陈乃雄等编著：《保安语词汇》、《保安语与蒙古语》，内蒙古人民出版社1985年版、1987年版；陈乃雄：《保安语及其方言土语》，载《内蒙古社会科学》1995年第1期、第5期。

④ 林莲云编：《撒拉汉—汉撒拉词汇》，雷选春编：《西部裕固汉词典》，四川民族出版社1992年版；陈宗振等编：《中国突厥语族语言词汇集》，民族出版社1990年版。

苏联著名突厥学家马洛夫 1957 年出版的《裕固语》[①] 一书，共收词 5800 余条，其中汉语借词 657 条，约占 11.3%。依此推算，《西部裕固汉词典》收词 7000 余条，其中汉语借词大致是 791 条。在此需要指出的是,《裕固语》一书是马洛夫 1909—1911 年和 1913—1915 年到裕固族地区调查的结果。而《西部裕固汉词典》是 20 世纪 80 年初编纂的，中间相隔 70 余年。有学者将西部裕固语和维吾尔语中的汉语借词比较认为，在突厥语族诸语言中，西部裕固语是汉语借词比重最大的语言。[②]

统计结果表明，以上 6 种语言汉语借词都在 10% 以上，有的语言多达 44.5%。

诸语言在词汇方面的共同特征，不仅表现在借词数量上，而且表现在借词内容方面。甘青地区的 5 个特有民族历史上都不是农业民族，他们或是游牧民族，或是以商业为主民族，至少民族的主体成分是这样。但是，现在除部分裕固族仍从事牧业生产外，其他都变成了农业民族。这种职业的变迁也导致了词汇的发展，即各语言都吸收了来自汉语的农业词。例如：农具方面：

	耙	锄头	扁担	筛子
东乡语	phatsi	tɕiətəu	tantsi	ʂi ə̃
保安语	phatsi		piantan	ɕiɕi
土族语	phatsi	tʂhutsi	ʂuitan	ʂɛtsi
撒拉语		ɕytəu	piantan	ʃetsi
西部裕固语	phatsi	ɕytəu	tantsi	ʂezi

作物方面：

① ［俄］马洛夫：《裕固语》，阿拉木图，1957 年版。

② 陈宗振：《西部裕固语中的早期汉语借词》，载《中国突厥语研究论文集》，民族出版社，1991 年版。该文介绍说，包尔汉编著的《维汉俄辞典》约有 1.2 万词条，其中汉语借词 150 多个，约占总数的 1.2%，苏联学者诺夫戈罗德斯基的《维吾尔语中的汉语成份》一书，搜集汉语借词 280 多个，至今仍在使用的约有 130 多个。

	包谷	高粱	菜	花生
东乡语	poku	kolia ~	sai	huaʂin
保安语	poku	koliaŋ	seʃui	huaʂən
土族语	poku	koliaŋ	sɛ	huaʂən
撒拉语	poku	koliaŋ		huaʂən
西部裕固语	pomi	koliaŋ	sɛ	huaʂən

食品方面：

	酱油	豆腐	粉条	（红）糖
东乡语	tɕiaŋjəu	təufu	funtɕhiaotsi	（hœi）thaŋ
保安语	tɕoŋjəu	təufu	fənthao	（hœ ũa）thaŋ
土族语	tɕoŋjəu	tofu	fənthao	（qhara）thaŋ
撒拉语	tɕaŋjəu	tɛufu	fɛnthao	（qəzəl）ʃathaŋ
西部裕固语	tɕoŋjəu	təufu	fənthiao	（qara）thaŋ

各语言在房屋、建筑、用具方面固有词汇都很少，而且各具特色，往往不同源。例如：

	房子	院子	牛	圈门
东乡语	kiə	qoron	qutan	witɕiən
保安语	kər	ɕha	kuəlkhər	notoŋ
土族语	kar	naŋthuo	qhutaŋ	tiama
撒拉语	oj	ajat	kuljexarar	qo
西部裕固语	jy	aɤəl	kusquran	sək

其余的如“厕所”、“厨房”、“楼”、“火盆”、“仓库”、“砖”、“瓦”、“围墙”、“木板”、“台阶”、“凳子”、“床”、“栅栏”、“篱笆”等，不仅都是汉语借词，而且读音相同。由此可见，甘青地区特有民族，他们的房屋、建筑、用具都是从简到繁（从游牧时期的毡房建筑到定居转农时期的土木建筑），是吸收借鉴了汉民族建筑文化的结果。

甘青地区诸语言在语法方面也形成了一些新的特点。例如，反身代词 kotɕa“自己”来源于汉语方言词“个家”，但是区分单复数有格的变化形式，如 kotɕala，表示复数；kotɕia－tə，表示向位格。另外，某些语言中的情态副词 itɕiŋ“一定”、tautɕi“到底”等和连接词 xo“和”、jəu“又”等都是汉语借词。

藏语对甘青地区各民族语言的影响，与汉语相比，有一定的特殊性。一是对信仰藏传佛教民族的语言影响较大。二是与藏族毗邻或杂居的民族语言影响较大。三是从有些民族语言表面看影响不大，但从词汇的文化内涵来观察，仍有一定关系。影响的结果是各语言中普遍出现了与藏传佛教有关的宗教术语和其他文化词。以下将分别描述：

土族语和藏语有很长的历史关系，而且毗邻或杂居，加上宗教原因，关系十分密切，有关宗教方面的词汇，很多来自藏语。藏语借词和汉语借词一样，语音上有土族语化，语法上按土族语的词形变化来变化[①]。例如：

alɔŋ	洲	dardʑɔc	幡旗
araːuu	公山羊	torla－	得到
nursa	晚饭	tarla－	解脱，得救
naoɢɔŋ	经堂	ʂdac	记号
ndʑaːla－	（宗教的）摸顶	ʂgaŋ	骨髓
tɕimsaŋ	家庭	ɕdʑiː	中心，当中
tɕærme	陌生的	ʂdʑyæn	原因，关系
dɔɢdiː	有毒的	varva	媒人
dondoc	事情	rdʑnac	北京
deɕdʑir	平安	jær	夏
daraŋ	还，再	jaɢla－	丰收

① 清格尔泰：《土族语和蒙古语》，第 348—349 页，内蒙古人民出版社 1991 年版。

rgomba	寺院	dzaŋmar	红铜
rɢaŋ	权力	dzandan	檀木
rgolo –	需要	dʑyːla –	商量
rgoːm	需要	dʑæma	厨师
rɔɢ	方向	lordʑə	故事,颂词
jærla –	借	ləsgɜ	活儿,活路,工作
ɕiroː	午饭	laɢaŋ	庙,寺
ɕiroːgun	晚饭	lantɕaɢ	苦,痛苦
ɕdʑirbuː	舒适的,幸福的	gatɕa	语言
ɕiloːr	面条	gaːra	糖
sman	药	kua	汤
smanbaː ~ snambaː 医生		kadam	狼
səŋgə	狮	kadaɢ	哈达
samdʑɔŋla – ~ sandʑɔŋla – 注意		ŋkorlo	轮子
sandʑɔŋ	小心	ndʑeva	客人
merlɔŋ	护身符,宝镜	anamana	好像,如同
lɔɢ	样子,习惯,风格	nasbatɕə	病人
nar ~ nad	病		

讲东部裕固语、西部裕固语的人一直和藏族毗邻而居，且都信仰藏传佛教，因此藏语对这两部分人的语言都有影响。荷兰学者 Nugteren.H 和 Roos.M 1998 年在《Studia Etymologica Cracoviensia》发表的《东、西部裕固语中的藏语共同词》（Common Vocabulary of the Western and Eastern Yugur Languages the Tibetan Loanwords）一文研究，东部裕固语、西部裕固语有 106 个藏语共同词。现举例如下：

西部裕固语	东部裕固语
arkam ~ ərkam（箱子、柜子）	rkam（箱子）
ɕaɣtan ~ ɕaltan（经堂的长条地毯）	čaltan ~ čaɣtan（长条毛毡）

ɕama(寺院的厨房)	dama(厨房)
ɕɔ(大寺庙;拉萨)	čuː(拉萨)
ɕhaɤla－(驻扎)	čhakla－(建设)
ɕhəlwə(手摇铃)	ʤəlßə(铃)
tɕhamna(跳佛法、跳鬼)	ʧam(跳鬼、喇嘛跳的鬼怪舞)
ʧörme(奶疙瘩)	ʧörme(奶干)
ərnerwa(管家)	éɤnerßa(管理者、寺院管家)
metoq(灯花、蜡烛花)	metɔk(花)

根据20世纪50年代调查记录材料，保安语保安下庄话里藏语词约占42.6%，保安语大墩话里藏语词约占17.3%。保安语是蒙古语族语言中藏语借词最多的语言。年都乎保安话中的藏语借词比重更大，根据1980年以来的词汇记音材料，通过对5099个单词和合成词统计，藏语借词2289条，占44.89%；按不重复的3596个单词统计，藏语借词是1928条，占53.62%，比固有词的比重还多24.92%。[①] 这些藏语借词渗透到各类词当中，表达着各个领域各个方面所涉及的概念。例如：

表达自然景物和现象的：

ʕnam	天空	dzamlaŋ	世界
sigəla	地球	ʂgarənda	流星
siwa	露水	mugua	雾
wad	霜	ʂən	云
ləɕ	电	əd	光

表达动植物的：

ndʐəg	龙	saŋge	狮
ʕdzəg	豹	dʐerme	熊
ŋameŋ	骆驼	səmba	松树

① 陈乃雄：《保安语和蒙古语》，第362页，内蒙古人民出版社1987年版。

ʂdʑaŋma 柳树 mamɵɕ 棉花

mami letɵɕ 玉米 akari medɵɕ 丁香花

表达身体部位、器官脏腑、病痛疾患的：

tʂaxɕa 肩 kuama 腰

ʂgepa 背 ʕgawa 脊

serwa 脾 tɕirba 胆

ʕdʑima 肠 men 胰

maru 疮 lɵrɵ 痨

表达金属的：

ɕa 锡 tɕɵ 生铁

dzaŋrma 紫铜 hajaŋ 铝

表达颜色的：

kamnəg 棕色 ʂdʑartɕa 灰色

marser 橙色 marməg 紫色

除此之外，春夏秋冬、东西南北以及 30 以上的数词等都用藏语借词。

有些藏语借词，还与固有词或汉语词通用。与固有词通用的词，例如："云"，既可用藏语来源的 ʂən，也可用固有词 ɵːleŋ；"兵"，既可用藏语来源的 maɕ，也可用固有词 tɕerəg；"虎"既可用藏语来源的 ʂdaɕ，也可用固有词 basə；"舞蹈"，既可用藏语来源的 dʐɵ，也可用固有词 budʑigu。与汉语词通用的词，例如："银行"，既可用藏语来源的 ŋukaŋ，也可用汉语来源的 jiŋxaŋ；"学校"，既可用藏语来源的 ɬɵbdʐa，也可用汉语来源的 ɕeːtaŋ。这种情况说明，无论是藏语还是汉语，都对保安语起着重要影响。

有些藏语借词则要与固有词或汉语组合在一起才能表达完整的意义，与固有词组合的，例如：

ke taː 猜谜语 < ke（藏：谜语）+ taː（固：猜）

kua kel 拌嘴 < kua(藏：谗言) + kel(固：说)

ɕaŋ alda 昏迷 < ɕaŋ(藏：知觉) + alda(固：失去)

əg ab 吸气 < əg(藏：气息) + ab(固：拿)

ŋama ˈnudə 最后一天 < ŋama(藏：末了) + nə udə(固：之日)

有些藏语词和汉语借词组合后出现在保安语当中。例如：

bankanŋ 监狱 < ban(汉：班) + kaŋ(藏：房)

jenkəg 烟荷包 < jen(汉：烟) + kəg(藏：袋)

tɕixi 雨鞋 < tɕi(藏：水) + xi(汉：鞋)

wɵːpu 火枪 < wɵ̇(藏：火) + pu(汉：枪)

tɕɵɕan mərəg 朝鲜族 < ttɕɵɕan(汉：朝鲜) + mərəg(藏：民族)

ʂantɕa medəg 山茶花 < ʂantɕa(汉：山茶) + medəg(藏：花)

lɵɕlɵɕ bɵtsi 卷心菜 < lɵɕlɵɕ(藏：球状的) + bɵtsi(汉：菠菜)

有些藏语借词，在藏语里能独立使用，但借到保安语里来后，只在词组里出现，不单独表示某个完整的概念。例如："三十"以上合成数中的个位数，用的虽是藏语，但在保安语里这些个位数并不独立使用，保安语单纯的个位数仍用固有词表示。表示月份时使用的藏语数词，也只有与（月）组合在一起时才可以。

藏语词借入保安语，读法基本上根据当地藏语方言，即属于安多方言区同仁一带的口语。同仁藏语中有些音位是保安语所不具备的，这时，保安语或借入本身没有的音位，或用本身所拥有的接近这些音位的音来替代。例如：

同仁藏语	保安语	汉语
xhama	ħama	父母
xhanthok	ħandɵɕ	利益
xhopraŋ	ħɵbraŋ	宫殿
xhoŋwo	ħɵwuŋ	身体
ĥɳɯxhwa	nikua	蹄子

khaçaŋ	kadʑaŋ	数目
cçha	tɕaː	税
cçho	tɕɵ[①]	生铁

东乡族世代居住在兰州与历史名城河州（今临夏市）之间的广大山区，除部分移居他乡外，其主体仍居住在这里，尤以东乡族自治县最为集中。1995年，我和导师陈其光教授在东乡族自治县做实习调查时，记录了1440个东乡语词汇，其中只有一个藏语借词，《东乡语词汇》一书收录了4000余条词中也只有一个藏语借词，即 tɕaŋqəi“狼”。但是最新出版的《东乡语汉语词典》[②] 中却发现不少藏语地名。例如：

katʐ̩ili“卡支里”，地名，藏语音译，意为“山豁”，在东乡族自治县境内。

kúgiəli“苦格力”，地名，藏语音译，意为“福窝子”，在东乡族自治县锁南镇境内。

lidzli“梨子里”，地名，藏语音译，意为“牧羊之地”、“牧场”，在东乡族自治县沿岭乡。

maʂili“马什里”，地名，藏语音译，意为“下部阴面”，在东乡族自治县汪集乡。

mujəli“苜叶里”，地名，藏语音译，意为“西夏”、“羌人”，在东乡族自治县锁南镇。

məliəli“麦列力”，地名，藏语音译，意为“红石头”、“红弹子”，在东乡族自治县关堡乡境内。

由此说明，虽然今日东乡族和藏族相距较远，又信仰两种宗

---

① 以上有关保安语中的藏语借词例词均来自陈乃雄编著的《保安语与蒙古语》一书，保安语和相关藏语标音为原书体例，与本书使用的国际音标体例可能有不一致的地方，特此说明。另日本佐藤畅治也发表有《从藏语安多方言来的借词看保安族和藏族的接触》（载《NIDABA》1996年第25期，第28—37页）。

② 马国忠，陈元龙：《东乡语汉语词典》，甘肃民族出版社2001年版。

教，但是过去这一带一直是藏族及其先民吐蕃活动的地区，自称“撒尔塔”的东乡人在形成过程中与当地藏族相融合，并将藏语地名一直保留下来。

甘青地区各语言，除主要受汉、藏语言影响，形成一些共性之外，还受到同语系其他语言的影响而产生了一些共性。

在词汇方面各语言的共同特征是，蒙古语族语言中有不少突厥语借词。例如：

东乡语	突厥语(维吾尔语/西部裕固语)	汉语
taŋ	tam	墙
kiəntʂi	kenʤer	麻
qɯʂuŋ orəu	ürük	酸杏
dʐaŋɢa	yangaƘ	核桃
tɕiəmu tomo	tohmaƘ	铁榔头
daŋ	tam	墙;壁
tumaŋ	tuman/manam	雾
taʁi	toɣ	秃子
tanisan anəi	tanəsɣan ana	干妈
sdʐaʁaŋ	ʂiɤan	老鼠
kurei	kur	斗
taʂi	thas	石头

保安语	突厥语(维吾尔语/西部裕固语)	汉语
asa	ħasa	手杖
baxili	behil	吝啬
kurə	kur	(斗)升
taʂi	thas	石头
ʥarma	ʥarma	雹
yaxsa	yaxʂi	好的;美丽的
warmaŋ	basma	秤;斤

terma	tərma	萝卜
çira terma	ɢəzil tərma	胡萝卜
muʑi	muʂi	猫
gədge	kedei	纸
土族语	突厥语(维吾尔语/西部裕固语)	汉语
puliː/bulai	bala/mula	小孩
paɢa	baɣan	打;筑
patzar	bazaar	城市;城镇
ɕærla –	tɕile –	绗
taʂ	thas	石头
taŋɢul	danggal	土坷垃
thɔɢ	tok	霹雷
aːta	ata/atsa	父亲
aːna	ana	母亲

东部裕固语、西部裕固语在词汇方面的共同特征有两种类型：

一是东部裕固语、西部裕固语中有一些语音形式和词义都比较相近的词，但这些词不见于我国境内的维吾尔、哈萨克、柯尔克孜和撒拉等突厥语族语言中。我们认为，这些词是在两部分裕固族人之间长期的共同生活中互相吸收而形成的①，当然，这些词的词源需要进一步探讨。例如：

东部裕固语	西部裕固语	汉语
aŋga	aniga②	祖母
aŋla –		听见

① 保朝鲁、贾拉森：《东部裕固语和蒙古语》，第 360—363 页，内蒙古人民出版社 1991 年版。

② 东部裕固语、西部裕固语发音相同的形式不重复列出。

agzəl		口蹄疫
əgzawa		奴隶（西部裕固语指跳鬼）
erle –		站立
ɔrɢɔglɔ	ɔrɢɔlɔ –	叫；嗥
omsə		犍犏牛
bala		蛋
belek		手腕子
xag	qak	干的
xalβə –		撇取（西部裕固语指搅拌）
xaldu		刚才
həjaɢ	qəjaq	奶皮子
hsar	asar	农区；乡村
keikə		不擅长；弱
ɢagə –		喊叫
ɢuzaŋ		山阴
gaːməs	gaːmsə	城市（甘州）
lar		话、语言
moɢə		哑巴
saglaɢ		母绵羊
ʃəbar		麝
taŋʃa		办法
dagqə		还
tʃeβe	ʤøβe	豺
ʤaːɢăs	aʤaqəs	火撑子
dzuːna		苍蝇（西部裕固语指蜂）
jabtaɢ	jaltaɢ	光脊背的；没有备鞍子的

另一种是两个语族各语言共有的词，在此称为蒙古语或者突厥语同源词。根据荷兰学者 Nugteren.H 和 Roos.M 1996 年在匈牙

利《东方学报》发表的《东、西部裕固语共同词》（Common Vocabulary of the Western and Eastern Yugur Languages）一文的研究，仅东部裕固语、西部裕固语中就有 367 个共同词，其中还不包括二者共有的藏语借词。在此举例如下：

东部裕固语	西部裕固语	汉语
orgemeʧ	jorəmʦi	蜘蛛
baɢa	baɢa	蛙
bel	bel	腰
nuləd	bələt	云
xanad	qanaht	翅膀
hrʧa	ahrʧa	柏
kenʤir	kenʤer	麻
kùr	kur	斗
gøgəgʃgən	køkəʃkən	鸽子
məŋəi	muŋi	脑
məla	mula	小孩
tuːraɢ	derek	树
daəa	daɢa	舅舅
jərəŋ	jərəŋ	脓；鼻涕
jildəs	jildəs	根

第三章　深层变异的第二语言

变异（variable）一词，在当代语言变异理论中，是一个特定的术语。它指某个语言项目，在实际使用的话语中的状况。这个“语言项目”，可以是某个音位，也可以是某些语音的组合或聚合规则；它可以是某个语义，也可以是某些语义的组合或聚合规则；它还可以是音、义结合而成的语素或词，也可以是某个语法范畴或语法手段，或某项语法规则。[①]

第一节　深层变异

在双语社会里，并非每个人都掌握双语，即使掌握了双语的人，对两种语言也很难掌握得同等熟练。这是由于一个人习得一种语言之后，在学习另一种语言时，会受到第一语言的干扰。双语社会是由一定数量的双语个人和一些单语个人（他们只掌握双语社会中的某一种语言）所组成的，不仅双语者本人的语言，由于受另一种语言的影响而产生变异，就是那些单语人，也会由于和这些双语人交际而受影响，使双语个人言语中的变异，扩散到自己的语言里。

一、语言变异的类型

在双语或多语社会中，由于语言接触或影响所引起的语言结

---

① 陈松岑：《语言变异研究》，第48页，广东教育出版社1999年版。

构上的变异是多方面、多层次的。归纳起来有语言干扰、语言借用、洋泾浜（pidgin）和克里奥（creole）、语言混合、语言联盟等几种类型。

语言干扰通常是指母语（或第一语言，即从小最先学会的语言）对第二语言的影响。语言干扰，可以发生在语言的语音、词汇、语法等各个层面上，但是以词汇、语音干扰最为明显。语音干扰最主要的有音位的删除和添加；词汇干扰常常表现在对词义的理解上。

语言成分的借用，除通常我们所说的词语借用之外，语音、语法也有被借用的时候。如西部裕固语，本来没有 f 这个辅音，由于受汉语的影响，已经借入了 f 这个音位。语法借用方面，本章描述的河州话、唐汪话、五屯话的语法现象即为典型例子。

洋泾浜又称皮钦语，是语言接触后产生的一种特殊变体。洋泾浜虽然在有些场合被少数人作为交际手段，但是它与我们所说的民族语言变体或地域方言变体都不同。因为没有人以此为母语。它的结构简单，词汇贫乏，常常用一些描述性的短语来表达别的语言中用单词表达的意义。克里奥语是由洋泾浜语进一步发展而形成的。

语言联盟是指几种没有亲属关系的语言，由于长期共处于一个地区，密切接触，从而在语言结构上产生共同特征的现象。语言联盟和双语社会中出现的语言融合不同，语言融合是一种语言替代另一种语言。而语言联盟则是有关语言继续存在，只是它们之间产生了系统的共同结构特征。①

二、深层变异

在此所说的深层变异，主要是指语言接触后产生的深度影响

① 陈松岑：《语言变异研究》，第 180—186 页，广东教育出版社 1999 年版。

引起的语言结构各个方面的混合现象。语言的混合是语言接触最深、相互影响最大而产生的一种特殊变异形式。即构成一种既像甲，又像乙；但既不是甲，也不是乙的丙语言。对于语言的混合问题，历来有不同的看法，国际上有学者把混合语看作是洋泾浜语和克里奥语的合称，又称边缘语（margina languages）或者重组语（restructured language）。近年来，随着对语言接触的深入研究，学界普遍认为语言的混合是可能的。一般认为，当某种话的组成成分来自几个语言，这些成分都是基本的，都占相当大的比重时，应该说这样的语言已经成为混合语了。混合语是语言长期接触，深入影响的产物。

甘肃省的临夏、东乡、积石山，青海省的循化一带，古代称为河州。这一带汉族、回族所操的语言叫做河州话，该语言也被当地的其他少数民族作为第二语言来使用。甘肃省东乡族自治县境内约有 2 万名自称回族或东乡族（但不会说东乡话）的居民操一种特殊的语言，叫做唐汪话。青海省同仁县的五屯上庄、五屯下庄和江查麻村的 2000 多人被称为土族，其语言则称为五屯话。因为五屯话兼有附近几种语言的一些特点，所以讹为“五通话”。所谓五通话即通汉、藏、蒙、土、撒拉 5 种语言。河州话、唐汪话和五屯话连成一片，具有明显的混合特征。

第二节 河州话

河州是甘肃临夏的旧称，河州话是当地汉族和回族所说的一种“地方土语”[①]，也是生活在这一带的其他少数民族相互交际的工具。其分布范围大致以现在的甘肃临夏为中心，包括东乡族自

① 也有学者称为临夏方言。

治县（原河州东乡）、积石山保安族东乡族撒拉族自治县（原河州西乡）、青海循化撒拉族自治县、民和回族土族自治县，延伸至青海黄南藏族自治州同仁一带，青海互助土族自治县部分地区。

河州位于丝绸之路的东端，自古以来就是各民族交往，互相融合的大舞台。最早的居民是羌戎及其后裔。秦汉以后汉人进入，不断发展壮大。稍后到来的是突厥、蒙古人。回族、东乡族、保安族、土族、撒拉族是元明以来东迁而来的西域人和蒙古驻军的后裔，吸收了汉人、藏人血统后融合而成的。现在这一语言区内的居民除汉族外，主要是回族、东乡族、保安族、土族、撒拉族，附近还有藏族和蒙古族。这些民族，有的已全部转用河州话，如回族；有的一部分转用河州话，如保安族。虽然东乡族、保安族、土族和撒拉族都保持着民族语，但都兼通河州话。

生活在河州一带的各民族居民在不同的场合使用4种话作为交际工具：在家里和村里用本民族话，在民族之间和集市上用河州话，在大型会议上用兰新官话，与外地人交谈用不太标准的普通话。其中河州话是这个地区的主要交际语言。①

1995年，我和导师陈其光教授到甘青地区调查了民族语和河州话，依据调查资料发表了以下论文：《河州话的声调重音》（陈其光）、《语言间的深层影响》（陈其光）、《甘青地区突厥蒙古诸语言的区域特征》（钟进文）、《甘青地区独有民族的语言文化特征》（钟进文）。

由于独特的地理环境和特殊的社会历史文化背景，使河州话形成了许多与众不同的特点，这些特点概括而言就是：河州话的材料是汉语的，框架接近阿尔泰语，具有明显的混合性质。

---

① 陈其光：《河州话的声调重音》，载《中国语言学报》1999第9期，第249页；李炜：《甘肃临夏一带方言的后置词“哈”“啦”》，载《中国语言》1993第6期（总第237期），第435—438页。

一、语音特征

河州话声母、韵母与汉语大致相同①。声母 n 与 y 或韵头 i 相拼时读作舌面前鼻音 ȵ。如：sũ^{23}ny^{42}“孙女”读作［sũ^{44}ȵy^{42}］；清擦音 f、s、ʂ、ɕ 多读作送气清擦音。例如：

fɛ̃^{44}“饭”读作［fhɛ~^{44}］，

su^{44}“醋”读作［shu^{44}］

ʂua^{23} ʂua^{23}“刷刷”读作［ʂhua^{11}ʂhua^{44}］

ɕiã^{44}“象”读作［ɕhiã^{44}］

韵母元音 i 有 3 个变体。充当韵头时为舌面元音［i］。与卷舌声母相拼时为卷舌元音［ʅ］。例如 ʂi^{23}“十”作［ʂʅ］。单独成音节或双唇、舌尖前、舌尖中、舌面前声母相拼时是平舌元音［ɿ］。许多汉语方言的［ɿ］只能与舌尖前声母相拼，河州的［ɿ］能与不同发音部位的声母相拼，这是一个很突出的特点。

元音 ə 有 4 个变体。不跟声母相拼时是卷舌元音［ə́］。例如 ə^{44}“二”读作［ə́^{44}］。单独与声母相拼时是［ə］。例如 xə^{23}“河”读作［xə^{23}］。位于韵头 i 和 y 后边时是［e］。例如 thiə^{23}“铁”“读作”［thie^{23}］，ɕyə^{23}“雪”读作［ɕye^{23}］。位于韵头 u 后边时是［o］。例如 xuə^{32}“火”读［xuo^{32}］。②

有韵头 i、u、y，但没有元音韵尾，河州话只有后强的二合韵母，没有前强的二合韵母，也没有中强的三合韵母。河州话也没有鼻音韵尾，但是有 4 个鼻化元音与韵头共组成 11 个

---

① 陈其光教授整理的声、韵母表中声母是 22 个，韵母是 29 个，见陈其光 1999 年，第 250－253 页。也有学者研究认为河州话有 24 个声母（包括零声母），比普通话（包括零声母）多 2 个（唇齿浊擦音［v］和舌根浊鼻音［ŋ］；有 33 个韵母，比普通话少 4 个。见《临夏方言》，第 47—51 页，兰州大学出版社 1996 年版。

② 陈其光：《河州话的声调重音》，载《中国语言学报》1999 第 9 期，第 253 页。

鼻化韵母。①

河州话音节轻读、声母又是送气清音时，元音常清化。例如［ia^{23}tʂʅ̥］“牙齿”。［tʂhu̥ tʂhu^{44}］“皱纹”。轻读音节中送气清辅音后的元音清化是突厥语的特点。例如撒拉语的 phiʃ“熟”读作［phi̥ʃ］，西部裕固语中 phəs“熟”读作［phə̥s］或者读作带擦元音形式［pəhs］。河州话元音清化可能与双语人母语的影响有关。

河州话的单音节词，声调虽有区别意义，但是只有 23、42、44 三个声调，而且一些 44 调的字也可以读作 42 调，例如 tɕĩ^{44}/tɕĩ^{42}“近”，tʂ̃^{44}/tʂ̃^{42}“正”。可见，严格对立区别意义的实际上只有 23、42 两个调，因此声调的辨义功能很小。

河州话多音节词的读音有一突出特点，那就是轻重分明，声调模糊。

在循化和积石山两地相同的 500 个双音节词中，循化有轻重区别的 434 个，占 86.8%，积石山有轻重区别的有 396 个，占 79.2%。由此可见，河州话的双音节词中有 80%左右的词前后两个音节有明显的轻重差别，只有 20%左右轻重差别不大。而且有轻重差别的词在不同地方有不同表现，甚至在同一地方也不完全一致，有的前轻后重，有的前重后轻。

河州话多音节词里的语音变化，既不像阿尔泰语系语言里的重音，也不像汉语方言里的轻声和连续变调。河州话里的重读音节虽然音程较长，音势较强，但是音高固定，而且多数与单字调相同。河州话的轻读音节也如此。一般而言，轻读与语素的虚实和词的历史有关，凡是意义较虚的语素（如前缀、后缀）都读轻声，老词里往往有轻声，新词里则没有。河州话则不同，前缀和后缀往往重读，词根反而轻读，老词里有轻读音节，新词里也有

---

① 马树钧：《河州话的语音特点》，载《西北民族学院学报》1988 年第 4 期，第 102—105 页。

轻读音节。[①]

连续变调主要是改变音高，有的也同时改变音节中声母或韵母的音色，但是音长和音势变化不显著。河州话则相反，轻读音节主要是改变音长和音势，其次是改变音高，音色则一般不变；重读音节不变音长、音势和音色，音高也只有一部分音节改变。

由此可见，河州话单音词的音高区别词，多音节词的音高几乎不区别词，音节连续时的语音变化与重音、轻声、连续变调都不同，其中轻重差别最明显，而多数重读音节的音高与单字调相同。陈其光教授把河州话里出现的这种混合的语音现象称为声调重音。[②]

陈其光先生认为，河州话的声调重音是声调语言与无声调语言相渗透的产物。学界普遍认为，河州话材料是汉语的，框架接近阿尔泰语。汉语是有声调的。说河州话的主要是回族和甘青地区特有的东乡、撒拉、保安及部分藏族，他们的母语大都只有重音，没有声调[③]。这些人现在有的兼用民族语和河州话，有的已转用河州话。他们在兼用或转用河州话时，母语的语音特征（没有调感）在起作用。对于单音节词，虽然作了音高区别，但是调类少，调值相差不大；对于多音节词，母语的特征更浓，音高模糊，轻重都突出起来，由此产生了具有部分声调特征和部分重音特征的声调重音。[④]

说河州话的民族母语都有固定重音，积石山保安语和循化撒拉语的重音都出现在词末音节，但是他们所操的河州话声调重音

---

①② 陈其光：《河州话的声调重音》，载《中国语言学报》1999年第9期，第255—264页。

③ 陈乃雄：《五屯话音系》，载《民族语文》1988年第3期，第1—10页。
陈乃雄：《五屯话初探》，载《民族语文》1982年第1期，第13—15页。

④ 类似现象也出现在五屯话中，“五屯话原先有过声调。这种声调长期受到没有声调的同仁藏语的影响，退化了。作为对声调的补偿，它转化成一种词重音，表现为每一个多音节词里总有一个或多于一个音高较高，音强较强的音节。”陈乃雄：《五屯话音系》，载《民族语文》1988年第3期，第5页。

却不固定，这是因为以民族语为母语的人，往往把较高的声调说得较重，把较低的声调说得较轻。而汉语里高调、低调的位置是不固定的，于是声调重音有的位于词首音节，有的位于词中音节，有的位于词末音节。

声调重音不仅在河州话里已经形成，在东乡语里也已出现。东乡语属阿尔泰语系蒙古语族语言，由于受突厥语族语言的影响，甘青地区同语族的东乡、土族、保安等语言的重音都落在词的最后音节上，同时，东乡语又是一个受汉语影响较深的语言，据我们的调查统计，东乡语中的汉语借词达45%[①]。因此，东乡语中有些词的重音，特别是一些汉语借词的重音位于词首音节，于是又产生了靠重音的位置来区别词的新现象。例如：

ʂ̡ənˊ tsɿ	衫子	ˊʂ̡əntsɿ	扇子
paoˊ tsɿ	包子	ˊpaotsɿ	豹子
piənˊ tɕi –	编	ˊpiəntɕi	变

“衫、包、编”是平声字，在河州话里调值比较低，所以东乡语读轻音；“扇、豹、变”是去声字，在河州话里调值比较高，所以东乡语读重音。因此东乡语里部分词的重音位置不同，是对汉语不同声调的反映，这种语音现象实际也是一种声调重音。东乡语里的声调重音是汉语影响的结果；河州话的声调重音是阿尔泰语系语言特征的保存。[②]

二、词汇特征

河州话的词汇以汉语词为基础，但是汉语词中保留了不少古

---

① 钟进文：《甘肃地区突厥蒙古诸语言的区域特征》，载《民族语文》1997年第4期，第55—60页。

② 陈其光：《河州话的声调重音》，载《中国语言学报》1999年第9期，第264—265页。

汉语词汇，除少量的词语稍有变异外，大多数的用法同古代汉语一样。汉语词之外还有一定数量的波斯、阿拉伯语借词及甘青地区藏、东乡、保安、撒拉等民族语词。

1. 遗存的古汉语词

啗（dàn）：吃。晋朝干宝《搜神记·李寄斩蛇》中有“欲得啗童女年十二三者。”河州话中催促别人快点吃饭时说的“两口啗上啥！”河州花儿“尕妹妹好像个红樱桃，阿哥们一口（嘛）啗上”。

没（mò）：死。陶渊明《咏荆轲》诗句“其人虽已没，千载有余情。”河州话把“人死了”说成“人没了”，发音稍有的变化，读作 mu。河州花儿“尕妹妹阳世上不站（呀）了，没了的阿哥（啦）去哩。”

喧：说话，喧哗。南朝鲍照《代东武吟》诗中有“主人且勿喧，贱子哥一言。”河州话、青海汉语方言常说“喧一会”（说一会儿话）。河州花儿“我俩（嘛）坐下了一搭里喧，说哩嘛笑哩是喜欢。”

白雨：夏季的暴雨或冰雹。唐朝李白《宿湖》诗中有“白雨映寒山，森森似银竹”；白居易《游悟真寺诗》“赤日间白雨，阴晴同一川。”河州话对精神不振的人常说“你哈白雨打下了啦?”花儿中有“黄啦啦云彩（嘛）大点子雨，庄稼（哈）白雨们打了。”

阴骘（zhi）：阴德。南宋昏官断案的《错斩崔宁》话本中有“谁想问官糊涂，只图了事，不想捶楚之下，何求不得？冥冥之中，积了阴骘，远在儿孙近在身，他俩个冤魂也许放你不过。”河州话中有“损阴骘”；花儿“我俩的大路上（哈）走断（呀）了，什么人阴骘（哈）损了。”

决：骂（人）。元代秦简夫《剪发待宾》（杂剧）二折：“妾身韩夫人，自从陶侃当下这个‘信’字拿钱到家中，被他母亲痛决了一场。”河州话中有“决了一顿”；“尕娃哈决者撒了”；“决人没好口，打人没好手”；花儿“好情（嘛）好义的罢下（耶）了，你我（哈）决者（嘛）咋了”等。

款款的：慢慢的。《错斩崔宁》描写小娘子“轻轻的收拾了随身衣服，款款的开了门去。”河州话中有“爸你上楼是款款的，楼板不要踏者响的”；“尕婚姻不成了款款地说，铁心甩手她个家软哩”等。

交割：移交。《错斩崔宁》中小娘子的道白：“……既然有了主儿，便同到我爹娘家里来交割。”河州话有“手续哈交割清了”；“我啦再没有交割的了”等。

前后因依：缘由经过。《错斩崔宁》中“小娘子说起是与小人同路，以此做伴同行，却不知前后因依。”河州话里有“前后的因依哈说不清，你打个什么官司哩。”

勒掯：卡住，刁难。元尚仲贤《单鞭夺槊》（杂剧）二折：（元吉云）“哥哥要饶他便罢，不消来勒掯我。”河州话中“掯”字音变为 kou。如：“尕娃们的事情成者呢，大汉们再不要勒掯。”

线鸡：把小公鸡骟了育肥。“线”骟的转音。元代马谦斋《越调·柳营曲·自悟》中有“线鸡肥、新笃酽”之句。河州话中“骟”或“线”音变为 xuan，即“旋鸡”。如“墙头上站的是大（呀）公鸡，不叫个明，它原是一个（嘛）旋鸡；大路上走的是人（耶）尖子，没声（呀）嗓，原来是一对（嘛）骟驴。”①

2. 藏语词语

卡码：藏语“青稞酒。”过去河州人喜欢酿青稞酒。每到春

① 据介绍，在实际生活中，河州话里古汉语的运用是相当广泛的，而且是河州话词汇最明显的特点。王沛：《河州花儿研究》，第 119—124 页，兰州大学出版社 1992 年版。

节之际，各家各户都用青稞酿造白酒，俗称“尕擦瓦”。花儿中有“青稞（啦）煮下的尕擦瓦酒，尕盅子太甭叫满的”句子。

那科：藏语“那苦”，很痛苦的意思。河州话保留原义，并有冤枉和不顺心等意思。河州花儿：“尕妹的心儿里那科们多，一句（吧）一句的唱哩。”

撒：藏语“吃”。一般用在现在式或未来式中，可理解为“我们吃”。河州话有“两嘴撒上啥”；“我你的门道里半（呀）晚上，差希希狗娃撒上。”①

索：藏语命令式的“吃”，即“你吃”。河州话：“剩下的你索上”；河州花儿：“骨头（哈）料过者肉索（耶）上，油汤里面片（哈）下了。”

八卡：藏语“控卡”的谐音词，意思是浪山时安锅烧茶。河州花儿：“3个（嘛）石头（啦）支八（了）卡，鞭麻梢引着个火了”；“下山者3个八卡（呀）了，罗锅里煮了个肉了”等。

夹磨：藏语“吉姆”的变音词，商量的意思。“夹磨”已成为河州话的基本词汇。例如：“这个事情我们夹磨一下了再说”；花儿：“娘家人不成是要（呀）着急，好好地夹磨的要哩”等。

让够：藏语指身体虚弱。该词在河州话中演变为“让欠”或简称为“让”。词义还有品德、能力低劣的意思。例如，河州话：“这个人让欠得很”；花儿：“维人了要维个英雄（呀）汉，让人（啦）贵贱（嘛）不要缠”等。

业什匠：藏语中指男光棍。该词在河州话时音变为“业迟汉”，本义是没有性能力，引申义指生活能力很差的人。例如河州话“业迟汉哈不要欺负”；花儿：“尕妹妹陪的是业迟（呀）汉，牛粪上插下的牡丹”等。

阿那麻那：藏语一模一样。该词是河州话中的常用词。例

① 差希希：差一点儿。

如:“尕妹和阿大(父亲)啦阿那麻那”;“姐妹两个阿那麻那”等。

3. 波斯、阿拉伯语词

板代:波斯语 Band,仆人、奴仆,是穆斯林对真主的自称。如我们一总是真主的板代。

阿娜:波斯语 Ana,妈妈。如“阿娜的花青葵”,“阿娜的尕哥哥。”

别麻日:波斯语 Bimar,疾病。如“别麻日大了。”

阿訇:阿拉伯语 Akhund,清真寺内主持教务和教经的人。如“大阿訇”、“尕阿訇”、“阿訇爷”等称谓。

阿格力:阿拉伯语 Aql,智慧、悟性。如“真主给了那个阿格力。”

顿亚:阿拉伯语 Dunya,世界,现世,如“这个人顿亚哈没明白的。”

木纳乃:阿拉伯语,唤醒楼或邦克楼。花儿:“高高的山头上斧头们响,要修个木纳(呀)乃哩”,河州话:“长者木纳乃象哩”、“你木纳乃象的咋呢?”

满拉:阿拉伯语,对在清真寺学经的学员的称谓。河州话中有“尕满拉”、“满拉哥”等称呼。花儿:“维人是要维个满拉(呀)哥,活拉者进天(呀)堂哩。”

多斯提:波斯语 Dust,朋友。有时简称为“多斯”。对老年人称“老多斯”,对年轻人称“尕多斯”。花儿:“漫花儿的尕多斯,声气赛唢呐哩”。

朵灾海:波语 Duzakh,地狱。如干歹的人后世要下朵灾海。

妮哈:波斯语,未婚的姑娘。俗称“尕妮哈”。如河州话:

"尕妮哈长者花象哩";"妮哈们的事情阿娜管哩"。[①]

4. 东乡、撒拉等民族语词

阿辈:东乡语,伯伯。河州话:"老阿辈,这门早者阿里去哩";"阿辈的胡子们花下呢"等。

胡卢胡卢:东乡语,跑的意思。河州话:"你兀个尕老汉不要看淡,兰州城两天胡卢到呢";"大山哈胡卢胡卢的上了"。

兀列:东乡语,不。在河州话中常与汉语的"不要"字连接使用,构成"不要兀列"合成词,即"不要不"。河州语:"我给的东西你拿上,再不要兀列吵";"我说阿们了就阿们,你不要兀列。"花儿:"唱曲的尕妹妹不要(呀)兀列,小阿哥一听是走哩。"

艳姑:撒拉语,青年女子。河州花儿:"大力架牙壑里过来了,撒拉的艳姑(哈)见了;撒拉的艳姑是好艳姑,艳姑的脚大者坏了。"

巴甲:撒拉语,即兄弟般的人,俗称"尕巴甲"。河州话:"我要(嘛)我的个原人呀哩,尕巴甲动乱(呀)子哩。""巴甲"也是河州花儿中常用的衬词。例如:"上去个高山者雪落下了,山头上(巴甲)烤了个火了。"

牙日:撒拉语,朋友。河州话中运用很广泛。例如唱打夯歌时"牙日们,劲给上,我们是厉害人";在宴席场上表演说唱节目时"尕兄弟给牙日们打个调,各位的牙日们甭见笑。"

尕尕:撒拉语,哥哥。河州花儿衬词中"尕尕尼麦儿艳"、"尕尕尼油葫芦",即"哥的麦儿艳"、"哥的油葫芦"。

---

① 有的著作收录的主要流行于我国西北地区回族口语中的阿拉伯语、波斯语词语200多个,在此只介绍其中数十个,详见杨占武:《回族语言文化》,第86—100页,宁夏人民出版社1996年版;王沛:《河州花儿研究》,第127—128页,兰州大学出版社1992年版。

阿姑：土族语，姑娘。河州语中有时讽刺轻佻的女子。如“脸上雏雏（即皱纹）巴（即很多）者哩，个家哈当成尕阿姑者哩。”花儿：“阿姑是芍药者打（啊）骨葖，小阿哥摘下者戴上。”

5. 量词简单化

汉语的特点之一是有丰富的表示事物类别的量词，但是，河州话里的量词“个”几乎是万能的，它可以用来指称各类事物，而汉语普通话则要分别使用不同的量词。例如：

汉语普通话	河州话
一根扁担	一个扁担
一棵树	一个树
一座桥	一个桥
两本书	二个书
一片树叶	一个树叶
一朵花	一个花
一句话	一个话
一头牛	一个牛
一匹马	一个马[①]

三、语法特征

河州话最显著的特点表现在语法方面。在句法层面，语序表现为 SOV 型，即谓语在句末，宾语在动词之前，而且用附加成分表示变格。在词法方面最突出的特点是，表示多数的名词复数形式“们”的使用范围非常广泛，下面择要介绍这两方面的特点。

---

① 《临夏方言》（兰州大学中文系临夏方言调查研究组），第 71 页，兰州大学出版社 1996 年版。

1. 名词“数”的语法范畴

汉语普通话中，关于表示多数的名词复数形式“们”，使用范围很小，只能用在表示人的名词后面，如只能说“同志们”、“先生们”、“老师们”，不能说“石头们”、“骡子们”。可是在河州话中的“们”字（发音为［məŋ］）的使用范围非常广泛，出现的频率极高，有极强的构词能力，如同阿尔泰语系诸语言复数附加成分一样，表示多数的“们”字几乎可以用在所有名词和相应代词的后面。

(1) 出现在指人的专用名词词根后面，表示“一家人”的“量”，或表示“等人”。这种类型在普通话书面语中偶有所见，但口语中很难听到，河州话中则极常出现。例如：

①这个院子的三户没在的，王嫂们兰州浪亲戚去了，花花们连尕王们一呱看社火去了（这个院子的三户人家都不在，王嫂一家到兰州串亲戚去了，花花一家和小王一家都看社火去了）。

②李爷们是军属，街道上经常照顾着呢。

③春芳们做什么个去了，这几个丫头们黑了者还屋里不来（春芳她们干什么去了，这几个丫头天黑了还不回家来）。

④尕虎们的活，提前三天者干完了，这些尕青年们攒劲得呱（尕虎他们的活儿，提前三天干完了，这些小青年很有出息）。

(2) 出现在表示动物植物的名词词根后面，表量多。这类现象在河州话中十分普遍。例如：

①前年个鸡场刚办下，经验没，一场鸡瘟，鸡们多的死过了。

②政府一个命令，城里的狗们一呱打过了。

③山上种的庄稼们不多，多的是果树们。

④公路边里的白杨树们长得齐秃秃的。

⑤天上的鸟儿们往东飞着哩。

⑥河里的鱼儿们还小着哩。

(3) 出现在表示可数的，无生命物体的名词词根后面，一般表示量多。例如：

①兀个的生意红火得凶中，钱们麻袋啦装着呢（那人的生意很红火，钱多得用麻袋装着呢）。

②教室里的凳子们一呱搬过。

③秀秀的嫁妆移不多的，料子衣服们就装下者两箱子。

④这个老先生的学问大得凶，屋里进去□［ʂʅ］尽是些书们。

以上的“钱”“们”、“凳子们”、“衣服们”、“书们”都表示多，但有时也表示“模糊”的意思。例如：

⑤椅子们搬者来，墙上的画片们取过。

“们”还可以出现在表示并列的多项物体的词根后面。例如：

⑥客人们就来呢，碗盏们赶紧摆下。

⑦肝胆们离开□［$ʂʅ^{42}$］万难。

(4) 出现在表示不可数的物质名词词根后面，表示量多。例如：

①过年了，垢痂们洗过（过年了，身上的污垢洗干净）。

②年跟前到了，肉们多割下些，油们多灌下些，酒们多倒下些。

③山上的雨水大得凶，沟里的水们一呱下来了，尕娃照好，再不要叫胡跑了。

④城里的空气们不到我们乡里的新鲜，城里去给几天时，饭都吃得少下了。

这类词还有黄酒们、烟们、面们、沙子们、土们、火们、饭们等。

(5) 出现在抽象名词词根后面，表示量多。例如：

①年时秋里的收成们好得呱（去年秋天的收成好得很）!

②娃们的事成下了，尕独院住着呢，条件们好得凶（孩子的

喜事成了，独门独户住着，条件好得很)。

③藏着的尕青年心思们多者，我们老汉家摸不着（现在的小青年想法很多，我们这些老人猜不透)。

除此之外，新词中由这种构词形式构成的词仍不少，如“政策们”、“婚姻们”、“情绪们”、“思想们”、“作风们”等。

“们”在有些情况下也不表示“量”，例如“狗们啊喂上”，“门们啊锁上。”“狗”可以是只有一条，“门”可以是只有一扇。[①]

2. 名词“格”的语法范畴

河州话除了名词有“数”的语法范畴外，在语法结构上，还有许多与阿尔泰语系诸语言相同的东西。阿尔泰语系诸语言名词都有“格”的范畴，河州话也至少有7种似格的附加成分形式。

主格	名不加后缀
宾与格	名 + xa
从格	名 + ta
从格	名 + xəth
止格	名 + thala
凭借格	名 + la
领格	名 + 的（ti)[②]

这些格不仅构成方式与阿尔泰语系语言相同，而且有些后缀可以在甘青地区的阿尔泰语系诸语言里找到相同或类似的成分。

(1) 宾-与格。河州话中的模式是名 + xa，西部裕固语中宾

---

① 《临夏方言》(兰州大学中文系临夏方言调查研究组)，第155—157页，兰州大学出版社1996年版。

② “的”附着于“名”后，表示领属关系是现代汉语方言共有的现象。这个“的”不能单独使用而且读轻声，但不是格的附加成分的形式。在河州话中，在一定条件下可以把它看作一个格附加成分。详见马树钧：《汉语河州话与阿尔泰语言》，载《民族语文》1984年第2期，第52页。

格是名 + nə/ -də 或者 n；与格是名 + -qa/ -ke/ -ɣa/ -ɣe 等。

①汉语普通话：这个月的党费你交了吗？

河州话：tʂe kə yeti tãfɪxa ni tɕaiɔ liɔ mu？

这 个 月的 党费(把)你交了吗？

西部裕固语：pu ajnəŋ taŋfejnə sen tɕola dəm？

这个月的党费 你 交了 吗？

②汉语普通话：房子盖好了吗？

河州话：fãtsɿ xa kɛ vɛ˜ liɔmu？

房子(把) 盖 完 了吗？

西部裕固语：jynə qalɔval dəm？

房子（把）盖完了 吗？

③汉语普通话：你给客人们说一下。

河州话：ni khɛʐ̃ẽŋmuxa ʂuo kɪ xa.

你 客人们（向）说 给下。

西部裕固语：sen khetʃhenlerɣe bər di.

你 客人们（向）一 说。

④汉语普通话：这东西是我给你买的。

河州话：tʂʅ kə tũŋɕi ʂʅ ŋɤ nixa mɛ kɪti.

这 个 东西 是 我 你（向）买 给的。

西部裕固语：pu urtɕinə men saɣa ahltə.

这 东西 我 你（向）买的。

(2) 从格。河州话中的主要模式是名 + ta；[①] 西部裕固语是名 + tan。例如：

①汉语普通话：从北京回来了。

河州话：pɛtɕĩ ta xuɪ lɛ liɔ.

北京 从回 来 了。

---

① 也有学者认为，河州中的从格有两种模式。另一种为名 + xθthθ 式（马树钧：《汉语河州话与阿尔泰语言》，载《民族语文》1984 年第 2 期，第 52 页）。本书从简处理，只介绍主要形式。

西部裕固语：petɕiŋtan keləp dəro.
北京从 回来了 是。

②汉语普通话：从窗户扔给我了。

河州话：tʂhuãtsilita ŋɤxa- liɔ kɪ liɔ.
窗子里(从) 我(向)撂给了。

西部裕固语：tʂuaŋtsidan maɣa thajtap perdi.
窗子（从）我（向） 扔 给了

③汉语普通话：从那时起，再没来过。

河州话：θxuta tsɛ mə lɛ kuo.
那时（从）再没来过。

西部裕固语：osatdansoŋ am kelmede.
那时候（从） 现在没有来过。

据马树钧先生研究认为，河州话中的从格附加成分 ta，是源于突厥语言的一个附加成分。在古代突厥语中，-ta 是位-从格后缀，既表示“所在”，也表示“所自”。现在突厥语言中 -ta 专用作位格标志，这是突厥语进一步发展的结果。古代突厥语文献中 -ta 所表示“格”的意义，和现代河州话中的用法完全一致。[①] 例如：

①Tūrgəs kaqanta kθrüg kəlti。
突骑施 可汗（从） 探子 来了
（从突骑施可汗那里来了探子。）

——《暾欲谷碑》第 29 行

②Təngridə bolmix ilətmis bigi kaqan
天（从）降生 建国 英明 可汗
（自天降生的，建国的英明可汗。）

——《唐延啜碑》第 1 行

③Təglük kulum irkək yond（d）a əmig tiləyur.
瞎子 马驹 公 马（从） 奶 索求

---

① 马树钧：《河州话代词说略》，载《中央民族学院学报》1988 年第 1 期，第 74—75 页。

（盲驹求乳于公马。）

——《占卜书》第 36 页

(3) 止格。河州话止格后缀 thala/tara，与保安语后缀 -thala/thəl、蒙古语后缀 tal-a 非常相似。例如：

河州话：tha ʂãvthala ʂuɪliɔ.
他 晌午（直到） 睡了
（他睡到中午了。）

保安语：tha χθrθθlthələ saqə.
你们 晚上（直到） 等
（你们一直等到傍晚。）

蒙古语：nara rartal-a untajai.
太阳 出来（直到） 睡觉
（睡到太阳出来了。）

五屯话：ni lœtara ŋθ na jinta mənta tiŋjr
你 来 我 你 一 定 等
（我一定等到你来。）

(4) 凭借格。河州话凭借格形式是名 + la，该形式与西部裕固语中表示动作的方向、工具、界限、方式的后置词 otɕin-potɕin-vutɕin（用、以；和、与等）意义非常相似。例如：

①汉语普通话：你用普通话说。

河州话：ni phuthũŋxuala ʂuo.
你 普通话（用）说。

西部裕固语：sen phuthuŋxua vutɕin di.
你 普通话 用 说。

②汉语普通话：你用什么招待他们？

河州话：ni thamxa ʂʅmala khuɛ̃tɛli？
你 他们(把) 什么(用) 款待哩？

西部裕固语：sen gularnə ni vutɕin khuantelaʂi？
你 他们（把）什么 用 款待？

3. 其他语法范畴

马树钧先生在《汉语河州话与阿尔泰语言》一文中认为，如果不考虑不影响语法结构的孤立的借词，而只从出现于河州话中的阿尔泰语法结构的投影来看，除上述语法范畴之外，更为常见的是一些零星的、不成系统的语言现象。如一种句子类型、一个意念的表达等①。马先生将河州话中出现的一些语法现象同维吾尔语进行了比较，在此笔者将同样的河州话语句同西部裕固语作一比较，进一步说明河州话受阿尔泰语言模式的影响。

（1）河州话里出现几个动词时，除最后一个外，前面的几个都要加上 tʂə 尾。这个 tʂə 尾的语法功能与分布在西部裕固语的 -ɣa（～ɣe/ -qa/ -ke）尾副动词非常相似。例如：

①汉语普通话：上街买了东西回来了。

河州话：kɛʂã　tɕhʅliə tʂə　tuŋɕi　mɛʂãliɔ tʂə　tsθ　xuʅ tʂə
　　　街上　去了（者）东西　买上了（者）就　回（者）
lɛliɔ.
来了。

西部裕固语：kɛʂaŋqa　parɣa　urtɕinə　ahlɣa　aŋvup
　　　街上　去了（着）东西　买了（着）走（着）
kehliti.
回来了。

②汉语普通话：我们来北京后还没去过天坛。

河州话：ŋɤ　pɛtɕʅŋ　lɛliɔ tʂə　thiɛ̃thɛ̃xɛ̃　mə tɕhʅ kuo.
　　　我们　北京　来了（者）天坛　还　没去过。

西部裕固语：məz petɕiŋqa　kelɣe　thianthanqa thaqa paromaɣan.
　　　我们　北京　来（着）　天坛　还　没去过。

（2）河州话表示引语，包括直接引语和间接引语，都用 ʂʅ。

① 马树钧：《汉语河州话与阿尔泰语言》，载《民族语文》1984 年第 2 期，第 52 页。

这个 ʂʅ 是汉语“说”的变音[①]，但位置和汉语不一样，而和阿尔泰语系语言相同。例如：

①汉语普通话：他说他自己要来。

河州话：tha kətɕie lɛli ʂʅ.
他 自己 来哩 是。

西部裕固语： ol uzu kelen tito.
他 自己 要来 说。

②汉语普通话：听说明天要下雨。

河州话：miĩŋkə ɕia ɥyli ʂʅ.
明天 下 雨哩 是。

西部裕固语：taɤən jamər jaqəʂtə tito.
明天 雨 要下 说。

(3) 河州话表示“需要”，无论是肯定式、否定式，还是疑问式，都用动词或动词短语加“的”，再加上动词“要”构成。这种加“的”形式与西部裕固语动名词和 kherek，kherek joq 结合而成的句型，主要表示“有……的必要”或“没有……的必要”非常相似。例如：

①汉语普通话：需要去医院吗？需要去。不需要去。

河州话：jiyɛ̃li tɕhiti jɔla?
医院里 去的 要啦？
tɕhiti jɔli. tɕhʅti pujɔ
去的 要哩 去的不要。

西部裕固语：jiyenqa parer kherekmu?
医院 去的 需要吗？

---

① 在河州话的某些土语中，这个“(是)”可以与“说 (ʂʅ)”自由替换，由此可见，“ʂuo (是)”是“说”的变体，是由“说”演变而来的。“说”因词义虚化而导致其发音弱化，从“ʂuo”变为“ʂe”；词义从表示具体概念变为主要起语法作用。但它与“说”各司其职，有严格分工，它们可以出现在同一个句子中而不相互排斥，这在其他汉语方言中是绝不可能的现象。见马树钧：《汉语河州话与阿尔泰语言》，载《民族语文》1984 年第 2 期，第 53—54 页。

parer kherdk，parer kherek　joq.
去的　需要　　去　需要　没有

②汉语普通话：需要去人照顾吗？需要照顾。不需要照顾。

河州话：tɕhʅkərẽŋ　liɔtʂʅ　tʂɔxuti　jɔla?
去个人　了（者）招呼的　要啦？
tʂɔxuti　jɔlai　tʂɔxuti　pujɔ.
照呼的　要哩　照呼的　不要。

西部裕固语：pərkəsi　parɤa tʂɔkuler kherekmu?
一个人　去　照顾　需要吗？
tʂɔkuler kherek./tʂɔkuler kherek　joq.
照顾　需要　照顾　需要　没有。

从上述语言特征来看，河州话与阿尔泰语系语言之间有可能存在某种历史关系，但是我们也不否认河州话与其他民族语言之间的关系。大家知道，古代甘青地区是一个民族杂居、语言接触非常复杂的地区，特别是河州地区，既住着使用汉藏语言的民族，又住着使用阿尔泰语言的民族，早期还有使用阿拉伯语、波斯语的回族先民[①]，可以说语言关系和语言影响相当复杂。显然，河州话在较深层次上也受过藏语或其他语言的影响。河州话有些语法表达方式与藏语和阿尔泰语系语言都相同，由于语法形式不同源，就很难判断受哪些语言的影响[②]。关于河州话与安多

① 回族先民的主体是唐元以后入华的西域人。元代大批回族人随蒙古军进入汉地。据学者介绍，入华的回族成分复杂、语言不一。有的操波斯语、有的操阿拉伯语，还有的操各种印度语言。由于自10世纪起在东部伊斯兰世界，波斯语就代替阿拉伯语占据了统治地位，所以元代入华的回族内部的共同交际语当为波斯语，波斯语在这一时期在中国既是一种外语，也是一种少数民族语言，即回族的共同语。刘迎胜：《“小经”文字产生的背景——关于“回族汉语”》，载《西北民族研究》2003年第3期（总第38期），第61—68页。

② 如“表语言原因和连动的格助词 tʂə”，“表示引语的词 ʂʅ”。有些“格助词”由于与藏语和阿尔泰语言都不同源，而功能和有关句式又与藏语和阿尔泰语言都相似，同样很难判断是受哪些语言的影响。喜饶嘉措：《语言关系研究中的一些理论问题——〈汉语河州话与藏语的句子结构比较〉读后》，载《民族语文》1991年第4期，第11—22页。

藏语之间的关系已有不少研究成果①，不再赘述。关于河州话与阿拉伯语、波斯语之间的关系将在下文河州话的形成中做一简要探讨。

第三节 唐汪话

“唐汪”是唐家村和汪家村的合称。这两个村子位于甘肃省东乡族自治县的东北部，东临洮河，洮河以东是汉族居住区，属于甘肃省临洮县；洮河上游和西面山区的居民绝大多数是东乡族；北面的照壁山、塔石沟和白嘴三村并称三合，是与唐家同祖的汉族居民。唐汪人自称回族，也有自称东乡族的，但不会说东乡语。唐汪人使用一种既不同于汉语又不同于东乡语的唐汪话。

一、语音特征

唐汪话有声调，因此音节可以分析为声母、韵母和声调三部分。唐汪话有 23 个声母 32 个韵母，4 个声调（不包括轻声）。声韵搭配关系与汉语兰新官话基本相同，不同点是：（1）除 a、ɛ 两个音节外，凡是汉语兰新官话里以 a、o、ə 起头的音节，在唐汪话里都带 n 声母，如 nɛ̃“按”，nɔ̃“傲”、nou“偶”nə̃“恩”等。（2）唐汪话的 t、th、n、l 与齐齿呼韵母相拼时一律变读为 tɕ、tɕh、ȵ、li（li 与 ȵ 同部位的边音）。这是受东乡语影响的结果。（3）k、kh、x 不与 ɤ 韵母相拼，k、kh 可以与 i、ie 韵母相拼，如 ki“给”、kie“革”khe“咳”等。4 个声调有一些变化，

① 笔者看到的研究成果主要有《汉语河州话与藏语的句子结构比较》（仁增旺姆，1991 年）；《试论安多藏语与河湟花儿的内在联系》（扎西东珠、马岱川，1994 年）；《汉语青海方言与藏语安多方言》（敏生智，1989 年）等。

阴平调 24 与上声调 224 很相似，当地人对这个差别不敏感；相当于汉语阴平的字在唐汪话中有一部分读作阳平 554 调。唐汪话的声调有演变为三个调类的趋势，即阴平字分别归到上声和阳平两类。此外，表示语法意义的后缀和一些轻声音节没有声调。但总体而言，唐汪话的音位系统是汉语的。

二、词汇特征

唐汪话的词汇有的来自东乡语，例如：

唐汪话	东乡语	汉语
a^{244}na^{24}	ana	妈妈
a^{31}mu	amu	伯母
a^{31}pa	apa	叔叔
su^{224}xuɛ̃^{53}tʂhʅ^{53}	suxuantʂɯ	伴娘
tʂɛ̃^{224}liɛ̃	tʂənliən	朋友
xa^{53}li	hali	能力
ɤ^{224}tɤ	ətə	现在
xɤ^{224}li^{31}	həri	热心

有的来自阿拉伯语和波斯语，这样的词数量不多，且都是文化词。例如：

唐汪话	东乡语	汉语
a^{224}sʅma^{53}ni	asɯman	天
xu^{224}ta^{53}	χuta	真主教友
tuə^{224}sʅta^{53}ni	tusɯtan	教友
mɔ^{31}tʅhi	maotʅhi	死
a^{224}xi^{24}lɤ	aχɯrə	后世
a^{224}lɛ̃^{53}	alən	世界
nɤ^{31}ma^{53}tʂʅ	nəmasɯ	礼拜
ku^{31}la^{53}ni	quraɤan	古兰经

ε³¹lĩ⁵³	ə̃lin	知识

来自汉语的词占绝大多数，而且都是基本词。例如：

唐汪话	汉语
ʐə̃	人
jɔ̃	羊
ʂu	树
fʅ	飞
tsou	走
tʃi	去
tsuə	坐
phĩ	平
tuε̃	短
kɔ	高
tʃĩ	近
vu	五
tshε	才

从以上分析可以看出，唐汪话的词汇也是以汉语词为主。

三、语法特征

唐汪话的语法结构与汉语大不相同。

1. 名词

名词有数、格、领属范畴。数分单数、复数两种，单数是名词原形，复数则加后缀 -m。唐汪话的 -m，因受东乡语影响，可以加在指物名词后表示复数，与东乡语一样，名词的复数一般不单独使用，要出现在一定的上下文里。如：

唐汪话：jɔ̃⁵³ -m -xa kε̃²²⁴ʂɔ~³¹ tʂɤ tʃĩ³¹lε⁵³ -ki.

羊（复数）赶上　　　进来。

汉语普通话：把羊（复数）赶进来。

唐汪话名词有四个格：基本格、把-被格、从-比格和造-联格。

基本格。与东乡语一样都用名词原形表示。基本格名词和动词结合时，表示名词是动词的施事。例如：

唐汪话：ʂu^{31} tʂõ^{224} –tʂɛ.
　　　　树　长。
东乡语：muthun osɯ–tʂo.
　　　　树　　长。
汉语普通话：树在长。

把-被格。用后缀 –xa 表示，所表示的意思相当于汉语介词“把”。与东乡语一样，把-被格名词处在动词的施事之后时，表示该名词是动词的受事。例如：

唐汪话：və^{224} tsɿ^{53}–xa　　tʂua^{24}tʂ ‘u^{31}-liɔ.
　　　　我　贼（把-被格）抓住了。
东乡语：pi　quɤəi-ni　　pari-wo.
　　　　我 贼（把-被格）捉。
汉语普通话：我把贼抓住了。

把-被格名词处在动词的施事之前时，作为动词的受事，把-被格 –xa 所表示的意思与汉语介词“被”、“让”、“叫”相当。例如：

唐汪话：ka^{31}–xõ^{24}–xa　　kou^{234} niɔ^{224}–xaliɔ.
　　　　尕汪（把-被格）狗　咬。
东乡语：kawan–ni　　noɤəi tʂao–wo.
　　　　尕汪（把-被格）狗　咬。
汉语普通话：小汪被狗咬了。

从-比格。唐汪话的形态标志是 –ʃie，相应的东乡语形式是 –se。唐汪话的 –ʃie 不像东乡语那样直接加在基本格的普通名词上，而要加在把-被格的名词上，也可以在普通名词加“上”、“里”等字后再缀接从-比格形式。唐汪话的 –ʃie 可以直接附在时间名词、处所名词和地名的基本格形式上。从-比格名词与动词结合时，从-比格附加成分 -ʃie 所表示的意思与汉语介词“从”、“自从”相当。例如：

唐汪话：wə^{224} lɛ̃^{53}tʂou^{24}-ʃie lɛ^{53}-liɔ.
我 兰州（从-比格） 来。

东乡语：pi lantʂu-sə irə-wo.
我 兰州（从-比格）来。

汉语普通话：我从兰州来。

造-联格。唐汪话的形态标志是 -la，与东乡语的造格 -qala 和联合格 -lə 相对应。

造-联格名词与动词结合时，表示动词行为所凭借的工具或所用的材料，与汉语介词“拿”、“用”相当。例如：

唐汪话：va^{53}va^{53}-m ʂuə^{53} ʂuə^{53}-la tʂhʅ^{24}
娃娃（复数）勺勺（造-联格）吃。

东乡语：kuɯwos-la ʂoʂo-qala itʃiə.
孩子（复数）勺勺（联格）吃。

汉语普通话：小孩子家用勺子吃（东西）。

造-联格形态标志 -la 和名词或代词结合时，相当于汉语连词“和”、“跟”。例如：

唐汪话：ni^{224} a^{31}ka-la ji^{24}ta tʃhi^{31}
你 阿哥（造-联格）一搭 你。

东乡语：tʂɯ aka-lə hanthu ətʂhɯ.
你 哥哥（联合格）一起 去。

汉语普通话：你和哥哥一起去。

唐汪话的领属范畴分反身领属和人称领属两种。反身领属形态标志与东乡语一样，都是 -nə，表示该名词所表示的人和事属于动作的主体本身。-nə 附在把-被格名词后成为 -nə。与动词结合时，它作为动词的受事，与东乡语中直接加在名词基本格上的形式 -nə 相对应。

例如：

唐汪话：nɤ^{31} ma^{224}－xanə kɛ̃^{224}－tʂɤ tsou^{224}－liɔ.

那　马　　　赶　　　走。

东乡语：hə mori－nə thao－tʂɯ jawala－wo.

他 马　　赶　　　走掉。

汉语普通话：他把（自己的）马赶走了。

－nə 附在造-联格名词后成为－lanə，与动词结合时，有两种情况：

一种是表示动作行为所凭借的工具或材料属于动词的施事者本身，与东乡语的－qalanə 对应。例如：

唐汪话：ni^{224} khuɛ̃^{31}tsɿ－lanə tʂhʅ^{24}.

你　筷子　　吃。

东乡语：tʂhɯ tʂhuku－qalanə itʃiə.

你　　筷子　　吃。

汉语普通话：你用（自己）的筷子吃。

另一种是表示偕合，与东乡语的－lənə 相对应。例如：

唐汪话：və^{224} a^{224}na^{24}－lanə ji^{24}ta tʃhi^{31}－li

我　阿娜　　一搭 去。

东乡语：pi ana－lanə hanthu ətʂhɯ－nə.

我　母亲　一起　去。

汉语普通话：我要和（自己）母亲一起去。

－nə 附在从-比格名词后成为－xaʃienə，与东乡语的－sənə 相对应。例如：

唐汪话：və^{224} a^{31}ta－xaʃienə tʂɔ̃^{224}－tʂɤ kɔ^{224}－xaliɔ.

我　阿大　　长　　高。

东乡语：pi ata－sənə osɯ－tʂɯ untuta－wo.

我　父亲　长　　高。

汉语普通话：我长得比（自己的）父亲高了。

人称领属仅限于第三人称单数形式。第三人称复数和第一、第二人称单数、复数都没有这种语法形式。形态标志与东乡语相同，都是－ni，表示它所附着的名词所表示人或事物属于单数第三人称“他”或“她”，例如：ʃifuni 即“他的媳妇”。这里用了

-ni，表示领属的单数第三人称代词一般不再出现。

2. 代词

唐汪话代词和东乡语一样，分人称、指示、疑问和反身四种。他们都有数和格的范畴，指示代词和疑问代词还有领属范畴[①]。其中，唐汪话基本格形式的人称代词，不管与什么词结合都作施事或被描述者，不能作受事。例如：və^{224}ta^{224}-liɔ tha^{24}“我打了他。”这句话在唐汪话中是不能成立的，只能说成“və^{224} tha^{24}-xa ta^{224}-liɔ”“我打了他（我把他打了）。”因为唐汪话中表示受事的代词必须用把-被格形式。词序在唐汪话的语法体系中所占的位置是相当次要的。例如：və^{224} tha^{24}- xa ta^{224}-liɔ 这句话，可以说成以下词序不同的句子：

（1）və^{224} ta^{224}-liɔ tha^{24}-xa.

（2）tha^{24} və^{224} ta^{224}-liɔ.

（3）tha^{24}-xa ta^{224}-liɔ və^{224}.

上述句子的意思都是“我打了他。”

3. 动词

唐汪话的动词有态、体、副动词三种范畴。态有主动态和使动态两种。唐汪话的主动态与东乡语一样，都用动词原形表示。

唐汪话使动态的标志是-ki，而东乡语是-ʁa. 例如：

唐汪话：nɤ^{31} lɛ^{53}-ʂʃ　　və^{224}-xa tʂʅ^{24} tɔ^{31}-ki　ji^{24}xa^{31}.
　　　　那　来（条件）我　　知道　　一下。

东乡语：hə　irə-sə　matə niə mətʃiə-ʁa.
　　　　他来（条件）我　一　知道。

汉语普通话：他要是来了，就通知我一下。

唐汪话动词的体和东乡语一样，有完成体、继续体、未完成体和经常体四种。

---

① 人称代词数、格形态表，见阿·伊布拉黑麦：《甘肃境内唐汪话记略》，载《民族语文》1985年第6期，第38—41页。

完成体标志是 -liɔ 或 -xaliɔ，与东乡语 -wo 相对应，表示行为在现在或过去的某一时间前已经完成。例如：

唐汪话：vә^{224} khɛ̃^{31} - liɔ.
　　　　我　看（完成）。
东乡语：pi utʂә-wo.
　　　　我 看（完成）。
汉语普通话：我看了。

继续体标志是 -tʂɛ，东乡语是 -tʂo，它表示行为在现在或过去的某一时间里还正在进行。例如：

唐汪话：vә^{224} khɛ̃^{31}-tʂɛ.
　　　　我　看（继续）。
东乡语：pi utʂә-tʂo.
　　　　我 看（继续）。
汉语普通话：我正在看。

未完成体的形态标志是 -li，东乡语是 -nә，表示行为尚未进行或将要进行。例如：

唐汪话：vә^{224} khɛ̃-li.
　　　　我　看（未完成）。
东乡语：pi utʂә-nә.
　　　　我 看（未完成）。
汉语普通话：我要看。

唐汪话和东乡语动词的未完成也表示经常发生的动作。例如：

唐汪话：tʂʅ^{31} kie^{31} jɔ̃^{53} xou^{224}-li.
　　　　这　个　羊　吼（未完成）。
东乡语：әnә niә qoni warata-nә.
　　　　这　一　羊　叫喊（未完成）。
汉语普通话：这只羊（经常）爱叫唤。

经常体标志是 -tʂɤ，东乡语是 -tʂɯ，表示动作经常进行。

唐汪话：tʂʅ^{31} kie^{31} kou^{224} ʐә̃^{53}-xa niɔ^{224}-tʂɤ!
　　　　这 个 狗　人（把人）咬（经常）。

东乡语：ənə niə noʁəi khun－ni tʂao－tɯ！
这 一 狗 人（把被）咬（经常）。

汉语普通话：这条狗经常咬人。

副动词兼有动词和副词的性质，与一般动词配合使用，由动词加如下后缀构成：－tʂɤ（并列）、－thala（选择、界限）、－liɔtʂɤ（分离－让步）、ʂʅ（条件）、－li（重复）。

唐汪话并列副动词的标志是－tʂɤ，东乡语是－tʂɯ，它主要说明动作进行的方式。例如：

唐汪话：nɤ^{31}tsou^{224}－tɤ lɛ^{53}－xa tʃi ʂʅ.
那 走（副动）来（完成）的（表判断）。

东乡语：thərə jawu－tʂɯ irə－sən wo.
他 走 （副动）来（过去时形动词）(表判断

汉语普通话：他是走着来的。

唐汪话选择－界限副动词标志与东乡话相同，都是－thala。－thala表示选择意义时，两个动作发自同一个主体，与普通话连词"与其……不如……"相当。例如：

唐汪话： ʂu^{24}－xa niɛ̃^{31}－thala xuə^{53}－xa tsu^{31}
书（把被） 念（副动） 活（把被） 做
tʃhi^{31}－li.
去（未完成）。

东乡语：ʂu－ni wanʂɯ－thala wiliə－ni kie－lə
书（把被）读（副动） 事情 （把被）干（目的）
ətʂhɯ－nə.
去（未完成）。

汉语普通话：与其读书还不如干活去。

－thala表示界限意义时，动词所表示的动作发生在副动词所表示的动作之前。两个动作可发自相同的主题，也可以发自不同的主题。例如：

唐汪话：ʃye^{53} ʃiɔ^{31}li tʃhi^{31}－thala ni^{224} tʂɤ^{31} lilɛ^{53}！
学校里 去（副动）你 这里 来！

东乡语：ʃiəʃiao－tə　ətʂhɯ－thala　tʂhɯ　əntə　irə！
　　学校（与位）去（副动）你　这里　来！

汉语普通话：（在你或我或他）去学校前来这里！

唐汪话分离-让步副动词的标志是－liɔtʂɤ。它表示分离意义时，只与动词结合，说明后一动作发生在它所表示的动作结束之后，与东乡语的分离副动词－tənə（或－tə）相对应。例如：

唐汪话：ni^{224}　fɛ̃^{31}－xa　tʂhʅ^{24}xa－liɔtʂɤ　tʃi^{31}.
　　你　饭（把被）　吃（副动）　去。

东乡语：tʂhɯ　putan－ni　itʃiə－tənə　ətʂhɯ.
　　你　饭（把被）吃（副动）去。

汉语普通话：你吃完饭再去。

－liɔtʂɤ 表示让步意义时，表示不管副动词的动作行为、状态出现与否，后一动词行为或状态必须如此进行的意思，与东乡语的让步副动词－sənu（或－liaotʂə）相对应，相当于普通话连词“即使……也……”例如：

唐汪话：ni^{224}　pu^{31}　tʃiɔ^{24}－liɔtʂɤ　nɤ^{31}　kuə^{31}　ʐə̃^{53}－nə　ʃye^{53}xa　xa^{31}－li.
　　你　不教　（副动）　那　个　人　学　不　能够　（未完成）。

东乡语：tʂhɯ　uliə　suruʁa－liaotʂə　hə　kojə－nə　suru　ʂɯta－nə.
　　你不教（副动）　他自己　学会　能够（未完成）

汉语普通话：即使你不教，他自己也能学会。

唐汪话条件副动词的形态标志是－ʂʅ，东乡话是－sə。它与动词结合，表示后一动词行为发生的条件，与普通话连词“假若……就……”相当。例如：

唐汪话：ni^{224}　pĩ^{31}xa－ʂʅ　və^{224}　ni－xa　khɛ̃^{31}　lɛ^{53}.
　　你　病下　我　你（把被）看（目的）来（志愿）。

东乡语：tʂhɯ　kəmərə－sə　pi　tʂhɯ－ni　utʂ－lə　irə－jə.
　　你　病　我你（把被）看（目的）来（志愿）。

汉语普通话：你要病了，我就来看你。

唐汪话重复副动词的形态标志是 -li，东乡语是 -n。重复副动词表示行为重复进行，并引起另一行为的发生。

唐汪话：khɛ̃³¹-li khɛ̃³¹-li ʂuɪ³¹ tʂuə⁵³-liɔ.
看 看 睡 着（完成）。

东乡语：utʂə-n utə-n hunthura-wo.
看 看 睡着（完成）。

汉语普通话：看着看着就睡着了。

唐汪话受东乡语的影响，句子结构一般是“主-宾-谓”。“主-谓-宾”结构在唐汪话中有时也出现，但一般只出现在一些惯用句式和短语中。①

第四节 五屯话

五屯人聚居在青海省黄南藏族自治州同仁县隆务乡五屯下庄、五屯上庄和江查麻村，北与保安下庄毗邻，西隔隆务河与年都乎、郭麻日、尕洒日相望，周围多是藏族村落；人口总数2000人左右。由于五屯人的服装样式与年都乎、郭麻日、尕洒日、保安下庄四个土族村子的居民一样，而且过去同属一个千户管辖，因此被统称为土族。但是五屯人自己认为他们不是土族，是藏族。

关于五屯人的语言，过去学界有不同的认识，有人认为是汉语的一种方言；有人认为是藏语的一种变体；也有人因五屯人同自治州内的汉、藏、蒙古、土、撒拉等族人交往密切，便把“五屯”讹读为“五通”。即兼通汉、藏、蒙古、土、撒拉5种语言

① 阿·伊布拉黑麦：《甘肃境内唐汪话记略》，载《民族语文》1985年第6期，第45—47页。

者。认为“五通”话是上述5种语言的混合体。

20年前陈乃雄先生调查研究认为，五屯语是一种长期受到藏语强烈影响的以汉语为基础发展而成的独特的语言。近年来南开大学意西微萨·阿错博士在研究四川境内的藏汉混合体——“倒话”后认为，五屯话和倒话一样，是一种“汉语的语音＋汉语的词汇＋民族语（藏语）的语法”的结构类型，是语言深度接触所产生的语言混合现象。

在此根据陈乃雄先生的有关研究成果并结合自己的实地调查[①]，简要介绍五屯话的混合特征。

一、语音特征

五屯话里有8个舌面元音和2个舌尖元音。舌面元音是a、e、ə、ɤ、i、o、u、y。舌尖元音是ɿ和ʅ。在汉语里ɿ、ʅ同i是合为一个音位的，可是在五屯话里dz、ts、s、dʐ、tʂ、ʂ、r（ʐ）后面不仅能够出现舌尖元音ɿ或ʅ，也能出现舌面元音i，不具备那种互补的条件，所以ɿ、ʅ、i被分别作为独立的元音列入五屯话音系之中。

五屯话里有13个复元音，它们分别以e、i、o、u、y带起。复元音有的源自汉语，有的源自藏语。

五屯话有33个单辅音，其中4个双唇辅音，1个唇齿辅音，13个舌尖辅音，12个舌面辅音，1个小舌音，2个喉壁音[②]。

据分析研究，五屯话原先有过声调，这种声调长期受到没有声调的同仁藏语的影响，逐渐改变了它的本来面貌，退化了。作为对声调的补偿，它转化成一种词重音，表现为每一个多音节结

---

① 笔者2001年8月15—21日赴青海省黄南藏族自治县同仁县隆务镇江查麻村调查五屯话，详见语言介绍人简介。

② 陈乃雄：《五屯话音系》，载《民族语文》1988年第3期，第1—10页。

构里总有一个或多于一个音高较高，音强较强的音节。声调的遗迹可以从 mime “买米”，miˊme “卖米”；ˊxarən “汉人”，xaˊrən “坏人”等词组中看出。这几组词拆成 mi、me、xa、rən，孤立诵读时并无声调的差异，只有组合在一起时，两字间才产生相对的轻重程度的不同。

从汉语的角度来考察五屯话的语音，其特点是汉语普通话里的送气音都同五屯话的送气音相对应，没有以不送气音出现的；不送气音则除了主要同不送气音相对应外，还有一小部分与送气音对应。汉语普通话 zh 在五屯话中分为 dʐ，ɟj，ch 分为 tʃ ，cç，这是由于受到周围藏语的长期影响所导致的。当地藏语里既有 dʐ，tʂ，dʑ，tɕ 这样的音位，也有 ɟj、cç 这样的音位，可能是五屯人借用了藏语里的 ɟj，cç，补充到自己的音位系统里，一来便于吸收藏语词语，二来解决一部分同音词的问题，变同音为不同音，减少原来过多的同音异义现象。

总之，五屯话是以汉语语音为主的语音系统，但是其中也蕴藏着许多不同语言或方言互相影响、融合的信息。

二、词汇特征

五屯话中，词汇以汉语词为主，而且多数汉语词与汉语发音大体相同。比较突出的特点是，汉语词音节末的鼻音，在五屯话中有时被略去。例如：

kənˊtshia 跟前	ˊxəpia 河岸（河边）
siaˊlœ 醒来	ˊʂutiǎ 树梢（树巅）
kanˊtɕha 擀杖	mɔŋ̊a 毛孔（毛眼）

五屯话中有些词虽是汉语（或部分是汉语）的，但表达的词义或构成方式却受到藏语或周围其他语言的很大影响。例如：“自行车”，同仁藏语和保安语里都是用表示“铁”的词和表示“马”的词结合在一起来表示的，五屯话仿藏语和保安语的组合

方式，称作 t'ie－'ma（“铁” + “马”）。“吹牛”，同仁藏语叫 labɣdʑap，lab 是“大话”的意思，ɣdʑap 是“打”的意思，五屯话仿藏语的组合方式，用 lœ tqa（“大话” + “打”）来表示。

五屯话中的藏语借词约占五屯话语词的 20%，它渗透到五屯话词汇的每一个角落。从天文、地理、身体、器皿、飞禽走兽、花草虫鱼到政治、文化、宗教，无论一般词汇还是基本词汇，每个领域都有藏语词存在。

五屯话词汇的突出特点有以下几点：

一是在表达某些概念时，存在汉藏语词通用的现象。例如：

toŋɕi ~ kəŋ'kha　冬天
tshɔ'thi ~ tsa'thaŋ　草原
pi ~ ȵa'thu　被子
kan'pu ~ li'ɕepa　干部
'piete ~ ʑam'pa　别的
mə'mə ~ tɕən'təŋ　馒头
tʂha'xu ~ saŋtian　茶壶
wəi'tɕin ~ kex'tɕi　围巾

二是用汉语词和藏语词为材料，组织在一起混合造词。例如：

日食　rə'thiɤ'tshalatili
门帘　mən'tə jer'wa
枕套　tɕin'thiɤɕi'ma
号脉　xtsa ȵe
被里子　pinaŋma
旋风　ɕianrmə xən
窗台　tʂa'ma'thœtsʅ
喜酒　ȵan'tʂəqtətsɤ
打猎　rə'təʂa

三是在藏语词的基础上接缀五屯话特有的附加成分构成新词。例如：

同仁藏语	五屯话	汉语
ɣtsamo	xtsaˈlali	容易
ɣga	kaˈlatəkə	爱好
thaktɕol	thəxˈtɕətsi	决定
lamalaŋ	ˈlamalaŋˈla	出发

在汉语词上接缀一些藏语的附加成分，也是五屯话的一种派生新词的方法。例如：

lɔˈke－wa 犯人，lɔˈke－即汉语："劳改"，wa－藏语表人构词附加成分。

总之，五屯话中汉语词约占65%，藏语词约占20%，汉藏混合词约占5%，另有10%左右目前尚不能肯定其来源的语词[①]。

三、语法特征

1. 五屯话名词词干既可以表示单数，也可以表示复数。此外，如果要明确表示单数，可以在名词词干末接缀－kə。如：ɬəma－kə、pitɕipən－kə分别表示"一名学生"、"一个笔记本"。五屯话里的－kə和年都乎等附近村落的居民所讲的保安语中的单数附加成分－kə～－ŋkə很相似，但学者研究认为，二者来源不同。保安语中的－kə～ŋkə是由保安语数词nəkə"一"简缩演化而来，而五屯话中的－kə则来源于汉语数量词"一个"的"个"[②]。

ŋənˈtɕhi　ŋənˈtɕhi－kə，　tiˈtie－kə ma　ȵiˈȵe－kə
从前 从前　（单数）　老头子（单数）　和老太婆（单数）

① 陈乃雄：《五屯话初探》，载《民族语文》1982年第1期，第10—12页。

② 陈乃雄：《五屯话初探》，载《民族语文》1982年第1期，第14页。

jɤtərə.
有。

（很久很久以前，有一个老头子和一个老太婆。）

如果要明确表示复数，可以在名词词干末接缀 -tərə。例如：ɬəma-tərə、pitɕipən-tərə，分别表示复数的“学生、笔记本”。这个 -tərə 也可以用来源于汉语的 -tɕikə（几个）代替。

2. 在说明名词和句中其他词的关系时，五屯话使用格附加成分。其中表示领属关系的 -tə 和表示存在处所的 -li 来自汉语的“的”和“里”，表示直接的行为接受者和间接的行为接受者的 -xa 和 -na 也分别出现在青海汉语方言和藏语中。

凭借格的附加成分 -liankə，主要表示实现某种行为所用的广义的工具和材料。例如：

ŋə tɔˊtsɿ-liankə rɤ tshietə jɤ
我 刀子（用——凭借格） 肉 切 有。
（我用刀子切肉。）

ˋŋətɕikə ɕaŋˊtɕha-liankə tɕəˊtsɿ wan ˋləntʂɿ.
我们 木头（用——凭借）桌子 制 作。
（我们用木头制作桌子。）

sinˊthiŋtəkə sinˊtə ˊman-liankə ˊxɔkuəkə ˋliɔtsɿli.
心病 心（的）药 （用—凭借格）治好。
（心病要用心病医。）

界限格的附加成分 -ra，主要表达起动、来源、转移、开始、变化等的处所界限，时间界限或性状界限。例如：

ȵi aˊ-ra ˋlœeliɔ.
你哪儿（从——界限格）来了。
（你从哪儿来？）

ˊphœtə ntəqua-ˊra ˋlantə piankuəliɔtsɿli.
白（的） 颜色（从——界限格）蓝（的）变。

ˋlantə ntəqua-ˊra χiˊtə ˊpiankuəliɔtsɿli.

蓝色的 颜色（从——界限格）黑的 变。

（由白色变成蓝色，由蓝色变成黑色。）

对具体事物进行比较时，一般不用界限格。而用 k′anra（看的话），置于作为比较标准的事物的词后面。例如：

ŋɵ　ȵa　ˈkhanra　liaŋ　sui　tali，　ŋɵˈtə　ˈthisiaŋ
我　你 看　（的话）　两　岁，大　我（的）弟弟 我 看

ŋa khara liaŋsui ka jr.
（的话）两岁小有。

（我比你大两岁，我弟弟比我小两岁。）

这种结构方式与同仁藏语和保安语相一致。同仁藏语：“作为比较标准的词 + ɤtena（看）+ 形容词”；保安语：“作为比较标准的词 + utɕitɕi（看）+ 形容词”。

3. 五屯话第一人称、第二人称和第三人称祈使式动词的结尾分别采用 -tœ，-ta 和 -qə。其中 -tœ 表示说话人的意愿；-ta 表示说话人对对方的一种希望或要求；-qə 表示说话人对第三者的允许或期望。-tœ，-ta，-qə 的读音及所表达的语法意义同保安语里的祈使式很相似。保安下庄土族居民所操保安语习惯用动词完成体的 -tə 和第一人称祈使式附加成分 -ɛ 的结合体 -tɛ 来表示说话人的意愿，用动词词干加语气词 ta 来表示对方的希望或要求，用 -qə 表示对第三者的允许或期望。

4. 和蒙古语或保安语副动词相比较，五屯语里至少有并列、立刻、假定、前提、让步、迎接等副动词或类似这些副动词的形式。其中并列副动词的语尾是 -ma，表示几个行为同时进行；立刻副动词的语尾为 -tita，表示这个行为一发生，马上发生另一个行为；假定副动词的语尾为 -ra 和 -tər，表示这个行为是另一个行为的条件，-ra 多用在未来可能具备的条件上，-təra 用在过去可能具备的条件上；迎接副动词的语尾是 -thara，表示后面的行为一直持续这个行为的实现，这个语尾无论从它的意义还是

读音上看，都同蒙古语 -pala 和保安语 -thala（~ -thələ）十分相似[①]。

5. 五屯话在句法方面突出特点是语序严格遵循谓语在句末，宾语在动词之前这样一条规则。例如：

tɕiɤ ʂu（九数）数九

tʂhɤ tɕhy（笛吹）吹笛

ˊtɵlɵ tian（头点）点头

phi xɵŋ（屁放）放屁

虚化的存在动词 jɤ（否定式 mi）、判断动词 xœ（否定式 pœ）以及存在动词和判断动词的重叠、结合形式，在五屯话里使用特别频繁。

ŋɵˊ xaxua ˊtsekə　ɕɵ　xi jɤ.
我 汉语 一点儿　就会有。

我会讲一点汉语。

xan　ˋliaŋ tian ˊtɔma ˊmili.
还　两 点到 没。

还不到两点钟。

ku ˋku ˋkhuitə　ˊjaŋtsɿ　ta ntɵˊqua ŋɵ kaˋlatəkə ˊxœli.
那个　箱子（的）样子 和 颜色 我　喜欢 是。

我喜欢那只箱子的样子和颜色。

tɕi χœ　ŋɵˊtəra　pœ jɤ,　ŋanˊtə　ˋkakatəra　pœli.
这 鞋 我（的）（也）不是有，我（的）哥哥（的）（也）不是。

这鞋既不是我的，也不是我哥哥的。

动词在宾语之后，在青海汉语方言里也较普遍，但不是绝对的规则，而在五屯话里却毫无例外，尤其存在动词和判断动词的

① 具体描写比较研究见陈乃雄：《五屯话初探》，载《民族语文》1982 年第 1 期，第 16—18 页。

重叠和结合，在句末的用法是五屯话所特有的。

五屯话的使用者大多数是双语人，他们内部讲五屯话，和周边的藏族，包括懂藏语的汉族、回族、同仁土族等交际时用藏语。五屯人不会汉语文，却会藏语，有些人还会藏文。当地其他民族，包括汉族在内都不懂五屯话。从五屯话的语音、词汇、语法综合考察，可以认为五屯话是一种长期受到藏语，或许还有过去与五屯同属一个千户所辖、彼此来往密切，人数多于五屯人而操保安语的土族居民语言强烈影响的，以汉语为基础发展变化而来，逐渐具有了独特的内部规律的语言①。

① 陈乃雄：《五屯话初探》，载《民族语文》1982 年第 1 期，第 18 页。

第四章　花儿的区域特征

花儿是流行在甘肃、青海和宁夏等省区的一种特殊的山歌，是当地汉、回、土、藏、撒拉、东乡、保安和裕固等操不同语言的8个民族，对其演唱的这种体裁的民歌所赋予的昵称。当地各民族用它来抒发自己的感情，表达自己的心声。“花儿（嘛）本是（就）心上的话，不唱是由不得自家；刀子（哈）拿来者头割（呀）下，不死是就这个唱法。”

第一节　花儿及其流行范围

“花儿”名称何时而起，至今没有定论，多数花儿方面的学术论著认为，清代甘肃临洮诗人吴镇（1721－1797）《忆临洮》十首第九首中“花儿绕比兴，番女亦风流”的诗句是最早描写花儿的诗句。但是也有学者发现早在明代贬谪西北的文官诗歌中就有描写花儿的诗句。如明代高洪的《古鄯行吟》：

青柳垂丝夹野塘，农夫村女锄田忙，
轻鞭一挥芳径去，漫闻花儿断续长。[①]

这首诗描写了诗人夏日行走在青海东部农田时的所见所闻，表现了演唱花儿的季节（夏天）、环境（田野）、歌者（农夫、村

① 赵宗福：《谈咏“花儿”的诗及其最早出现的年代》，载《中央民族学院学报》1988年第4期，第67页。

女）和花儿的音乐特色（断续长）。古鄯，即今青海省民和县古鄯乡，明洪武十八年设古鄯驿。花儿中有“上走了西宁的古鄯驿，下走了窑街的大同”的句子。

此外，明清以来的西部竹枝词中有不少描写青年男女在田间劳动时对唱花儿的场面。如《甘肃竹枝词》中有：

男捻羊毛女种田，邀同姊妹手相牵。
高声各唱花儿曲，个个新花美少年。①

近代历史学家慕寿祺的《西宁道中》：

荆布田家妇，羞含薄面皮。
风流曲成调，一路唱花儿。②

近代学者高一涵的《河洮纪行》：

少年个个美髯，黑白平冠老将师。
渡过康家崖畔水，野田处处唱花儿。③

从上述文人咏唱花儿的诗句可以得知，花儿并非近期产物，是有着悠久的历史，而且明清时期已经盛行于甘青地区。

现在花儿的流行地区以河（黄河）、湟（湟水）和洮（洮河）、岷（甘肃岷江）一带为中心。向外辐射至青海东部、甘肃大部分地区、宁夏回族自治区、新疆维吾尔自治区昌吉回族自治州和陕西西部在内的广大地区。在中心地区，花儿是唯一的山歌

---

① 赵宗福：《谈咏“花儿”的诗及其最早出现的年代》，载《中央民族学院学报》1988年第4期，第67页。

② 赵宗福：《谈咏“花儿”的诗及其最早出现的年代》，载《中央民族学院学报》1988年第4期，第68页。

③ 赵宗福：《谈咏“花儿”的诗及其最早出现的年代》，载《中央民族学院学报》1988年第4期，第68页。

体裁，也称“山歌”、“野曲”；外围地区，“山歌”与花儿并存，但两种称谓有严格区别，二者都可以用别名“野曲”，但“山歌”从不叫“花儿”，歌手也不认为“花儿”是“山歌”。

在甘青地区特有民族中，“花儿”又与各民族的民族艺术特点相结合，形成一些新的演唱风格和艺术形式，甚至出现用民族语演唱“花儿”的“新形式”。

第二节　花儿的基本类型

根据花儿分布的地域、艺术特征及演唱风俗习惯，大致可划分为河湟花儿、洮岷花儿和泾渭花儿三大类型。

一、河湟花儿

“河湟花儿”是指流行中心在甘青交界的黄河和湟水一带的花儿。“河湟花儿”流行地区，处于黄土高原和青藏高原交界处，是农业文化与畜牧业文化的接触地带。在汉、藏族聚居区中间，夹杂着回、东乡、保安、撒拉、土族等其他几个少数民族，形成少数民族大杂居、小聚居的生活格局。除回族之外，各少数民族都有本民族语言，在频繁的经济、文化交流中，不同民族之间使用当地汉语作为共同交际的工具。长此以往形成了一个内部循环，与外地往来较少相对封闭的经济共同体，“河湟花儿”就是在这样的环境中产生的特殊艺术形式。河湟花儿过去也称“少年”，现在渐渐统一于“花儿”这个称谓。

“河湟花儿”的主歌词格式独特，主要分两类：

齐头齐尾式通常为四句，分两段，前段比兴，后段为赋。每句字数大体一致，上句字数比下句更为灵活，大部分为八字、九字。歌词节奏因末顿字数单双交错，奇偶相间而形成的一种独特美感，是“河湟花儿”词式的最大特色。

折断腰式因在齐头齐尾的上、下句间加进一个半截句而得名。半截句可以加在前段，也可以加在后段，成为“不完全五句”形式，常称为“单折腰”。如：

青石头跟药水泉，
桦木的尕勺儿舀干。
若要我俩人婚姻散，
三九天，
青冰上开一朵牡丹。①

“河湟花儿”的曲调被称为“令”。“令”，本是“洮岷花儿”对曲调的称呼，如《莲花山令》等，“河湟花儿”原只呼其名，如“尕马儿”等，后也沿用“洮岷花儿”的习惯，称其为令。

《令》的命名方式主要有以下几种：一是以地名命名，如《河州令》、《马营令》、《南乡令》等；二是以曲中程式化衬词命名，如《大眼睛令》、《水红花令》、《白牡丹令》等；三是以民族命名，如《保安令》、《东乡令》、《撒拉令》、《土族令》等；四是以曲调特点来命名，如《三起三落令》等。以衬词命名的曲调令占比例最大，它又分为花、人、动物、声音、劳动等多种类型，如：花类有《水红花令》、《金盏花令》、《二梅花令》、《小花令》等；人类有《尕阿姐令》、《尕姑舅令》、《尕连手令》、《大身材令》、《我的人令》等；动物类如《尕马儿令》、《断尕驴令》等；声音类如《呛郎郎令》、《伊啦腔令》、《欧啊欧令》、《三啦腔令》等；劳动类如《抹青稞呀咿令》等。

① 庄壮（主编）：《中国民间歌曲集成》（甘肃卷），第24页，人民音乐出版社1994年版。

二、洮岷花儿

“洮岷花儿”是流行在洮河上游临潭（古称洮州）、岷县（古称岷州）和甘肃岷江上游一带的“花儿”总称。它主要由莲花山为代表的洮州（包括卓尼、康乐、临洮和渭源等县）“花儿”和以二郎山为代表的岷州（包括宕昌县等）“花儿”合并而成。

“洮岷花儿”的演唱者主要是汉族，流行的地区和演唱的民族以及曲调等，都不像“河湟花儿”那样盘根错节、水乳交融，而是泾渭分明，单纯易别。“洮州花儿”以“莲花山令”为主，“岷州花儿”以“扎刀令”为主，它们各自只有一种主要曲调。两种曲调的差别非常明显，但二者的歌词形式和演唱风格基本相同。

“洮岷花儿”的歌词，语言质朴、用词泼辣、描述细腻、演唱诙谐生动。歌词使用一首三句和一首四六句的“单套”和“双套”形式是“洮岷花儿”的主要特点。“洮岷花儿”使用的固定性套语较多，如“针一根，两根针”，“杆两根，四根杆”、“钢一两，米心钢”等。

“洮岷花儿”的曲调比较单一，但有许多变体，叙述性很强。远非“河湟花儿”那样繁复和突出咏叹，因此歌词的即兴创作方便、灵活。演唱临时编凑、短小精悍的歌词，俗称“草花儿”或称“散花”；演唱世代相传、成本成套的歌词，俗称“本子花”，或称“整花”。

三、泾渭花儿

“泾渭花儿”是指流行于陇中、陇东和陇南地区泾河和渭河流域的“花儿”。“泾渭花儿”与“河湟花儿”和“洮岷花儿”的不同之处是歌词段数不定，一般都比较长，其句式分为三种：

河湟花儿式：

上山的莺哥儿下山来，下山来喝一回水来。
出门的哥哥你回家来，回家来看一回我来。

一般山歌式：

土黄的骡子驮丹桂，世上的好物人人爱。
你是个鹁鸽我是个崖，飞着起了就旋着来。

混合式：

杆一根来两根杆，你留我来我情愿。
高高山上溜溜地，连种了三年的芥子。
端起饭碗想起你，手颤着抓不成筷子。[①]

"泾渭花儿"的曲调没有"令"之称，曲调多数与当地山歌曲调接近，但又不完全是山歌，仍保持一定程度的"花儿"风貌。同时，"泾渭花儿"既有"河湟花儿"的成分，又有"洮岷花儿"的烙印，也可以说是"河湟花儿"和"洮岷花儿"与当地山歌结合的产物。

第三节　花儿的语言文化特征

从上述三大类花儿的介绍中可以了解到，花儿的句式、用韵、曲令等都有鲜明的特色，其中"河湟花儿"的特色尤为突出，传播最为广泛。在此我们重点介绍"河湟花儿"流传到各民

---

① 例文均引子庄壮（主编）：《中国民间歌曲集成》（甘肃卷），第 31 页，人民音乐出版社 1994 年版。

族中所拥有的独特的语言文化特征。

一、“河湟花儿”的用词造句特征

花儿流行于甘肃、青海、宁夏、新疆的广大地区，但中心在河州，因此又有“河州花儿”之称。河州古代所辖地区，大致在现在甘肃省境内黄河、大营川以西，乌鞘岭以南，西倾山以北和青海省民和县以东。明清之际，青海省的大通县也常在河州的管辖之内。1928年青海建省以后，才有“青海花儿”之名。“宁夏花儿”、“新疆花儿”等，是青海花儿之后出现的。青海、宁夏、新疆等地的花儿中，有大量称为《河州令》的曲谱和反映河州风貌的唱词，这充分说明花儿的故乡是古代的河州，即今甘青交界地区。可以说，河湟花儿流行的中心区，正是使用河州话等混合语的地区。

花儿经历了漫长的历史，它的起源有多种说法：一种观点认为起源于古羌人，因为在现存的四川羌族、甘川边界的白马藏族（古氐族后裔）民歌中发现了许多与花儿曲调相同的因素。如果把四川羌族的《酒歌》（可能是古代牧歌的变体）和河州花儿作一比较，其内在联系相当明显。[①] 另一种观点认为与元代的散曲有密切关系。[②] 第三种观点认为，源于西晋末年的古鲜卑族的《阿干歌》。[③] 还有花儿源于回族，花儿深受藏族民歌、语言影响

---

① 郝颜：《论（西凉乐）“羌胡之声”与花儿的关系》，转引自王沛：《河州花儿研究》，兰州大学出版社1992年版。

② 孙殊青：《“花儿”的起源》，载《花儿论争集》，第36－59页，青海省文学艺术研究所，1987年。

③ 赵仁魁等：《“花儿”源于古鲜卑族的〈阿干歌〉》，载《甘肃社会科学》1999第2期，第83－88页。

等多种说法[①]。尽管起源众说纷纭，但是我们可以从中总结出一条，那就是花儿源于多元文化，是发轫、生息于甘青地区的各民族相互依赖，互相交流的产物。花儿的独特性，鲜艳夺目和香气迷人之处也就在这里。

如前所述，如果我们把河州话等语言看作是汉语和诸民族语混合的产物，那么花儿就是在这种混合语基础上发展起来的口头文学。

"河湟花儿"的用词造句和河州话一样具有一定的混合特征，词多数是汉语的，只有一小部分是民族语的，而且这部分词来自不同语言。例如：

"你我哈哄的了多少（啊）次，我心中有卡（呀）码哩。"

"青稞（啦）煮下的尕擦瓦酒，尕盅子太甭叫满的。"

其中"卡码"和"尕擦瓦"是藏语"有数"和"青稞酒"的意思。

"'朵罗'（哈）摇成个耍啦（呀）了，尕刀子心系上掸了。"

"朵罗"是蒙古语"头"的意思。

"'阿姑'是芍药者打（啊）谷都，小阿哥摘下者戴上。"

"阿姑"是土族语"姑娘"的意思。

"唱曲的尕妹妹甭（呀）兀列，小阿哥一听是走哩。"

"兀列"是东乡语"不"之意。

"尕兄弟给牙日们打个调，各位的牙日们甭见笑。"

"牙日"是撒拉语"朋友"的意思。

"顿亚好比是过客的店，五辈人能活上几年。"

"顿亚"是阿拉伯语"世界"的意思。

---

① 魏泉鸣：《花儿研究中的几个问题》，载《花儿论集》，第 37－50 页，甘肃人民出版社 1983 年版。柯杨：《花儿溯源》，载《花儿论集》，第 86－105 页，甘肃人民出版社 1983 年版。

“尕妮哈长者花象哩”；“妮哈们的事情阿娜（母亲）管理。”“妮哈”是波斯语“未婚姑娘”的意思。

上面摘录的这些词汉语都能表达，但是花儿却不用汉语词，而使用糅杂在河州话里的民族语。如果全部用汉语词来演唱，花儿的特殊效果就凸显不出来，“花儿”也就不称其为“花儿”了。正如张贤亮在小说《绿化树》中所写：“这种民歌糅合了中亚和东方古老音乐的特色，更在于它的高亢、粗犷，它的质朴，它的苍凉，它的遒劲。这种内在的精神是不可学习的，训练不出来的。它完全是和这片辽阔而令人怆然的土地融合在一起的，它是这片黄土高原唱出来的歌。”“它的曲调，旋律，方法和这片土地浑然天间，融为一体的。”①

除了用词之外，花儿的语法结构和河州话也如出一辙。例如：

“萝卜（呀）白菜的我不（呀）吃，
我吃时清油（啦）拌哩；
杨家（嘛）三国（哈）我不（呀）唱，
我唱个清朝的传哩。”
“云南（嘛）四川的我不（耶）走，
我放个筏子了浪哩；
新媳妇婆娘的我不（呀）维，
我维个大姑（呀）娘哩。”

这两首花儿中的一、三句都是宾语倒置，与藏语、东乡语、保安语、土族语、撒拉语等语言的语序完全相同。

河湟花儿也有类似阿尔泰语系语言的格的变化形式，即名词 + xa（哈），名词 + la（啦）等结构。例如：

① 张贤亮：《张贤亮中短篇小说精选》，第 375 页，宁夏人民出版社 1994 年版。

“难心（哈）捂的者腔子（的）哩，

多长者尕妹（哈）见哩。”

“刀子（哈）拿来者腔豁的开，

真心的假意（哈）看来。”

“七寸的刀子（啦）杀羊呀哩，

花儿（啦）宽心（呀）者哩。”

花儿中“者”字结构的功能与分布和阿尔泰语系诸语言的副动词极为相似。例如：

“命苦（者）活不成人了。”

“一天里想你（者）没法子见，

一晚上梦见（者）两缠。”

在西部裕固语里“命苦者”、“想你者”、“梦见者”分别用带 – p 尾的副动词 qələʂpolop、senəsaqənop、təlstiop 表示。

花儿是河州话的文学形式，河州话是花儿的载体，没有河州话的结构，就没有花儿的格律；没有河州话的声调，就没有花儿的旋律。

除此之外，甘青地区各民族在充分运用河州话演唱花儿的同时，又创造性地应用本民族语言来演唱花儿，使各民族的花儿衍生出新的特点。

二、各民族的花儿特征

1. 土族花儿

土族繁衍生息在花儿重要的发源传唱地——河湟谷地。自大通至互助、民和一带，河流纵横、群山环绕、多为河谷台地。土族在这片相对封闭的土地上，在与周边民族来往中保持着既友好往来又心存戒备的复杂关系，最终在民族文化特征上形成了“典型的连接地带文化。”“土族人置身于汉藏之间，他们在文化上也是走的一条中间路线。土族文化是一种典型的兼收并蓄的产物，接受的汉藏文化因素比比皆是。"[①]

土族有属于本民族特色的传统情歌，但是，当花儿进入土族地区或者说当土族人以花儿这种艺术形式传情达意时，则更多地使用了周边民族的曲调，并对它进行了民族化处理，使其形成了具有民族特色和地方特色二者兼有的土族花儿。

土族花儿从内容到形式总体特征来看，仍属于河湟花儿的体系，但是在内容和形式的具体构造上又有自己的独特风格。土族花儿充满着浓郁的本民族生活气息。如：

天上的星星明着哩，月影里下雪着哩；
尕妹的门上蹲着哩，毛毡里捂脚着哩。[②]

以含蓄的方式描写了一个痴情男子在风雪夜等待恋人的情景，神来之笔是"毡帽里捂脚"，既点出了青藏高原寒冷的气候特征，又指出了"毡帽"这一土族服饰中较有代表性的物象。

三尺三寸的雁儿缎，三两五钱的口线；
你给我绣下的满腰转，人前头夸你的手段。[③]

在这首花儿中恋人之间的爱情信物"满腰转"，是土族男子服饰中有名的绣花腰带。土族妇女以擅刺绣为荣，土族评价女性一看针线，二看茶饭。这首花儿中喜获"满腰转"的男子喜滋滋地告诉心上人"人前头夸你的手段"，说明它得到了一位符合土族人审美标准的心上人。花儿言情，我们却读出了其中更丰富的

---

① 高丙中：《文化影响与文化重构》，见费孝通、王同惠译：《甘肃土人的婚姻》，第236－284页，辽宁教育出版社1998年版。

② 吕霞：《土族花儿的文化特征》，载《西北民族研究》2004年第3期（总第42期），第161页。

③ 吕霞：《土族花儿的文化特征》，载《西北民族研究》2004年第3期（总第42期），第161页。

民俗意味和审美蕴涵。

河湟花儿传入土族地区后，土族人民不仅很快接受了这种艺术形式，而且还创作出了著名的《土族令》、《互助令》、《好花儿令》、《梁梁上浪来》等风格独特、曲调别致的土族花儿曲令，在土族地区还形成了规模盛大的花儿会。目前归入土族花儿的花儿令有流行于互助地区的《土族令》、《互助令》、《黄花儿令》、《杨柳姐令》、《好花儿令》、《梁梁上浪来》、《尕连手令》、《大通北山令》、《门源令》、《上山令》等；流行于民和土族地区的《马营令》、《啦啦令》、《古鄯令》、《香水令》、《硖门令》、《依呀依令》等；[①] 流行于甘肃积石山地区的《尕姑舅令》、《哎咳咳令》、《土族令》、《河州三令》等。[②]

2. 东乡族花儿

20世纪30年代青海省成立以前，当地群众以“河州”（今临夏市）为中心，按东、西、南、北不同位置对“河湟花儿”进行分类。分为“东乡花儿”、“南乡花儿”、“西乡花儿”、“北乡花儿”等。这是当地群众从朴素的感性认识出发，以民歌的地域性特点作为分类标准而形成的一些概念。这些概念中有以下三方面的意义：一是各乡有自己独特或偏重的“令”；二是与其他地区名称相同的“令”里，有一定比例的特殊曲调；三是各地同一曲调，在这一地区发生了某种变异。当时的“东乡花儿”是指流行在今甘肃临夏东部地区（今东乡族自治县一带）的“花儿”，主要曲调有《河州三令》、《白牡丹令》和《金点花令》等。

现在的“东乡花儿”是指流行在东乡族群众中的富有本民族

---

① 吕霞：《土族花儿的文化特征》，载《西北民族研究》2004年第3期（总第42期），第161页。

② 庄壮（主编）：《中国民间歌曲集成》（甘肃卷），第28页，人民音乐出版社1994年版。

特色的"花儿"。所谓富有本民族特色的花儿，是指除"河湟花儿"所共有的语言和艺术特色之外拥有的特殊曲调和歌词。东乡花儿的特殊曲调被命名为"东乡令"。"东乡令"的音乐特点接近于汉族、回族花儿，但是偏重于"短调子"，不太使用"长调子"。歌词的衬词，只有零散分布形式，没有那种字数较多、比较固定、可以作为"令"的程式化衬词。

"东乡花儿"在语言方面的突出特点是，近年来受土族歌手所创作的用土族语言演唱"花儿"的影响，也开始使用东乡语演唱"花儿"，但其格式与"河湟花儿"仍为一体，有些只是把原来使用汉语河州话演唱的"花儿"改用东乡语演唱而已。在此介绍两首用东乡语演唱的花儿。

第一首《尕磨里磨了些豆面》歌词大意如下：

四盘呀磨里么就磨白的个面呀，
哎呀磨白面呀，
尕磨里呀磨了些个豆（呀）面。
前几年人穷者志不的个短呀，
哎哟志不短呀，
尕光阴呀过下的就可（呀）怜。①

第二首《花儿红令》：

哥哥是天空的一条（呀）龙，
妹妹是花瓶的花儿；
龙不（呀）动弹是雨不下来，
妗子（即舅母）的花儿（就）红，
龙动弹是雨下来哩。

① 庄壮（主编）：《中国民间歌曲集成》（甘肃卷），第718页，人民音乐出版社1994年版。

据歌手介绍和曲调分析，这首花儿是东乡族群众在掌握花儿的基本特点后创编的。音调的进行，较细致地表现着东乡族特有的语言风味，清角音的运用和下属音、上属音的交叉出现，使主音的进行饱满有力，富有朝气。

3. 撒拉族花儿

撒拉族花儿主要流行于青海省循化撒拉族自治县，化隆县的甘都镇，甘肃的大河家、刘家集等地区，所唱花儿属“河湟花儿”体系，也称“少年”和“山歌”。撒拉花儿的曲调分两种类型：一种是河州地区广为流行，在当地各民族中普遍传唱的曲调，撒拉族在演唱这些曲调时又加入一些自己的特点；另一种是撒拉族特有的曲调，其中多数已愈来愈广泛地被称为“撒拉令”。

撒拉族花儿历史悠久，有史可考者已有250多年，如清乾隆年间编修的《循化志》中就记载有当时流行的一首花儿：

大力架[①] 牙壑里过来了。
撒拉的艳姑哈见了；
艳姑的脚大者坏了
脚大手大你甭嫌谈，
走两步大路是干散。[②]

在长期的发展中，撒拉族在传统民歌“玉尔”的曲调旋律中，把撒拉族灾难深重的历史、悲剧性的性格气质，以及伊斯兰——阿拉伯（宗教）音乐、藏族的“拉伊”（一种情歌）调巧妙糅杂在一起，构成了与其他民族不同的独特的“令词”和演唱风

① 大力架：山名，位于临夏和循化交界处。

② 庄壮（主编）：《中国民间歌曲集成》（甘肃卷），第910页，人民音乐出版社1994年版。

格。据介绍，流传在撒拉族地区的花儿令有 15 种之多，主要令有《撒拉大令》、《水红花令》、《尕马儿令》、《孟达令》、《清水令》等。每种“令”都有自己特殊的韵味。藏族民歌中经常出现的波音、颤音、华彩性的装饰音等，多被吸收到撒拉族花儿中，较好地抒发出撒拉族人民活泼、深邃的情感。如撒拉花儿《孟达令》具有藏族“拉伊”的旋律特点，显然是吸收了藏族民歌的原因。回族的宴席曲《莫奈何》、《马五哥》，藏族的民歌，汉族的俚歌小曲，都像一股股清泉不断流入撒拉族人中，丰富了撒拉族的艺术形式。

撒拉族花儿一般用汉语河州话演唱，但多使用撒拉语衬词衬句。由于撒拉族群众说汉语时较多地保留着本民族语言的发声吐字习惯，所以演唱的花儿也有着舌尖音多，轻巧跳荡的特点。除此之外，撒拉族也有用撒拉语、汉语和藏语糅合而唱的花儿，即下文将专门论述的“风搅雪”花儿。

撒拉族花儿中也有用撒拉语演唱的《水红花令》，很有韵味。其歌词大意是：

三天（嘛）不过是想你呀哩，
四天上我得个病了；
请大夫看病者病没有好，
到你的跟前是好了。[①]

民族语言的演唱，使其曲调不同于其他民族的《水红花令》。

4. 保安族花儿

保安族花儿主要流行在甘肃省积石山保安族东乡族撒拉族自治县的保安族群众中，由于保安族人数较少，所以受到了汉、回

① 中国广播网青海分网《撒拉族民俗：情歌花儿等》2003 年 11 月 5 日，http://www. cnr. cn/wcm/qinghai/zhuanti/wlb/t20050803－174622. html。

花儿和撒拉族花儿很大影响，但也有本民族的风格特色，形成了以《保安令》为名称的许多花儿令调。但在保安族群众中，“令”的称呼还没有普及，保安族中流行的河湟一带几个民族共同演唱的“花儿”曲调一律使用统称，大都以地名或歌词中最具代表意义的衬词来命名。

《保安令》丰富多彩，形式多样。其词式与整个“河湟花儿”基本相同，但是衬词多用保安语，如“尕尕尼麦日艳”，保安语意为“阿哥的尕心疼”。

保安族花儿反映的题材广泛，表现的内容十分丰富，其中不少花儿与保安族独特的劳动生活和文化传统相关。如保安族善制“腰刀”，铁匠很多。传统中，男人每天都要佩带“腰刀”。“保安腰刀”畅销我国西北各地。藏族人佩带的腰刀，大多出自保安族铁匠之手。由此保安族中出现了歌颂“保安腰刀”，赞美保安族勤劳智慧的花儿：

什样锦把子的尕刀子，
银子镶下的尕刀子；
青铜打下的尕镊子，
红丝线绾下的穗子。[①]

保安族花儿的曲调介于汉族、回族花儿和撒拉族花儿之间，既有明亮、硬朗的音响，又有柔和抒情的风味，充分表现出了保安族人民善良、豪爽的气质。在民歌集成工作中采集到的《吾阿拉的肉令》，是保安族花儿中的代表作：上乐句突出着上属音，下乐句平稳地结束在主音商上，具有调式交替的效果，扩充句和重复句变化重复着前面的音调，使情绪得到充分地抒发。

---

① 庄壮（主编）：《中国民间歌曲集成》（甘肃卷），第858页，人民音乐出版社1994年版。

5. 裕固族花儿

花儿流行的民族，原来大家只知道汉、回、撒拉、东乡、保安等6个民族，包括前面介绍的相关工具书也是这样介绍的。20世纪70年代初，甘肃师范大学组织民歌调查组深入农牧区搜集民歌期间，才发现地处河西走廊的肃南裕固族也唱花儿，并从那里搜集到了一些花儿。后经整理，由青海人民出版社出版的新花儿集《手搭凉棚望北京》一书中首次出现了“裕固族花儿”，使花儿界为之一惊。

“裕固花儿”是指流行在裕固族群众中的富有本民族特色的“花儿”。“裕固花儿”只局限于裕固族东部地区的康乐等地。据说是来这一带擀毡或从事其他营生的东乡、回等民族的人从河湟地区带过去的，最初只有“河州三令”等几种曲调，久而久之，便产生了与当地民歌互相融合的曲调。这种特殊的曲调以甘肃省肃南裕固族自治县康乐区巴音一带最为盛行。有人曾把这种曲调起名为“巴音令”。现花儿界鉴于各民族特有的“花儿”曲调大都以民族命名，又将“巴音令”改为“裕固令”。“裕固令”的歌词形式与整个“河湟花儿”的歌词形式基本一致，曲调却有明显的差别，大量渗入裕固族东部民歌的节奏、旋律、曲式等特点，有些曲首一听便能感受到。如流行在裕固族东部地区的巴音令《尕妹的脸色白纸上画》：

黑猫（耶）犁的牛肋（了）吧（牙），
柳树（噢）的（个）盖杈里架下；
尕妹子面色你白纸上画，
回去（耶）了（哟）我的卧房里挂下。①

---

① 庄壮（主编）：《中国民间歌曲集成》（甘肃卷），第844页，人民音乐出版社1994年版。

另一首流传在裕固族群众的花儿也具有裕固族的民歌色彩了:

裕固族花儿

1 = F $\frac{3}{8}$ 杜亚雄 记

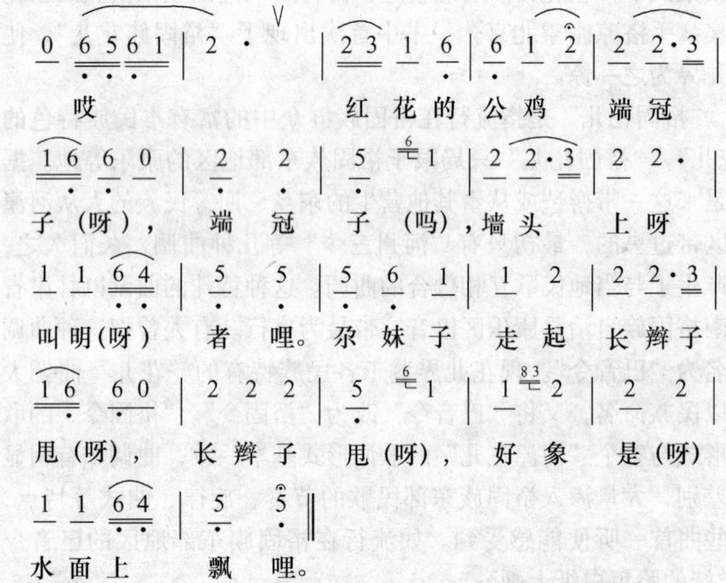

0 6561 | 2· ∨ | 23 1 6 | 6 1 2 | 2 2·3 |

哎 红花的公鸡 端冠

16 6 0 | 2 2 | 5 1 | 2 2·3 | 2 2· |

子(呀), 端 冠 子(吗),墙头 上呀

1 1 64 | 5 5 | 5 6 1 | 1 2 | 2 2·3 |

叫明(呀) 者 哩。尕妹子 走起 长辫子

16 60 | 2 2 2 | 5 1 | 1 2 | 2 2 |

甩(呀), 长辫子 甩(呀), 好象 是(呀)

1 1 64 | 5 5 ‖

水面上 飘 哩。

引子的节奏和裕固族民歌的引子相同，旋律当中的有些音型也和裕固族民歌的音型一样，清角音（4）的经过性出现，是裕固族语言影响的结果。虽有裕固族人民的加工改造的成分，但基本的音调还是出自《三令》。①

① 王沛:《河川花儿研究》，第 382 页，兰州大学出版社 1992 年版。

三、双语演唱的“风搅雪”花儿

甘青交界的河湟地区是一个多民族聚居的地区，各民族长期相处，互相交往，语言融合，相互借用的现象非常多，双语现象也很普遍。当地人把这种现象称为“风搅雪”。例如在青海湟源流行着这样一种说法：“铜布、勺子、西纳哈，一口气说了三种话。”“铜布”是藏语，“西纳哈”是蒙古语，都是“勺子”的意思。①

“风搅雪”花儿，主要指将藏语和汉语两种语言搅在一起唱的花儿。藏语也把它叫做“呷各拉伊”（意为汉族山歌）。最初只流行于藏族和汉族杂居的双语地区，由于那里的藏族通汉语，汉族通藏语，大家都能唱，也都能听懂，只有在这种特殊语言环境下才能产生这种“花儿”。因此，很长一段时间内，花儿界对在河湟地区藏族中间流行的花儿并不十分了解。1979 年修订出版的《辞海》对“花儿”是这样定义的：花儿是流行于甘肃、宁夏、青海的一种山歌，是当地汉、回、土、撒拉、东乡和保安等族的口头文学形式之一。在青海又称“少年”，对其中的词称“花儿”，演唱称“漫少年”。由此可见，人们还没有认识到，花儿流行的民族中还有一个藏族。

其实生活在河湟地区以农业为主的所谓“家西番”藏族很早就开始传唱花儿，而且其喜爱程度不亚于当地的汉族、回族。例如青海省湟中县鲁沙尔乡每年举办的“六月六”花儿会上，演唱花儿的多半是鲁沙尔、上五庄、拦隆口、多巴四乡以及湟源县的

---

① 张成材：《青海省语言概况》，载《青海民族学院学报》1989 年第 4 期，第 139 页。

藏族群众。他们演唱的花儿歌声悠扬嘹亮，往往能吸引大批听众。[①]

青海省海东地区乐都县瞿昙寺的“花儿”会，每年从农历六月十四（即7月30日）开始，一般举行三天。参加者主要是藏族。

据说，清朝初年香火鼎盛时期，瞿昙寺是禁唱“花儿”的。有一年，土匪包围了寺院，当地群众被围困寺内，情况越来越危急。有一位老头率领大家唱起了“花儿”，歌声像风一样传向四面八方，在黑夜中越传越远。附近的香客、脚户甚至方圆几十里的人都被惊动了，纷纷用“花儿”应和，歌声从四方涌来，响成一片，土匪们越听越慌张，以为援兵已至，在漫山遍野的“花儿”声中，仓皇逃去。第二天正好是六月十五庙会，为纪念这场死里逃生的劫难，从这以后，瞿昙寺每年都举办“花儿会”。

现在瞿昙寺的“花儿”会在新城街外的道路两旁举行，十四日拉开战幕，十五日进入高潮，从新城行走到瞿昙寺大殿，整个道路水泄不通，颇有“车水马龙人如潮”之势。这里唱“花儿”形式很随便，有在帐内对唱，也有在露天竞技的，只听跌宕起伏的“花儿”和着唢呐、二胡、笛子一路飞，夹杂着人欢马叫，十分热闹。“花儿会”上唱得最多的是《依呀依令》。

此外，青海省化隆回族自治县昂思多“花儿”会，因周围回、汉、藏族交错杂居，所以三个民族的群众都参加花儿会，既唱“花儿”，也唱藏族的“酒曲”，而且有的歌手两种歌都能唱。贵德县河阴六月会，汉族、藏族都参加，也是“花儿”、“酒曲”都唱。在昂思多、贵德河阴两个“花儿”会上，如果碰得巧，还

---

① 中国广播网青海分网：青海花儿：独树一帜的“艺术奇葩”，2003年11月5日。http：//www．cnr．cn/wcm/qinghai/zhuanti/wlb/t20050803－174622．html。

可以听到在双语区流行，用汉语和藏语两种语言搅在一起演唱的“风搅雪”花儿，这是一种在其他地方很难听到的歌。

其实这种演唱形式并非难得，是甘青地区各民族在互动、相互交流中自然而然形成的一种区域特征。感情是跨民族、跨文化的。河湟地区的花儿以爱情为主线，广泛展现了各族人民的思想感情和美好愿望。在广阔高峻的山间田野里，各族青年用花儿来表达自己对异性的爱慕和追求。但是在早期的“花儿”会上，因民族成分不同，各民族在互诉衷肠时，经常出现语言障碍。这时候他们只好用两种语言交替来演唱。由此，藏族与汉族、回族等民族在对唱中就出现了“风搅雪”花儿。如：

大石头根里的清泉水，
哇里嘛曲通果格。
我这里想者没法儿，
却千内曲依果格。[①]

一句、三句是汉语，二句、四句是藏语，意思是“黄乳牛吃水者哩”；“你那里做啥者哩”。汉语和藏语交替出现，表现两个民族青年的热恋相思之情。

花儿里除了句与句交替外，还有在一句歌词中上半句与下半句语言交替的情况。例如：

“沙马尕当”白豆儿，
“让得何”尕磨里磨走；
“尕若索磨”新朋友，

① 刘凯：《“花儿”流传中的一种特异现象——“风搅雪”》，载《西北民族学院学报》1981年第4期，第31－33页。

“察图”者炕上坐走。[1]

其中“沙马尕当”是藏语“白色豆子”，“让得何”是“水磨”之意，“尕若索磨”意为“新朋友”，“察图”是“炕”之意。在这段花儿里汉语好像是藏语的翻译，有了这种形式，即使不精通对方语言的人也能心领神会。花儿的这一突出特点是多民族杂居地区文化交流的产物，是语言混合的生动写照。可以说，没有混合语河州话，就不会有异彩缤纷的“花儿”艺术。

近年来，甘青交界的河湟地区，“花儿”和藏族民歌越来越向相互融合的趋势发展，二者相辅相成，推动着新的地方艺术的发展。

2003年8月17日，青海“花儿”及藏族民歌手演唱大赛在西宁市南山公园举行，这是“中国·青海民族文化·旅游节”的重要内容之一。参赛选手都是各州、地、市利用当地农历“六月六”前后的“花儿会”、民歌演唱会等选拔而来的。共有8支代表队的21名“花儿”歌手，18名藏族民歌手入选。参赛的歌手多数是土生土长的农牧民歌手。经过2天的激烈角逐，“花儿”歌手和藏族民歌手金奖获得者都是藏族。[2]

2004年，“中国原生态民歌演唱会”北方入选歌手歌曲中就有藏族歌手才让卓玛、索南孙斌演唱的青海花儿《说话时心能动弹哩》和《尕妹绣给的满腰转》；藏族歌手李兰君演唱的青海花儿《梧桐令》和《脚户令》。[3]

2004年，参加中央电视台西部民歌大赛演唱“花儿”而获

---

① 刘凯：《“花儿”流传中的一种特异现象——“风搅雪”》，载《西北民族学院学报》1981年第4期，第32页。

② 《青海日报》2003年8月19日。

③ 新浪娱乐《中国原生态民歌演唱会专题》2004年8月23日。

优秀歌手奖的选手也是一位藏族。据介绍，他生活在青海东部农业区，在“河湟花儿”的耳濡目染下，七八岁时就能唱花儿。1997年开始参加比赛和演出，1999年在海东八县花儿会上获得二等奖，2002年参加中国首届南北民歌大赛获最佳音色奖，同年参加第二届南北民歌大赛获最佳歌手奖和最佳音色奖。他出版花儿专辑有《拉夜川》、《红樱桃》、《青海摇滚花儿》和《花儿情景剧——红花姐与张三哥》等。有一张光盘，叫做《花儿与少年》，一首一首听下去，你会突然被一个独特的声音所吸引，这就是唱“花儿”的藏族歌手索南孙斌。如今在西北，提起索南孙斌，无人不知、无人不晓，他唱起花儿游刃有余，尖音苍音运用自如，对花儿的演绎十分完美，他似乎就是为了唱花儿才来到这个世界上的。听索南孙斌的花儿，可以感受到高原之花的魅力，藏族歌手演唱的《河州大令》缥缈而舒展，让人心旷神怡。

也许是受藏族和汉族“风搅雪”花儿的影响，土族和撒拉族中也出现了“风搅雪”花儿。

土族最初传唱花儿时都沿用具有混合语特征的汉语河州话来演唱，随着花儿的深入交流，出现了所谓风中搅雪或者雪中搅风的“风搅雪”土族花儿，即用两种或两种以上民族语言混合在一起唱的花儿。如：

蚂蚁虫儿两头大，
xjjclimi navm clahug hui wa;
（当中里细得呀很哪）
你十七来我十八，
claghui nosei clang hui wa。[①]
（我俩搭配上正好）

① 吕霞：《土族花儿的文化特征》，载《西北民族研究》2004年第3期（总第42期），第165页。

在互助土族自治县丹麻“花儿会”上也流行这种花儿。如：

天上的云彩黑下了，
尕加得忽拉五绕吓；（汉译：地上的雨点大了）
想起花儿哭下了，
思格里杜五郭那谷勒吓。（汉译：记起说下的话了）

唱完第一遍，反过来把一句、三句用土语，二句、四句用汉语再唱一遍，最后又全部用土语来唱一遍。信口唱来，浑然天成。①

互助、大通、同仁、卓尼等地的土族都与藏族杂居而生，土族文化和藏族文化的交流也体现在花儿演唱上，土族地区也传唱一句汉语一句藏语，或者半句汉语半句藏语的“风搅雪”花儿。如：

樱桃好吃树难栽，
东扎的主汔团格（藏文）；
（汉译：树根里渗出个水来；）
心儿里有是口难开，
拉依个乃那乔占哲由果格（藏文）。②

（汉译：花儿里问候个你来。）

此外，土族的其他类民歌中也有用土族语、藏语，或土族语、汉语交织在一起演唱的曲目。

---

① 刘凯：《“风搅雪花儿”与双语文化钩沉》，载《甘肃民族研究》2000年第2期，第102页。

② 吕霞：《土族花儿的文化特征》，载《西北民族研究》2004年第3期（总第42期），第165－166页。

土语、藏语两种语言演唱的曲目主要是一些"问答歌"。"问答歌"是一种有问有答的歌曲。甘肃省天祝土族中此类歌曲比较丰富，它既可以用于婚礼仪式，又能在逢年过节或其他喜庆活动中广泛演唱。问答歌的唱词段数不定，每段两句，一问一答，每句以7个音节和8个音节为主。内容广泛，天文地理、生产知识、神话传说、风土人情、宗教信仰、人生由来等无所不有。如天祝土族中流传的，在婚礼中喜客临近男方家门时唱的问答歌《拉因阿拉来》：

(1) 拉因阿拉来，拉因阿拉来，蒙古尔的子孙们，一支蒙古尔汗的歌曲来唱来。

(2) 呀，是蒙古尔的儿女，唱一支蒙古尔的歌。

(3) 呀，来到了山口牙豁，牙豁的鄂博用啥祭?

(4) 呀，过了牙豁下山沟，山沟的佛堂用啥祭?

(5) 走出山沟到平滩，平滩的经石堆用什么祭?

(6) 请回答我们的歌，没有回答就听着吧![①]

回答时要用藏语来回答，如果对方不能回答，问者也可以自问自答。

土族语、汉语两种语言演唱的曲目主要是一些"酒曲"。如流传在甘肃积石山县土族中的酒曲《天上圆来什么圆》：

天上圆来什么圆（呀），将将赛呀开来噢呀?

天上圆来月亮圆（呀），将将赛呀开来噢呀。

地下圆来什么圆（呀），将将赛呀开来噢呀?

---

① 庄壮（主编）：《中国民间歌曲集成》（甘肃卷），第747页，人民音乐出版社1994年版。

地下圆来麦场圆（呀），将将赛呀开来噢呀。[①]

其中“将将赛”是土族语助词，“开来噢”是土族语马上说的意思。

生活在甘肃卓尼的土族用藏语演唱土族民歌中的“卡西”“勒”和“沙目”等一些曲目。

“卡西”又称情歌，是流行在卓尼土族中的一种山歌。它和花儿一样要在远离村寨的山野或森林等场合演唱，以倾诉爱慕思念之情为主要内容。演唱形式有独唱和对唱。歌词形式同藏族民歌“拉依”基本相同。土族人演唱时用藏语演唱。

“勒”是卓尼土族在酒会上演唱的一种歌曲。歌词主要是一些哲理性很深的格言。歌词形式与“卡西”基本相同。用藏语演唱。

“沙目”在藏语中有“用鼓的舞”之意，汉语称“巴郎鼓舞”。卓尼土族的“沙目”与附近藏巴哇地区的藏族“沙目”，无论表演形式，还是词式、曲调，都没有相似之处。唯一相似的是手中的道具——巴郎鼓。土族“沙目”既可以在室内表演，也可以在露天表演，视表演者人数而定。表演时，舞者一手持鼓，一手提着灯笼，边舞边唱。“沙目”歌词，每句两段，每段三句，一问一答。虽多为即兴创编，但用藏语演唱。

据介绍，近年来土族地区又出现了完全用土族语演唱的花儿，这是甘青地区特有民族在传唱花儿中创造出来的新的艺术形式。[②]

撒拉族也有用撒拉语、汉语或藏语糅合而唱的花儿。据介

① 庄壮（主编）：《中国民间歌曲集成》（甘肃卷），第 764 页，人民音乐出版社 1994 年版。

② 庄壮（主编）：《中国民间歌曲集成》（甘肃卷），第 734－735 页，人民音乐出版社 1994 年版。

绍，撒拉族出现“风搅雪”花儿还有这样一层原因：由于撒拉族信仰伊斯兰教，妇女思想比较保守，虽然他们也唱“花儿”，但是一般比较“丑”的歌，女歌手们不愿意让不相干的局外人知道歌的全部内容，所以在演唱花儿时掺杂进来一些撒拉语来演唱。因此，撒拉语的“风搅雪”花儿也很难搜集到。在此介绍一首撒拉族男歌手演唱的撒拉语、汉语“风搅雪”花儿：

吃一口果子咋这么凉，
撒因九因的个的热来古来；
(汉译：发根的汗水干了；)
和阿哥睡咋这么好，
阿哦拉尼俄则更登早来尔。
(汉译：病根儿深深地挖了。)[①]

河湟地区的汉族中也流传“风搅雪”花儿，如：

善麻尕登的白豆儿，
你看嗬圆里么不圆？
完玛锅锅里烙馍馍，
你吃嗬甜里么不甜？

“善麻”是藏语“大豆”的意思，“尕登”是汉语“尕豆”的变音，连起来的意思是“大豆小豆的白豆儿，你看看圆吗不圆？”“完玛”是藏语“煮奶子的锅”，连起来的意思是“在煮奶子的锅里烙馍馍，你吃吃看甜吗不甜。”汉族唱这种“风搅雪”主要是达到幽默、诙谐的艺术效果。

① 刘凯：《“风搅雪花儿”与双语文化钩沉》，载《甘肃民族研究》2000年第2期，第102页。

在回族花儿中也有类似的模式，如：

“胡达”的拔排应受哩，
“塞白卜”要自家做哩；
三岁上离娘“耶提目”，
“董涯”受活罪哩。

“胡达”是真主，“塞白卜”是“尽人事”，“耶提目”是孤儿，“董涯”是世界，这都是回族宗教生活中的阿拉伯词语。①

① 张成材：《青海省语言概况》，载《青海民族学院学报》1989年第4期，第139页。

第五章　具有共同书面语特征的“小经”文字

在甘青地区的回族、东乡族、撒拉族和保安族中流行一种以阿拉伯文和波斯文字母为基础拼写的文字。[①] 这种文字通常被称为“小经”。“小经”从语言上讲，并非一种文字，多数“小经”读物的语言是汉语，其拼写的汉语以拼写人的方言为主，使用者主要是回族、东乡族、撒拉族、保安族等。此外，在东乡族中还流行以东乡语为基础拼写的“土话小经”，[②] 撒拉族中有以阿拉伯、波斯文字为基础拼写撒拉语的“土尔克文”。[③]

第一节　“小经”诸名称及由来

“小经”二字用阿拉伯字母拼写出来的，读音大致是［xiou-

---

① 其他地方的穆斯林民族中也使用这些文字，但是流行规模不及甘青地区，有些地区已濒临失传。町田和彦、黑岩高、菅原纯（共编）：《中国におけるアラビア文字文化の诸相》，第 13 – 15 页，東京外國語大學アヅア·アフリカ言語文化研究所印刷發行 2003 年。另据南京伊斯兰教协会顾问、当年 79 岁的马大宁先生介绍：“我小时候见过一种很稀罕的文字，有人会读会写它，可现在已没有人知道了。”他向记者描述了他儿时印象中的一种用阿伯文和波斯文字拼写汉字的文字，这种文字叫“小儿经”，据他所知，这种文字在南京几乎绝迹了。郑正：《南大教授破择“小儿经”》，载《金陵晚报》2003 年 9 月 11 日。

② 阿·伊布拉黑麦、陈元龙：《中国东乡族》（甘肃文史资料选辑第 50 辑），第 87 – 90 页，甘肃人民出版社 1999 年版。

③ 韩建业：《〈土尔克杂学〉词汇选释》，载《青海民族研究》1993 年第 4 期，第 61 – 67 页。

jing]。[①] 这种读音当是今河州话的读音。由于拼写的是汉语的一种特殊方言，所以对“小经”二字也就产生了诸多不同的认识，现根据前人的调查研究成果介绍如下。

这种文字在多数情况下被称为“小经”。如经堂教育用书《小经古兰》、《最新口语小经淡比海》、《经海拾贝（小经）》、《小经穆斯林指南》、《小经东热那岁黑乃》等，[②]《中国伊斯兰百科全书》亦取此名称。许多人认为在经堂用书中，阿拉伯文、波斯文经典向来被认为是“大经”，相形之下以阿拉伯文、波斯文拼写的汉语注文应当被称为“小经”。“小经”由此得名。[③]

“小经”又被称为“小儿锦”，甘青地区早期学界多用此称谓，《中国回族大词典》也用此名，冯增烈先生介绍说，“小儿锦”之名既不见于阿拉伯语和波斯语，也不是什么织锦绸缎之类的衣料，而是在回族人民中流行的一种用阿拉伯文字母拼写的汉语拼音文字，主要用于近代一些回族史和中国伊斯兰教史的著作。[④]

日本东京外国语大学亚非语言文化研究所的黑岩高先生实地调查认为：“小儿锦”一说是由民间习俗演化而来的，当地民间有一种习俗，即孩子出生以后，为了祈求孩子健康平安，从周围邻居家讨来碎布头，缝成“百家衣”给孩子穿，称“小儿锦”。由于“小经”文字是由汉语、阿拉伯语、波斯语和当

① 根据兰州、临夏、西宁的民间调查而得，町田和彦、黑岩高、菅原纯（共编）：《中国にぉけるアラビア文字文化の诸相》，第15页，東京外國語大學アヅア·アフリカ言語文化研究所印刷發行，2003年版。

② 刘迎胜：《关于我国部分穆斯林民族中通行的“小经”文字的几个问题》，《回族学论坛》（第一辑），第159－171页，宁夏人民出版社2003年版。

③ 刘迎胜：《关于我国部分穆斯林民族中通行的“小经”文字的几个问题》，《回族学论坛》（第一辑），第255页，宁夏人民出版社2003年版。

④ 冯增烈：《‘小儿锦’初探——介绍一种阿拉伯字母的汉语拼音文字》，载《阿拉伯世界》1982年第1期，第37页。

地的土话（包括民族语和当地汉语方言）混合而成，所以称“小儿锦”。①

“小儿锦”又被视为“小儿经”的讹读。近年来，专门调查研究“小经”文字的刘迎胜教授介绍说，主持临夏大祁寺女学的王忠义先生及其女儿、该女校校长王菊芳在调查中对他表示，从前穆斯林向自己的孩子们教授阿拉伯文和波斯文拼读法，故称“小儿经”。但临夏韩家寺的马希庆阿訇（其父人称“井口四师傅”，精通“小经”，20世纪60年代初去世）又对他说，“小儿经”这个名称中的“儿”字是儿化音，并不是“教育小儿的文字”，他们从不用“小儿经”这种说法，只称“小经”。②

“消经”是这种文字的另一名称，主要出现在甘肃、青海一带的经堂教育用书当中，如《中文消经双解》、《中文消经双解噶兑新字典》、《中文消经双解伊娃雅仪字典》等。“小经”研究的先驱冯增烈先生认为，“小经”的正确名称应该是“消经”，即将伊斯兰经文加以消化的意思。在新疆将《古兰经》经文，加上标注元音的符号，读出来叫做“消经”；而在甘宁青一带将清真寺经堂老师讲过的阿文经文，在课后复习，称作“消一消”。因此，从后一种意义来看，“消经”是指语言的转化，即把阿拉伯语译为汉语而加以理解。在这种情况下，人们把阿拉伯语经典称为

① 町田和彦、黑岩高、菅原纯（共编）：《中国におけるアラビア文字文化の诸相》，第16页，東京外國語大學アヅア·アフリカ言語文化研究所印刷發行2003年。日本相关学术著作统一取名“小儿锦”。

② 刘迎胜：《关于我国部分穆斯林民族中通行的“小经”文字的几个问题》，《回族学论坛》（第一辑），第242页，宁夏人民出版社2003年版。

“本经”，而将用阿拉伯文字母拼写的汉语称为“消经”。[①] 个别论著中，“小经”又被称为“狭经”。“把学习典籍的心得体会写于典籍原文之后，因而使每页原文在视觉上空间变狭。以‘狭经’指代‘本经’时所使用的文字”。[②]

“小经”又有“怜达尼经”和“白字经”的名称。前者主要是因为有用“小经”文字写成的《怜达尼经》（即《开达尼经》）而得名；后者是一种民间称谓，也叫“别字经”，当地称“白字”为“别字”，其意思是阿拉伯语经典之外，用其他文字书写的经书；或者阿拉伯语、汉语、波斯语和当地土话混合记录的经书。[③]

总之，“小经”有各种各样的称谓，日本学者根据自己对“小经”使用地区的实地调查，以及用河州话进行的各种解释认为，“小经”分为“华北、陕西、临夏、东乡四个派别，其中华北称“小儿锦”，陕西称为“消经”，临夏称为“小经”，用东乡话也称为“小经”。[④]

为和国内学界术语相统一，除引文外，本书统一采用“小经”名称。

---

① 冯增烈：《“小儿锦”初探——介绍一种阿拉伯字母的汉语拼音文字》，载《阿拉伯世界》1982年第1期，第37页。笔者在田野调查时，东乡族学者阿·伊布拉黑麦、陈元龙提出来过，在我的硕士学位论文及答辩会上，维吾尔语、裕固语研究专家陈宗振教授也提出来过。笔者早期发表的论文中取此名称。（见钟进文：《甘肃地区独有民族的语言文化特征》，载《西北民族研究》1997年第2期；第42－62页。《回族消经文化》，载《百科知识》1997年第4期，第61页。）

② 寅住：《经堂语与小儿锦》，《中国伊斯兰研究》，中华书局1996年。引自刘迎胜：《关于我国部分穆斯林民族中通行的“小经”文字的几个问题》，《回族学论坛》（第一辑）第242页，宁夏人民出版社2003年版。

③ 町田和彦、黑岩高、菅原纯（共编）：《中国におけるアラビア文字文化の诸相》，第17页，東京外國語大學アヅア·アフリカ言語文化研究所印刷發行2003年。

④ 町田和彦、黑岩高、菅原纯（共编）：《中国におけるアラビア文字文化の诸相》，第17页，東京外國語大學アヅア·アフリカ言語文化研究所印刷發行2003年。

第二节　“小经”文字体系

一、拼写方法

“小经”拼写有相当的随意性，由于拼写人所操方言不同，或民族不同，拼写出来的“小经”大不相同。据资料介绍，云南回族书写的“小经”资料，甘肃临夏的“小经”使用者读不懂；反之亦然。因此“小经”有一定的地域性差别，即有“北京式”小经，“云南式”小经，“临夏式”小经等[①]，但是据调查介绍，使用“小经”的中心地区一直是今甘肃、青海两省的交界地区临夏一带，即古代的河州地区。

东乡族学者阿·伊布拉黑麦在《回族“消经”文字体系研究》一文中，详细介绍了甘青地区流行的“小经”的拼写方法。文中列出了“小经”的36个阿拉伯文、波斯文字母及其变体，并用国际音标标出相应的音值，每个字母之后举出数个“小经”例字。同时附有两段选自甘青地区流行的经堂讲义《小经开达尼》和《伊斯兰礼拜封斋问答》的“小经”样本，并在“小经”文字之下，逐个注上相应的规范文字。[②] 此后，刘迎胜教授根据此项成果对“小经”的拼写方法又进行了进一步的归纳总结[③]，在此

① 町田和彦、黑岩高、菅原纯（共编）：《中国におけるアラビア文字文化の诸相》，第22－27页，東京外國語大學アヅア·アフリカ言語文化研究所印刷發行2003年。

② 阿·伊布拉黑麦：《回族“消经”文字体系研究》，载《民族语文》1992年第1期，第25－30页。

③ 刘迎胜：《回族与其他一些西北穆斯林民族文字形成史初探——从回回字到“小经”文字》，载《回族研究》2002年第1期，第5－13页。

转述如下：

声母字母：

B 玻，用字母 Be 表示，如“不”、“步”、“拜”、“把”、“边”等。

P 坡，用字母 Pe 表示，如“怕”、“凭”、“撇”等。

M 摸，用字母 Mim 表示，如“面”、“们”、“没”等。

F 佛，用字母 Fa 表示，如“吩咐”、“发”、“非”等。

D 得，用字母 Dal 表示，如“弟”、“地”、“道”、“对”等。

T 特，或用字母 Te 表示，如“他”、“太”、“听”、“体”等；或用字母 Ta 表示，如“头”、“腿”、“同”等。

N 讷，用字母 Nun 表示，如“你”、“男”、“那”等。

L 勒，用字母 Lam 表示，如“路”、“里”、“来”等。

G 哥，用字母 Ghaf 表示，如“故”、“个”、“盖”、“跟”、“干”、“高”等。

K 科，用字母 Kaf 表示，如“叩”、“看”等。

H 喝，大多数情况下，用字母 Khe 表示，如“害”、“好”、“活”、“候”、“后”、“回”等；在个别情况下用字母 He 表示，如“衡”等。

J 基，用字母 Kaf 上加三点表示（此为“小经”文字新创字母），如“既”、“见”等。

Q 欺，用字母 Kaf 表示，如“切”等。

X 希，或用字母 Se 表示，如“兄”、“膝”等；或用字母 Sin 表示，如“象”等；或用字母双眼 He 表示，如“信”等。

Zh 知，用字母 Jim 表示，如“着”、“这”、“主”、“遮”、“直”等。

Ch 蚩，用字母 Che 表示，如“出”、“长”、“传”等。

Sh 诗，或用字母 Shin 表示，如“身”、“时”、“说”、“圣”、“十”等；或用字母 Sin 表示，如“是”等。

R 日，用字母 Jhar 表示，如“然”、“若”、“人”等。

Z 资，或用字母 Zal 表示，如“脏”、“在”等；或用字母 Ze 表示，如“在”、“至”、“造”等；或用字母 Zad 表示，如“坐”、“在”等；或用字母 Za 表示，如“坐”、“做”、“罪”等。

C 雌，用字母 Sad 上加三点表示（此为“小经”文字新创字母），如“错”、“从”、“此”等。

S 思，用字母 Sin 表示，如“三”等；或用字母 Sad 表示，如“虽”、“随”等。

韵母表示法：

i 衣，用字母 Hamze 下加齐齿符表示，如“一”等；或用齐齿符 + 字母 Yey 表示，如“时”、“十”、“直”、“此”、“既”、“里”、“你”等；或用字母 Yey + 齐齿符表示，如“体”、“弟”、“地”等；或用静止符表示，如“至”等；或用静止符 + 字母 Yey 表示，如“是”等。

u 乌，用字母 Hanze 上加合口符表示，如“无”；或用字母 Ein 上加三点表示，如“我”（应为甘陕方言拼法）；或用合口符 + 字母 Vav，如“故”、“不”、“步”、“主”、“出”、“路”、“咐”；或用字母 Vav 表示，如“我”。

ü 迂，用齐齿符 + 带合口符的字母 Yey + 带齐齿符的字母 Vav + 字母表示，如“女”；或用字母 Vay 上加三点（此为“小经”文字新创字母），上加齐齿符表示，如“与”（当为甘陕方言的拼法）。

a 啊，用字母 Alifge 表示，如“他”、“阿”、“把”、“怕”、“发”；开口符表示，如“那”；或开口符之上标符号 Hamze 表示。

uo 窝，用合口符 + 带开口符的字母 Vav 表示，如“活”、“若”、“说”、“坐”；或用合口符 + 字母 Vav 表示，如“做”；或用字母 Vav 上加合口符表示，如“我”（当为甘陕方言的拼法）；或用字母 Ghein + 开口符表示，如“我”（当为甘陕方言的拼法）、

“我”的另一种拼法为字母 Ghein + 开口符 + 字母双眼 He。

e 鹅，用字母双眼 He + 开口符表示，如“着”；用齐齿符 + Yey 表示，如“这”；或用齐齿符 + 字母双眼 He 表示，如“这”；或辅音上标注开口符 + 字母双眼 He 表示，如“个”、“遮”。

er 二，用字母‘Ein + 齐齿符 + 双眼 He 表示，如“二”，或用字母 Ein + 开口符 + 双眼 He 表示，如“耳”。

ie 耶，用带齐齿符的字母 Yey + 双眼 He + 开口符表示，如“切”、“撇”。

ai 哀，用开口符 + 带静止符的字母 Yey 表示，如“哎”、“害”、“太”、“盖”、“在”、“来”；或用开口符 + 带静止符的字母 Hamze 表示，如“在”。

ei（矣），在 F，H 之间用齐齿符表示，如“非”（当为甘陕方言的拼法）；在其他情况下多用齐齿符 + 静止符表示，如“拜”；或用合口符 + 带开口符的字母 Vav 表示，如“没”（当为甘陕方言的拼法）。

ui 威，用字母 Yey + 齐齿符表示，如“虽”、“随”、“腿”、“罪”；或用合口符 + 字母 Vav + 带齐齿符的字母 Yey 表示，如“回”。

ao 熬，用开口符 + 带静止符的字母 Vav 表示，如“好”、“道”、“造”、“高”。

iao 腰，用字母 Yey 加开口符 + 带静止符的字母 Vav 表示，如“要”。

ou 欧，用齐齿符 + 带静止符的字母 Vav 表示，如“候”、“后”、“头”、“叩”。

iu 忧，用字母 Yey + 齐齿符 + 带静止符的字母 Vav 表示，如“有”。

an 安，用字母 Alif + 开口鼻音表示，如“然”、“三”、“干”、“看”、“男”。

ian 烟，用齐齿符 + 字母 Yey + 字母 Alif + 开口鼻音符号表示，如“典”、“面”、“见”、“边”。

uan 弯，用合口符 + 字母 Vav + 开口鼻音符号 + 字母 Alif 表示，如“传”；或字母 Vav + 开口鼻音 + 字母 Alif 表示，如“玩”。

en 恩，用齐齿符 + 字母 Nun 表示，如“身”；或用齐齿鼻音表示，如“圣”、“人”、“跟”；或用合口鼻音 + 字母 Nun 表示，如“吩”（当为甘陕方言的拼法）；或用合口鼻音表示，如“们”（当为甘陕方言拼法）。

in 因，用齐齿符 + 字母 Nun 表示，如“凭”；或用齐齿鼻音符号表示，如“信”；或用字母 Yey + 齐齿鼻音表示，如“音”。

ang 昂，用开口符 + 字母 Alif + 字母 Nun + 静止符表示，如“长”、“脏”。

iang 央，用字母 Yey + 开口符 + 字母 Alif + 字母 Nun + 静止符表示，如“阳”。

eng 亨的韵母，用齐齿鼻音表示，如“衡”。

ing 英，用齐齿鼻音表示，如“听”。

ong “轰”的韵母，用合口符 + 带静止符的字母 Nun 表示，如“从”；或用双合口符表示，如“同”。

iong 雍，用字母 + 齐齿符，再上标双合口符表示，如“兄”。

二、拼写特点

较早研究“小经”的冯增烈先生在文中指出了“小经”拼写中的诸多难点：一、反映的多是汉语方言；二、多种语言文字的混合使用；三、特殊文字的解读方法；四、拼写者的阿拉伯语水平较低；五、拼写文字的音节切分不够明确。[①] 阿·伊布拉黑麦

① 冯增烈：《“小儿锦”初探——介绍一种阿拉伯字母的汉语拼音文字》，载《阿拉伯世界》1982 年第 1 期，第 43－47 页。

在《回族“消经”文字体系研究》中也认为，“小经”拼写体系存在诸多缺陷，首先是正字法不健全，很多词在拼写时有较大的随意性，各地回族按各自方言拼写，使词的词形各地不尽一致；二是早期的“小经”，尤其是宗教读物的语言经堂语气较浓，与口语有一定差距，一般人很难看懂；三是字母偏多，没有字母表，附加符号多，标点符号不健全；四是有一字母多音值和一音值多字母现象（详见下文）[①]。日本学者调查研究也认为，各地穆斯林按各自方言拼写的现象非常突出。例如，西宁版的《信仰问答》，书末附有拼音和阿拉伯语字母对照表，但是按这个字母表阅读临夏式的“小经”则很难读懂，《最新口语小经谈比海》是曹奴海阿訇用临夏州东乡方言拼写的，其他地方穆斯林阅读时很难读懂，需要进行相应的普通话翻译才能读懂。《小经开达尼》由于地域方言差异，有临夏版、东乡版和青海版三种形式。[②]

虽然“小经”拼写体系有诸多缺陷，但是经过数百年的应用发展也形成了自己的一些拼写特点。刘迎胜教授对“小经”拼写规则进行归纳总结认为，“小经”文字在拼写中有明显的“一音多形”现象，即同一个音素用数个不同的字母表示。“一音多形”现象在声母和韵母上有明显的不同。具体如下：

T（特）音用两个字母表示，或用字母 Te 表示，如“他”、“太”、“听”、“体”等；或用字母 Ta 表示的如“头”、“腿”、“同”等。试对比波斯语，波斯文 T 音用两个字母表示，字母 Te 多用于拼写波斯语固有词汇，字母 Ta 多用于拼写阿拉伯语借词。

Z（资）音用 4 个字母表示，或用字母 Zal 表示，如“脏”、

① 阿·伊布拉黑麦：《回经“消经”文字体系研究》，载《民族语文》1992 年第 1 期，第 29 页。

② 町田和彦、黒岩高、菅原纯（共编）：《中国におけるアラビア文字文化の诸相》，第 20 – 22 页，東京外國語大學アヅア·アフリカ言語文化研究所印刷發行 2003 年版。

“在”等；或用字母 Ze 表示，如“在”、“至”、“造”等；或用字母 Zad 表示，如“坐”、“在”等；或用字母 Za 表示，如“坐”、“做”、“罪”等。试对比波斯语，波斯文 Z 音亦用 4 个字母表示，即字母 Zal、Ze、Zad 与 Za。其中字母 Ze 多用拼写波斯语固有词汇，其余 3 个多用于拼写阿拉伯语借词。

S（思）音用两个字母表示。或用字母 Sin 表示，如“三”等；或用字母 Sad 表示，如“虽”、“随”等。试对比波斯语，波斯文 S 音用三个字母表示，即字母 Se、Sin 与 Sad。其中字母 Sin 多用于拼写波斯语固有词汇，其余两个多用于拼写阿拉伯语借词。相形之下，“小经”文字将字母 Se 移用于表示音 X（稀）。

H（喝）音用两个字母表示。在多数情况下，用字母 Khe 表示，如“害”、“好”、“活”、“候”、“后”、“回”等。在拼写阿拉伯语、波斯语借词时，多用字母 He，在个别情况下拼汉语时亦用字母 He，如“衡”等。对比波斯语，字母 Khe 在波斯文中是摩擦喉音，而字母 He 是非摩擦喉音，两者区分清楚。

X（希）音用三个字母表示。或用字母 Se 表示，如“兄”、“膝”等；或用字母 Sin 表示，如“象”等；或用字母双眼 He 表示，如“信”等。波斯语中无 X 音，X 音的“一音多形”现象为“小经”所独有。

Sh（诗）音用两个字母表示。或用字母 Shin 表示，如“身”、“时”、“说”、“圣”、“十”等；或用字母 Sin 表示，如“是”等。波斯文 Shin 与 Sin 两字母严格区分，从不相混使用。“小经”文字以字母 Sin 表示 Sh 音，当与某些书者的口音有关。

综上所述可知，“小经”文字的声母的“一音多形”可分为两类：一类如音素 T、Z、S，其“一音多形”现象基本沿袭波斯文拼法规则。波斯文“一音多形”现象产生的原因是，阿拉伯文字母表中某些音值相近的字母，在波语中无法区分，都发成某一个字母的读音。例如，字母 Te 与 Ta 在阿拉伯文中表示的辅音略有区别，波斯人全盘接受阿拉伯字母后，因限于波斯语的语音，无法区分他们所代表的音值，都读成T音，造成用两个字母表示T音的现象。另一类如阿拉伯文中字母Zal、Ze、Zad与Za代表的音值虽有区别，但十分接近，但在波斯语中却没有这种区别，都读成Z音。用字母Se、Sin与Sad所代表的音值在阿拉伯语中亦略有区别，但因波斯语无法区分它们，都读成S音，而形成“一音多形”现象。“小经”文字中的上述“一音多形”反映了我国回族浓重的波斯文化历史背景。

“小经”文字的H（喝）、Sh（诗）两音素的“一音多形”现象的产生，当是某些“小经”文字书写人的背景母语，无法区分某些在阿拉伯文、波斯文中原本音值不同，但读音仍较接近的字母，如表示H（喝）音的摩擦喉音字母Khe与非摩擦喉音字母He。表示Sh（诗）音的两个字母在“小经”中的混用也当出于此。

汉语中的X（希）音在波斯语所缺。“小经”并无统一拼写规则。凡汉语与波斯语、阿拉伯语共有音素，“小经”一般直接采用表示对应音值的阿拉伯文、波斯文字母。凡汉语独有的音值，如X（希）音，由“小经”取音值相近的阿拉伯文、波斯文字母，如用字母Se、字母Sin和字母双眼He。

“小经”文字的韵母的拼法，倾向于用开口、齐齿及合口音标符号和开口、齐齿及合口鼻音符号，而不倾向于书写元音。故其书写规则更近于阿拉伯文而非近于波斯文。“小经”辅音也有“一音多形”现象，其产生原因主要是因尚无统一拼写规则。其次书写者的口音不同，也影响辅音的拼法。①

① 刘迎胜：《回族与其他一些西北穆斯林民族文字形成史初探——从回回字到“小经”文字》，载《回族研究》2002年第1期，第11－12页。

第三节　“小经”文献

关于“小经”的产生，史籍无记载，已发现的最早“小经”文献，据冯增烈先生介绍有两种：一种是清初一位佚名阿訇写的18世纪的《塔志尼》；另一种是20世纪法国著名东方学家布洛歇（Blochet）在甘肃收集到的约18世纪的《米尔萨德》的抄本，内有用阿拉伯文字拼写的汉语，即小经的注解。[①]

从已发现的最早“小经”文献到今天也有数百年的历史，在这漫长岁月里到底产生了多少“小经”文献，无人得知。今天“小经”仍在甘青地区流行，一些穆斯林学者和宗教人士仍不断编写用这种文字拼写的读物，西宁、临夏等地的穆斯林用品店内出售这种读物。[②] 近年来，国内外学术界开始对“小经”文展开了调查研究。据报道，国内南京大学民族与边疆研究所，在欧盟驻华代表处的资助下，成立了“小经”课题研究小组，于2002年2月至2003年3月前往西北各省进行实地调查，收集了大量“小经”文献资料，并于2003年7月2—6日在南京大学等地举办了“我国部分穆斯林少数民族中的‘小经’文字展”。[③] 刘迎

① 《中国伊斯兰百科全书》，第613页，四川辞书出版社1994年版。引自刘迎胜，《回族与其他一些西北穆斯林民族文字形成史初探——从回回字到“小经”文字》，载《回族研究》2002年第1期，第8页。《“小经”文字产生的背景——关于“回族汉语”》，载《西北民族研究》2003年第3期（总第38期），第8页。

② 1995年笔者与导师陈其光教授赴甘青地区田野调查时，在上述两地经书店内见到许多“小经”读物。我们也从中购得一本。这本小册又名为《信仰问答》，是汉字和“小经”的对译，“小经”是对汉文的同音转写。

③ 详见《中国教育报》2003年7月7日，《中国社会科学院院报》2003年7月31日等，另据《甘肃日报》2003年8月5日报道，该展览8月4日又在甘肃兰州召开的“少数民族文化遗产保护与‘小经’文字文献展研会”上展出。

胜教授还著文介绍了收集到的这批“小经”文献资料。[①]

在国外，东京外国语大学亚非语言文化研究所，在日本文部科学省资助下，从2001年开始也对“小经”进行为期5年的调查研究工作。经过2001—2002年在中国西北地区的调查，收集到大量“小经”文献资料，并出版了《关于中国阿拉伯文字文化概貌》等调查报告集。其中介绍了收集到的“小经”读物的基本情况，据介绍，这批“小经”文献资料将由东京外国语大学亚非语言文化研究所收藏，经适当整理后公开，供大家阅览。[②]

从国内外学者的调查研究成果来看，甘青地区流行的各类“小经”文献约有50余种。[③] 由于这些“小经”文献是用阿拉伯、波斯字母体系来拼写当地方言，或汉语、民族语的混合语——河州话而形成的，所以除当地回族外，东乡、撒拉、保安等民族在宗教和日常生活中也经常使用。[④] 是回、东乡、撒拉、保安等民族共同享用的书面文献。在此以国内学者的调查研究成果为主，简要介绍如下。

---

① 刘迎胜：《“小经”文字产生的背景——关于“回族汉语”》，载《西北民族研究》2003年第3期，第244－252页。

② 町田和彦、黑岩高、菅原纯（共编）：《中国における アラビア文字文化の诸相》，第178页，東京外國語大學アヅア·アフリカ言語文化研究所印刷發行2003年版。

③ 国内《关于我国部分穆斯林民族中通行的“小经”文字的几个问题》一文中专门介绍了作者赴甘肃临夏调研时收集到的“小经”读物目录和“小经”工具书目录，共计37种，另外有作者未亲见，但见之于论文记载的“小经”读物14种。日本《关于中国阿拉伯文字文化的概貌》一书中分“问答类”、“宗教读本”、“语法等”、“工具书类”4部分介绍了51种“小经”书籍。上述两文都没有涉及东乡语“小经”古籍和撒拉语“小经”古籍，如果把这些民族语“小经”古籍计入其中，数量应更多。关于民族语“小经”古籍见本书下文专门介绍。

④ 町田和彦、黑岩高、菅原纯（共编）：《中国における アラビア文字文化の诸相》，第41－43页，東京外國語大學アヅア·アフリカ言語文化研究所印刷發行2003年版。

一、问答类

《伊斯兰教信仰问答》，马天明（井口四师傅）著，汉文译者未署名，写于 1952 年，临夏市堡子清真寺回历 1405 年（1986 年）重刊，70 页，[1] 平装，32 开。刘迎胜介绍说，冯增烈先生提及“1954 年在临夏印行的《信仰问答》为东乡井口四师傅所编，上面是阿文文章，下面附有整段的‘小儿锦’译文。”应即此书。[2] 日本收集的“小经”书目中还有《伊斯兰信仰问答》。小经中文对照，甘肃省临夏县中阿出版社发行《伊斯兰信仰问答》和《伊斯兰信仰问答》（第二版）。穆罕默德·阿布都里哈克目编印。小经中文对照，书末附有拼音字母对照表，133 页，青海省西宁市北关街清真寺发行。

《伊斯兰妇女月经教律问答》，阿拉伯文，“小经”为马天明（井口四师傅）著，汉文由其子马希庆 1989 年译于临夏市堡子清真寺。初版 1956 年临夏韩家寺清真寺刊印。1996 年临夏市堡子清真寺重刊。第 1—52 页为阿拉伯文“小经”合刊，第 53—80 页为汉译。平装，32 开，粉红色封面。另日本收集的“小经”书目中《妇女月经教律问答》，著者、译者、发行地同上，发行时间为 1966 年 1 月，是 1956 年版本的修订本，另附有马希庆 1987 年的中译文。

《伊斯兰礼拜封斋问答》，马天民著，马希庆译，初版 1954 年临夏市韩家寺清真寺发行，临夏市堡子清真寺 1987 年重刊。

---

① 日本“收集‘小儿锦’书籍目录”中该书页码为“26 + 54 页”町田和彦、黑岩高、菅原纯（共编）:《中国におけるアラビア文字文化の诸相》，第 159 页，東京外國語大學アヅア·アフリカ言語文化研究所印刷發行 2003 年版。

② 刘迎胜:《“小经”文字产生的背景——关于“回族汉语”》，载《西北民族研究》2003 年第 3 期（总第 38 页），第 248 - 249 页。

60页，平装，32开。阿文、小经对照。[①]

《伊斯兰教条切实问答：中阿小经对照》，出版地甘肃临夏市。卷首有马步青民国二十六年（1938）八月序，回历1355年5月。马步青序言中说，为对甘凉穆斯林进行宗教教育，特请伊斯兰教“经学深渊”之阿訇、中阿兼通之硕士，共同研讨，将五功教条分门别类，“中阿合参”，汇聚成册。另一序言写于1998年11月。序中说此书在马步青任职青海期间，协助西宁东吴清真大寺以素夫教长等人写成。另有阿文序。正文为“小经”与汉字合刊，即马步青序中所言“中阿合参”。全书90页，书后有目录，16开，平装，黄褐色封面。

问答类还有《回教常识问答》，曼苏尔著，陈克礼翻译，1948年（序文日期为三十七年）刊印，59页，只有中文。《伊斯兰教义学诚信问答》，青海省西宁市北关街清真寺，32页，全书为“小经”。[②]

二、宗教读本

《小经古兰》，阿拉伯文字名 Taiuma Soghraal-Quranal-Azimba-Lelsanal-Sin，其意为《尊贵（古兰）汉语小译》。阿文、小经对勘本，无译者、出版时间及出版地。[③] 正文没有汉字，分上、下两部分。第一部分前言5页，正文337页（附记为351页）。第二部分347页。合计全书705页，精装，大于16开。

《回教必遵——“小经”释意中阿对照》，上有“小经”书名

① 日本收集“小经”书目中，该书为《伊斯兰教礼拜封斋问答》，页码为37+21页，书末有中文翻译。另有《伊斯兰礼拜封斋问答》，小经中文对照，43页。町田和彦、黑岩高、菅原纯（共编）：《中国におけるアラビア文字文化の诸相》，第161页，東京外國語大學アヅア·アフリカ言語文化研究所印刷發行2003年版。

② 仅见于日本收集“小经”书目中。

③ 日本收集“小经”书目介绍说，甘肃省临夏州东乡族自治县。

HuiKiYuBizun《回教必遵》。154页，打印影印本。第1－135页为“小经”、汉字合璧本。“小经”文字经堂语特点较为明显，其中夹杂大量阿拉伯语与波斯语。第135－154页为阿、中文合璧。无作者名、出版时间及出版地。

《小经开达尼》，圣彼得堡石印本，刊于1893年。共三部分，页数分别为99、37和56页，共计192页。由入俄东干人编。编者为“灵州马”(今宁夏灵武县)，经名“穆罕默德·沙里哈·孜亚文迪尼。”1954年上海穆民经书社影印重版，汉文书名为《回教教条》。全书分章节介绍伊斯兰教教义基本知识，每段阿拉伯原文、后波斯化的阿拉伯字母拼写新疆回族话的“忾达尼”字译文。

另一版本，封面有阿拉伯文书名Kaidankitab。1988年9月30日写毕。无译者署名及出版地，133页，平装，16开，黄色封面。正文没有汉字。①

《杂学全本》，472页，没有作者、出版时间和出版地，全文为阿拉伯文和“小经”，没有汉字，16开，精装。另一种题为《杂学》Hizakitab zatiyud，127页，平装，短于16开，也没有作者、出版时间和出版地。②

---

① 日本收集“小经”书目中没有圣彼得堡石印本，有1988年《小经开达尼》版本，并认为是1954年上海穆民经书社发行的《回教教条》的异本，另有《kitab al-kaidan》，1985年刊印，108页，全文小经。认为是《小经开达尼》的异本。冯增烈先生认为“较早的一本《克塔尼》是清初米喇印时代的一位阿訇用‘小儿锦’撰写的。”刘迎胜：《“小经”文字产生的背景——关于“回族汉语”》，载《西北民族研究》2003年第3期（总第38期），第247页。

② 日本收集“小经”书目中还有三种“杂学”类读本：《杂学》，田玉祥手写，1995年宁夏刊印，3＋130＋24页，阿拉伯文，用“小经”注释翻译。《杂学》，130页，全部为阿拉伯文、小经。《杂学全本中阿对照》，马维成编，1999年刊印，491页，阿拉伯文，小经、中文对照详见町田和彦、黑岩高、菅原纯（共编）：《中国におけるアラビア文字文化の诸相》，第163－164页，東京外國語大學アヅア·アフリカ言語文化研究所印刷發行2003年。

《脱离之路》，有阿拉伯文书名 Targhal-Najat，其意为《营救之路》。手抄影印本，无作者署名及出版地，纯小经文本。第 2 页有年代 1974，书末有年代 1968 及 1990，104 页，16 开，白色封面，平装。另一版本版式、内容完全与之相同，只是没有汉文标题，套红封面。

《最新口语小经谈比海》，1993 年曹奴海译（汉译《醒世录》，王孝智译于 1991 年。无出版地，179 页，32 开。①

《小经穆斯林指南》，上册（中、下册编纂中）。译者曹海奴，1998 年临夏大西关刊印，196 页，平装，16 开，蓝色封面，正文基本为“小经”，间或有汉文。

《小经东热那岁黑乃》，有阿拉伯文书名 Duraal-Nasihin，其意为《劝告者的珍珠》。封面标有 1955 年 7 月 16 日，扉页为阿拉伯文。手抄影印本，译者马继良，205 页。正文为纯“小经”文本，没有汉文，没有出版年代，平装，16 开，绿色套黑封面。另有阿拉伯文原文排印本影印件，精装，蓝色封面，192 页。②

《小经穆安比哈其》，有阿拉伯文书名 monabbihat，意为《被预告的》。马继良翻译，1989 年（扉页下署有回历 1209 年）刊印，89 页，无出版地，16 开，平装，黄色封面。正文无汉字。

《足如分都而木》zumfal-Duma。无作者署名及出版地。书末

---

① 日本收集“小经”书目中是另一版本，154 + 6 页。通篇为小经，只有中文前言。另介绍说，广河县和东乡县的老人中传说，该书有数种和汉语普通话很接近的语言拼写的版本流行。详见町田和彦、黑岩高、菅原纯（共编）：《中国におけるアラビア文字文化の诸相》，第 163 - 164 页，東京外國語大學アヅア·アフリカ言語文化研究所印刷發行 2003 年。

② 日本收集“小经”书目中是另一版本，Hanifb、Laqmanb、Muhammad 著，马继良译，Madolase 发行，1998 年刊印，206 页，全文小经，属临夏 Bishan 清真寺详见町田和彦、黑岩高、菅原纯（共编）：《中国におけるアラビア文字文化の诸相》，第 163 - 164 页，東京外國語大學アヅア·アフリカ言語文化研究所印刷發行 2003 年。

署有两个日期：1962年6月12日全，1992年8月12日全。131页，16长，平装，无汉字。

上述10余种“小经”宗教读物是南京大学“小经”课题组赴甘肃临夏调研时收集的，“小经”读物目录和日本东京外国语大学亚非语言文化研究所“小儿锦”课题组赴中国西北收集的“小经”图书目录所共有目录。

此外，只见于南京大学收集的“小经”读物还有以下几种：

Alial-Chafiya（《阿里·噶菲耶经》），甘肃临夏老拱北藏，手抄本。据说有100—200年历史。当今经书店没有任何印本出售。

《对广大穆斯林的忠告》，阿拉伯文标题Nasihatal-Musimin（穆斯林的劝言），“小经”书名Dui Tiuanti Muslim Di Sin jun（对全体穆斯林的信遵）。哈三教长著，依斯哈克·马金成译于1999年6月15日。书中附有甘肃广河三甲集中心寺哈三教长的短文。铅字排印。中、阿、“小经”合刊。

《穆民教诲》（小经），穆斯林书店2000年10月影印手书出版，纯“小经”文本，33页，无作者署名，平装，没有汉字。

Mawaizal-Shaft，没有汉文书名，阿拉伯文书名意为《杂散的劝话》。手抄影印本，177页（上、下册合订本），纯“小经”文本，没有汉字。没有作者名、出版地及出版时间，第1—92页为上册，第93页以后为下册。16开，平装，黄色封面。

Sharaifal-Ararad，没有汉文书名，阿拉伯文书名意为《天经之尊贵》，“小经”与阿文合刊，没有汉字，116页，没有作者名、出版时间及出版地，平装，16开，套红色封面。[①]

见于东京外国语大学亚非语言文化研究所收集的“小经”图

① 刘迎胜：《“小经”文字产生的背景——关于“回族汉语”》，载《西北民族研究》2003年第3期（总第38期），第245-246页。

书有以下几种：

《经海拾贝》（小经），2001 年刊印，9 + 198 页，全文小经，前言有中阿、中小经对照。

《经海拾贝》（上册），2001 年刊印，214 页，小经汉文对照，是前一种《经海拾贝》的异本。

《常用都哇礼拜念词》，有三种版本：第一种，西宁市北关清真寺发行。4 + 74 页。阿文、中文对照，卷首有阿文、小经、汉文对照的词语。第二种，22 页，阿文中文对照。是第一种的异本。第三种，42 页，是第一种的翻译本。[①]

三、语言学类

《阿语基础注》，阿拉伯文标题 Asasal-Ulum（可译为《学术之基础》），阿文副标题 Al-Sharhal-Siniwaal-Harakatwaal-arab（意为“汉文解释及阿拉伯原文。”）新疆马良俊阿訇（甘肃天水张家川人）著，手抄影印本，无出版地和出版时间，16 开，平装，白色封面。另一版本无中文名，作者“新疆致本氏马良俊”，161 页，“小经”与阿拉伯文合刊，手抄影印本，署有回历 1359 年与 1358 年两个日期，正文没有汉字，无出版地，16 开，平装，蓝色封面。[②]

《古兰经读法规则》（两种），1998 年刊印，33 页，前半部分小经，后半部分中文。

《阿拉伯语语法初学》，28 页，用小经解释阿拉伯语语法。

《经堂语词法、语法》，曹奴海著，甘肃省临夏大西关清真寺附属 Madolase 发行，1995 年刊印，初级阿拉伯语教本。[③]

---

① 町田和彦、黑岩高、菅原纯（共编）：《中国におけるアラビア文字文化の诸相》，東京外國語大學アヅア·アフリカ言語文化研究所印刷發行 2003 年。另有云南省玉溪市，甘肃省张家川等地收集的“小经”书目。

② 日本收集“小经”书目中，该书页码为 27 + 40 + 66 页。或许是其他版本。

③ 以上 3 种只见于日本收集“小经”书目中。

四、“小经”工具书

在甘青穆斯林聚居地区也流行各种“小经”工具书，这些工具书多题为《……词典》、《……字典》。其中多是“小经”读物的词汇表，即在每一个阿拉伯语词汇之后列举汉译及“小经”释意。中外学者在收集“小经”资料时，也收集到了10余种“小经”工具书。

《古兰经词典》，Lughatal-Quranal-azim。扉页《中阿对照（古兰经）词典》，1988年，书末：1986年11月15日。回历1406年10月。91页，平装，无作者名和出版地。阿拉伯文、小经、中文对照。

《中文消经双解》，阿文标题 Lughatal-Maltubatalabiyatal-Tariumabi-Siukinwa Juwun。118页，无作者名、出版时间和出版地，平装，16开。阿拉伯文、小经、中文对照。[①]

《中文消经双解（噶况）新字典》，译者苏生达，[②] 1996年刊印，227页，发行地甘肃省广河县三甲集大场，平装，16开。阿拉伯语、小经中文对照。

《中文消经双解（伊哈雅议）字典》Lughat Ahiy Ulumal-Din。1994年刊印，199页，阿拉伯语小经中文对照，平装，16开。

《中阿双解字典》Juhara-Lughat，李殿君编著，上、下册合订本，系1955年上海穆民经书公司发行物的重印本。

《中阿对照（满俩）字典》（前有阿文），51页，1983年刊印[③]。无作者及出版地，16开。

---

① 日本收集“小经”书目中，该书为1992年刊印，并说与《麦开土布字典》相同。

② 日本收集“小经”书目中为“苏生杰著”。

③ 日本收集“小经”书目中另有两个版本：《满俩字典：中阿对照》，1983年刊，51页；《中阿对照满俩字典》1992年刊，51页。都是阿拉伯语小经中文对照。

《胡赛尼大字典》Lughat-ial-Husain。扉页:《侯赛尼大辞典》,1951年增订再版。有中文,862页,无作者,16开,精装。①

《委尕耶词典——中阿对照》Lughat Sharhal-Qayhal-Tariuma Balsanal-Sini。115页,无作者和出版地,写于1989年,平装,有中文。②

《中阿对照(伯亚尼)字典》,1984年刊印。第三版1989年7月6日。无作者和出版地,76页,有中文,16开,平装。③

《者俩来尼字典》Lughat Tafsinal-Jalalin。阿拉伯文原文之上注小经,无汉字,105页,无作者和出版地。16开,平装。

《(真境花园)字典》Lughatal-Gulistan。由李百川阿訇的经生汇集课堂笔记而成。三营河东清真寺油印,1990年5月25日。内容包括波斯文生词、中文释意与小经注音,81页,宽于32开,平装。④

第四节 世俗应用

从上述介绍可以了解到,“小经”主要是用来注释经文的。因为最初的宗教读物完全是阿拉伯文和波斯文的。而经师讲授则使用汉语,经堂学员大多都是汉字文盲,但他们又精于阿拉伯文

① 日本收集“小经”书目中称该辞典为《侯赛尼大辞典》由虎嵩山讲授,虎学良编。平凉市清真大寺发行。324页。初版于1942年宁夏吴忠刊印,原名为《虎赛尼注释》,现流行版为1951年版的翻印本。

② 日本收集“小经”书目中为《委寡耶字典——中阿对照》,1982年刊印,92页,并认为是《中文消经双解伊,娃雅仪字典》的异本。

③ 日本收集“小经”书目中称发行地为四川。

④ 日本收集“小经”书目中另有《真境花园译解:经堂语中阿文对照》,余志海译,民族教育出版社,1993年刊印发行。中文翻译,阿拉伯语、波斯语、中文对照。

拼音[①],当他们在学习的时候需要在某个经典旁作个注释或者要记录笔记,那么,对他们来说唯一可资依靠的手段便只有"小经"。[②]由此可见,"小经"是经堂教育的产物,是一种在经堂中使用的文字。

随着经堂教育的普及,"小经"文字的使用不仅限于经堂之内,它的文字社会效果已突破了经堂而流行于穆斯林民间社会之中。换句话说,就是它不仅是一种经堂文字,而且在世俗生活中也使用。那些受过经堂教育的人,不管他们后来是否从事于宗教职业,但他们却能够使用这种文字去记账、通信或记事。[③] 甚至那些在穷乡僻壤极为难得的精通汉文的回族小知识分子,当他们遇到不会写的汉字时,也用"小儿锦"来代替。[④]

"小经"作为世俗文字一直沿用到当代。从目前收集到的资料来看,主要应用于通信、记事、日记、记账、遗书、唱词、契约、语言学作品翻译等领域。

一、通信

通信是"小经"文字在世俗生活中应用比较广泛的一个方面。据冯增烈先生介绍:"《秦难见闻记》中壬戌全月 24 日的那封经文信,就是同治元年由西安城递送到回民起义军前哨光大门

---

① 经堂学员的文化知识结构至今仍无大的改观。从临夏市阿文学校的期中考试成绩表中可以看出,阿文考试成绩均在 90 分以上,而汉语成绩多为 30 - 40 分[町田和彦等(共编):《中国におけるアラビア文字文化の诸相》,第 13 - 15 页,東京外國語大學アジア·アフリカ言語文化研究所印刷發行 2003 年封二。]

② 冯增烈:《明清时期陕西伊斯兰教的经堂教育》,载《清代中国伊斯兰教论集》,第 244 页,宁夏人民出版社 1981 年版。

③ 冯增烈:《明清时期陕西伊斯兰教的经堂教育》,载《清代中国伊斯兰教论集》,第 244 - 245 页,宁夏人民出版社 1981 年版。

④ 刘迎胜:《关于我国部分穆斯林民族中通行的"小经"文字的几个问题》,《回族学论坛》(第一辑),第 253 页,宁夏人民出版社 2003 年版。

阵地的‘小儿锦’信件。”“解放前，甘宁青的农村里，就有一些人用‘小儿锦’作为向国内外通信的应用文化。”“直到现在，我们还发现有人仍用‘小儿锦’通信、记事的”。①

另据青海西宁民族用品店经营主介绍说：“1950年以前不识汉字的阿訇之间经常用小经通信。”“现在小经写信的情况还存在，住在新疆阿勒泰地区的一位朋友，由于没有上过汉文学校，不识汉字，他用小经给我写信，我读不懂的时候就请他的朋友帮助解读。”②

东乡族学者陈元龙先生保存有两封在新疆定居的东乡族群众致政府的汉语“小经”信件。其中一封信写于1991年腊月初十，另一封写于9月21日（当为九十年代）。2001年4月26日，南京大学刘迎胜教授也收到临夏韩家寺教长马希庆阿訇收集到的一封“小经”信件。③

目前收集到的最晚的一件小经世俗文书资料是一对青年男女2002年底写的一封情书。2003年1月，经过曲折的寻觅，南京大学刘迎胜教授来到青海化隆的一个清真寺。和一群毛拉（清真寺里的教职人员）聊天时，一个名叫王文明的毛拉得意地说，他2002年12月25日刚收到一封未婚妻的情书，“情书别人看不懂，只有我认得。”王文明的话立即引起刘教授的注意，别人看不懂的文字会不会是“小经”？在刘教授的追问和请求下，王文明红着脸，一字一句地当众朗读了那封神秘情书。情书的大致内容

---

① 冯增烈：《‘小儿锦’初探——介绍一种阿拉伯字母的汉语拼音文字》，载《阿拉伯世界》1982第1期，第42页。

② 町田和彦、黑岩高、菅原纯（共编）：《中国におけるアラビア文字文化の诸相》，第13－15页，東京外國語大學アヅア·アフリカ言語文化研究所印刷發行2003年。

③ 刘迎胜：《关于我国部分穆斯林民族中通行的“小经”文字的几个问题》，载《回族学论坛》（第一辑），第240－256页，宁夏人民出版社2003年版。

是：感情热烈的未婚妻难忍相思之苦，迫不及待地要王文明快点娶她。“看着是小儿经，王文明读出来却是地道的西北方言。”[①]

二、记事

《钦定兰州纪略》曾提到，乾隆四十六年（1781）四月，清军在征剿苏四十三起义军时，曾“派福崧同仁和、马彪令撒拉尔回人翻写‘回字’晓谕，许诺”，如能擒献苏四十三，韩一的巴拉等首犯，不但免罪，且可邀恩。这种“回字”即“小经”文字。[②]

白寿彝先生1952年编纂出版的中国近代史资料丛刊第四种：《回民起义》第三册中收录了一篇《纪事》文章，这篇纪事文章就是用“小经”写成的。白先生在该书扉页刊布了一页庞士谦收藏的《纪事》原稿，并指出：《纪事》一则，略记陕甘起义的概要。著者佚名，是用“小儿锦”写成的。“小儿锦”是我国回教教师用阿拉伯字母拼写的一种文字，基本上是汉语的拼写，并包含着阿拉伯语、伊朗语的词汇，有时也夹杂地写上几个汉字。这篇纪事不知写成在什么时候。北京东四牌楼清真寺教长庞士谦曾译成汉文。[③]

为使读者更进一步了解“小经”世俗应用概貌，现将该页《纪事》原稿复印件及其译文附录于此（见图5－1）。

《纪事》译文：同治元年甲子年闰八月，因为细故，陕甘两省回民不料被汉人计算了，三百汉人打一个回民。他们立了一个专练，招兵聚将，见回民就杀，杀了之后报官。由二月，汉人专练就开始杀害回民，直到四月。同州府境内有十三个清

① 郑正：《金陵晚报》，2003年9月11日。

② 《钦定兰州纪略》，杨怀中标点本，宁夏人民出版社，1988年，引自刘迎胜《关于我国部分穆斯林民族中通行的“小经”文字的几个问题》，《回族学论坛》（第一辑），第253页，宁夏人民出版社2003年版。

③ 白寿彝：《中国近代史资料丛刊第四种：回民起义》（第三册），上海神话国光社1952年。

图 5－1　“纪事”原稿第一页（庞士谦藏）

真寺，这十三方被迫一齐动手来自卫，与在渭南、临潼、高陵、三原、泾阳之汉人战。安剌襄助教门，领兵元帅都是阿衡，战争蔓延到八百里秦川，东至潼关，西至凤翔，南至南山，北至北山。西安城南城西共有六十四方。五月十四日夜间，汉人动了手，城附近的回民无辜被杀。所逃出的人，共有三千。一人名孙义宝，领了出来。其余的回回杀完了。在渭河北魏城湾，回回扎了大营盘。渭河、泾河两岸的回回都打胜仗。那三千人知感主，也统属渭城湾大营盘。张大人心中不愤，因为汉人死的多，于是他就行文书到北京，说回回反了。皇上大怒，发下了大兵，筋胜宫保大人统率，由吉林出了十万兵开到陕西去，在咸阳渭城湾打了一个大仗。大元帅没有成功。总共打十天仗，把胜宫保的兵马杀完了。于是他回京去听对旨。皇上的安抚令下来了，但是他坚持出兵，(要)很吓一吓，(等)回兵骇怕了才好安抚。皇上说：“一切兵马全被杀了，胜宫保应该死罪。”于是六部里的大人们怒怕了，他们招到了四省兵，选推左大人、雷大人、陶大人统率。兵马到了陕西，陶大人一看就把同州府渭同头，凤翔府渭口口驻扎营盘。出队打仗，战场就在大荔。在头上十三家，有三千人马，回回领队的是于六阿卫，时年八十岁了，八百里内的回回到一处打仗。

闻汉人有八尊铜炮，炮弹达九斤重，阵阵射人。后来回兵分离，退到甘省地方金积堡。

四年，官兵到了，聚了起来。到了六月十四日，马队埋藏起来，离开营盘有十里路。后来马队出来，回回大败。有一阿衡名斗赫明堂，回回人把他救出来，这阿衡有学问有道德。出阵时老阿林如常念求主襄助；又念阿也提：“你们一齐抓着真主的绳索。”我穆民无能，我们托靠主，我们一面保守教门，一面打仗，一总是真主襄助，是凭一切学者的祈祷。到了九年，京里派出左大人到陕西安抚回民别反了。回民都是良善之人，有家有业。左宫保安抚了陕西，大家得了平安。有一位叫白彦虎，是六十四方的头领，一切男女老幼都跟他到外国俄罗斯去。到甘肃来的有七省兵马：四川、湖南、湖北、河南、山东、太原省、陕西。打仗十年才做买卖，作庄稼。

张承志在《心灵史》“懒寻旧梦的记事”中这样写道：由我们哲合忍耶的学者创造的：——用阿拉伯文杂以波斯文转写的汉语借词（即“小儿锦”），记述教门最紧要的关键，然后把它作为“经”藏匿并暗中流传。只要伊斯兰教在中国能够存活，那么这种“经”便能传世。这是一种奇异的著作，它最伟大的特点便是作家不希望它外传。它对外部世界是拒绝的、难以破译的、保密的。它同时是历史，是文学，是宗教著作。这是真正的内部资料。历史逝去后，只有它最接近心灵曾经体验过的真实。

它的另一个特征是：不屑于是非的评说，懒得做事实叙述，尤其擅长一笔划过十年历史百次争战——它是一种古怪而令人兴奋的文体，用哲合忍耶的术语来说，它近乎一种机密。我曾一连几年直至此刻为自己沉醉于它之中而不解，这种文体怎么会有如此魅力呢？细细重读，它是那样淡漠。它直接以口语为书面语，不施文采，对自己的苦难牺牲不作感叹。

这种文体的作家主要是哲合忍耶派的一些大阿訇。也许可以推定阿布杜·关里二爷便是这种文体的创造者。世界应当了解中国曾有过这种著述，伊斯兰与回族研究应首先参考这种资料。①

冯增烈先生提到西安马静山阿訇的记事手册，“其中更有用‘小儿锦’记录中医偏方。”② 甘肃省东乡族自治县在 20 世纪 50

① 张承志：《张承志文学作品选集·心灵史卷》，第 171 页，海南出版社 1995 年版。

② 冯增烈：《“小儿锦”初探——介绍一种阿拉伯字母的汉语拼音文字》，载《阿拉伯世界》1992 年第 1 期，第 43 页。

年代、60年代曾有两名回族副县长，因不识汉字，在记事和执行公务中，如做记录和拟写讲话稿时，用的都是“小经”。①

南京伊斯兰教协会顾问马大宁先生介绍说，他5岁那年，随家人在南京汉西门清真女学学经时，看到一位师娘书写一种奇怪的文字，它不是汉字，是用阿拉伯文和波斯文字母书写的，读起来是汉语，大人们叫它“小儿经”。听说这种文字从明朝末年就在南京流传了，传播速度很快，不少回民都会使用。他见过的最后一位会用“小儿经”的是一位回族妇女。1951年，南京各界为抗美援朝捐助，他作为当时少数民族代表团的成员，亲眼看到一位被大家称为申师娘的妇女，用“小儿经”做记录。可惜这位能读会写“小儿经”的申师娘，已于1989年去世了。②

三、日记

据报道，中国伊斯兰教陕西学派云南籍阿洪普洱马阿洪（名寿清），在清朝统治年间参加陕西回民起义期间，用“小经”撰写了一本“随军日记”——《正大光明》，简要记录了回民起义的原因、经过、“受抚”谈判情况、“善后”安置、义军的活动、开支账目、作者感想、回民被左宗棠大肆屠杀以及义军悲壮逃难的历史等。这本珍贵的“小经”日记在民间珍藏130多年，现被普洱马阿洪的重孙甘肃平凉的马为才“朵斯体”收藏。《正大光明》全2册，第一册48页，第二册150页。“小经”文字，竖排手写。时间从同治九年（1870）八月十六日到同治十三年（1874）二月十九日。每月所写日记不等，有30天、25天、18天等，每天日记的日期用小楷汉字竖写，内容用“小经”文字撰

① 阿·伊布拉黑麦：《回族“消经”文字体系研究》，载《民族语文》1992年第1期，第25页。

② 郑正：《金陵晚报》2003年9月11日。

写。有些页内贴有补充某一天日记遗漏内容的长纸条，草纸线装，墨书。书封皮左上角用楷书书写着汉字“正大光明”的书名，全书保存完好。《正大光明》是目前发现的陕甘回民起义中唯一的回族当事人自己以日记形式记录那段历史的文本。①

另有介绍，新中国成立后，西安刘宗云阿訇于1955年8月曾经应邀参加陕、甘回民赴东北参观团。从8月5日报到开始，刘氏就用“小儿锦”写下了一个多月的参观日记，成为记述新中国风貌的“小儿锦”作品。②

四、记账

据近年来的调查，在甘青地区，尤其西宁、临夏等地，40岁以上的人在日常生活中仍然使用“小经”，尤其是经商的生意人经常用“小经”记账，有些经营伊斯兰经书的店主也用“小经”记账。③

2003年，南京大学举办的中国部分穆斯林少数民族中的“小经”文字展，共分为“前人研究成果”，“经学文献”，“工具书和词汇”和“世俗文献”几大类，其中世俗文献资料中就有用小经文字写的账本、遗书、唱词，还有新中国成立前地下工作者用小经写的工作笔记。④

此外，日本学者在甘青地区，尤其在大河家保安族地区调查

① 虎隆、马献喜：《“消经”日记〈正大光明〉与普洱巴阿洪》，载《回族研究》2006第3期，第76－78页。

② 冯增烈：《“小儿锦”初探——介绍一种阿拉伯字母的汉语拼音文字》，载《阿拉伯世界》1982年第1期，第43页。

③ 町田和彦、黒岩高、菅原纯（共编）：《中国におけるアラビア文字文化の诸相》，東京外國語大學アヅア·アフリカ言語文化研究所印刷發行2003年。

④ 宋莹、舒健：《我国最早的拼音文字现身南大》，载《中国社会科学院院报》，2003年7月31日。

时，多次遇到当地穆斯林民族商人用“小经”记账的情况。

第五节　少数民族语“小经”文字

在甘青地区也曾流行用阿拉伯文和波斯文字母为基础拼写当地少数民族语言的文字，撒拉族称之为“土尔克文”，东乡族称为“土话小经”。

一、撒拉族“土尔克文”

所谓“土尔克文”，即撒拉族以阿拉伯文和波斯文字母为基础拼写撒拉语的一种拼音文字。从民间发现的一些著作、笔记来看，“土尔克文”不仅用于注释经文、翻译经典和开展宗教教育和宗教学术研究，而且还成为许多人用来互相通信、书写契约、纪事立传、著书立说的应用文字。过去民间有大量用这种文字书写的有关历史、文学、宗教等方面的文献，可惜多在“文化大革命”中被付之一炬。但仍保留有一部分，仅青海民族学院民族研究所就收藏有《土尔克菲杂依勒》（择要注解杂学）、《朝觐途记》、《历代帝王年表》等。①

《土尔克菲杂依勒》，因其包括的内容较广，又属杂记文体和杂史性质的文献，所以多被称为《土尔克杂学》或《杂学》。一般认为，《土尔克杂学》是撒拉族在中世纪时用土尔克文字写成的手写本，因此它是研究撒拉族历史、宗教、文学和社会风俗习惯的珍贵文献。严格意义上说，《土尔克杂学》本身并不是撒拉语的旧书面文献，但是其中包含了丰富的古代撒拉族语言材料。据本民族学者研究，成

① 马明良、马维胜：《伊斯兰教与撒拉族文化》，载《青海民族学院学报》1993年第1期，第68页。

书于光绪九年(1883)，由(循化)乃曼人鲁格曼·扎依夫(loghman.zayif)大毛拉所著的手抄本中，就有许多在现代撒拉语中已经消失，或者语音、词义发生重大变化的词。①

另如清代乾隆初年写作，由循化街子人马子士保存的手写本《杂学本本》对撒拉族历史叙述颇有史料价值。原文如下：②

[illegible]

عمر ديده نى اوغلى شنبو ديده نى اوغلى درويش ديده و شمشير ديده و

بيان ديده و سادولا ديده توت اوغول

汉译大意是：在元代担任积石州达鲁花赤的尕勒莽正申巴巴(或称尕勒莽得都尼)，传位其子奥玛尔得都尼，奥玛尔得都尼的儿子是申布得都尼。申布有四个儿子，即：得什里维什得都尼、山姆色得都尼、伯彦得都尼和撒都剌得都尼。申布就是《循化志》所写的“神宝”。神宝又传位于幼子撒都剌。上述这段珍贵的史料，在别的史籍中是不曾见到的。③

此外，甘肃省临夏阿拉伯语学校收藏有由青海循化撒拉族编

---

① 韩建业：《〈土尔克杂学〉词汇选释》，载《青海民族研究》1993年第4期，第61－67页。

② 韩建业：《撒拉族语言文化论》，第279页，青海人民出版社2004年版。

③ 芈一之：《青海民族史入门》，第111页，青海人民出版社1987年版。据芈一之先生介绍，该书为皮面横行手写，1962年由青海民族学院收藏，存青海民族学院民族研究所资料室。但笔者2002年赴青海民族研究所资料室查阅时，未能查找到相关资料。

写的小经读物。该读物有阿拉伯文书名，其意为《教义学与教法学》。手抄影印本，401 页，浅褐色套绿封面。正文为纯“小经”本，无任何汉字，无作者署名及出版年代，无汉文。[①] 该书可能不是撒拉语“小经”读本，但是从中可了解到撒拉族与“小经”文字的密切关系。

总之，“土尔克文”在撒拉族的文化教育发展史上起过一定作用，用它记录和保留了丰富的民族文化遗产。[②] 另据介绍，该文字至今还被一部分人使用。[③]

二、东乡族“土话小经”

东乡族中流行一种用阿拉伯字母拼写东乡语的拼音文字，本民族称为 tuxua qiaodin，即“土话小经”。东乡族群众甚至认为这就是东乡族的本民族文字，tuxuani urau（东乡语的文字）。[④]

东乡族学者普遍认为，东乡族的“小经”文字是受回族小经文启发和影响而产生的。[⑤] 历史上，东乡族与回族有着十分密切的关系，相互间在经济、文化、宗教等方面的交流很多，而且十分频繁。因此，东乡族“小经”和回族“小经”之间存在着诸多共同点。具体而言，一是东乡族的“小经”这一名称是从回族

① 刘迎胜：《关于我国部分穆斯林民族中通行的“小经”文字的几个问题》，载《回族学论坛》（第一辑）第 246 页，宁夏人民出版社 2003 年版。

② 2002 年笔者赴青海调查时，拜访了撒拉族语言学家韩建业先生，韩先生正在家中翻译《土尔克杂学》。据本人介绍将作为青海省撒拉族古籍文献出版。

③ 马明良、马维胜：《伊斯兰教与撒拉族文化》，载《青海民族学院学报》1993 年第 1 期，第 65 – 69 页。

④ 阿·伊布拉黑麦、陈元龙：《中国东乡族》（甘肃文史资料选辑第 50 辑），第 87 – 88 页，甘肃人民出版社 1999 年版。

⑤ 阿·伊布拉黑麦、陈元龙：《中国东乡族》（甘肃文史资料选辑第 50 辑），第 87 – 88 页，甘肃人民出版社 1999 年版；马自祥、马照熙：《东乡族文化形态与古籍文存》，第 123 页，甘肃人民出版社 2000 年版。

“小经”借来的；二是搬用了回族“小经”因汉语需要创制的几个字母，用它来表示相近的音，而这些音本已有字母表示；三是与回族“小经”文一样，基本以音节为单位连写，这比较适合汉语特点，而与东乡语特点并不相符合。由此可以推断，东乡族的“小经”文字产生当不晚于14世纪、15世纪，距今已有500年以上的历史。当然这只是一种推论，最可靠的证据是，清康熙、乾隆年间东乡族宗教学者、高山门宦创始人马哈三（1682－1770）遗留的札记，其中有大量用东乡族“小经”文字记载的民间叙事诗、劝善言、记事、宗教知识等。这说明早在17世纪，东乡族“小经”文字就已经盛行。①

据陈元龙先生研究介绍，东乡族的“小经”共有35个字母。其中有些字母是阿拉伯、波斯文及回族“小经”所没有的，是东乡族人民根据东乡语的实际创制的；两个字母仅出现在阿拉伯语和波斯语词语中。东乡族“小经”有9个附加符号和3个标点符号。字母无大小写区别，书写习惯与阿拉伯文及回族“小经”文基本一致，自右向左横写，每个字母因连写需要有单写、词首、词中、词尾4种形式，有些字母还有变体或改笔形的写法。②

从上述介绍可知,在东乡族中确实曾流行一种用阿拉伯文拼写东乡语的拼音文字,但是关于这种文字的使用范围学者有不同认识。

一种观点认为，明末清初，随着清真寺经堂教育的普及而产生了一种用阿拉伯字母拼写东乡语的拼音文字。当时清真寺经堂教育的读本完全是阿拉伯文或波斯文的，而东乡族的阿訇为传经布道讲授《古兰经》、《圣训》，不能不使用母语东乡语，这是为了

① 阿·伊布拉黑麦、陈元龙：《中国东乡族》（甘肃文史资料选辑第50辑），第88页，甘肃人民出版社1999年版。

② 阿·伊布拉黑麦、陈元龙：《中国东乡族》（甘肃文史资料选辑第50辑），第89页，甘肃人民出版社1999年版。

易懂和容易理解。这种情形自然而然地成为创造东乡族“小经”文字的直接原因，于是用阿拉伯字母拼写东乡语，并传授伊斯兰教知识就成为顺理成章的事。“小经”文字一般只在经堂教育中使用，例如注释经文，记学经笔记。清代以来，有一些清真寺的阿訇和门宦教主还编写过“小经”文字的集札，记述本教派教主的传教经历或用“小经”文字翻译的伊斯兰教读物，其中也包括宣扬伊斯兰教的诗歌和散文。这些诗歌和散文都是以宣传教门为基调，是以赞美诗和歌颂的形式赞主赞圣，宣扬伊斯兰教。①

另一种观点认为，东乡族的“小经”是一种社会应用文字，在经堂教育中很少使用。精通阿拉伯文的东乡族阿訇不一定精通东乡族“小经”。使用它的主要是掌握了阿拉伯文拼读法的一般群众。这种文字主要运用于记录民间文学、一般的宗教知识、札记和通信等，一直沿用至今，使用范围遍及甘肃、新疆等所有东乡族聚居区。就目前掌握的资料而言，17世纪末至20世纪上半叶是东乡族“小经”文字的鼎盛时期，现存的大量资料是在这个时期产生的。新中国成立以后，随着东乡族学习汉语、汉字的人逐步增多，东乡族“小经”文字的使用范围逐渐缩小。现在主要用于记录、传抄带有宗教色彩的东乡语诗歌，或者群众之间通信，民间记事等。而记录宗教知识多用汉文或者回族“小经”文字。由于人口和社会发展制约，东乡族“小经”均为手写资料，没有印刷本。②

据日本学者在临夏和东乡族地区的问卷调查认为，虽然学界对东乡族“小经”文字进行了调查介绍，但是在东乡族地区向宗教人士，或学生打听，他们并不了解东乡族“小经”的具体情

① 马自祥：《东乡族小经文“拜提”的人文资源价值》，载《西北民族研究》2005年第3期（总第46期），第98－107页。

② 阿·伊布拉黑麦、陈元龙：《中国东乡族》（甘肃文史资料选辑第50辑），第88页，甘肃人民出版社1999年版。

况。只有东乡锁南清真寺的两个满拉说："清真寺没有教过'小经'文字，我们也没有专门学习过'小经'，只要学会了阿拉伯文字就可以书写'小经'，但是书写的是临夏汉语。另外，写信用汉字，只有汉字不会写的时候才用'小经'文字，用'小经'文字代替汉语。"进一步说，虽然东乡族在日常生活中使用东乡语，但是清真寺中的正规经书无法翻译成东乡语，因此，东乡族清真寺里书写的"小经"文献也是汉语，但是东乡人所说的汉语由于受东乡语的影响，和通常所说的临夏方言有显著差别，形成独特的"口音"，因此，所谓东乡族"小经"文献，主要是指反映东乡语式汉语"口音"的这种"小经"文献。[①]

三、东乡族小经文作品介绍

用东乡族小经文记载的作品中有相当一部分是仿效阿拉伯文、波斯文撰写吟诵的诗歌作品，其内容与宗教有密切关系。尤其清朝时期东乡族中的一些阿訇、宗教学者，结合自身和现实情况，对伊斯兰教赞美诗和歌颂形式有所借鉴并进行了一定的发展，即不限于阿拉伯文或波斯文的诵诗在清真寺内"大赞"，而是用东乡语仿效并参照阿拉伯文、波斯文的"拜提"（波斯语即诗歌）撰写供吟诵用的诗作。这些"小经"文献大都是手抄本，且都保存在清真寺、拱北等宗教场所，有些流散在民间。重要作品有：史诗《米拉尕黑》、《诗司乃比》、《圣人登霄》、《矣利夫》、《哈桑与侯赛尼》、《战黑那姆》、《葡萄蛾儿》、《和者阿姑》等。

其中小经文《米拉尕黑》与民间口碑传说基本一致。米拉尕黑是一位年轻勇士，在人民受外族蹂躏、边关危急时应征入伍。他作战英勇无比，屡建战功。回乡后又机智地挫败强盗抢亲的阴

① 町田和彦、黑岩高、菅原纯（共编）：《中国におけるアラビア文字文化の诸相》，東京外國語大學アヅア·アフリカ言語文化研究所印刷發行 2003 年。

谋，与日夜思念的姑娘结成伴侣。《圣人登霄》记载的故事取材于伊斯兰教的一段故事。小经文古籍作品有它自己的特色，有象征意义，也有形象描述。

以下是东乡语“小经”文《米拉尕黑》片段：①

بسم الله الرحمن الرحيم

① 转引自马自祥、马照熙著：《东乡族文化形态与古籍文存》一书，已征得作者本人同意，特此说明并致谢。

第六章　史诗《格萨尔》的流传

《格萨尔》是藏族人民创作的英雄史诗。这部不朽的著作是在藏族古代神话、传说、诗歌和谚语等民间文学的基础上产生和发展起来的，代表着古代藏族文化的最高成就。早在吐蕃王朝时代，《格萨尔》这部古老的史诗就传播到喜马拉雅山周边的国家和地区；大约在13世纪以后，随着佛教传入蒙古族地区，大量藏文经典和文学作品被翻译成蒙古文，《格萨尔》也逐渐流传到蒙古族地区，成为自成体系的蒙古族《格斯尔》。14世纪下半叶，即元末明初，《格萨尔》在更大范围内得到传播。据调查报道，藏族《格萨尔》在我国相继流传到蒙古族、土族、裕固族、撒拉族、纳西族、白族、普米族、摩梭人等民族当中，且在长期的流传过程中与各自民族的社会生活和文化传统相结合，形成了各具本民族文化特色的《格萨尔》①。

在此主要介绍汉藏语系民族创作的《格萨尔》流传到阿尔泰语系民族中，尤其是流传到甘青地区特有民族中所形成的区域特征。

第一节　土族地区

土族主要聚居在青海省互助土族自治县、民和回族土族自治县、大同回族土族自治县和甘肃省的天祝藏族自治县和卓尼县。据目前的调查研究，上述地区都有《格萨尔》流传，且有些地方

---

①　http://dwzy.xbmu.edu.cn/gsr/index/41.htm.

已达到一定规模。

1948年11月25日到1949年6月30日，德国传教士多米尼克·施罗德（Schroder，1910－1975）在青海省互助县沙堂川的甘家堡，根据47岁的土族歌手官波甲（Guanbo-sdzia）的口述，并在他的岳父，67岁的依夫拉（TuoIfula）的监督下记录了12000行土族《格萨尔》史诗。其中2350行译成德文，其余9650行没有译文。施罗德在其遗稿中强调指出，这部长达12000行的史诗记录稿不包括史诗的全部土族语版本，还缺二分之一。现有的译文主要描述了格萨尔的前世经历、转世和复活。[①]

这部12000行的说唱形式的格萨尔英雄史诗，被题名为《阿克隆格赛尔》，后经瓦尔特·海希西整理于1980年在Otto Harrossowitz出版。国内媒体认为，这也许就是关于土族英雄史诗的最早文献记载。[②] 其实早在1884－1886年间，俄国探险家戈·尼·波塔宁（G.N.Potanin）在游历中国西藏东部和蒙古中部地区时，就关注到在土族中流传的格萨尔传说。在他后来的鸿篇巨制《中国的唐古特——西藏边区和蒙古中部》（圣彼得堡，1893年）一书中专门介绍了这方面的情况。[③]俄国学者奥步鲁切夫在评价波塔宁的中亚考察成就时说："在他的旅行报告中，我们见到了有关突厥语系部落的情报，还有关于唐古特人、准噶尔人和中国人的情报。在这些报告中载有300多个传说、故事和民间创作，而且还有居住于西藏边界

① 瓦尔特·海希西把这部分内容分50个部分来概述，诗行从第1行到第2450行。从多·施罗德的遗稿中找到的一份初译稿提纲包括2451－4574行。这些诗行描写格萨尔转世、降生，描写阿克则东企图毒害孩子，最后描写他逃离父亲、母亲和孩子来到西藏。

② 祁万强、刘星海：《土族英雄史诗发掘记——青海古代文化之一》，载《西海都市报》2005年6月7日。

③ Potanin, G. N. Tangutsko-tibetskaja okraina kitaja i central'naja mongolija Sint-Petersburg1893.

的中国和唐古特居民中间的一些蒙古尔部落的方言材料。①

一个世纪以后，中国学者开始对土族《格萨尔》进行调查搜集。据土族说唱艺人介绍，土族史诗《格萨尔》的主要内容有：阿布郎创世史，晁同毁业史，格萨尔诞生史，堆岭大战史，霍岭大战史，姜岭大战史，嘉岭大战（闷岭大战史），安定三界史 8 个部分。其中第一部分《阿布郎创世史》，内容独特，在见到的藏族《格萨尔王传》分章本和分部本中都没有。②

据调查资料，新中国成立前，在人口不多的土族地区活跃着至少 17 位比较有影响的《格萨尔》说唱艺人。过去当地人非常爱听《格萨尔》，他们经常通宵达旦地唱，而唱者和听者都不知疲倦，甚至可以唱上几天几夜。土族过去没有自己的文字，全凭他们惊人的记忆力。据互助县委的一位土族干部介绍说，他爷爷不识字，但可以唱很多《格萨尔》，他只要听别人唱上两遍就可以学会。互助土族自治县威远镇城关乡白崖村的李生全，是至今健在、能说唱完整章部的土族艺人。他因为会打猎，又当过拉卜楞寺的喇嘛，而被当地群众称为“枪手喇嘛”。他可以说唱“英雄诞生”、“降魔”、“格萨尔成婚”、“赛马成王”四部。他说唱曲调比较单调，但是故事情节完整、感人，并具有浓郁的土族民间文学特色。③

---

① 奥布鲁切夫，王希隆译：《中亚研究者戈·尼·波塔宁的成就》，载《西北史地》1981 年第 3 期，第 109－114 页。

② 1986 年王兴先先生在青海省互助土族自治县寻访土族艺人，在霍尔郡村黄金山（班旦）艺人家记录了他说唱的土族《格萨尔》，之后写成了《阿布郎创世史》故事梗概。详见王兴先：《土族史诗（格萨尔纳木塔尔）述论》，《格萨尔学集成》（第 2 卷），第 939－943 页，甘肃民族出版社 1990 年版。

③ 杨恩洪：《土族地区流传之〈格萨尔王传〉探微》，载《格萨尔学集成》（第 2 卷），第 929－938 页，甘肃民族出版社 1990 年版。李生全（丹增嘉措）说唱的《格萨尔王传诞生之部》是用华热藏语演唱，用土族语讲解。其中土族语讲解部分的汉译文见《格萨尔学集成》第 2 卷，第 949－975 页。

甘肃省天祝藏族自治县的朱岔乡也是土族聚居区，生活在这里的著名土族艺人王永明（更登什嘉）是目前国内健在的唯一能够说唱长篇土族《格萨尔》史诗的民间艺人。[①] 1994年艺人的儿子王国明开始记录、整理、翻译更登什嘉说唱的《格萨尔》，经过5年的努力，王国明先生已经记录整理出来了约253万字的土族《格萨尔》。[②] 土族《格萨尔》的上册和中册出版以后，更登什嘉艺人又说唱了格萨尔诞生之前日月星辰、原始人类以及南瞻部洲和其他各洲的形成过程。据介绍，这部分内容约有200万字，是土族《格萨尔》中最具本民族文化特色的部分，现正在整理翻译当中。[③]

从上述可以了解到，50年前可以从一个47岁的土族艺人口中记录12000行土族《格萨尔》史诗，50年后，从一位老艺人口中仍能搜集整理出500万字左右的土族《格萨尔》，由此可以想像过去《格萨尔》在土族地区流传的盛况。

第二节　裕固族地区

裕固族地区流传的格萨尔故事，其规模和数量都不及土族地区，但是裕固族地区一直有格萨尔事故流传，而且和裕固族的历

---

① 王国明：《土族〈格萨尔〉语言研究》，第10页，甘肃民族出版社2004年版。对土族民间艺人的地位评价，学者有不同认识，也有学者认为民间艺人李生全是至今健在，能说唱完整章部的土族艺人。杨恩洪：《土族地区流传之〈格萨尔王传〉探微》，载《格萨尔学集成》（第2卷），第929－938页，甘肃民族出版社1990年版。

② 王兴先主编：《格萨尔文库》第3卷，甘肃人民出版社2000年版。

③ 王国明：《土族〈格萨尔〉语言研究》，第10页，甘肃民族出版社2004年版。

史文化紧密联系在一起。

最早提及裕固族和格萨尔有关系的学者是著名藏学家松巴·堪布益希班觉尔（1704—1788），他在给六世班禅白丹益西（1737—1780）的复信（又称《问答》）中指出："在距青海湖北面七八天的路程，有一个叫巴董（pa-stonk），有一河名叫熊暇河（shunk-shai-chu），从这里到汉族的肃州城（rkyisu-kru-mkhar）的土卡（thurkha），之间有所谓霍尔黄帐部，此亦即所谓撒里畏吾尔（shara-yu-kur），又称'班达霍尔'（vpan-t-or），又称'霍屯'（hor-thon）"。

此外，俄国探险家波塔宁（potanin）1893年出版的著作中介绍了裕固族地区流传格萨尔的情况。俄罗斯突厥学家捷尼舍夫在专著《西部裕固语的结构》（莫斯科，1976年）中附录有33篇民间文学短文。他在序言中写道："这些短文是1958年我和中国科学院民族语言调查队一起在裕固草原搜集的。"其中有一篇题为"裕固族历史传说"，其内容情节和藏族史诗《格萨尔》中的《霍岭大战》基本一致。①

1987年，王兴先先生在甘肃省肃南裕固族自治县的部分村镇和牧场，就《格萨尔》在裕固族地区的流传情况进行了较为深入地调查，通过调查，就史诗《格萨尔》流传的内容、形式、版本和部数以及艺人简况、诸多风物传说等掌握了不少第一手资料，但是由于有些著名老艺人的去世，有些珍贵资料因种种原因而散佚，所以现在很难反映出《格萨尔 》在裕固族地区流传的全貌。

现以王先生搜集调查到的资料为据，将裕固族中流行的有关《格萨尔》的传说介绍如下：

---

① 钟进文：《一篇"裕固族历史传说"研究》，载《中央民族大学学报》2000年第2期，第27－33页。

1958年之前，肃南裕固族自治县境内，不仅藏族喜欢演唱《格萨尔》，裕固族中间也普遍流传着《格萨尔》。操蒙古语族语言的裕固族称其为《格萨尔》，操突厥语族语言的裕固族称之为《盖赛尔》或《格萨尔》。二者之间不仅称呼有别，内容和形式也有较大的差异。

裕固族过去以部落（又称家）为组织形式，共有亚拉格家、贺郎格家、西八个家、五个家、东八个家、四个马家、大头目家、杨哥家、罗儿家和曼台部落10个部落，这一组织形式一直延续到1958年。在上述10个部落中，操东部裕固语的有5个家（含有顾令、安帐、巴依亚提3个户族，分布在今大河区的红湾寺、大滩等地方），东八个家（含有安帐、兰恰克、常曼、巴依亚提、鄂盖尔5个户族，分布在今康乐区的寺大隆、大草滩、红石窝、东牛毛等地区），四个马家（含有安帐、各尔格兹、妥鄂什3个户族，分布在今康乐区的赛鼎等地区），大头目家（含有安帐、苏勒都斯、蒙戈勒、鄂盖尔、巩鄂拉、亚赫拉格、巴依亚提、托鄂什、呼郎嘎特9个户族，分布在今康乐区的西牛毛、巴音、康丰等地区），杨哥家（含有安帐、巴依亚提、巩鄂拉提、鄂盖尔4个户族，分布在今康乐区的大小长干、大小黑藏等地区），罗儿家（含有安帐、冲萨、兰恰克、西喇、浑、托鄂什、呼郎嘎特、杜曼、贾鲁格、格勒克、乌郎 、巩鄂拉提、鄂盖尔13个户族，分布在今康乐区的大小孔刚木、海牙沟地区）和曼台部落（含有安帐、兰恰克、巩鄂拉提、绰罗斯、呼郎嘎特、齐鲁、杜曼、乌郎8个户族，分布在今马蹄区的友爱乡），以及1958年从青海省祁连县迁入今皇城区的北滩、东滩等乡。在这些部落群众之中流传的主要是《格萨尔》，且多以手抄本流传。其中有《英雄诞生》、《赛马称王》、《世界公桑》、《降伏妖魔》、《霍岭大战》（缩写本）、《姜岭》、《门岭》、《大岭》、《卡岭》、《松岭》、《朱岭》、《地狱救妻》、《分大食牛》、《安定三界》、《阿古叉根史》和《阿古乔冬史》等部，群众最喜欢听。但这些抄本在1958年的反封建斗争中却全被打成毒草而焚毁，从此《格萨尔》在操东部裕固语的裕固族群众中中断了20年。直到1978年后，上述抄本除《阿古叉根史》和《阿古乔冬史》、《安定三界》、《霍岭大战》（缩写本）之外，其他各部的藏文铅印本才又在裕固族爱好者手中陆续流传，这些铅印本与1958年前的抄本相比，内容大同小异。

操西部裕固语的部落主要有亚拉格家（含有安帐、巩鄂拉提、索嘎勒、杜曼、亚赫拉格、哈勒嘎尔、阿克达塔尔、斯娜8个户族，分布在今明花区的明海，大河区的长沟、亚乐等地区），贺郎格家（含有呼郎嘎特、扎鄂什、钟鄂勒、乌郎、鄂盖尔、克孜勒、安帐7个户族，分布在今明花区的莲花、前滩、大河区的西岔河等地区），西八个家（含有安帐、帕勒坦、增斯恩、杜曼、苏勒都斯、卡勒嘎尔、索嘎勒7个户族，分布在今大河区的松木滩、红湾寺、西柳沟等地区）和今皇城区的金子滩、西城等乡。在这些部落群众之中，流传的主要是《盖赛尔》。操西部裕固语的裕固族艺人讲说的《盖赛尔》都是围绕阿卡乔冬挖空心思迫害盖赛尔，而盖赛尔则与其针锋相对、软硬兼施地进行殊死斗争这个中心来铺陈故事情节的。[①]

此外，裕固族地区还搜集到《裕固族历史传说》、《盖赛尔的故事》、《格萨尔的出世和智娶公主》、《杨安续露的故事》、《英雄出世》、《盖赛尔大战霍尔王》、《俄郎盖赛》、《可汗比武》、《格萨尔的传说》等与格萨尔有关的传说故事。[②]

---

① 王兴先：《藏族、土族、裕固族〈格萨尔〉比较研究》，《中国裕固族研究集成》，第300－326页，民族出版社2002年版。

② 田自成（主编）：《裕固族民间故事集》，天马图书有限公司2002年版。

第三节　撒拉族和东乡族地区

据学者介绍，在信仰伊斯兰教的撒拉族地区，也有《格萨尔》流传，说唱者多用撒拉语和藏语两种语言来演唱。唱时用藏语，叙述时用撒拉语，演唱的曲调类似藏语曲调。但其内容与藏族艺人有所不同，撒拉族说唱者口中的格萨尔已是“撒拉人”，人们把他自然地纳入了本民族，视为本民族中扶贫济困、惩恶除魔、不畏强暴的一位撒拉族英雄。人们认为他是“真主派来的”，能为民造福，已经成为撒拉族中妇孺皆知且不断歌颂的一位英雄形象。早在 1958 年徐国琼考察《格萨尔》时，就已经了解到“在一些说藏语的撒拉族老人中，许多人都讲述一些有关格萨尔王的故事，乙麻亥（青海循化县境内）有位撒拉族老人能用两种语言讲述《格萨尔仲艺》。美国堪萨斯大学的杜安妳(Arienne M. Dwyer）博士几年前用国际音标记录过撒拉族艺人说唱的《格萨尔》。”①

在东乡族中虽然没有搜集到具有浓郁佛教色彩的史诗《格萨尔》片段，但是与裕固族和土族等地区流传的《格萨尔》故事内容相似或相近的口传故事仍然存在，另外在撒拉族民间盛行的故事会上，既有撒拉族本民族的民间故事，也有回族、藏族和汉族等其他民族的民间故事。据撒拉族资料介绍，藏族《格萨尔》故事在撒拉族民间普遍流传。② 由此可以说，在东乡、撒拉等民族

① 扎西东珠、王兴先：《〈格萨尔〉学史稿》，第 32 – 33 页，甘肃民族出版社 2002 年版。

② 韩福德：《撒拉族民间故事序言》，载《撒拉族民间故事》（第一辑），第 3 页，青海省循化撒拉族自治县文化馆 1989 年内部编印。

中也有与《格萨尔》有关的故事流传。现择要介绍如下：

一、裕固族地区流传一取名为《盖赛尔的故事》（主要情节见本书“口传故事的区域特征”一节），这个故事和流传在四川白马藏族地区的民间故事《阿尼·格萨的故事》非常相似。《阿尼·格萨的故事》中说，阿尼·格萨是山神和一位老婆婆之子，出生时是一只癞蛤蟆，很有本事，求娶了皇帝的女儿苏奴英，后来被妻子烧掉蛤蟆皮，变不成癞蛤蟆，才变成一个英俊的小伙子；他先后为民除掉了虎妖阿务达、恶人七兄弟、恶人铁匠、花牛怪阿尼底长安、蛇妖咋巴湿热、野鸡精吓巴作加、暴虐的皇帝，杀掉了强占妻子苏奴英的妖怪，救出苏奴英。①

这个故事的前半部分和 AT440A 型《青蛙骑手》大同小异。故事的后半部分与《岭·格萨尔王传》雷同。《青蛙骑手》故事在东乡族和撒拉族中均有流传，东乡族取名《巧蛤蟆》，撒拉族取名《青蛙儿子》（主要情节见本书“口传故事的区域特征”一节）。

二、在甘、青、川等安多藏族地区普遍流传着一个大智大勇的男孩子和喇嘛斗智的故事。主要情节是一个老奶奶有一个儿子，一天山上下来一个喇嘛见老奶奶锄草，要老奶奶第二天告诉他，一天锄了多少铲子草，老奶奶为此发愁。儿子替她回答，问喇嘛你的马一天走了多少步路。喇嘛又问地里的青苗有多少棵，儿子反问你的牲口身上的毛有多少根。此后，喇嘛想尽各种办法想害死这个男孩子，可每次都是男孩取胜。②

这篇口传故事不仅流传在裕固族和土族地区，而且其故事内

---

① 毛继祖：《试论〈岭·格萨尔王传〉主题的变异》，《格萨尔学集成》（第 2 卷），第 1323 – 1326 页，甘肃民族出版社 1990 年版。原载《青海社会科学》1985 年第 5 期。

② 《藏族民间故事选》，第 203 – 207 页，上海文艺出版社 1980 年版。

容和裕固族、土族地区流传的《格萨尔故事》有许多相似之处。该故事裕固族取名《喇嘛和班弟的故事》,[①] 土族取名《南吉》。[②] 裕固族地区流传最为广泛的《格萨尔故事》是坏心眼的喇嘛阿卡乔冬挖空心思去迫害盖赛尔，而盖赛尔则与其针锋相对、软硬兼施地进行殊死斗争，最后格萨尔战胜阿卡乔冬。[③] 除内容之外，该故事的部分情节也和《格萨尔故事》完全相同。如裕固族《喇嘛和班弟的故事》情节之一：

天黑时他们来到一条河边，喇嘛说要在这里过夜，他把经包袱放在头上方，让班弟靠着河沿睡在喇嘛脚下。睡到半夜喇嘛一脚把班弟蹬到水里说："班弟，班弟，水上漂。"班弟坐在喇嘛头上方说："喇嘛，喇嘛，你的经包袱水上漂。"原来班弟早有提防，趁喇嘛刚睡着就和经包袱换了个位。[④]

裕固族《格萨尔》情节之一：

ezerde　gelɤe　ahgatʂodoŋ　ʂəgentʃre　gøzge　manma，　sen
领上　回来后　阿尕超东　老二　眼睛　不要戴　你

vuzənəŋ　damurədaʂenə　gøhdəruabdo　lomnə　gøhdəruabdo，
将他的　把褡裢子　背上　把经　背上

ezerdo　ɕemnəŋ　baʂɕa　ehdge，　ɕemznəŋ　baʂɕa　jazdədnə
领上　山崖　上面　到了　山崖的　上面　铺上

salɤa，　gesernə　azaqɕəŋɕa　salɤa　ozəbdəro.　tumnə
放上　把盖赛尔　脚上　放上　睡觉子　晚上

① 田自成（主编）:《裕固族民间故事集》，第 36－39 页，天马图书有限公司 2002 年版。

② 朱刚、席元麟:《土族撒拉族民间故事选》，第 186－193 页，上海文艺出版社 1992 年版。

③ 田自成（主编）:《裕固族民间故事集》，第 159－163、第 292－320、第 340－343 页，天马图书有限公司 2002 年版。

④ 田自成（主编）:《裕固族民间故事集》，第 36－37 页，天马图书有限公司 2002 年版。

gesernə　azaɢudʒin　dømdebdə，　ahgatʂodoŋ　ozəɢqalɣanda
把盖赛尔　用脚　踢了　阿尕超东　睡着以后

geser　golɢgelɣe　damurən　lon　qosən　tʂodasən
盖赛尔　翻起来　拨浪鼓　经　全部　装(经的盒子)

azaɢəŋɢa　saloabdə.　ozɢannəggelɣe　bur　azaɢ　deggende
脚上　放上了　醒来后　一　脚　踢了以后

damurə　tʂodanə　ɢaradan　guzə　salondebdə，　ɢaradan　ɢuzə
拨浪鼓　经褡裢　趁黑　住下　推下去说了　山崖　住下

salohtganda，　geser　gelbdə，　"avan　ava　saməohtde
推下去以后　盖赛尔　来了　爷爷　爷爷　怎么了

damərə　tʂodasən　xosən　ɢaja　ɢuzən　salohddə"　ene
把郎子　经褡裢　全部　从崖　往下　往下去　继续

ezerdolɣa　ehdeggebdə，　jadabdro，　ehdeggelɣe　gesernə
领着　回来了　无法了　回来后　将盖赛尔

jøhsəŋge　dedoabdə.
家里　送回来了

回到家里，阿尕超东对老二交代说，让他把自己的拨浪鼓、经卷都装在褡裢里背上。于是，阿尕超东又领着格萨尔出了门。当走到一座山崖上面，他将褡裢铺在地上，把格萨尔放在自己脚下睡觉了，心想一到深夜就一脚把格萨尔踢下崖去。阿尕超东睡着以后，格萨尔翻身起来，把装有拨浪鼓、经卷的褡裢放在阿尕超东的脚下。阿尕超东醒来后用力一踢，装经卷的褡裢滚下山崖去了，阿尕超东以为这下就把格萨尔踢下山崖去了。"爷爷，爷爷，你怎么把装拨浪鼓、经卷的褡裢踢下山崖去了？阿尕超东又没办法制伏格萨尔，所以只好把格萨尔领回来又送到格萨尔自己家里。"①

① 钟福祖：《裕固族〈格萨尔〉片段》，载《中国裕固族研究集成》，第 672 页，民族出版社 2002 年版。

这篇在甘青地区家喻户晓，内容情节与《格萨尔》史诗密切相关的口传故事在东乡族和撒拉族地区也广为流传。

东乡族取名《尕孙子》。[①] 为了加强资料的真实性，在此特引录一篇用东乡语汉语对照整理的口传故事《尕孙子》[②]：

ətiə-də niə niənəigiə niə lɑodigɑ ɕuɑ-lɑ wə. ənə
从前 一 奶奶 一 老汉 两人 （有） 这

ɕuɑ-lɑ niə lɑmɑ-də wiliə giə-dʐi. udu dɑwɑ-ʁɑ-dʐiwə.
两人 一 喇嘛 活 干 日子 过

ənə ɕuɑ-lɑ-də niə ɕoni wə.
这 两人 一 羊 （有）

inə udu-də-ni ənə lɑodigɑ dujɑ-j diə-wə. ənə lɑmɑ
一 天 这 老汉 今世 放 这 喇嘛

irə-də kiəliə-nəː "tʂini lɑodigɑ mini dʐɑn-ni dəu ori
来 说 你的 老汉 我的 账 还 债

əsə giə-dʐiwə. ədə tʂini kun widɑ-wə. bi tʂimɑ-də
没有 （做） 现在 你的 人 没有 我 你

niə ubɑli ʃiji-jə. ənə niə ɕoni-ɕɑlɑ dindi-ʁɑ-jə."
一 可怜 许 这 一 羊 顶

ingiə-dənə qudɑn-ni ɕoni-j lɑji-lə ətʂi-wə. ənə niənəigiə
这样 圈 羊 拉 去 这 奶奶

kiəilə: "tʂini dʐɑn-ni ori giə-wə, tʂi jɑlə lɑilɑ-nə? ədə bi
说 你的账 债 （做） 你 为何 赖 现在 我

niədʐəʁən fəiliə-wə mɑ, ɕoni-j lɑjidʐi ətʂi-sə, bi mɑtui
一人 剩 嘛 羊 拉 去 我 怎么

① 武文（主编）：《中国民间故事集成·甘肃卷》，第 401－403 页，中国 ISBN 中心 2001 年版。郝苏民、马自祥：《东乡族民间故事集》，第 34－38 页，中国民间文艺出版社 1981 年版。郝苏民：《东乡族保安族裕固族民间故事选》，第 75－79 页，上海文艺出版社 1987 年版。

② 阿·伊布拉黑麦：《东乡语话语材料》，载《民族语文》1987 年第 3 期，第 69－73 页。

udu dawa-nə?” ənə niənəigiə kiəliə-dʐiwə ma，ɕonini
日子 过 这 奶奶 说 嘛 羊

ʃiən-sə niə laji-lə ətʂi-ku-də，ɕoni-j ʃiən-ni dəndi-də
尾巴 一 拉 去 羊 尾巴 扽

ogi-dʐiwə. ənə niənəigiə ɕoni ʃiən-ni niə tʂəuχa-də
取 这 奶奶 羊 毛巴 一 抽匣

ɢura-wə.
收藏

niə udu-də-ni ənə niənəigiə lama-də osun atʂi-lə
一 天 这 奶奶 喇嘛 草 锄

ətʂi-wə. ingiə-wu-də lama mori-nə unu-dʐi giəru-dʐi
去 这时 喇嘛 马 骑 过

irə-nə，kiəilə-nəː“niənəi，niənəi，tʂi osun atʂi-sə tʂandzi
来 说 奶奶 奶奶 你 草 锄 铲子

kororon-nə taola-dʐi u wijə?” niənəigiə kiəliəː“bi wijə
痕迹 数 没有 奶奶 说 我 没有

taola-dʐiwə.” ənə lama kiəliəː“maʁaʂi tʂi taola-dʐi agi
数 这 喇嘛 说 明天 你 数 完

da-sə，bi tʂi-ni ala-nə.”
不能 我 你 杀

ingiə-sə ənə niənəigiə giə-də-nə irə-dənə wila-dʐiwə.
这样 这 奶奶 家 来 哭

ingiə-wu-də tʂəuχa-də quada quada giə-dʐi tunguliə-nə. ənə
这时 抽匣 咵嗒 咵嗒 （做） 响 这

niənəi tʂəuχa-ni niə-sə tʂəuχa-sə niə kəwan qidʐə-wə. ənə
奶奶 抽匣 开 抽匣 一 孩子 出来 这

kəwan kiəliəː“niənəi，niənəi，bi si hə ɕoni ʃiən
孩子 说 奶奶 奶奶 我 （是） 那 羊 尾巴

biəndi-sən wə. bi tʂima-də sundzi danla-jə. tʂi jan
变 （是） 我 你 孙子 当 你 什么

wiliə bi-sə kiəliə ma, wila-dʐi jan giə-nə?" ənə niənəigiə
事 有 说 嘛 哭 什么 干 这 奶奶

iama ɕadʐa diərə kiəliə sən-in kiəliə-dʐi ogi-wə. ənə
喇嘛 地 上 说 说 给 这

kəwan kiəliəː "maʁaʂi tʂi mi-ni uduru-dʐi ɕadʐa diə-rə
孩子 说 明天 你 我 领 地 上

jawu-də arəu dəura komoru ma, tərə-də bi kiəliə-iə."
走 背篼 下面 扣 嘛 他 我 说

quaitʂi udu-ni ənə niənəigiə pusə osun atʂi-lə irə-wə.
第二 天 这 奶奶 又 草 锄 来

ənə lama irə-sə-nu asa-nə: "niənəi, niənəi, tʂi tʂandzi
这 喇嘛 来 问 奶奶 奶奶 你 铲子

kororon-ni ʂudzi agi u wijə?" ingiə-sə kəwan arəu
痕迹 数字 取 没有 这样 孩子 背篼

dəura-sə qidʐə-də asa-nəː "lama, lama, tʂi mori kororon-nə
下面 出来 问 喇嘛 喇嘛 你 马 足迹

taola u wijə?" lama kiəliəː "niənəi, niənəi, tʂini tiərun
数 没有 喇嘛 说 奶奶 奶奶 你的 头

diərə usun giədun gandzi wə?" ənə kəwan kiəliəː "lama,
上 头发 多少 根 （有） 这 孩子 说 喇嘛

lama tʂini mori ʃiən diərə usun giədun gandzi wə?"
喇嘛你的 马 尾巴 上 毛 多少 根 （有）

lama-ni asa bai-ʁa-sə pusə kiəliəː "niənəi, niənəi, tʂi
喇嘛 问 住 又 说 奶奶 奶奶 你

sundzi-nə ma-də ogi, bi mori-nə tao-ʁa-jə. niənəigiə
孙子 我 给 我 马 赶 奶奶

giədun-liaodʐə uilə ogi-nə. ənə kəwan kiəiləː "niənəi, niənəi, tʂi
多少 不 给 这 孩子 说 奶奶 奶奶 你

mi-ni ogi. doludu-ni udu-də tʂi gadi ɕurun-nə dʐao.
我 给 七天 日子 你 小 指头 咬

ɕurun-nə　tʂusun　qidʐə-sə　bi　irə-nə，irun　qidʐə-sə　bi　irə
指头　血　出来　我　来　脓　出来　我　来

ɕɑ-nə．”　ingiəsə　ənə　niənəi　sundzi-nə　ogi-wə，wiliə-nə　giə-n
不能　这样　这　奶奶　孙子　给　活　做

giə-n　sundzi-nə　sɑʁəi-dʐiwə．
做　孙子　等

lɑmɑ　ənə　kəwɑn-ni　χɑiji-nə　giə-dʐiwə．tərə　kəwɑn-ni
喇嘛　这　孩子　害　（干）　他　孩子

uduru-dʐi　niə　moron　ɕidʐɑ　kuru-wə．　qɑrɑ　olu-sə　ənə
领　这　河　边　到　黑　成　这

lɑmɑ　nɑndʐɑn-ni　tiərun　kon-də-nə　tɑi-wə，kəwɑn-ni　kon
喇嘛　鞍子　头　跟前　放　孩子　脚

dəurɑ-nə　kidiə-ʁɑ-wə．niə　tʂɑ　kidiə-sənu　kəwɑn　dʐomu
下面　睡　一　时　睡　孩子　悄悄

giə　bosi-dənə，nɑndʐɑn-ni　kon　dəurɑ-ni　ətʂi-ʁɑ-wə，gojənə
（干）起　鞍子　脚　下　去　自己

tiərun　dəurɑ-ni　ətʂi-de　kidiə-wə．ingiəsə　lɑmɑ　no
头　下　去　睡　这样　喇嘛　睡眠

dundɑ-sə　ʃiəri-wə．　niə　kon　tɑji-sə　nɑndʐɑn-ni　usu-də
中　醒　一　脚　踏　鞍子　水

bɑo-ʁɑ-dʐiwə．ingiə　wɑrɑdɑ-nə：“ɑojɑojɑo，　ɕudi-ʁɑn　jɑ！
下　这样　喊　噢哟哟　快点　呀

niənəi-ni　sundzi-ni　moron　tɑo-wə．”ənə　kəwɑn　jə
奶奶　孙子　河　淌　这　孩子　也

wɑrɑdɑ-nə：“ɑojɑojɑo，lɑmɑ-j　nɑndʐɑn-ni　moron　tɑo-wə　jɑo．”
喊　噢哟哟　喇嘛　鞍子　河　淌　哟

lɑmɑ　ənə　kəwɑn-nio　jɑmɑ　giə　dɑ-wə．
喇嘛　这　孩子　怎么　做　未能

ənə-lɑ　pusə　jɑwu-dʐi　lɑmɑ-j　ki-də　kuru-wə．ʃiəni-də-ni
他们　又　走　喇嘛　家　到　晚上

lamɑ ənə kəwɑn-ni osun giə-də-nə kidiə-ʁɑ-wə. ənə
喇嘛 这 孩子 草 房 睡 这

kəwɑn niə tʂɑ kidiə-də mori-j lɑji-dʐi osun giə-də
孩子 一 时 睡 马 拉 草 房

χuijɑ-wə，gojə mori qudɑn-ni onɕotʂo-də kidiə-wə. bɑn-jə-də
拴 自己 马 圈 槽 睡 半夜

ənə lamɑ osun-də-nə njə qɑn tɑi-dənə onɕono-nə：“ɑijajɑ，
这 喇嘛 草 一 火 放 喊 哎呀呀

ɕudiʁɑn，niənəi-j sundzi ʃidɑrɑ-wə.” ənə kəwɑn jə
快点 奶奶 孙子 着火 这 孩子 也

onɕono-nə：“ɑijajɑ，lɑmɑ-j mori ʃidɑrɑ-wə.” ənə kəwɑn-ni pusə
喊 哎呀呀 喇嘛 马 着火 这 孩子 又

jɑmɑ giə də-we.
怎么 做 未能

niə udu-də-ni ənə lɑmɑ tori-lə ətʂi-nə，jɑwulɑ-ku-də
一 天 这 喇嘛 逛 去 走

ənə kəwɑn-də ɕoron-ni ʂu-dʐi ɑru-ʁɑ，ɑsun-lɑ-j luɑn bu
这 孩子 院子 扫 干净 牲口 乱 不

bɑ-ʁɑ giə-dʐi kiəliə-wə. quinɑ-sə-ni kəwɑn mɑn ʂu-dʐi
屉屉 （做） 说 随后 孩子 全 扫

ɑru-ʁɑ-də，bɑn-ɕɑlɑ tɑʁɑn-ni dʐuwɑ-də mɑn gu-gudɑ niəti
干净 蜂蜜 炒面 拌 全 蛋蛋 捏

ɕoron-də ʂidʐi-wə. qɑrɑ olu-dʐi lɑmɑ irə-sənu niə udʐə-sə
院子 撒 黑 成 喇嘛 来 一 看

ənə kəwɑn-ni sugiə tiji-wə：“bi tʂimɑ-də kiliə-dʐiwə，
这 孩子 骂 起 我 你 说

ɑsun-lɑ-ni bu bɑ-ʁɑ bu bɑ-ʁɑ giə-sə，tʂi uliə guɑndi-nə，
牲口 不 屉 不 屉 （干） 你 不 管

ədə tʂi ənə-lɑ-nj idiə-dʐi ɑgi.” ingiə-sə ənə kəwɑn niə
现在 你 这些 吃 完 这样 这 孩子 一

niə-di tiangu-dʐ̡i idiə-dʐ̡iwə. lama kəwan idiə-sən-ni udʐ̡ə-sə
一 拾 吃 喇嘛 孩子 吃 看

andatu wə. niə kərə-dʐ̡i amusa-wə, ingiə asa-nə: “ənə
香 (是) 一 要 尝尝 这样 问 这

matu giə-sən wai-nə, imutu andatu wə?” kəwan kiəliə: “ənə
怎么 做 是 这么 香 (有) 孩子 说 这

ʂi bi mani noʁəi-də niə tuɕon taʁan-ni idiə-ʁa-də
(是) 我 咱们 狗 一 锅 炒面 吃 来

əʁi-dʐ̡i ba-ʁa-sən wə.”
打 屁 (是)

quaitʂi udu-ni lama gojənə giə saʁəi-wə, kəwan-ni
第二 天 喇嘛 自己 家 宁 孩子

qirij-ʁa-wə. lama ɕoron-la-ni ʂudʐ̡i aru-ʁa-də niə tuɕon
出去 喇嘛 院子 扫 干净 一 锅

taʁan-ni noʁəi-də idiə-ʁa-wə. ingiə əʁi-dʐ̡i man ɕoron
炒面 狗 吃 这样 打 全 院子

basun anda-ʁa-wə. ingiə tiangu-dʐ̡i niə idiə-sə niə o niə
屎 失 这样 拾 一 吃 一 呃 一

idiə-sə niə o-di bəndʐ̡ə-wə. ənə kəwan qari-dʐ̡i irə-sə
吃 一 呃 吐 这 孩子 回 来

kəwan-də asa-nə: “tʂi daogui jan-ɕala giə-sən wə? ənə-j
孩子 问 你 到归 什么 做 (是) 这个

idiə-dʐ̡i uliə olu-nə!” kəwan kiəliə: “bi tiərun diərə
吃 不 成 孩子 说 我 头 上

samusa-ni moji-dənə banbun χosə ban-ni agi-də-nə
蒜 抹 蜂 巢 蜂蜜 取

taʁan-ɕala dʐ̡uwa-dʐ̡i idiə-ʁa-dʐ̡iwə.” ingiə-sə lama
炒面 拌 吃 这样 喇嘛

samusa-j moji-dənə banbun χo-sə ban a-lə ətʂi-sə,
蒜 抹 蜂 巢 蜂蜜 取 去

banbun-la man tiərun diərə-ni qiri-də dindi tiji-wə. lama
蜂 全 头 上 上 叮 起 喇嘛

warada-nə:“ɕudiʁan saotʂu-ɕala əʁi ja.” kəwan kiəliə:“bi
喊 快点 扫帚 打 呀 孩子 说 我

tomo-ɕala əʁi?” ingiə niə tomo-də əʁi-də ala-wə. ala-dənə
榔头 打 这样 一 榔头 打 死 杀

niə ʃiandzi-də oro-ʁo-wə.
一 箱子 进

ɕuarudu bai-sə, giədun diəχu irəwə, ənə kəwan-sə
两天 站 几个 脚夫 来 这 孩子

ɕono-ku oron ɕoji-nə. ənə kəwan kiəliə:“ta sao-sə sao,
住 地方 借 这 孩子 说 你们 住 住

mini ʃiandzi-ni miəngu-ni bu godiə-ʁa-ndu.” ʃiəni olu-sə
我的 箱子 银子 别 动 晚上 成

ənə-la ʃiandzi-də miəngu wə giə-dənə ʃiandzi-ni ɕula
这些 箱子 银子 （是） （做） 箱子 偷

χolu-ndu-wə. mo diərə ətʂi-də ʃiandzi-ni niə-sə niə fugu-sən
跑 路 上 去 箱子 开 一 死

kun wə. ənə-la niəndə aji-dənə χolu-ndu wida-wə.
人 （是） 这些 一下 害怕 跑 没有

ənə kəwan lama-ni əri-dʐi olu-sənu niə bajan kun-ni
这 孩子 喇嘛 找 到 一 富 人

putʂa ɕadʐa diərə ətʂi-wə. lama-ni niə qa-də niə təija
豆子 地 上 去 喇嘛 一 手 一 棍子

otolu-ʁa-wə, niə qa-də niə kaladzi tila-ʁa-də ɕadʐa
拄 一 手 一 栲栳（篮子） 提 地

dunda bai-ʁa-wə. gojənə ɕadʐa-de niu-wə. putʂa ədʐən
中间 站 自己 地 藏 豆子 主人

ɕolo-sə udʐə-sə niə kun putʂa sida-dʐiwə, təimən-sə qiri
远 看 一 人 豆子 撒 那边 出去

giə-dʐi　waradα-sə　ənə　kəwan　uliə　qiri-nə　giə-dʐi

（做）　喊　这　孩子　不　出去　（做）

kiəliə-nə. ingiə-sə　ənə　bajan　kun　niə　taʂi　əʁi-sə　tiərun

说　这样　这　富　人　一　石头　打　头

diərə　nao-ʁa-dʐiwə, əʁi　una-ʁa-dʐiwə. putʂa　ədʐən　dawa-dʐi

上　中　打　倒　豆子　主人　过

irə　niə　udʐə-sə　kun-ni　əʁi　aia-dʐiwə. ingiəsən-də　ɕadʐa-də

来　一　看　人　打　杀　这时　地

niu-sən　kəwan　qidʐə-dənə　orun-ni　jəjə-j　əʁi　ala-wə

藏　孩子　出来　我　爷爷　打　杀

giə-dʐi　wila-nə. ingiəsə　ənə　bajan　kun　dinda-wə, kəwan-də

（干）　哭　这样　这　富　人　惊恐　孩子

kiəliə: "tʂi　bu　wila, jəjə-də-tʂini　bi　baər　pəiji-jə. tʂi　ənə

说　你　别　哭　爷爷　我　钱　赔　你　这

wiliə-ni　kiəmən-de　bu　kiəliə　ma, bi　tʂima-də　niə　otin

事　谁都　不要　说　嘛　我　你　一　姑娘

ogi-jə, tʂi　gojə-də-nə　biəri　danla-ʁa." ingiə　ənə　kəwan-də

给　你　自己　媳妇　当　这样　这　孩子

sanʂi　lian　antan　ogi-wə, ni　jaχuan-nə　ogi-wə.

三十　两　金子　给　一　丫环　给

doludu-ni　udu-də　ənə　niənəigiə　sundzi-nə　sana-di　gadi

七天　日子　这　奶奶　孙子　想　小

ɕurun-nə　niə　dʐao-sə, gəudi　tʂusun　urusu-wə, ənə　niənəi

指头　一　咬　一点　血　流　这　奶奶

bajasu-dʐi　sundzi-nə　saʁəi-dʐiwə. ingiə-ku-də　ənə　kəwan　hə

高兴　孙子　等　这时　这　孩子　那

diəχu-la-ni　mori-j　tao-dʐiwə, matʂə-ni　diaji-dʐiwə, biəri-nə

脚夫　马　赶　马车　驾　媳妇

laji-sənu　niənəi-lə-nə　gao　udu-nə　dawa-ʁe-lə　lrə-wə.

拉　奶奶　好　日子　过　来

与之相似的故事在撒拉族地区有两个变体，分别取名为《羊尾巴的故事》和《羊羔和喇嘛》，唯一差别是主人公由人变成了会说话的羊尾巴和羊羔。

《羊尾巴的故事》主要情节如下：一老夫妻无儿女，只有一群羊。老夫妻用比赛烧馍馍来分母羊和羊羔，老头用调包手段分得母羊。老头又提议分别在阳山和阴山放羊，谁的羊跑到对面山上就归谁。羊羔都往母羊身边跑，老奶奶揪住一只羊羔尾巴。羊羔尾巴会说话。一天一个骑马的喇嘛来问老奶奶一天锄多少铲子草，老阿奶答不出来，羊尾巴问喇嘛，你骑的马每天走多少步路。喇嘛一气之下要带走羊尾巴。老奶奶舍不得，可是羊尾巴愿意跟着去。走到一悬崖边过夜，半夜喇嘛想把羊尾巴推下山崖，却被羊尾巴调包，喇嘛把自己的马鞍子推下山崖。又走到一草房跟前，喇嘛让羊尾巴睡在草房内，自己和马睡在外面。半夜羊尾巴把马拉进草房内，自己睡在外面。喇嘛一觉醒来点着草房想烧死羊尾巴，却把自己的马烧死。回到喇嘛家里，喇嘛让羊尾巴吃羊粪疙瘩。羊尾巴把蜂蜜和青稞面和成黑疙瘩吃。喇嘛也想吃，去掏蜜蜂窝时，蜜蜂蜇脑袋，让羊尾巴用榔头砸，喇嘛被砸死。羊尾巴把死喇嘛装在箱子里锁住。一帮生意人带着金银财宝来羊尾巴家歇脚，以为常年上锁的箱子里有宝贝，半夜扔下自己的金银财宝，驮着箱子走了。羊尾巴驮着金银财宝回到老奶奶身边过上了好日子。①

《羊羔和喇嘛》的主要情节是一个孤单的老阿奶喂着一只羊羔，羊羔会说话、干活。一天一个骑马的喇嘛来问老阿奶一天拔多少根草，老阿奶回答不出来，羊羔反问喇嘛，你骑的马每天走多少步路。喇嘛一气之下抢走了羊羔。走到一悬崖边过夜，半夜喇嘛想把羊羔推下山崖，却被羊羔调包，喇嘛把自己的马推下山

---

① 《民间故事》（第二辑），第93—96页，青海省循化撒拉族自治县民间文学三套集成办公室编，1991年。

崖。最后羊羔把喇嘛烧死。[①]

在撒拉族地区还流传着格萨尔的风物传说。撒拉族聚居的孟达乡旱坪与锁通之间的黄河峡谷中，在石崖中间有一道红红的石崖层，传说这是高赛尔射蟒的地方。当地撒拉族中间流传着这样的故事：在骆驼屙核桃的光阴里，不知从那里来了个高赛尔，他骑着个更量[②]，他走了很长的路，一天来到黄河边一个叫灯盏涡子的地方，想休息一会儿，撑起三块石头，瓦玛[③]里烧上茶，正准备喝茶吃馍时，从黄河峡谷中发出一阵巨响，高赛尔仔细向发出响声的地方望去，发现一条蟒蛇拍打着黄河水向岸上爬去。高赛尔来到一个小山包上，取下身上背的枪，又找到一个担枪的豁口向蟒蛇瞄准。高赛尔连打三枪，把那条蟒蛇打死。蟒蛇的血溅到黄河边的石崖上，石崖上留下了这道红红的血迹。在山包上也留下了高赛尔爬过的印子和担枪的豁口。孟达人听到高赛尔射死蟒蛇的消息后都来看这个为民除害的英雄，随后高赛尔又骑着更量朝着太阳落山的地方走去。[④]

除此之外，在撒拉族的许多民间故事中把大力士、英雄、勇士等称为“我们撒拉人的格赛日”。

第四节　流传的区域特征

从上述介绍可以了解到史诗《格萨尔》在甘青地区特有民族

① 《撒拉族民间故事》，第285—286页，循化撒拉族自治县民间文学三套集成办公室编，青新出（91）准字第22号，1989年。

② 更量，撒拉语，指骡子生的千里马。据说只有高赛尔才能骑这种千里马。

③ 瓦玛，撒拉语，指一种烧茶做饭的锅。

④ 《撕拉族民间故事》，第44—45页，循化撒拉族自治县民间文学三套集成办公室编，青新出（91）准字第22号，1989年。

中均有流传，但是主要在土族和裕固族当中流传。从语言角度而言，土族语和东部裕固语属于阿尔泰语系蒙古语族，但是土族和操东部裕固语的裕固族地区流传的《格萨尔》却很少有蒙古族《格斯尔》的特点；相反，具有较为明显的藏族特点。西部裕固语属于阿尔泰语系突厥语族，但是操西部裕固语的裕固族地区流传的《盖赛尔》，内容上既受藏族《格萨尔》的影响，也受蒙古族《格斯尔》的影响，形式上又近于卫拉特《格斯尔传》。①

史诗《格萨尔》在甘青地区流传过程中，在特有民族，特别是在土族、裕固族中，从内容到形式、从演唱习俗到风物传说都形成了惊人的相似之处，形成了一定的区域特征。

一、内容特征

从内容而言，土族和裕固族的《格萨尔》都受藏族《格萨尔》的影响。但是土族和裕固族艺人在讲述和演唱格萨尔时，都根据本民族的历史、语言、生活习俗及审美意识等进行不同程度地加工改造，使其成为具有本民族特色的《格萨尔》。如土族学者李克郁所说，“《土族格萨尔》或许是在藏文化影响下产生的，但当他一产生就深深地扎根于土族的泥土之中，散发着土乡泥土的芳香，与藏族格萨尔迥异。”②

藏族《格萨尔王传》流传到土族和裕固族地区后形成了土族《格萨尔纳木塔尔》和《裕固族纳木塔尔》。“纳木塔尔”是藏语rnam-thar的音译，意思是“历史传说、历史演义”等，土族和裕

① 王兴先：《土族史诗〈格萨尔纳木塔尔〉述论》，《格萨尔学集成》（第2卷），第938—947页，甘肃民族出版社1990年版。

② 李克郁：《土族格赛尔》，青海人民出版社1994年版。

固族都把本民族和格萨尔有关的传说故事称为“纳木塔尔”。[①]

土族史诗《格萨尔纳木塔尔》的第一部《阿布郎创世史》，其内容独特，具有浓郁的土族民间文学特色，在现已见到的藏族《格萨尔王传》分章本和分部中都没有出现过。[②] 土族《格萨尔》中关于日月星辰，原始人类以及南瞻部洲和其他部洲的形成过程等都是其他民族的《格萨尔》中不曾出现过的，是最具有本民族文化特色的部分。这部分内容可达200万字以上。其主要内容目录如下：

(一)

三位天神探险访鲁赞

历经艰辛筹划造地球

1. 三位天神创造大陆；

2. 三位天神创造日月星辰；

3. 三位天神治水有功；

4. 三位天神创造众神。

(二)

三位天神修行做善事

南瞻部洲出世五勇士

1. 阿朗恰干出世；

2. 齐项丹玛出世；

3. 赤帮麻赖出世；

4. 包日包当出世；

5. 扎西什达出世。

---

① 王兴先：《土族史诗〈格萨尔纳木塔尔〉论述》，载《格萨尔学集成》（第2卷），第979—987页，甘肃民族出版社1990年版。钟进文：《一篇“裕固族历史传说”研究》，第27—33页，载《中央民族大学学报》2000年第2期。

② 王兴先：《土族史诗〈格萨尔纳木塔尔〉述论》，载《格萨尔学集成》（第2卷），第938—947页，甘肃民族出版社1990年版。

（三）

三位天神下凡立伦理

阿朗恰干治国查四方

1. 三位天神派遣阿洛下凡；

2. 阿朗恰干初招民众商国事；

3. 超同出世；

4. 阿朗恰干四方去查访；

5. 阿朗恰干举办首届赛马盛会。[①]

在甘肃省天祝藏族自治县的松山乡、天堂乡和青海省互助土族自治县的藏族、土族群众将格萨尔称为二郎，将二郎庙称为格萨尔庙，把说唱《格萨尔纳木塔尔》和说唱《二郎杨戬》的故事等同起来。在民和回族土族自治县的官亭地区流传着与格萨尔有着密切关系的《二郎爷的传说》。在这些传说故事中，故事情节是从藏族史诗中借用的，叙述的却是另一个民族英雄的一生传奇。二郎神是土族崇拜的一个地方神，在土族群众眼里，这样一位斩妖除怪，抑强扶弱的民族英雄，已不再是格萨尔，而应当是本民族最有威力的——二郎杨戬。[②]

半个世纪前在操突厥语族语言的裕固族地区搜集到的《裕固族纳木塔尔》[③]，是一篇与裕固族历史文化紧密相连的关于格萨尔的传说故事。主要内容如下：

1. phərənta məz lomqa phaqtow tro.

2. antanla islanjoɤa phahqtamen tro.

3. məztəŋ qhan məztə telaɤaʂ maŋəp tro.

---

① 王国明：《土族〈格萨尔〉语言研究》，第 12—13 页，甘肃民族出版社 2004 年版。

② 马光星：《土族格萨尔故事述评》，载《格萨尔学集成》（第 2 卷），第 924—929 页，甘肃民族出版社 1990 年版。原载《青海民族学院学报》1985 年第 2 期。

③ Tenishev, E.R. Stroy saryg - jugurskogo jazyka 223—225. Mos Cow1976.

4. ol səɣta məztəŋ kəsi kehp tro.

5. on ayaq your kəsi parnime tro.

6. məster ɕitʂi-hatʂitan maqan tro.

7. maŋqaʂla khun unken thaqqa ehtəp tro.

8. qhatʂej maəp tro.

9. antanla tɕhanfutuŋ wanfuɕaɣa ehtəp tro.

10. məs antala olərəp tro.

11. ʂu pezi pop tro.

12. ʂu pezi polɣantala kheserqhannəŋ qatənən məztəŋ wanye(pheɣ) qhunəp tro.

13. neɣe qhunəɣan tise, khesernəŋ taɣesi haka tɕhotəŋ məstəŋ phekhke qharo perəp tro.

14. "məstəŋ qhannəŋ qatən taŋqəna tro.

15. am kheser yüsinte yoq tro, yülɣen me tərəɣ me pəlmes tro. sütɕül pop tro.

16. pu qoŋqhrenəŋ moenqa qharo mantərɣa perp tro.

17. qharo perɣente məztəŋ pheɣ koɕinnap tro.

18. soyiʂtəɣ kheser xannəŋqa keph tro.

19. tɕerəɣten kephten pes ayaq kəsi ezerthkiʂ maŋəp tro.

20. maŋqaʂla pu khesernəŋ oyɣa hetəp tro.

21. antanla haka tɕhotəŋqa yoləqəp tro, khep perəp tro.

22. haka tɕhotəŋ tep tro: "sen amər-ʂəmer, emtɕhen-qhamtɕhen qatənnə aləŋqa maŋ."

23. antaqhqanta khesernəŋ alwat haka thotəŋqa aytəp tro:

24. "qəzəlləɣnəŋ pheɣ tɕereɣ niɣi kep tro?"

25. haka tɕhotəŋ: "men pəlmete!" tep tro.

26. antaqhqanta emtɕhem qamtɕhen qatənnə aləŋqa qhunqa maŋəp tro.

27. antanla maŋqaʂla pu tɕhanfutuŋ wanfuɕaɤa ehtəp tro.

28. ütɕülɤala qatən soyiʂtəɤ søz timen tro, tɕhiləɤla søz tep tro.

29. antaqhqantala kheser oyiŋqa yanəp tro.

30. yüsənke ehthse khəsi yoq tro.

31. antanla ahka tɕhotəŋka aytəp tro.

32. "pəlmes!" tep tro.

33. kheser qatənnə təliɤele maŋəp tro.

34. maŋsa, qaɤa maŋernə pəlmen tro, yutʂala maŋəp tro.

35. antanla pər yil me, qatʂey me maŋəp tro.

36. pər khun ehthkentila thaqhqa ehthke phuteʂ phutep tro.

37. phuteɤentila qatən ma phuteʂ putep tro.

38. antaqhqanta ʂikə khəsinən søz pərkəp tro.

39. phuteɤentɕila søz avtəsip tro.

40. qaysi khun keler tew aytəsip tro.

41. "ʂu qhonuqhtan soŋ sen kel!" tep tro.

42. "paʂɤa sen məntaqo qhoqaʂtəŋ yüɤï pherk man,

43. moeŋqa sen məntaq qoj mərtɕhik sanaɤ man,

44. antan sen semen qholəp kel!" tep tro.

45. antanla uʂ qhunəqtala kep tro.

46. antaqhqantala məztəŋ pheɤ ahs etəp tro.

47. ahs etkenta khəsi ma qhalən nime tro.

48. kheser xan ləunəŋ hatərɤa ehtəp tro.

49. semen qholəp tro, semen qholɤantala qatən kørəp tro.

50. kørɤeʂla pər khuləp tro.

51. məztəŋ pheɤ aytəp tro:

52. "sen menəŋke kelo(w)ütɕül pop tro, sen maɤa khulmeɤen e(r) ne.

53. puɤun pu qholqətʂi tərna, sen niɤe puɤa khultə?"

54. qatən məntaɤ tep tro:

55. "sen ma məntaɤ pherk man, məntaɤ sanaɤsin man, kontaɤ kezɤə sen kez, men ma saɤa khulen" tep tro.

56. pheɤ anta tep tro: "konəŋ kezɤəsin assa poxəʂtrm?"

57. qatən tiɤente: "poxəʂ tro!" tep tro.

58. assəp tro, kheser yüzən hasirəp tro.

59. "sen menəŋ qatənnə niɤe qhuntə" tep tro.

60. antaqhqanta məztəŋ waŋye tep tro:

61. "senəŋ haka tɕhotəŋ qharo kelhti, antaqhqa men parte" tep tro.

62. "sen menek pertəm? nitɕor ahltən pehrtə?" tep tro.

63. "sütɕüz po kumus pehrte, ahtən perte" tep tro.

64. "kumus yüenpotan sütɕyüz perəp tro" tep tro.

65. "yüz aht perte!" tep tro.

66. kheser tep tro: "qatənnə men alənqəʂ ere, menektə qhatar peren!"

67. pheɤ tep tro: "menektə ma alɤəmes, qatənnə ma perɤəmes!"

68. kheser tep tro: "perse ma alxəʂ, permese ma alxəʂ!" tep tro.

69. məztəŋ qəzilləq tiɤenti: "sen naxsa ma (< na qəlsa ma) perɤəmes!"

70. kheser xan tep tro: "sen pər khəsi aɤətkəʂ me? kəp aɤətkəʂ me?"

71. antaqqanta ahs ʂəɤen(< üʂɤen) khəsi kehp polɤan.

72. "məz kehp khəsi aɤətqəʂ, məstən qalənnə perɤe, aɤətpaɤa nitexʂe" tep tro.

73. antaqhqanta ahtəsɤan tro. ohq sawutaq aləno ahtəsəp tro.

74. uʂ khun uʂ thune on ajaq ahsər khəsinə kheser yülurəp tro.

75. pheɤ ma yüləp tro. qatənnə alənqa maŋəp tro.

76. yülurɤen khəsinəŋ khur ethtə sütɕülɤa qonqəre terteŋ yiyəu thuke

men tro.

77. məztəŋ pər ørek pezekh khəsi paləq təŋnaɤəla parəp tro.

78. parɤantala aŋnowop tro, aŋnasa terteŋ qoŋqəre thulk sütɕühsi aytisəp tro.

79. ɕithtə sütɕül ɕite, am məz məntan maŋene, maŋ men məztə qəzəlləq yülərxaʂ tro!

80. antanla aytsəp tro: məztəŋ tʂhəunə polalɤəmes tro, maŋmen polɤəmes tro.

81. antaqhqanta qhar khəsinə pərɤe qhəxərəp tro, xosə kep tro.

82. aytsəp tro"qaɤa parxəʂ er?"tep tro.

83. toxʂinəŋ pezikə thoɤəm merɤe tep tro:

84. "parenə-parenə palɤəm oyɤa, yorenə yourenə yolɤən oyɤa!"

85. qhar khəsitan ʂikə qhalɤan: pər thoɤən meɤer, pər yaŋne thorəm.

86. antan soŋ yolɤa manqan tro.[①]

汉译文如下:

早先我们是信奉（佛教）经典的，后来没有改信伊斯兰教，我们的可汗带着我们走了。那时候我们的人很多，约有十万人以上。我们是从西至—哈至走的，后来到了出太阳的山上。走了几个月，又走到了千佛洞万佛峡，我们就住在那儿了。在那儿生活了三辈子，生活了三辈子后我们的王爷抢了格萨尔汗的可敦。

为什么抢了呢？格萨尔汗的舅舅朝登高僧给我们的头目送来了信。"我们可汗的可敦很漂亮，现在格萨尔不在家，是否死了不知道，已经三年了。"这是挂在狼老鸦脖子上送来的信。拿到

① 钟进文：《一篇"裕固族历史传说"研究》，载《中央民族大学学报》2000年第2期，第27—33页。

这封信后我们的头目很高兴，带了五万军队高高兴兴地到格萨尔汗那儿去了。到达格萨尔的地方就遇见了朝登高僧。头目给他送了礼物。朝登高僧说："你悄悄地把可敦带走吧！"格萨尔的老百姓问朝登高僧："红方（指裕固族）的头目带兵来干什么？"朝登高僧说："我不知道。"于是，头目就悄悄地把可敦抢走了。把她带到了千佛洞万佛峡。

但是三年以来，可敦从无高兴的话，只说生气的话。后来，格萨尔回到自己的地方，回家一看妻子没有了。他就问朝登高僧，朝登高僧却说："我不知道。"格萨尔就去找可敦去了。但他不知道该朝哪里走，只好随意走。不知道走了一年还是几个月。一天，走到一座山上，他就吹起了笛子。此时，可敦也吹起了笛子。于是两人一起用笛子对话。他们吹着笛子商量格萨尔哪一天来。可敦说："你三天后来！""你头上戴一顶雀毛帽子，脖子上戴一串羊粪旦念珠来讨饭。"

三天后他来了。这时我们的头目正办酒席，来的客人很多。格萨尔来到楼下讨饭。他讨饭时，可敦看见他笑了。我们的头目就问他："你到我这里已经三年，从来没有对我笑过。今天你为什么对这讨饭的笑起来呢？"可敦这样说："你戴上这样的帽子，套上这样的念珠，穿上这样的衣裳，我也对你笑！"头目说："我换上他的衣裳行吗？"可敦说："行啊！"他们交换了衣裳。格萨尔立即勃然变色道："你为什么抢我的可敦？"于是我们的王爷说："你的朝登高僧给我送来了信，我才去的。"又问："你给钱了没有？""给了多少黄金？""我给了三百包钱，三百两黄金，""还给了三百个银元宝"，"又给了一百匹马。"格萨尔说："可敦我要带走，钱可以退还给你。"头目说："钱我也不要，可敦我也不给。"格萨尔说："你给我也要带走，你不给我也要带走。"我们红方说："无论如何也不让带走。"格萨尔说："是你一人来抵挡，还是许多人来抵挡？"此时吃酒席的人很多。（他们说）"我们许多人来抵挡。我们给了彩礼，不抵挡怎么说得过去?"这样，双方张弓射箭，打了三天三夜，格萨尔杀死了十万多人。我们的头目被杀死了，可敦也被带走了。死人的油、肉三年也没被狼老鸦和狼吃完。

我们的一个胆大的人就去侦察。他去一听，听见狼、狼老鸦和狐狸三个商量说："我们已经吃了三年的肉，现在该走了吧！如果不走，红方会把我们杀死。"于是人们议论说："我们的仇也没法报了，不走也不行了。"然后把老人都请来，大家来商量往那儿走。妥氏的头人妥恩麦尔盖说："去吧！去吧！到生长兔儿条的地方去吧！走吧！走吧！朝生长红柳条的地方走吧！"于是，留下了二位老人，一位是妥恩麦尔盖，一位是杨立多仁。然后大家就上路了。

这是一篇复合型民间历史传说，其中既有裕固族由"西至一哈至"东迁入关的历史内容；又有裕固族或其祖先和格萨尔发生战争的历史事件。关于东迁，裕固族民间另有传说和叙事诗。[①]

这篇传说和藏族史诗《格萨尔》中的《霍岭大战》情节基本一致，也可以说是《霍岭大战》的变体或散文形式。但是它和裕固族地区流传的其他《格萨尔》（或《盖赛尔》）故事有不同之处：其他传说故事主要是围绕朝登高僧挖空心思、竭尽全力地迫害格萨尔，而格萨尔则与其针锋相对、软硬兼施地进行殊死斗争这个中心来铺衬故事情节的。[②] 从叙述角度而言，自始至终把《格萨尔》故事作为客体来叙述；而这篇传说则是把《霍岭大战》的情节作为主体来叙述，自始至终把它看作"裕固族历史"的一

① 安建军等编选：《裕固族民间文学作品选》，民族出版社1984年版；郝苏民：《东乡族保安族裕固族民间故事选》，上海文艺出版社1987年版。

② 王兴先：《"格萨尔"论要》，第306页，甘肃民族出版社1991年版。

部分。[①]

除此之外，据学者研究裕固族地区流传的其他《格萨尔故事》中也深刻地寓意着裕固族社会和文化的历史雏形，同时也暗含着裕固族政治和经济的历史结构。[②]

二、演唱形式

土族和裕固族的格萨尔故事都有两种表述形式：一种是散韵相间的说唱体；另一种是纯粹的散文故事体。其中散韵结合体是由藏语和本民族语言组成的。

海希西在评价施罗德记录的土族《格萨尔故事》时就指出：土族地区流传的混合语言的格萨尔史诗的口头传说，对于今天越来越受到重视的中亚史诗的研究，尤其是对于史诗题材的移植具有特殊的意义。[③] 土族《格萨尔纳木塔尔》的说唱形式是先唱后说，先用藏语咏唱其韵文部分，韵律与行序都没有限制，然后用土族语进行解释。但是这并不是对藏语唱词的简单解释，而是在解释藏语唱词的同时，添加许多具有土族古老文化特质的新内容。同时这种解释还起到承上启下、连接故事情节的作用。在此特选《格萨尔文库》第三卷《土族格萨尔》片段来了解这种演唱形式：[④]

108. tii jaŋ mkur ʂkar xaan-nə qar to ra-nə thaa wən ʂka na jon jii
再 又 白帐 王 手下 五个 大 将领 有

① 关于这一传说的内容与裕固族的历史关系问题详见本书第九章内容。

② 武文：《裕固族〈格萨尔故事〉内涵及其原型》，《中国裕固族研究集成》，第362—365页，民族出版社2002年版。《从裕固族〈格萨尔故事〉看格萨尔其人》，《中国裕固族研究集成》，第365—369页，民族出版社2002年版。

③ 海希西：《多米尼克·施罗德和史诗〈格萨尔王传〉导论》，载《格萨尔学集成》（第2卷），第911—924页，甘肃民族出版社1990年版。

④ 王兴先：《格萨尔文库》第三卷，《土族〈格萨尔〉》（上），第15—17页，甘肃民族出版社1996年版。

ku na
据说
109. tiən ʂka-nə xan paa ma rə ʂtsɛ jii ku na
最 大 韩巴麦日则 是 据说
110. tii pəuu-sa pii kar ʂtan tsən va
再 下来 白尕旦增 是
111. təraŋ ʂtan tʂən pii kar tor tɕii ʂtan tsən na thaa wən-la jii ku na
还 旦正 白尔道杰 旦增 这 五个 是 据说
112. na ra pii ʂkar tan tsən nə ka xuii-tə thaa wən sə mə phə qaa
其中 白尕旦增 一次 五支 箭 射
ʂta ɳii ku na
能着 据说
113. ʂtan tsən jaŋ twx laŋ-nkə jii ku na
旦增 又 跛子 是 据说
114. na thaa wən-la khə liɛ-tɕii ku na
这 五位 说 据说
115. xaan aa ku ɕtɕa taŋ ma laŋ phə qal tə-la rə-ku-na
王 阿古加党 明天 打仗 来
116. to pu-ta-skə aa ma ʂkii khə tɕii ku na
现在 我 怎么办 这样说了 据说
117. mkur ʂkar xaan jaŋ khə liɛ-tɕii ku na
白帐 王 又 说 据说
118. saŋ a laŋ taŋ la mo la la taŋ len na
སང་ ཨ་ ལང་ དང་ ལ་ མོ་ ལ་ ལ་ དང་ ལེན་ ན་
桑 阿 朗 当 拉 毛 拉 拉 当 来 那
saŋ ja laŋ taŋ la mo la la taŋ len na
སང་ ཡ་ ལང་ དང་ ལ་ མོ་ ལ་ ལ་ དང་ ལེན་ ན། །
桑 阿 朗 当 拉 毛 拉 拉 当 来 那
119. ʂŋa mi taŋ ɳə ma xɕar təu taŋ na ja saŋ
སྔ་མོའི་ དང་ ཉི་མ་ ཤར་དུས་ དང་ ན་ ཡ་ སང་
早晨的 （当） 太阳 升起时 （当） 呀 桑
a laŋ taŋ la mo la la taŋ len na
ཨ་ ལང་ དང་ ལ་ མོ་ ལ་ ལ་ དང་ ལེན་ ན། །
阿 朗 当 拉 毛 拉 拉 当 来 那

120. tɕaŋ ma rtaŋ taŋ li ji ŋ̥a tsəɣ taŋ rtaŋ ja
ཅང་ མ་ བརྡུང་ དང་ ལས་ཡི་ རྔ་ ཚོ་ དང་ བརྡུངས་ ཡ་
从来 未 敲 （当） 军鼓 一个 （当） 敲 呀
saŋ a laŋ taŋ la mo la la taŋ len na
སང་ ཨ་ ལང་ དང་ ལ་ མོ་ ལ་ ལ་ དང་ ལེན་ ན། །
桑 阿 朗 当 拉 毛 拉 拉 当 来 那

121. tɕaŋ ma rtaŋ taŋ li ji tʂəl tsəɣ taŋ rtaŋ
ཅང་ མ་ བརྡུང་ དང་ ལས་ཡི་ དྲིལ་ ཚོ་ དང་ བརྡུངས་
从来 未 敲 （当） 佛铃 一个 （当） 敲
ja saŋ a laŋ taŋ la mo la la taŋ len na
ཡ་ སང་ ཨ་ ལང་ དང་ ལ་ མོ་ ལ་ ལ་ དང་ ལེན་ ན། །
呀 桑 阿 朗 当 拉 毛 拉 拉 当 来 那

122. tɕaŋ ma ɸɕwam taŋ li ji ɸɕwan skwər tsəɣ
ཅང་ མ་ བཤམ་ དང་ ལས་ཡི་ བྱམས་སྐུ་ ཚོ་ དང་
从来 未 挂 （当） 佛像 一个
taŋ ɸɕwam ja saŋ a laŋ taŋ la mo la la
དང་ ཤོམས་ ཡ་ སང་ ཨ་ ལང་ དང་ ལ་ མོ་ ལ་ ལ་
（当） 挂起 呀 桑 阿 朗 当 拉 毛 拉 拉
taŋ len na
དང་ ལེན་ ན། །
当 来 那

123. tʂwak ɬa rə taŋ ʂtsi la ɸsaŋ tsəɣ taŋ phət
བྲག་ ལྷ་རིའི་ དང་ རྩེ་ལ་ བསང་ ཚོ་ དང་ འབུད་
岩石 神山的 （当） 顶上 柏桑 一个 （当） 煨
ja saŋ a laŋ taŋ la mo la la taŋ len na
ཡ་ སང་ ཨ་ ལང་ དང་ ལ་ མོ་ ལ་ ལ་ དང་ ལེན་ ན། །
呀 桑 阿 朗 当 拉 毛 拉 拉 当 来 那

124. xor mkwər ʂkar taŋ nko xon tham tɕhat taŋ tɕi
ཧོར་ གུར་དཀར་ དང་ མགོ་དཔོན་ ཐམས་ཅད་ དང་ ཀྱིས་
霍尔 白帐 （当） 首领 全体 （当）
ja saŋ a laŋ taŋ la mo la la taŋ len na
ཡ་ སང་ ཨ་ ལང་ དང་ ལ་ མོ་ ལ་ ལ་ དང་ ལེན་ ན། །
呀 桑 阿 朗 当 拉 毛 拉 拉 当 来 那

125. tshok tsəɣ taŋ ntshok ta tɕi tsəɣ taŋ
ཚོགས་ ཙི་ དང་ འཚོགས་ ད་ གྲོས་ ཙི་ དང་
聚 一个 （当） 集会 商量 一个 （当）
tɕi ja saŋ a laŋ taŋ la mo la la taŋ
གྲོས་ ཡ་ སང་ ཨ་ ལང་ དང་ ལ་ མོ་ ལ་ ལ་ དང་
商量 呀 桑 阿 朗 当 拉 毛 拉 拉 当
len na
ལེན་ ན། །
来 那

126. tɕi tsəɣ taŋ ϕɕwet ta than tsəɣ taŋ
གྲོས་ ཙི་ དང་ བྱས་ ད་ འཐབ་ ཙི་ དང་
商量 一个 （当） 做 战争 一个 （当）
rko ja saŋ a laŋ taŋ la mo la la taŋ
དགོས་ ཡ་ སང་ ཨ་ ལང་ དང་ ལ་ མོ་ ལ་ ལ་ དང་
需要 呀 桑 阿 朗 当 拉 毛 拉 拉 当
len na
ལེན་ ན། །
来 那

以上内容整理翻译后的意思大致如下：

据说，白帐王的手下有五员大将，其中赫赫有名的是韩巴麦日则，其次是白尕旦增、丹真、白尕道杰、丹增等。白尕丹增一弓能射五支箭；丹增是跛子。他们向白帐王问道：“皇上陛下！阿古加党明天要来和我们决战，我们怎么办？”白帐王听后唱道：

明天清晨太阳升起时，
什么也别敲，只把那战鼓敲，
什么也别敲，就把那佛钟敲，
什么也别挂，只把那佛画挂，
神山顶上煨桑烟。
霍尔部白帐众将领，
聚首不为别的事，

商议如何去战斗。①

土族《格萨尔》在漫长的传唱过程中，藏语唱词保留得越来越少，而且越来越趋于简单化，唱词中的藏语也很大程度上受到了土族语的影响。但在古音古词方面仍然保留着原来最古的发音，只是在发音方法和发音部位上越来越接近土族语的发音。土族格萨尔中还有来自土族群众中流传的谚语，又有土族艺人在演唱过程中创造的新词术语，这些语言又逐渐流传到群众中去，相互影响、相互补充、极大地丰富了土族语言，使土族《格萨尔》具备了特有的语言特征。②

操东部裕固语的裕固族艺人说唱的《格萨尔》，主要是根据藏族《格萨尔》的手抄本，又按照裕固族本民族的传统文化进行了口头改编。其中的《霍岭大战》缩写本（仅有藏文原著的四分之一）则是懂藏文的裕固族知识分子按照裕固族艺人自己的说唱内容和形式而用藏文编写成的。这个本子对研究藏族《格萨尔》史诗如何演变成裕固族艺人用双语（东部裕固族、藏语）说唱《格萨尔》的特殊传承方式具有重要意义。其表述形式和土族基本一致，也是韵散结合，即叙述是散文，吟唱是韵文，叙述时用东部裕固语，吟唱时用藏语。叙述和吟唱虽然分别使用了两个不同民族的语言，但在操东部裕固语的裕固族艺人口中却非常和谐统一，形成了一种完美的艺术形式。从听众的欣赏情态看，也是井然有序，富有表情，并不因为艺人用藏语吟唱感到陌生而显得烦躁不安，在这里艺人与听众，吟唱与欣赏，都表现出一种相互依存，相得益彰的最佳效果。

---

① 王兴先、王国明：《格萨尔文库》第三卷，《土族〈格萨尔〉》（上），第604页，甘肃民族出版社1996年版。

② 关于土族《格萨尔》在语言表现形式上的特殊性，详见王国明：《土族〈格萨尔〉语言研究》，第57—116页，甘肃民族出版2004年版。

说唱中用东部裕固语解释藏语吟唱的韵文部分，这种叙述性的解释，从史诗脉络的总体看，它虽不是唱词的继续和发展，而是唱的重复，但从解释的具体层次看，它将寓意于诗行中的画意诗情进而明朗化、情节化了，起到了连缀故事的作用。衔接两个叙述部分（即原有的裕固语叙述部分和用裕固语解释藏语吟唱韵文的叙述部分），使其成为一种完整的散文式史诗故事。也正是在这个解释性的叙述中，用东部裕固语说唱《格萨尔》的裕固族艺人充分发挥和显示了他们改编、移植藏族《格萨尔》的聪慧才智，也就是说他们在进行消化吸收，并在不断融进本民族文化特质的过程中，将藏族《格萨尔》史诗裕固化，使其成为裕固族民间文学的一个重要组成部分。在此将裕固族老艺人贺永贵用东部裕固语说唱的格萨尔故事《降魔》的相关内容介绍如下：

他先用东部裕固语说唱，译成汉语大致是：

“格萨尔王起来，把马牛羊从各个山谷里赶回来以后，他就骑着枣骝马到了岭尕地方。这时他的大妃珠牡前来迎接，他俩在那里碰面后，格萨尔王就对珠牡唱道。”说到这里，贺永贵在转说为唱的同时，并转换了语种，他不再继续使用裕固语而是用藏语吟唱：

སྤྱི་ཆེན་པོ་ཐང་ཤོམ་གོང་དཀྱུ་རེད།　　“ས་འདི་ཡི་ས་ངོ་མ་ཤེས་ན།
ཕོ་ང་དང་ང་ངོ་མ་ཤེས་ན།　　གླིང་སྐྱ་རྫེ་སེང་ཆེན་ནོར་བུ་རེད།
སྨན་ཤེལ་ལྕམ་འབྲུག་མོ་ཚུར་ལ་ཉོན།　　མི་ང་ལ་ཨ་ནེ་ས་ལྷ་སྐད་གསུང་ས།
ཡུལ་འཛིག་རྟེན་སྲིད་པར་དཔེ་བཞག་ན།　　སྟོད་གངས་རི་ཤེལ་གྱི་ཞིང་ཁང་ན།
སེང་དཀར་མོ་གཡུ་ཡི་རལ་བ་ཅན།　　ཚོད་གཙན་གཟན་མང་པོའི་རྒྱལ་པོ་རེད།
ས་ཙལ་གསུམ་རྫོགས་པའི་དཔའ་བོ་རེད།　　སྤྲིན་སྨུག་པོའི་གསེང་ལ་ཡར་སྟོད་དང་།
ལྷ་གཡུ་འབྲུག་ཟེར་བའི་ངར་སྐད་ཅན།　　འདི་མ་ཐུབ་ཀླད་ལ་ནོར་སོང་ན།
སེང་གཡུ་རལ་རྒྱས་པ་ངོ་རེ་ཚ།　　དམའ་ཅན་དན་ནགས་ཀྱི་སྐྱིད་ཚལ་ན།

སྟག་དམར་ཡག་མེ་ལྕེའི་འཛུམ་རི་ཅན། ཁྱིད་སྟེ་བཞི་ཀུན་གྱི་རྒྱལ་པོ་རེད།
བཀྲ་ཐིག་ལེ་འཛུམ་པའི་དཔའ་པོ་རེད། ཡུལ་གྲོང་སྟེ་དཀྱིལ་ལ་མར་ལྟོས་དང་།
ཁྱི་བདའ་ལུ་རྒྱུ་བོ་ཧ་རིང་བོ། འདི་མ་ཐུབ་སྐད་ལ་ཉོར་སོང་ན།
སྟག་འཛུམ་དྲུག་རྒྱས་པ་ངོ་རེ་ཚ། གླིང་སེང་འབྲུག་སྟག་རྩེ་ཕོ་བྲང་ན།
གླིང་སེང་ཆེན་གསེར་གྱི་ཁྲབ་རྫོག་ཅན། ཁྱོད་མགོ་ནག་ཡོངས་ཀྱི་རྒྱལ་པོ་རེད།

ཕྱོགས་དགྲ་བཞི་འདུལ་བའི་དཔའ་པོ···
རེད། ཤུབ་བདུད་ཡུལ་ལུང་ནག་ཕར་ལྟོས་དང་།
བདུད་ཚེ་ཟད་སྲུ་བཙན་ཐིག་ཅན་ཀོ། འདི་མ་ཐུབ་སྐད་ལ་ཉོར་སོང་ན།
རྒྱབ་ཁྲབ་དཀར་ཧྲོན་པ་ངོ་རེ་ཚ། ཁྱུང་གནམ་མཐའ་མི་མེད་ཡུལ་དུ་སོང་།
བདུད་སྲུ་བཙན་གོད་པོ་འདུལ་རན་ཡིན། སྨན་མེ་བཟའ་འབུམ་སྐྱིད་ལེན་རན་ཡིན།
བདུད་ནོར་གླིང་ལ་འདྲེན་རན་ཡིན། དེ་གསུངས་བ་ཨ་ནེ་ལྷ་སྐད་ཡིན།
གོ་ཡོད་ན་དཔོན་མོའི་ཡིད་ལ་ཞོག།”

吟唱结束后，贺永贵老人又用东部裕固族语解释藏语唱词，译成汉文是：

“这个地方你认识不认识？你如果不认识，它就叫塘尚木贡古大帐房。我这个人你认识不认识？我是岭主，名字叫雄狮宝珠。珠牡，请你听！刚才上天姑母有指示，你要把耳朵放亮些！她举世上几个例子来打比方：‘雪山上面有狮子，它是兽王，数它名声最大，威力也最大，是狮子呵，你朝天上看看，天上有条龙，它若一叫，威力也特大的，你狮子如果敌不过龙，你那么大的名声，不仅人家会笑话你，就是你自己也会害羞的！森林里面有老虎，花纹闪闪，威力也够大的，动物中也算是个头，可是老虎呵，你往村子里看看，村子里有老狗，夹着长长的尾巴，你老虎如果敌不过狗，你有那么大的威力，不仅人家会笑话，就是你自己也会害羞的！僧珠达孜宫里面有岭国雄狮格萨尔王，金甲灿灿，威震四方的敌人，可是格萨尔呵，你往魔地看看，那里有即将完蛋的路赞魔王，你格萨尔如果敌不过魔王，你有那么大的名声和威风，不仅人家会笑话，就是你自己也会害羞的！’珠牡呵！上天姑母指教我，叫我这次去魔地，把魔王路赞消灭掉，把梅萨绷吉领回来，把魔地财宝运到岭国来！珠牡呵！听见这些话，你要放心上！”

上述贺永贵老艺人的这段说唱与藏族的藏文版《降魔》原文相比，藏文原文中的曲调名，如神名或祈祷词以及一些与连缀故事无关或关系不大等内容，不是被艺人完全删去就是使其单一化或简单化。①

三、演唱习俗

土族和裕固族艺人说唱《格萨尔》的习俗也有许多相似之处。从土族地区调查到的民间艺人的材料来看，土族艺人一般都在农闲或者年节时说唱《格萨尔》。说唱多在屋子中间的土炕上进行。说唱前，先在院子里煨桑（即烟祭。土族人院子中间都有一个用土坯围成的四方花坛，里边种植花草树木。围墙的中间，对着正屋或大门，有一个专门煨桑用的小圆台，上面用瓦片遮挡，以免雨雪淋浸。除唱《格萨尔》之外，逢年节、盖新房等家庭的重大事情时也要煨桑），然后，盘子里放四个小酒盅，斟满白酒以后，先拿到院子里向天泼洒，祭天地、英灵，而后艺人用无名指蘸酒弹洒三次，最后一饮而尽，经过这样的祈祷仪式之后才可以说唱。说唱时，一般要请来一位比演唱者年长的人坐在上席，作指导。演唱《格萨尔》纯粹是一种自娱性的民间娱乐活动，不是艺人赖以谋生的手段。②

---

① 王兴先：《〈格萨尔〉论要》，第301—305页，甘肃民族出版社1991年版。

② 杨恩洪：《土族地区流传之〈格萨尔王传〉探微》，《格萨尔学集成》（第2卷），第929—938页，甘肃民族出版社1990年版。

从裕固族地区调查到的20多位艺人以及其中一部分艺人的前辈材料看，不管是说唱《格萨尔》还是讲说《盖赛尔》，在1958年前，他和裕固族的其他文化一样流传在人们的生活之中。如过春节要说《格萨尔》，说春节象征着春天的到来。那时雪化冰消，万物生长，一切都开始欣欣向荣，说《格萨尔》将会给人们带来吉祥如意；孩子长到3岁时要过小孩剃头节，在亲朋好友们热诚祝贺之时也请艺人前来说唱《格萨尔》，说孩子们听了越长越聪明，以后会像格萨尔那样勤奋能干，智勇双全；每年农历四月十一日，裕固族牧民就给到年龄的马驹剪理鬃尾，首次备鞍骑驯，同时也请艺人说唱《格萨尔》，赞祝小马长大后像格萨尔的枣骝马那样，矫健善走，因据传说这一天曾是格萨尔给自己枣骝马剪理鬃毛的日子等。[①]

四、风物传说

史诗《格萨尔》流传到哪里，哪里就有格萨尔的风物传说。

土族地区除了艺人说唱《格萨尔》之外，民间还流传着不少关于格萨尔的风物传说，在这些传说中，格萨尔被尊崇为神。如格萨尔的拴马桩、坐印石和饮战马的地方；格萨尔征战休息时长出一口气吹歪的一座山头；抖抖双袖，灰尘堆积成的两座小山包等等。在互助土族自治县南门峡附近，有一个被格萨尔用炮石打穿的山头，离那里不远的地方，还有一个用大方石堵住的山洞，传说是埋葬格萨尔盔甲的地方。关于这一风物传说，在当地还流传着土司祁延西在这里挖盔甲的故事。在土族叙事诗《祁家延西》中，叙述了互助祁土司的祖先延西替明王朝平定边患，维护统一，在出征经过此地时曾挖过格萨尔的盔甲而未成功。

土族学者李克郁教授介绍说："1947年，因生活之逼迫，我

① 王兴先：《〈格萨尔〉论要》，第299—301页，甘肃民族出版社1991年版。

随父亲去甘肃永登县沙金沟驮碳。进了泽林峡，在大坂山的山脚下，路旁有一块边长约 10 尺的大石板，石板中部是个大窝，石板的左右两边是对称的两个土包。父亲告诉我，格赛尔曾经到过这里，翻越大坂山后就坐在这块大石板上休息，中部凹下去的部分是格赛尔的屁股压下去的，两边的土堆是从两只靴子里倒出来的。我们顺着十八盘路登上了大坂山顶，见大坂垭豁南部有一座北向南的石山，山梁上一道道长长的沟，宛如切开的鱼背。父亲说，格赛尔翻大坂时，他的狗就顺着那座山跑下去的，山梁上的那条沟是因为狗拖着锁链，才留下了拖过锁链的痕迹。"①

凡此种种，足见《格萨尔》在这里曾广泛流传，以致人们将这里的山、河、石头都附会为与格萨尔有关的传说。②

在裕固族地区也流传着许多关于格萨尔的风物传说。过去裕固族西八个家人居住的雪泉乡白泉门十八公里处有一石柱，传说是格萨尔从山顶上丢下来拴了赤兔马的石桩；东柳沟南山崖上有一石槽说是格萨尔休息时立了宝剑留下的痕迹；萨隆章垭口甘青交界之地有个石台，传说是格萨尔征战途中煨过桑的桑台。

肃南裕固族自治县城东百余公里的临松山下的马踢寺石窟，凿于悬崖峭壁之间，初建于晋，明永乐十四年赐名"普光寺"，如《甘州府志》所载："普光寺又名马蹄寺，有石门二十、石洞七、为晋之瑀隐处，石窟凿于郭瑀及其弟子，后人扩而大之，加以佛像。"而较之上述传说更甚的则是，围绕马蹄寺石窟雅则库玛尔城的一组传说，在把格萨尔神化的同时，也将他进一步历史化了。

据传格萨尔当年反击霍尔国时，跃跨赤兔神马亲临霍尔王都

① 李克郁：《土族格赛尔》，第 2 页，青海人民出版社 1994 年版。

② 杨恩洪：《土族地区流传之〈格萨尔王传〉探微》，《格萨尔学集成》（第 2 卷），第 929—938 页，甘肃民族出版社 1990 年版。

城雅则库玛尔，因神马所踏，故后人在这个马蹄印上筑起佛寺，起名马蹄寺（该蹄印现在第八号窟内，保存完好，清晰可见）；同时，传说格萨尔在攻打雅则库玛尔红城之前，将一间平房般大的巨石捎在赤兔马后，在去雅则库玛尔红城的马年滩盘道上扔下来，当众一刀劈成两半，取出石宝，以此施威教诲前来阻击的霍尔国官兵（这把刀被后人视为珍宝，珍藏在马蹄寺第三窟内的宝塔中。1958 年宝塔被毁，刀被盗，至今下落不明），那块被劈的巨石仍竖立在盘道上岿然不动；格萨尔攻打霍尔王宫时钉挂在雅则库玛尔城墙上的铁橛、铁链至今仍遗留在马蹄寺石崖上；马蹄寺石崖上端的最高处凿有三十三天的石洞，内有白度母、绿度母的塑像，说这是僧姜珠牡和梅萨绷吉跟随格萨尔大王一同返回天界时留在人间的化身。石崖下端的低处凿有一洞，内有一坟，说这是原霍尔国大臣辛巴梅乳孜归服岭国后，跟随格萨尔王在与突厥国作战中阵亡，后埋葬于此地；雅则库玛尔城和西水连延百里，西水乡有座高山叫加吾拉日，说格萨尔大王爱妃珠牡被霍尔白帐王劫后曾去这座山峰上煨过桑，并借此遥望家乡，以后当岭国降伏侵略者霍尔国后，格萨尔大王就领着自己的爱妃珠牡从雅则库玛尔城到西水乡正南沟，再越过草大坂走向青海湖而返回久别的家乡。①

① 王兴先：《〈格萨尔〉论要》，第 299—301 页，甘肃民族出版社 1991 年版。

第七章 口承故事的区域特征

口承故事（或称口头故事）是人们用口头方式创作和传承的各种故事体裁的通称，这些故事体裁都有叙事情节和人物形象，此外，各个体裁还各有自己的特点，并互相联系。在民间流传，是各种口承故事的一个根本特征。口承故事保存在人们的记忆之中，以口头的形式发表，它只有通过上一代向下一代的传承和甲地向乙地的传播，才能表明它的存活。讲故事是人们的一种生活习俗，故事在这种习俗中传播开来，并在传播过程中被加工、修改，或产生新的作品。流传又是群众进行集体创作和故事不断更新、发生、发展的一种独特方式。

第一节 基本特征

口头故事的流传与民族文化的形成有着密切的关系。各民族的文化首先是本民族自己在历史发展过程中创造的；其次，各民族文化又是在和其他民族文化相互交流过程中发展的。文化的交流，包括不同民族和地区口头故事的交流。丁乃通在《中国民间故事类型索引》导言中指出："一些民间故事把中国和西方国家联系起来的另一些原因，我们可以从在中国西部一些省份的调查结果中得到答案。但是，迄今为止，这些调查结果几乎全被忽视了，那些被挖掘出来的动物故事也得到同样的命运。有人甚至认为中国民间故事非常少。中国西北部的甘肃省在东西方的贸易和通讯方面曾起过重要作用。这个省在20世纪50年代搜集记录的故事大概只是一座冰山的山尖，但它们有重要意义。”①

甘青地区的特有民族就生活在这块南来北往、东来西去的历史交汇处，他们在频繁的迁徙过程中，既把自己创作的口头故事传播到其他地区和民族之中，同时也不断吸收、融合其他地区和民族的作品，尤其受汉、藏民族的影响，使其口头故事的共同性更为显著，并形成了一定的区域特征。

近年来，甘青地区各民族都挖掘出来了大量在本民族中流传的口头故事，这些口头故事毫无疑问都是各民族宝贵的文化财富，也是民族文化的象征。但是，如果我们将这些各民族中流传的口头故事进行仔细对照，精心比较就会发现，其中有不少似曾相识的东西，这些共性的东西就是各民族经常交换故事留下的痕迹。

第二节　故事类型

本节择要介绍甘青地区特有民族中流传的 10 种一般民间故事类型：

一、青蛙骑手

AT440A 型。甘肃省常见故事类型，又称蛤蟆儿子。主要流传在甘肃省白银市、通渭县、泾川县、静宁县、临洮县、西和县、徽县、岷县、武山县、天水市秦城区、平凉地区等。

主要情节：老夫妻无儿女，盼得一子。老妇大拇指上生一肉疙瘩，不久从中蹦出一个小蛤蟆，认老妇为妈，并很快长大。帮老父耕田、放牛，帮老母往田间送饭，十分能干。蛤蟆儿子长大

① 丁乃通：《中国民间故事类型索引》，第 17 页，春风文艺出版社 1983 年版。

后，向一富家小姐求婚，不允许。蛤蟆多次用法术威胁富翁，或变出大量财宝作为娶妻聘礼，终于取得娇妻。婚后，脱去蛤蟆皮，原来是一个英俊的小伙子。[①]

东乡族取名《巧蛤蟆》，主要情节：蛤蟆认老妇为奶奶。庄户上有一财主，经常欺负老爷爷，老爷爷忍气吞声，蛤蟆孙子替爷爷报仇。求婚老丈人不答应，一声大哭下起大雨，丈人只好答应。蛤蟆睡着后，姑娘把蛤蟆皮铺在热炕上烫干，送一套亲手做的新衣裳，蛤蟆穿上新衣服变成一个英俊的小伙子。[②]

土族取名《莫日特巴蛙》[③]，主要情节：老两口虔诚地去卓玛寺里煨桑，祈求卓玛菩萨赐儿女；去娘娘庙烧香，祈求神娘娘赐给他们儿女。十月怀胎生下来的不是婴儿，而是一只巴蛙。巴蛙认老妇为妈，并很快长大。帮老父耕田、放牛，帮老母往田间送饭，十分能干。巴蛙向官人三个女儿求婚，老阿妈担心人家把他当成妖怪，往头上撒灰。巴蛙求婚官人不答应，巴蛙大笑，狂风大作，山摇地动，官人答应把大女儿嫁给巴蛙。巴蛙带大女儿回家途中，大女儿用石磨盘压住巴蛙，巴蛙从石磨的圆孔里逃出来。巴蛙要求另选一个，官人不答应，巴蛙大哭，狂风暴雨，洪水大涨，官人把二女儿嫁给巴蛙。回家路上二女儿用手磨扇猛打巴蛙。巴蛙把二女儿送回来要求另选一位，官人不答应，巴蛙跳起来，霎时间地动山摇，天蹦地裂，官人把三女儿嫁给巴蛙。娶亲时官人又提出三个条件：两家之间的娶亲路要用四六红白毡铺满；路两旁要绿树成荫；树上要鸟语花香。巴蛙利用法术一一满足了官人的条件，终于把三姑娘娶到家里。婚后，巴蛙父母和巴

---

① 武文（主编）：《中国民间故事集成·甘肃卷》，第856—857页，中国ISBN中心2001年版。

② 郝苏民、马自祥：《东乡族民间故事集》，第48—53页，中国民间文艺出版社1981年版。

③ 土族语莫日特是骑马者，巴蛙是蛤蟆，意思是骑马的蛤蟆。

蛙媳妇去庙会观看赛马，巴蛙守家。每年赛马会途中出来一位高手夺走冠军，巴蛙媳妇产生怀疑，提前回家把巴蛙皮烧掉。巴蛙失去神奇力量。三姑娘翻山越岭寻银发仙母在天亮之前答应从此人间没有贫富差别，没有官人欺压百姓，三姑娘忙中出错，没能完成任务。巴蛙死去，三姑娘从此反复述说自己做了错事。[①]

撒拉族取名《青蛙儿子》，主要情节：前面与AT440A型故事情节相同。后用唱歌的方式向有钱人家俊姑娘求婚。俊姑娘也用歌声来表达爱心。但是，其他故事中的“青蛙多次用法术威胁富人父母，或变出大量财宝作为娶妻聘礼，终于取得娇妻。婚后，脱去青蛙皮，原来是一个英俊的小伙子”情节在撒拉族中没有。与此对应的是，青蛙跳进河里，找到很多青蛙伙伴，吸足河里的水洒在天上，下起大雨，浇透灌饱庄稼，青蛙和俊姑娘过起勤劳快活的生活。[②]

裕固族取名《盖赛尔的故事》，主要情节：一对夫妻多年没生子女，一天妻子腹中有人说话，两个孩子从女人的耳朵钻出来飞走，然后从下身掉下一只青蛙。青蛙张口说自己是你们生的儿子，要给父亲送饭去，到田埂边又帮父亲犁地，犁三天的地一天可以犁完。老夫妻非常高兴，给青蛙取名盖赛尔。晚上盖赛尔和父亲一起去偷富人家的布，到富人家门口父亲在外面等，盖赛尔进去偷，盖赛尔在富人家大声喊偷花布还是偷平布，盖赛尔父亲听到喊声撒腿往家跑，盖赛尔偷回来一大卷布。第二天通过同样的经历又偷来两匹骡马。第三天要娶媳妇。黑头人家的三个姑娘，大女儿和二女儿不答应，从盖赛尔身上跨过，三女儿答应，

① 朱刚、席元麟等：《土族撒拉族民间故事选》，第161—181页，上海文艺出版社1992年版。

② 朱刚、席元麟等：《土族撒拉族民间故事选》，第319—322页，上海文艺出版社1992年版。

但黑头人不答应。青蛙大哭下大雨，黑头人只好答应。但授意三姑娘路上用锤浆石砸死青蛙，青蛙从石眼跳出来，三姑娘只好跟着盖赛尔回家。寺院有集会，三姑娘去看集会，盖赛尔的两个哥哥穿黑衣骑黑马从天而降，盖赛尔脱去青蛙皮和哥哥一起去集会。等三姑娘回来前又变成青蛙待在家里。这样几次之后，一次三姑娘去看唱戏时，半路返回，看到家里只有青蛙皮，就将青蛙皮用火烧掉。青蛙回家说你见我太早，然后就和兄弟们骑马而去。三姑娘决定去寻找丈夫，三双鞋磨破丈夫没有找到。路上遇上一恶魔，恶魔霸占她并生一孩子。一天三姑娘得知寺院有三兄弟喝酒唱歌。三姑娘披一张灰母狗的皮偷偷去寺院抓住自己的丈夫。盖赛尔看见自己的妻子说“你还是见我见早了，黄老鼠剩下母子一对，今后土墙的根子不得安然；枣骝马剩下母子一对，今后天下战火不断；大灰狼剩下母子一对，各部落的牛羊不得安宁；不过你能帮助我除掉恶魔，我就跟你回家。”三姑娘答应盖赛尔并把他藏在一个山洞里。三姑娘在孩子的屁股上刺一针让孩子哭。恶魔问起孩子哭的原因，三姑娘说孩子想吃三年没产羔的白母羊。这样三姑娘偷偷让盖赛尔吃上白母羊、白马驹、花乳牛的肉，又扑灭长明灯，偷来宝剑，然后让盖赛尔和恶魔决斗。决斗中，三姑娘在盖赛尔的靴子底下铺上麦皮，给恶魔靴子底下铺上豌豆，最后盖赛尔杀死恶魔。在回家路上盖赛尔返回去又杀死三姑娘和恶魔生的孩子。最后盖赛尔和妻子生活在一起。①

二、树大石二马三哥

AT301 型。甘肃省常见故事类型，又称云中落绣鞋；或王恩和石义。主要流传在甘肃省白银市、通渭县、泾川县、静宁县、

---

① 田自成（主编）:《裕固族民间故事集》，第 1—7 页，天马图书有限公司 2002 年版。

临洮县、合水县、徽县、岷县、武山县、天水市秦城区、平凉地区、天水市北道区、张家川回族自治县、榆中县、兰州市红古区等地。

主要情节：马生马大，石头里蹦出石二，柳树生出柳三，三人结拜为兄弟，三人翻山越岭来到一个深山沟里打猎为生。一天，兄弟三人在山中打猎（或砍柴），忽然乌云密布、飞沙走石，马大向空中射出一箭（或投出斧头），掉下一只绣花鞋，原来是九头妖掳去了公主。三人顺着空中落下的血迹，找到一口枯井。马大自告奋勇下井，战胜九头妖，救出公主；石二、柳三却起坏心，持绣花鞋去邀功，谎称公主是自己救的。皇帝欲捉马大问罪，马大如实说明过程，得到公主证实，石二、柳三被惩处，马大被招为驸马。①

土族取名《黑马张三哥》，主要情节：石大哥，树二哥，黑马张三哥。兄弟三人在山中一边打猎，一边寻找九头妖怪。一天，兄弟三人打猎回来，看见桌子上放着一锅热气腾腾的饭。第二天开始轮流守家。石大、树二都没有守住，马三哥守家时装睡看见从天窗飞进三只鸽子变成三个姑娘做饭，马三哥留住了三个姑娘，成为他们的妻子。三兄弟上山打猎时，九头妖怪来到家里要吃她们，三姑娘用计策抵挡过去。三兄弟轮流守家，石大、树二都睡着了，九头妖怪吃了肉，背走了油。马三哥守家时砍下九头妖怪的一颗脑袋，九头妖怪逃走了。三人背着大刀去找九头妖怪。三人藏在羊群里混进九头妖怪的住处，趁放羊娃给她添伤口时，通力合作杀死九头妖怪。兄弟三人过上了安宁幸福的生

① 武文（主编）：《中国民间故事集成·甘肃卷》，第 859 页，中国 ISBN 中心 2001 年版。

活。[1]

裕固族取名《树大石二马三哥》，主要情节：马生肉球，用刀切开是一个男孩子。特别能干，但周围邻居家孩子欺负他是马生的。用石磨压住母亲的手才知道实情。出去闯天下结识树大哥和石二哥，三人打柴为生。一天中午回来锅台上有三碗饭，三兄弟轮流守家想看个究竟。第一天树大哥守家睡着没看见做饭的人；第二天石二哥守家又没有看见；第三天马三哥躲在门背后看见三只鸽子飞进屋脱去鸽皮变成三个姑娘。马三哥烧掉鸽皮，三个姑娘留下来和树大、石二、马三哥成亲。没几天三个媳妇一天比一天瘦，马三哥媳妇说出实情，自从鸽皮烧掉以后，每天来一个骑母狗的三头老妖怪，自己喝三个姑娘脖子上的血，让母狗喝脚后跟的血，不许告诉任何人。三人一起守家，商量好三头妖怪来时一齐射箭，树大、石二见到三头妖怪害怕没有射箭，马三哥只射下一颗头，妖怪抢走了三个姑娘。三兄弟沿着妖怪留下的青烟找到一个洞。树大、石二不敢下去，马三哥主动下去。遇到牧羊人，趁抓骚时挤烂红骚，穿上牧羊人的人皮进入三头妖怪家。在三个姑娘的帮助下，吃了大绵羊、大花公牛，抢起宝剑杀死三头妖怪，三头妖怪变成一堆灰，灰变成一群蚊子飞走了。把三个姑娘和牛羊用绳子吊到洞外，马三哥上到一半时树大、石二把绳子砍断，把马三哥留在洞里。一只大雁答应带他出去，但是要抓一百只鸟，每飞一百里喂一只鸟。途中马大哥自己偷吃一只鸟，离洞口一百里时没有鸟，马三哥从自己胳膊上揪下一块肉喂大雁才获救。出洞后大雁又把那块肉吐给马三哥。马三哥凭着吃大绵羊和花公牛肉的力气，打败树大、石二，和三个姑娘过上了美好

---

① 朱刚、席元麟：《土族撒拉族民间故事选》，第87—92页，上海文艺出版社1992年版。

的生活。①

撒拉族取名《阿腾其根麻斯睦》，主要情节：年轻猎手是一匹母马误吞了一片红破布后怀孕而生的，所以得名阿腾其根麻斯睦，撒拉语意思是马生的孩子。三兄弟没有排行。三兄弟动手做饭时，三只鸽子落在湖边变成三个少女，跳进湖里洗澡。三兄弟把少女们的衣服抢到手，便结为三对夫妻。后来马兄弟的妻子变得少言寡欲，愁眉苦脸。原来野猫扑灭了火苗，去借火种时遇到九头妖怪，全村人最熟悉的弓背阿奶是九头妖怪。九头妖怪偷偷在她衣兜里装进胡麻籽，又在下面戳了许多眼，撒了一路，九头妖怪跟踪而来，要给她梳妆打扮。三兄弟决心消灭九头妖怪。第一天，石兄弟变成马背垫，铺在房檐下，九头妖怪一进门，顺手拿过背垫垫在屁股底下让姑娘们给她梳头，石兄弟无法动弹。第二天，木头兄弟变成扫帚，躺在院子中间，九头妖怪一进门，顺手拿起扫帚扫了一阵院子，然后把扫帚垫在屁股底下让姑娘们给她梳头，木头兄弟无法动弹。第三天，马兄弟和九头妖怪大战一场，九头妖怪从水磨下面钻进了地下。马兄弟自告奋勇下去，石兄弟和木兄弟起坏心，故意松手把吊马兄弟的绳子扔进洞里。马兄弟一人历经艰险，终于找到九头妖怪，被自己射掉的八颗脑袋已经被牧人快添全了。马兄弟与九头妖怪展开生死搏斗，终于战胜九头怪兽并救出了一只小鹰。鹰妈妈答应帮他出去，但是每飞一圈要吃一只麻雀，飞一百圈才能出去。飞到最后一圈时没有麻雀了，马兄弟从自己小腿上割下一块肉塞进老鹰嘴里。来到人间，马兄弟惩处了石兄弟和木兄弟，和自己心爱的妻子过上了美好的生活。②

---

① 钟进文：《民间文学》，1988 年版第 2 期（总第 217 期），第 26—28 页。

② 朱刚、席元麟：《土族撒拉族民间故事选》，第 346—361 页，上海文艺出版社 1992 年版。

东乡族取名《砍柴人》，主要情节：砍柴为生的人，和隔壁老阿奶一起过日子。一天背柴回家，刮起旋风，砍柴人抡起斧子砍旋风，旋风里掉下来一只绣花鞋。张员外的姑娘被旋风卷走，谁找回来把姑娘嫁给谁。砍柴人约了一位朋友，沿着血迹找到一个洞口。砍柴人自告奋勇下到洞里。洞里住着七头妖怪，砍柴人在老奶奶的帮助下砍死了七头妖怪，救出了张员外的姑娘。砍柴人的朋友用绳子把姑娘吊出来以后，起了坏心，把砍柴人留在洞里。砍柴人的朋友带着姑娘去见张员外，得到许多钱并答应两天后办喜事。砍柴人在洞中从蛇嘴里救了一个小鹰，鹰妈妈让砍柴人抓一百只小鸟就送他出洞。砍柴人只抓到九十九只鸟，飞到洞口时，砍柴人把自己的膝盖割下来喂到鹰嘴里。出洞后鹰把膝盖又还给砍柴人。砍柴人如实说明原因，得到公主和老奶奶证实，砍柴人朋友被惩处，张员外的女儿嫁给了砍柴人，小两口过上了美好的生活。[①]

三、三姊妹与蛇郎哥

AT433D型。甘肃省常见故事类型，又称石郎官、十郎官、石榴光哥等，均为“蛇郎哥”的音变。主要流传在甘肃省白银市、通渭县、静宁县、合水县、岷县、武山县、天水市北道区、张家川回族自治县、榆中县、兰州市七里河区等地。

主要情节：三姊妹的老父去砍柴，斧头掉入山洞，蛇郎取出来了，条件是让老人把一个女儿给他当媳妇。最小的女儿嫁给了蛇郎，过上了好日子。大女儿不满，将小妹骗出来推入井（或河）中淹死，自己冒充小妹被蛇郎识破。死了的小妹变成鸟儿，往大姐头上拉屎，被大姐捉住烧死又变成竹子，被剁掉，最后又

---

① 武文（主编）：《中国民间故事集成·甘肃卷》，第421—424页，中国ISBN中心2001年版。

变成了小妹，与蛇郎团圆。大姐被撵走或烧死。[①]

土族取名《什兰哥》，主要情节：有一无亲无故的小伙子，人英俊老实，但太懒，人们叫他“什兰哥”。一老头上山摘花脚一滑，花掉到什兰哥身旁，什兰哥把花还给老头，条件是三个女儿中有一个给他当媳妇。大姐、二姐都不愿意，三女儿愿意。娶亲前空中飞来十几只蜜蜂吐下五颜六色的彩线，彩线变成漂亮的嫁妆，什兰哥和三姐成亲后过上了好日子。大姐嫉恨，把三妹骗出去洗衣服，照影子趁机推进河里。大姐冒充三妹，什兰哥有疑虑，但没有识破。什兰哥牵马去河边饮水，看见一只美丽的花雀一直跟着他并说起人话。什兰哥把花雀带回家。花雀往大姐身上拉屎，大姐掐死花雀，埋到大门背后，门后长出黑刺挂烂大姐的衣服。砍下黑刺烧掉，变成金线砣被来借火种的猪倌阿奶带走。金线砣变成一个美丽的姑娘和猪倌阿奶一起生活。姑娘让猪倌阿奶和什兰哥家认亲戚。大姐要求两家来往路上要铺红白毡子，路边有树，树上有鸟，猪倌阿奶在姑娘的帮助下一一做到，两家认为亲戚。什兰哥串亲戚时通过戒指和头发认出了三姐。什兰哥把大姐绑在高头大马上拖死，什兰哥与三姐，猪倌阿奶一起过上了好日子。[②]

东乡族取名《沙郎哥》，主要情节：穷老头带着斧子进山给五姊妹砍草摘花。沙郎哥在山里种草种地。老头斧头掉入崖下花丛里，沙郎取出来了，条件是让老人把一个女儿给他当媳妇。沙郎哥来相亲时，老头把最小的女儿藏在水缸底下，被沙郎哥发现，最小的女儿嫁给了沙郎，并过上了好日子。回娘家时，大姐

① 武文（主编）：《中国民间故事集成·甘肃卷》，第421—424页，中国ISBN中心2001年版。

② 朱刚、席元麟等：《土族撒拉族民间故事选》，第205—213页，上海文艺出版社1992年版。

嫉恨，把五妹骗出去洗澡推进河里。沙郎哥牵马去河边饮水，看见一只美丽的小鸟一直跟着他并说起人话。大姐冒充小妹被沙郎哥识破。沙郎哥把大姐推进河里，小鸟又变成了美丽的五妹，与沙郎哥过上了好日子。①

撒拉族取名《霞楞姑》，主要情节：富人赛力木有七个姑娘，各个是绣花高手，山上山下的花都绣过了。一天七姑娘要父亲偷砍一枝隔壁邻居寡妇霞楞姑院中的紫牡丹。赛力木刚砍一刀，银斧头就掉到霞楞姑的院子里。霞楞姑答应把银斧子还给赛力木，但是先拿一双绣花鞋去给七个姑娘试，谁穿着最合适谁就做她的儿媳妇。六个姑娘都不愿意嫁给寡妇的儿子。最小的女儿试穿正合适，就答应嫁给霞楞姑的儿子阿力。成亲后两人过上了好日子。大姐嫉恨，骗七妹去池塘背水，两人在水上漂梳子玩，七妹的银梳子落入水底下，大姐用绳子吊七妹下水捞梳子乘机推下水去。大姐穿上七妹的衣服背水回家，伊斯兰教婚礼小净时，大姐总出差错，阿力有疑虑，但没有识破。一天，阿力牵马到池塘边饮水，跳出一个红雀不让饮水。阿力把鸟带回家放进鸟笼，挂在屋檐下，鸟儿看见阿力滴一滴眼泪，看见大姐拉一摊屎。大姐把鸟笼摔到门背后，鸟断气死了。几天后鸟死的地方长出一根红刺，大姐每次进门裤子都要被刺挂破，大姐砍下红刺塞进锅灶，可刺只冒烟不起火苗，大姐用火棍一捅满灶的火星往大姐脸上蹦，大姐变成了丑脸婆，整天在家睡觉，不敢出门见人。一天阿力在灶灰里发现自己给七妹送的金戒指，晚上梦见金戒指说话，阿力把金戒指放入池塘里，阿力去饮马时，马跳进水里救出七妹，但是七妹紧闭双眼，喜鹊衔来灵芝草使七妹复活。两人过上

---

① 郝苏民、马自祥：《东乡族民间故事集》，第81—85页，中国民间文艺出版社1981年版。

好生活，大姐去了她应该去的地方。[①]

裕固族取名《三姑娘与白蛇王子》，主要情节：裕固族老猎人有三个姑娘，一天猎人没有打到猎物，上到一棵大树砍柴时，斧子掉下来被一条白蛇缠住，白蛇要娶猎人的一个女儿，猎人只好答应。大女儿、二女儿都不愿意做蛇的媳妇，唯有三女儿愿意。三女儿去蛇洞成亲时，在途中睡着得到白发老妇人的祝福和指点，在小蜜蜂的带领下，见到白蛇，白蛇现原形变成一个英俊的小伙子，两人过上美好生活。回娘家后第一次带大姐来蛇洞，被蛇吓跑。第二次带父亲和二姐来蛇洞，蛇变成英俊小伙子，二姐嫉恨，趁去河边洗漱时把三妹推进河里。二姐装扮成三妹，白蛇王子让二姐拉马去河边饮水，一只金雀鸟啄马鼻子和耳朵，不让马喝水。白蛇王子亲自去饮马，把金雀鸟带回家，二姑娘一出门，金雀鸟就往她头上拉屎，二姑娘把金雀鸟捏死埋在门口。不久门口长出一丛又尖又硬的白刺，总挂二姑娘的衣服。二姑娘把白刺连根挖出来烧掉。刺灰凝成一个捻线的线砣，滚出蛇洞，滚到草原上，被一个放羊的老奶奶捡到，老奶奶拿回家后，经常在锅台上出现做好的饭菜，后来线砣变成一个美丽的姑娘和老奶奶一起生活。一天三妹让老奶奶请白蛇王子来家做客。二姐要求两家之间的路上要有锅口粗的松树，树上有喜鹊，老奶奶在姑娘的帮助下一一做到，又要求路上铺上红白毛毡，三妹又做到。二姐只好跟着白蛇王子来到老奶奶家。三妹在白蛇王子的奶茶碗里放上他送给她的金戒指，在二姐的碗里放上狗屎。白蛇王子通过金戒指认出了三妹。白蛇王子取来了一张蛇皮，扔在二姐身上，二姐变成一条

① 朱刚、席元麟等：《土族撒拉族民间故事选》，第 331—338 页，上海文艺出版社 1992 年版。

花蛇钻进地洞。从此白蛇王子和三妹过上了好日子。①

四、两兄弟

AT613A 型。甘肃省常见故事类型，主要流传在甘肃省山丹县、临洮县、岷县、武山县、天水市秦城区、天水市北道区、榆中县、张掖市、灵台县等地。

主要情节：奸诈狠心的兄嫂（或后娘）将忠厚勤劳的弟弟（或非亲生子）赶出家门，只给了他一小袋炒熟的种子。他下种后唯一混入的一粒生谷子发了芽，长成一株大穗。正要收割时被老鹰叼去，他穷追不舍，又饿又累，在山中一破庙里（或大树上）睡着了。半夜醒来，听到众神仙（或众兽）在说话，并取出一个宝物得了丰富的食物。天亮，众神（或众兽）离去，他向宝物要了谷穗和少量金银，将其放回原处，回家后添置了农具牲畜，修房娶妻，日子一天天兴旺起来。兄嫂（或后娘）从他口中得知发家原因后，哥哥（或后娘的儿子）照着去做，由于太贪心，想将宝贝背回家而被众神（或众兽）发觉，将他鼻子拉长，或被众兽吞噬。②

土族取名《赛孔和莫孔》，赛孔土族语善良人的意思，莫孔土族语邪恶人的意思。主要情节：有两人一人行善，一人行恶，两人相争，让迎面来的人评理，如果主张行善就挖掉莫孔的眼睛，如果主张行恶就挖掉赛孔的眼睛。迎面来人是个坏人，主张行恶，就挖掉赛孔眼睛。一穷苦人把赛孔带到一破庙里，晚上狼、狐狸和兔子来到破庙里聊天。狼说下庄人缺水，每天到池塘

① 武文（主编）:《中国民间故事集成·甘肃卷》，第 441—441 页，中国 ISBN 中心 2001 年版。

② 武文（主编）:《中国民间故事集成·甘肃卷》，第 857 页，中国 ISBN 中心 2001 年版。

背水时，它可以吃一个人，其实庄子里的老杨树下就有泉，搬掉大石板，泉水就可以流出来，而且这泉水可以治百病；狐狸说下庄富人家的姑娘生病后请喇嘛念经，请郎中看病不断往外面扔多尔玛（藏语借词，用酥油做的施食），我吃一年也吃不完。其实是我怪叫导致的病，如果富人把门前的九垛柴垛烧掉，我就没有藏身之地了；兔子说我每天吃下庄富人家的白菜，其实菜园里埋着九坛银子，如果谁挖出来就发财了。赛孔把野兽的话都一一记住，第二天就按照野兽所说的一一去做，果然柴垛烧掉，姑娘的病好了，搬掉大石板有了泉水，而且也治好了自己的眼睛，和富人家的姑娘结婚后，从菜园里挖出九坛银子，从此过上富裕生活。有天赛孔把自己的事情告诉了莫孔，莫孔也跑到庙里去偷听，却被众野兽发现后活活吃掉。①

撒拉族取名《两兄弟》，主要情节：大奶奶和二奶奶各有一个儿子，各说各的儿子有本事，谁也不服谁。一位老大爷出主意，让兄弟俩出门做一趟买卖，就知道谁有本事。一个月后哥哥赚了一大笔钱在回家的路上碰到穷困潦倒的弟弟，给弟弟分一半，拉弟弟一起回家。弟弟嫉恨哥哥，途中把哥哥推到水井里面，一人回家。哥哥被生意人救活，晚上到一座古庙里过夜。半夜进来十几条狼互相聊天：一条狼说南村富人家的姑娘得了重病，过几天我们就去挖墓。另一条狼说治好她的病也不难，把她家门前的大树砍掉，深挖三尺挖出一盆黄金，把黄金取出来，姑娘的病就好了。哥哥记住狼的话，赶到南村砍掉大树挖出黄金，姑娘的病治好了，而且富人答应把姑娘嫁给哥哥。②

---

① 朱刚、席元麟等：《土族撒拉族民间故事选》，第115—121页，上海文艺出版社1992年版。

② 朱刚、席元麟等：《土族撒拉族民间故事选》，第301—303页，上海文艺出版社1992年版。

东乡族取名《刮金板》，流传在积石山保安族东乡族撒拉族自治县。主要情节：兄弟两人，哥哥叫罕他布，好吃懒做，弟弟叫尤素夫，憨厚老实。哥哥娶了媳妇后，和弟弟分家，只给弟弟一把镢头和一把铁锨。弟弟开荒种地，到哥哥家借种子，嫂子给了一袋炒熟的谷子，其中只有一颗生谷籽，长出了芽，尤素夫每天浇水施肥，谷子长得像一棵小松树。一天谷穗被老鹰叼走，尤素夫拼命追赶，追到一破庙前时，天黑了，老鹰也不见了，尤素夫只好进庙里过夜。半夜听见野兽在说话，原来是虎精、狼精、老鹰精和蛇精在聚会。老鹰精从房梁上取下刮金板交给虎精，虎精口中念道：刮金板刮一刮，酒肉饭菜都出来。然后众野兽饱餐一顿。第二天，众野兽离开后，尤素夫取下刮金板学着一念，果然饭菜全齐备。尤素夫把刮金板拿回自己的窝棚里要了三间房子，一头牛，娶了媳妇，每逢开斋节都把穷朋友叫到自己家里，用刮金板刮出丰盛的饭菜招待。哥哥罕他布知道了刮金板的来历后，也想去那座庙里得一个，夫妻两人一起藏到房梁上，晚上众野兽空着肚子回到庙里刚准备睡觉时闻到梁上有人肉味，瞬间就把两人吃得干干净净。[1]

裕固族地方原明花区和大河区都流传此故事，明花区采录的故事取名《哥哥和弟弟》，主要情节：一老妈妈有两个儿子，母亲去世时弟弟哭瞎了眼睛，哥哥觉得弟弟是累赘。一天哥哥用驴驮着弟弟去很远的荒滩割草，到了割草的地方，哥哥让弟弟抓着驴缰绳让驴吃草，自己割草。其实他把缰绳的另一头绑在草秆上，自己骑着驴回家了。弟弟等了一天后才知道上了哥哥的当，弟弟连摸带爬找到了一座寺庙，又饿又累在一座神像背后睡着了。半夜听见老虎、豹子和天鹅在

① 武文（主编）：《中国民间故事集成·甘肃卷》，第493—496页，中国ISBN中心2001年版。

说话：天鹅说瞎子要是碰上寺院后面的那些灵芝草，只要摸一下眼睛就会变好，有钱人家的姑娘是中了黑蜘蛛的邪才得的病，只要把她家后面的大草垛点着烧死黑蜘蛛，姑娘的病就会好。弟弟牢牢记住这些话，等天亮三个野兽都走了，他去摸寺院后面的灵芝草，果然眼睛变好了，又去有钱人家烧掉大草垛，姑娘的病好了，并和他结为夫妻。后来弟弟去看哥哥，哥哥得知弟弟的情况后，一狠心自己把自己的眼睛抠瞎也去寺庙里等待“好运”。半夜三个野兽回来闻到寺庙里有人味，从神像后面拉出哥哥，结束了他可恶的生命。[①]大河区采录的故事取名《兽心兽食》。[②]

五、感恩的动物

AT554型和554D型。甘肃省常见故事类型，又称《学生和癞蛤蟆》、《救生珠》、《将恩不报反为仇》、《狼心狗肺》、《无心无义》等。主要流传在甘肃省山丹县、通渭县、酒泉市、静宁县等地。

主要情节：一读书人偷偷养了一只癞蛤蟆，癞蛤蟆长大后，村里人要消灭它，癞蛤蟆求救，要书生割破它的舌头，从舌头里出来一颗黄珠子，这颗黄珠子能救万物生命，但只可以救虫子，不可以救人。读书人把癞蛤蟆送到很远的地方，自己带着宝珠赴京赶考。路上看到一只死蜜蜂，他用宝珠救活，看见一条死蛇（或蚂蚁），他用宝珠救活，（有的还救活一只乌鸦，或者一条小花狗），蛇和蜜蜂等都感谢救命之恩。后又看见一个死人，心发

① 郝苏民：《东乡族保安族裕固族民间故事选》，384—387页，上海文艺出版社1987年版。

② 田自成（主编）：《裕固族民间故事集》，第59—65页，天马图书有限公司2002年版。

慈悲救活了他，这人得知读书人有宝珠，一心想得到它。读书人又救活一个死人，三人过河时，救活的两个人合伙抢走了宝珠并把读书人推到河里。得到宝珠的两个人连夜进京把宝珠献给皇帝，皇帝封两人为进宝状元。读书人掉进河里后碰到蛇，蛇叫来蜜蜂，蜜蜂叫来癞蛤蟆，三个动物合伙把读书人救出来，并送一颗治百病的蛇胆。皇帝的三个女儿得怪病，贴出榜文，谁能治好皇姑的病，就招谁为驸马。读书人用蛇胆治好了皇姑的病，两个献宝人得知后害怕丑事败露，给皇上出主意：准备七十二顶轿子，皇姑坐一顶，其余坐宫女，读书人若认出皇姑就招为驸马，若认不出来就把他杀了。读书人犯难的时候，蜜蜂帮忙认出了皇姑，读书人成为驸马，皇上杀死了两个害人的贼。①

东乡族取名《蛤蟆灵丹》，主要情节：孤儿尤素夫放羊时看见一只蛤蟆肚皮开裂，就用针线缝好精心养护。一天尤素夫的羊被人偷走，尤素夫准备回家挨牧主皮鞭时，蛤蟆从嘴里吐出一个宝物给尤素夫说，这是蛤蟆灵丹，能起死回生，但不要轻易用它，你拿着它离开牧主。尤素夫磨破鞋底走到一个山坡上，看见一匹死去的大红马，用蛤蟆灵丹一擦，马复活。尤素夫骑着马继续向前走，又救活一条蛇和一个人。被救活的人得知尤素夫有蛤蟆灵丹，想得到它，他把尤素夫从山顶推到河里。蛤蟆从水里救出了尤素夫，并告诉他康通国王招驸马。蛇为了让尤素夫成为驸马，故意咬伤国王的爱女，让尤素夫去治病。蛇从自己嘴里取出一种除毒药交给尤素夫让他去救公主。尤素夫治好了公主的病，但国王提出三个难题：一、把合在一起的三石三斗米谷分开；二、教场射箭，百步箭靶，三发三中；三、辨认彩罗轿。经公主暗中相助三个难题全部解决，尤素夫和公主结为夫妻。害死尤素

① 武文（主编）：《中国民间故事集成·甘肃卷》，第404—415页，中国ISBN中心2001年版。

夫的人来给国王献宝，尤素夫当面揭穿，被国王处死。①

撒拉族取名《一块玉石》，主要情节：砍柴人捡到一块玉石，有人让他献给皇帝，他去献玉。途中一老鼠在洪水中求救，砍柴人心地善良，救起了老鼠，老鼠非常感激，并说洪水中还有一条蛇、一只蜜蜂和一个人，你要救蛇和蜜蜂，不要救人，那人会伤害你。砍柴人把动物和人都救上来了，蛇和蜜蜂非常感激，今后有求定去帮助。救出的人和砍柴人结伴而行，救出的人得知砍柴人去献宝，把砍柴人推到井里，自己去献宝。砍柴人被生意人救起，但被给皇上献宝后封了大官的人抓进监狱。三个动物得知砍柴人遭难，一起来想办法救助。蛇咬皇上女儿的手，皇上到处求郎中，只要治好女儿的病，就招为驸马。砍柴人治好皇上女儿的病，但皇上反悔，要砍柴人从十八顶轿子中辨认出自己的女儿。在蜜蜂的帮助下认出皇上的女儿，并结为夫妻。做驸马后把玉石被骗的事告诉皇上，皇上不信，要他从十八块玉石中辨认出那块玉石，在老鼠的帮助下认出自己的玉石。最后骗子落下砍头的下场。②

土族取名《宝珠》，主要情节：老两口有一独生子叫旦尖斯让，上学回家路上救起一只受伤的蛤蟆带回家喂养，蛤蟆送给旦尖斯让一颗能起死回生、解答疑难的宝珠。后旦尖斯让进京赶考，途中用宝珠救活一死人，死人醒来后得知旦尖斯让有宝珠，起歹心，假装结伴而行，过河时把救命恩人推进河里，自己靠宝珠考中状元，皇帝封大官。掉进河里的旦尖斯让被自己养大的蛤蟆救起，蛤蟆从嘴里吐出一粒药交给旦尖斯让，并

① 郝苏民、马自祥：《东乡族民间故事集》，第54—61页，中国民间文艺出版社1981年版。

② 朱刚、席元麟等：《土族撒拉族民间故事选》，第410—413页，上海文艺出版社1992年版。

说皇帝三公主被毒蜂蜇伤，现广招郎中，谁治好病，招谁为驸马。蛤蟆让旦尖斯让用这粒药去给三公主治病，但要求太阳出山以前，用百花露水化开药丸，一半灌入公主口中，一半掺在纯净的小黄米汤中擦伤口。抢走宝珠的人得知旦尖斯让没有死而且要给公主看病，又使坏心，在小黄米里掺一半白米来耽误时间。眼看天亮时，蚂蚁排成两行将黄米和白米分开；蜜蜂采来百花露水。旦尖斯让治好三公主的病并结为夫妻，抢走宝珠欺骗皇帝的人被斩首。①

裕固族取名《扎西仁钦的故事》或《仁钦扎西的故事》，主要情节：扎西仁钦的媳妇去放羊，一青蛙把河水弄脏不让羊喝水，仁钦扎西说羊渴了就会去喝，没关系；一天狼进羊群吃羊，仁钦扎西说狼吃一个羊就会走，没关系；后来老鼠又来咬粮食口袋，仁钦扎西说老鼠吃不了太多，没关系。有天媳妇说今天来两链拉骆驼的人（又说四十个穿黑衣骑黑马的人），要借（买）我们家的孔雀石（黄羊）角，你不要借给他们，仁钦扎西答应。但拉骆驼人来后他还是借给他们了。孔雀石角借走后，家变贫穷，仁钦扎西也死了。这时狼、老鼠和青蛙说仁钦扎西是个好人，我们帮助他把孔雀石角要回来。狼骑在青蛙身上，老鼠坐在狼耳朵里过河，然后老鼠打洞进入放孔雀石角的房间，孔雀石角由猫看护，老鼠用计策把孔雀石角从房间挪到院子里，狼衔到河边，三个一起过河，孔雀石角又掉入河里，青蛙又从河底下的人手里经过多次较量夺回孔雀石。狼、老鼠和青蛙齐声喊仁钦扎西的名字，仁钦扎西又复活，恢复了原来的生活。②

---

① 朱刚、席元麟等：《土族撒拉族民间故事选》，第 108—114 页，上海文艺出版社 1992 年版。

② 钟进文：《西部裕固语研究》，第 137—140 页，中央民族大学博士学位论文 1999年。陈宗振：《西部裕固语研究》，第 342—344 页，中国民族摄影艺术出版社 2004 年版。

六、农妇和虎比跳河

AT210型。甘肃省常见故事类型，又称《剪刀哥哥》、《老妇和母牛》等。主要流传在甘肃省兰州市、平凉地区、临夏回族自治州、张家川回族自治县、武山县、甘南藏族自治州迭部县、徽县、岷县、临洮县、通渭县、白银市等地。

主要情节：一农妇在河边遇见老虎，虎要与她比跳河，并规定跳过河的吃掉跳不过河的。农妇未跳过，虎要吃她，农妇说先回家安顿一下，请虎晚上到家来吃。她一路哭着回家，路上得到鸡蛋（爆竹）、蛇（青蛙）、锥子（剪刀）、牛粪和碌碡（石头）的同情，答应晚上一起来对付老虎。晚上老虎来时，锥子扎腿，鸡蛋崩瞎了眼睛，蛇咬破了脸。老虎想逃走，又被牛粪滑倒，最后被藏在门顶的碌碡砸死。①

土族取名《老阿奶与蟒古斯》、《花牛犊》、《妖魔蟒古斯》、《剪刀哥哥》等。主要情节：老阿奶丈夫和三个女儿都被蟒古斯吃掉，老阿奶出去找自己的小女儿，差点被蟒古斯吃掉。老阿奶哭着回家，路上遇到喜鹊、青蛙、碌碡，它们都表示要帮助老阿奶除掉蟒古斯；回到家剪刀、锥子和鸡蛋来安慰老阿奶，并答应帮忙；过一会儿湿牛粪进屋来安慰。有天晚上蟒古斯来吃老阿奶，它摸黑一咬老阿奶的头被剪刀剪破嘴唇，一咬腿被锥子刺破舌头。去灶台点灯被烤熟的鸡蛋炸瞎双眼，头扎进水缸被青蛙咬掉鼻子，转身想逃，被湿牛粪滑倒，碌碡从门顶掉下来砸死了蟒古斯。喜鹊、青蛙、碌碡、湿牛粪都出来唱歌并成为老阿奶的孩子。②

---

① 武文（主编）：《中国民间故事集成·甘肃卷》，第376—377页，中国ISBN中心2001年版。

② 朱刚、席元麟等：《土族撒拉族民间故事选》，第93—99页，上海文艺出版社1992年版。

撒拉族取名《货郎哥的故事》，主要情节：一货郎来到庄子里，全庄只有一对老夫妻，其他人全被吃人婆吃掉。有天吃人婆来吃老两口，老两口把吃人婆放大锅里烧死，烧死的吃人婆变成一串玛瑙。货郎买下了这串玛瑙，路上货郎箱里的玛瑙又变成了吃人婆，货郎扔下箱子往家跑，路上遇到青蛙、剪刀、鸡蛋、牛粪和碌碡，它们都说“打搅团，油泼蒜，今天晚上我救你。”晚上吃人婆摸黑上炕来吃货郎哥，被藏在炕上的剪刀剪掉一个指头，去找火，被灶火洞口的鸡蛋炸瞎双眼，找水缸洗眼睛，被青蛙咬一口，拔腿想跑被牛粪滑到，门顶的碌碡滚下来砸死了吃人婆。[①]

裕固族取名《一头乳牛的故事》、《老妇和母牛》等，主要情节：一老妇养一头母牛，早晨牛出去吃草，晚上可挤一盆奶。有天牛出去吃草没有回来，老妇去找牛遇到狼，狼说牛被它吃掉，晚上还要来吃她，老妇哭着回家。路上遇到一白发老头，老头让老妇晚上不要关门，灶台里埋上鸡蛋，灶门口插上锥子，炕头放上榔头。老妇一一照办，晚上狼进屋想点火，到灶台前鸡蛋炸瞎了眼睛，向后一靠，锥子扎破屁股，上炕去吃老妇，被老妇用榔头砸死。[②]

据土族学者李克郁介绍东乡族中也流传有类似的故事。[③]

七、打野狐精

AT333C 型。甘肃省常见故事类型，又称《转娘家》等。主

---

① 朱刚、席元麟等：《土族撒拉族民间故事选》，第 375—377 页，上海文艺出版社 1992 年版。

② 陈宗振：《西部裕固语研究》，第 336—338 页，中国民族摄影艺术出版社 2004 年版。Mart Roos：Recent develo pments in Western Yugur. Historical and liguistic inter-action between Inner—Asiaand Europe. 1996，pp. 255—267. Szeged.

③ 李克郁：《土族〈蒙古尔〉源流考》，第 148—150 页，青海人民出版社 1993 年版。

要流传在甘肃省兰州市红古区、平凉地区、张家川回族自治县、陇西县、天水市北道区、甘南藏族自治州迭部县、徽县、岷县、临洮县、通渭县、白银市、静宁县、榆中县等地。

主要情节：一妇女回娘家，路遇野狐精（或老虎精、狼外婆、老妖婆）。野狐精问清她家住处和三个女儿的名字，把妇女吃掉后去敲她家的门，称自己是孩子们的外婆（或母亲）。受骗的孩子开了门。晚上野狐精吃掉三姐妹中最小的，另外两个以出去方便为借口，跑出屋子上了树。野狐精也要上树，两姐妹用绳子将它吊起来，猛然松手将其摔死。①

土族取名《智除蟒古斯》，主要情节：一老奶奶有四个女儿，取名塔瑛索、吉然索、达兰索和娜瑛索（土族语五十、六十、七十、八十的意思，女性名字后面加“索”）。一天老奶奶出门去大女儿家看外孙子，交代几个女儿，任何人来叫门都不要开门。老奶奶途中遇到蟒古斯变成的白发老太婆，两人用歌声来对话。蟒古斯露出真相吃掉老奶奶并装扮成老奶奶去叫门。二姐和三姐没有开门，小妹不懂事伸出手，手指头被蟒古斯抓住，门打开了。晚上一起睡觉，半夜老太婆吃掉了小妹。两个姐姐假装去撒尿，把蟒古斯拴在手上的绳子悄悄拴到公鸡腿上，逃到一座山里。一棵大树变成小树，两姐妹上树后，树又变成大树。蟒古斯老太婆追到树下上不去，树上抛下一根绳子，蟒古斯把自己绑在绳子上让两个姑娘拉，两姑娘拉到半截一松手把蟒古斯摔死。年轻小伙子把蟒古斯剁成肉泥埋入深坑，为民除掉一大害。②

东乡族取名《三姐妹》，主要情节：一寡妇有三个女儿，一

---

① 武文（主编）：《中国民间故事集成·甘肃卷》，第 856 页，中国 ISBN 中心 2001 年版。

② 朱刚、席元麟等：《土族撒拉族民间故事选》，第 72—86 页，上海文艺出版社 1992 年版。

天回娘家。途中遇到装扮成农妇的蟒古斯，与她聊天得知家中有三个姑娘。蟒古斯吃掉寡妇，装扮成寡妇来敲门。大姐、二姐没开门，三妹不懂事伸出手指头被蟒古斯抓住把门打开。晚上一起睡觉，三姐妹假装去给蟒古斯取油香、羊肉和鲜奶，把拴在胳膊上的绳子悄悄拴到三只母鸡腿上逃走。三人爬到一棵白杨树上，蟒古斯追来拔树，眼看树被拔倒，一年轻大力士赶来把树扶正，并说寡妇的女儿有狐臭，自己家有三个年轻漂亮的童子。蟒古斯跟着大力士来到一窑洞，大力士和三个姑娘把蟒古斯骗进洞里用火烧死，从此东乡族地区再没有吃人的蟒古斯。[①]

裕固族取名《自食其果的妖魔》，主要情节：一老奶奶抚养三个姑娘。一天老奶奶去很远地方拾柴，路上遇到三头妖魔。妖魔从老奶奶口中得知家有三个姑娘，妖魔吃掉老奶奶，装扮成老奶奶来到家里，让三个姑娘开门，三个姑娘嫌妖魔嗓音太粗没有开门，妖魔又把嗓音变细，三个姑娘打开了门。晚上妖魔抱着小姑娘睡觉，半夜听到“咔嚓、咔嚓”吃东西的声音，两个姑娘一问，妖魔递过来两样东西，一看是小妹妹的两个小指头。两个姑娘假装去撒尿，妖魔让她们尿到院子里，尿到羊圈里，姑娘都没答应，最后到大门前的榆树底下去尿。两姑娘趁机爬到大树顶上。妖魔开始啃树根，啃到一半时过来一只狼帮忙。狼趁妖魔睡觉之际在树上拉屎撒尿涂了厚厚一层溜走。妖魔醒来又气又恼。一会儿又来一只狐狸帮忙，狐狸趁机又在树上涂了一层屎尿。最后妖魔快要啃断树根时，两个姑娘向老天爷求救，天上放下一个金梯把两个姑娘接走了。妖魔也学着姑娘样子求救，放下一个铁梯套在妖魔脖子上，上到半空，雷电击碎铁链，妖魔从半空摔

① 郝苏民、马自祥：《东乡族民间故事集》，第33—41页，中国民间文艺出版社1981年版。

下，脑袋开花。①

撒拉族取名《吃人婆》，主要情节：能掐会算的吃人婆得知一尕媳妇带三个孩子去探望有病的母亲，便装扮成老奶奶在半路上等。看见尕媳妇说，你母亲病重，把三个孩子放在我家赶快去见母亲一面。吃人婆先吃掉尕媳妇，回来再吃三个孩子。三个孩子不开门，说我妈穿的是红上衣，你不是我妈。吃人婆在红土堆里一滚衣服变成了红的，三个孩子又说我妈穿的是绿裤子，吃人婆又在草地里一滚，裤子变绿了，三个孩子又说我妈戴的是金戒指，你没有。这下吃人婆没法变，就爬到门口说我戴的是金戒指，不信你们伸出个手指头，我给你戴上。大女儿半信半疑伸出二拇指，被吃人婆一口咬住，只好把门打开。晚上吃人婆端来一碗麻麦一碗冰水放在炕沿上，吃人婆先掐死抱在怀里的老三"咔嚓、咔嚓"吃起来，老大和老二假装去撒尿，吃人婆让她们尿到炕上，尿到地下，尿到锅里，姑娘都没答应。吃人婆只好用绳子绑住两个姑娘的脚腕从窗户放出去撒尿。两个姑娘把绳子拴在一个老母鸡和一个汤瓶身上。吃人婆追到院子里，两个姑娘爬到门前白杨树上。姑娘扔下一根绳子，把吃人婆拉到半截，猛一松手，把吃人婆从半空中摔下来。吃人婆又去啃树根，飞来乌鸦在树根上拉了一泡屎。吃人婆赶走乌鸦继续啃树根，来一喜鹊趁吃人婆不注意又拉一泡屎飞走了。吃人婆快把树根啃断时，天上下来两个戴铃铛的老虎，先吃掉吃人婆，然后各驮了一个姑娘上天去了②。撒拉族地区流传另一变体，取名《朵得日姬阿娜》，故事情节大同小异，只是三个姑娘变成一个姑娘和一只猫。②

---

① 田自成（主编）：《裕固族民间故事集》，第75—78页，天马图书有限公司2002年版。

② 《撒拉族民间故事》（第一辑），第110—113页、第146—148页，循化撒拉族自治县文化馆1988年编。

八、猫狗结仇

AT200A型。甘肃省常见故事类型，主要流传在甘肃省兰州市、平凉地区、天水市北道区、泾川县、临洮县、武山县、白银市、静宁县、榆中县、皋兰县、安西县等地。

主要情节：主人得到一个宝物，被人偷去，他所养的狗和猫知道了，商量要为主人偷回来。猫在狗的大力协助下偷回宝物，却向主人邀功说是自己独自干的。主人表扬了猫，允许猫在炕上睡觉并吃好的，同时斥责狗无能，只给它残汤剩饭并被赶到外面，从此猫与狗结下了仇。[①]

东乡族取名《小伙子、金戒指、狗和猫的古经》，主要情节：一小伙子放羊时看见白蛇和黑蛇打架，将其分开。途中遇见白胡子老人，老人告诉小伙子黑蛇是妖怪变的，白蛇是龙王的太子变的，以后遇到穿黑衣的人请你不要去，穿白衣的人请你一定去。小伙子照所说去做。龙王爷送一金戒指，金戒指中可以变出各种财宝，小伙子靠金戒指娶媳妇、置办家园。一天老妖婆变的仆人从小伙子媳妇口中得知金戒指的秘密，从中使坏把小伙子的媳妇和房子全部送到海里，小伙子又变成了放羊娃。小伙子家养一只狗和一只猫，猫狗商量把主人的宝物找回来。猫骑在狗身上过大海，到妖怪家，狗在门外放哨，猫进屋抓住一老鼠让它找戒指，找到戒指就不吃它，老鼠找到了戒指可猫还是把它吃掉了。猫又骑在狗身上过大海，过海后狗让猫照看戒指，自己去找点吃的。狗一走，猫独自衔起戒指去找主人，戒指一到主人手中，媳妇和房子全又回来了。等狗回来时，小伙子认为猫办成了大事，嫌狗到处跑对主人不忠，把狗赶到门外。从此猫睡热炕，狗连屋子也

① 武文（主编）:《中国民间故事集成·甘肃卷》，第286—288页，中国ISBN中心2001年版。

进不了，猫狗由此结仇。[①]

土族取名《放羊娃的奇遇》，主要情节：放羊娃放羊时看见白蛇和黑蛇打架，将其分开。途中遇见白胡子老人，老人告诉小伙子黑蛇是妖怪变的，白蛇是龙王的太子变的，以后穿黑衣的人请你不要去，穿白衣的人请你一定去。小伙子照所说去做，龙王爷送一金戒指。放羊娃返回人间后，戒指变成姑娘和放羊娃结为夫妻，当需要什么东西时，戒指中会出来四个少年，他们会给所需要的东西。一天一老太婆来问小伙子是怎样富起来的，小伙子不知道老太婆是妖怪变来的，把戒指的来历告诉了老太婆。老太婆一见戒指说是她的，从放羊娃手中抢走了戒指，瞬间老太婆、戒指姑娘和房子全不见了，只剩下放羊娃一个人。小伙子家养一只狗和一只猫，猫狗商量把主人的戒指找回来。猫骑在狗身上过大河，到妖怪家，狗在门外放哨，猫进屋抓住一老鼠让它找戒指，老鼠把戒指交给了猫。猫和狗带着戒指往回走，走着走着猫和狗都饿了，狗让猫照看戒指，自己去找点吃的。狗一走，猫独自衔起戒指去找主人，主人看到戒指非常高兴，问：狗呢？猫说没有看见。等狗回来时，小伙子用一条铁链把它拴在门外。从此猫睡热炕，狗连屋子也进不了，猫狗由此结仇。[②]

撒拉族取名《宝戒指》，主要情节：一对夫妻老年得子。一天母亲给他一块钱去街上买点面。尕娃在街上看见一肉店掌柜打一只猫，就用一块钱把猫买下来带回家；第二天又让他去买面，他看见肉店掌柜又打一条狗，他又把这条狗买下来。母亲又气又恼就让尕娃带着猫和狗离开家。尕娃带着猫和狗来到一山沟，看

① 郝苏民、马自祥：《东乡族民间故事集》，第 62—67 页，中国民间文艺出版社 1981 年版。

② 朱刚、席元麟等：《土族撒拉族民间故事选》，第 156—160 页，上海文艺出版社 1992 年版。

见森林着火，从火中救出一个姑娘，姑娘带着尕娃去见自己的父亲，姑娘父亲送尕娃一戒指。戒指里要啥有啥。一天皇上的姑娘要嫁人，条件是谁娶皇上的姑娘就要给皇上家每人送一金戒指，并要在娶亲路上铺白毡，路两旁栽金花银叶的铁树。尕娃让庄子里的人去提亲，并说出了戒指的秘密。一天尕娃出门忘记戴戒指，回来时媳妇没有了，戒指没有了，尕娃也被皇上抓去关在牢里。猫和狗得知尕娃的遭遇，为他偷来一年的食物，并四处打听媳妇的下落。猫和狗打听到山沟里有一非常好看的房子，猫抓住一老鼠让它带路找到那座房子，并设法从皇上姑娘嘴里偷回金戒指。猫和狗谢过老鼠，高高兴兴地来到皇上家，把金戒指交给尕娃。尕娃和猫、狗离开皇上家，回到母亲身边。①

此类故事不见于现已整理出版的裕固族民间文学作品中，2006 年 8 月，作者赴裕固族地区进行调查语言之际，顺便调查了此类故事的流传情况。作者走访的几位裕固族中老年人大多数听说过这类故事，但是能讲出具体故事情节的不多。明花乡小海子村安玉花（50 岁）讲述的故事情节大致如下：皇上派猫和狗去种地，猫睡觉，狗去种地。狗种好地以后，猫在种好的地里来回走留下自己的梅花脚印，然后回去给皇上汇报说，地是自己种的，狗在田埂上睡觉，如果不信可以去地里看。皇上派人去查看果然地里只有猫的脚印，没有狗的脚印。从此皇上决定让猫和人住在屋里，一起吃饭，把狗留在外面，只能吃人剩下的东西。另外，明花乡前滩一带流传另一种“猫狗结仇”故事。说猫和狗最初是一对好朋友。有一天，狗让猫闭上眼睛，趴在自己脊背上过河。狗会凫水，凫到河中间时，猫偷偷一睁眼睛，看见河水一紧张紧紧抓住狗的脊背。猫指甲全部插进狗脊背，让狗疼痛难忍。

---

① 《撒拉族民间故事》（第一辑），第 135—139 页，循化撒拉族自治县民间文学三套集成办公室 1989 年编。青新出（91）准字第 22 号。

到河边狗把猫按住厮打一通。从此猫和狗结下仇恨。[①]

九、人为财死

AT555A型，主要流传第三部分，即不知足者受到惩罚。甘肃省常见故事类型，取名《百合姑娘》、《金银数》等。主要流传在甘肃省兰州市城关区、平凉地区、天水市北道区、徽县、通渭县、张家川回族自治县、岷县、临夏市、庆阳县、皋兰县等地。

主要情节：一打柴小伙子从山上摘下一朵百合花在家精心栽培，一天睡醒看见桌子上摆满了香喷喷的饭菜，原来是百合花变成一个姑娘给他做的饭。从此小伙子和百合花结为夫妻一起生活。小伙子有了漂亮媳妇，气坏了财主金万两。他想了一个坏主意，让小伙子偿还他爷爷和父亲欠下的债务，以此达到抢夺媳妇的目的。小伙子无力还账，财主就让他一天挖出一个百亩大的池子，挖出的土堆成一座小山。小伙子在媳妇指点下完成了任务。财主又让他一天之内担水装满池子，小伙子在媳妇指点下又完成了任务。财主想淹死他，又让他从水下面钻过去，小伙子腰缠媳妇给的布袋子从水下面钻过去，捞上来一袋金银财宝，并说水下面有很多金银。财主金万两听说有金银，不顾一切跳入水中，再也没有出来。[②]

土族取名《背金人》，主要情节：家有兄嫂和弟弟三人，兄嫂常使坏心欺负弟弟。一天兄嫂把弟弟赶出家门，弟弟在野地里哭，飞来一只凤凰把弟弟带到一个遥远的山上，山上到处是金子，弟弟没有贪心，拿了一点就让凤凰把他送回家。哥嫂得知弟弟发了财，哥哥也学着弟弟到野外去哭，凤凰也把他带到金山

---

① 此故事由巴战龙博士搜集整理并提供，尚未刊布，特表示感谢。

② 武文（主编）：《中国民间故事集成·甘肃卷》，第620—622页，中国ISBN中心2001年版。

上，并说好在太阳出来之前回去。哥哥看见满山金子，忘记了凤凰的叮嘱。凤凰只好飞走了，太阳一出来把哥哥烧成了焦土。[①]

土族另有《饥汉哥》的故事，其主要情节是饥汉哥赶一头牛常年给财主家干活，一天牛开口说话，让饥汉哥带他离开财主家，饥汉哥照所说去做。牛带饥汉哥进入海底，牛变成小伙子并让全家招待饥汉哥。饥汉哥离开海底时小伙子父母送饥汉哥一花瓶。花瓶变成一姑娘和饥汉哥成亲。财主见到饥汉哥的媳妇，商量分一半财产给饥汉哥，然后请饥汉哥媳妇来自己家住。饥汉哥媳妇请财主来饥汉哥家住，财主高心地来到饥汉哥家，却被饥汉哥媳妇用药熏倒，把财主的一半财产分给穷人。[②]

撒拉族取名《鸽子阿娜》，主要情节：一财主有两个老婆，各生一儿子，小老婆病死后，大老婆存心想害小老婆的儿子曼素尔。让他一天砍完几百亩的树林，然后一天又让其全部复活，得到一白胡子老人指点，一一完成。又给他一袋面、一群羊和一群马，让他放牧，回来时要让羊和马生出马驹和羊羔。原来给他的羊群和马群都是公的，曼素尔为此愁苦时，飞来一只白鸽，变成一个美丽的姑娘，并和曼素尔结为夫妻。在鸽子阿娜（撒拉语姑娘）的帮助下，羊群马群都变成母的，没有难住曼素尔。一天曼素尔大妈炸油香，趁曼素尔睡觉时把他扔进油锅里，然后劝曼素尔媳妇和自己的儿子结婚，准备举行婚礼时，曼素尔赶着大群牛羊回来，并说上次油锅里的油太少，如果油多，还能赶来更多牛羊。大妈听后倒更多油把自己的亲生儿子扔进油锅了，想让他得到更多的牛羊，没想到这是曼素尔媳妇的计策，她把自己的亲生

① 朱刚、席元麟等:《土族撒拉族民间故事选》，第 106—107 页，上海文艺出版社 1992 年版。

② 朱刚、席元麟等:《土族撒拉族民间故事选》，第 194—198 页，上海文艺出版社 1992 年版。

儿子炸成了肉干。[①]

东乡族取名《孤儿和后娘》，主要情节：名叫伊布拉的孩子，从小没有母亲，后娘又生一孩子，叫哈亚。后娘经常打骂伊布拉，最后把他赶出家门，伊布拉在荒滩遇到一白胡子老人，白胡子老人告诉他前面有两条蛇打架，让他杀死白蛇，救活黑蛇。伊布拉照所说去做，黑蛇把他带到河底，送他一花瓶，花瓶变成一个美丽的姑娘和伊布拉结婚。当地有一恶霸，想霸占伊布拉妻子，要和伊布拉赛马，伊布拉妻子让他拿着自己的戒指到河边请父亲帮忙。伊布拉从河底牵出一匹马比赛取胜；恶霸又要求斗鸡，在媳妇父亲帮助下又取胜；最后终于制伏恶霸，过上好日子。伊布拉又想起父亲和后娘，请他们来家做客。媳妇让伊布拉下到冒着热气的水井里捞银子来招待客人，后娘一见水井里有金银，抢着跳下去却被热开水烫死。[②]

裕固族此类故事与“两兄弟型”故事内容有交叉的地方。如取名《兽心兽食》的故事主要情节如下：一对半路夫妻，各有一儿子，老头儿子秉性敦厚，心地善良，会听兽言兽语，因年长一岁，叫“老大”；老婆儿子小一岁叫“老二”，游手好闲，不学无术。一天给两个儿子每人一百两银子去闯世界。途中老二按照母亲的吩咐挖取老大的双眼，老大摸黑进入一石洞。听到狼、狐狸和豹子的对话，从中得知头人门前两棵树下有泉水，并可以治好瞎子的眼睛。老大按照野兽的对话，在树下挖出了泉水并治好了大家的眼睛。部落头人送老大八匹骡马和无数金银。老大在回家途中遇到贫困潦倒的老二，并和老二一起回家。老二得知老大在

① 武文（主编）：《中国民间故事集成·甘肃卷》，第622—624页，中国ISBN中心2001年版。

② 郝苏民、马自祥：《东乡族民间故事集》，第91—96页，中国民间文艺出版社1981年版。

石洞里的奇遇，在回家途中把老大从山崖上推下，独吞财宝。老大获救以后，老二和母亲又去寻找石洞，准备发大财，结果进入石洞被饥饿的野兽吃掉。①

保安族取名《木匠和他的妻子》，或《木匠的妻子》，主要情节：保安族聚居地方有一手艺高超的木匠，木匠有一漂亮妻子。一财主想霸占木匠妻子，请木匠去天堂给亡父修一座宫殿。木匠在妻子帮助下想出一计策，做一可以活动的上天梯子。上天时趁大火烧梯子冒出浓烟时木匠打开活动地板溜走了。百日后财主和木匠妻子正准备结婚时，木匠出现了并说是来送信的，给亡父的宫殿修好了，亡父请儿子来住几天。财主看木匠上天还能回来，也想去一趟，让木匠做一梯子。木匠做一下面木板不能活动的梯子，把财主活活烧死。②

十、狠心的老人

父母把女儿送到很远的地方想过好日子，结果儿女们的日子比父母还好。

这个故事主要流传在裕固族、撒拉族和土族中。

裕固族取名《狠心的老头子》，主要情节：老两口有五个姑娘，一天老头子捡了六个野鸭蛋让老婆做六张饼子。老太婆让五个姑娘到房顶做针线活，自己关上门做饼子。一会儿大姑娘的线用完下来取线，母亲只好给一张饼子并告诉她不要告诉其他几个。大姑娘回去悄悄告诉二女儿，二女儿又告诉三女儿。这样只

① 田自成（主编）：《裕固族民间故事集》，第 59—65 页，天马图书有限公司 2002 年版。

② 郝苏民：《东乡族保安族裕固族民间故事选》，第 240—243 页，上海文艺出版社 1987 年版。此故事和 AT555A 型故事有一定差别，但是该故事的变体也在甘青地区的藏族和汉族地区流传，而且取名《木匠和喇嘛的故事》，详见武文（主编）：《中国民间故事集成·甘肃卷》，第 665—666 页，中国 ISBN 中心 2001 年版。

剩下一张饼。第二天，老头带五个女儿去很远的树林里打沙枣子。老头上树打沙枣，让姑娘们不要抬头往上看，往上看沙枣就会掉下来塞到眼睛里。等姑娘们拾满口袋叫父亲时，树上没有人，只挂着一个木榔头。五个姑娘往回走，路上捡到五块白色牛粪五个白馍馍。天黑来到一老太婆家求住，老太婆说家有一吃人的儿子，把五个姑娘藏在五个箱子里。晚上儿子回来进到一铁锅里睡觉。老太婆和五个姑娘联合把吃人儿子烧死。死人水变成一堆珍珠玛瑙。又来两个货郎借宿。老太婆说借宿可以，不要动装玛瑙的箱子。两个货郎半夜扔下自己的贵重货物，悄悄抬着箱子跑。翻过几座山准备开箱，听见里面有人说话，两货郎扔下箱子就跑。五个姑娘得了货郎的东西变成有钱人，准备许多礼品去看望母亲。母亲在灶门口吃灰，父亲在炕上抓虱子吃。姑娘从天窗扔下白馍馍，老太婆说是姑娘们的礼物，老头说姑娘们的骨头都没剩下，是老天爷赐的礼物。五个姑娘进门每人吐老头子一口痰，老头子又气又羞当场断气。五个姑娘带着母亲到老太婆家过上了好日子。①

另一变体取名《戏弄老人的丫头们》，其主要情节是一老人出门让三个姑娘煮两个鸡蛋，等老人回来时三个姑娘把鸡蛋吃掉煮了三个鞋帮子。老人说你戏弄我，我也戏弄你。带三个姑娘拾沙枣时把她们扔到野外。三个姑娘到老奶奶家借宿，家有一吃人的老虎，晚上用锅把老虎烧死。老奶奶告诫三个姑娘要好好做人，不可戏弄老人。②

撒拉族取名《七个阿娜的故事》，主要情节：老两口有七

---

① 田自成（主编）：《裕固族民间故事集》，第32—35页，天马图书有限公司2002年版。

② 田自成（主编）：《裕固族民间故事集》，第181—182页，天马图书有限公司2002年版。

个姑娘，一天趁孩子们外出玩耍，两人把家里仅有的七个鸡蛋准备煮了吃。快熟的时候最小的姑娘进屋来了，只好让她吃一个并叮嘱不要告诉其他孩子。七姑娘出去告诉其他六个，六个姑娘陆续回家把鸡蛋全部吃掉。老两口决定把孩子们送到远处去。一天父亲带七个女儿摘花，让姑娘们在前面跑，自己在后面走，并说看见父亲甩白汗衫就回来。老头把白汗衫挂在树上悄悄回来。七个姑娘摸黑往回走，路上捡到烧馍馍和酥盘馍馍。又捡到一串钥匙，遇到一个房子，打开锁子，有一条狗。狗说这是魔鬼的家，让她们赶快离开。这时魔鬼回家，狗让七个姑娘藏到炕洞里。魔鬼进屋要睡锅里，狗和七个姑娘把魔鬼烧死。七个姑娘和狗成为这个家的主人。七个姑娘的父母自送走孩子后家遭火灾。两人只好去要饭。七个姑娘看到父母的悲惨遭遇又和他们一起生活。[①]

土族取名《盼儿子》，主要情节：老两口有一独生子叫桑进库尔，盼望独生子多生几个孙子，可是没盼来孙子就去世了。桑进库尔天天盼着儿子，可是接连生了三个女儿。一天桑进库尔带三个女儿去采花，他让三个女儿进山里去采，自己在山门口等，到回家的时候就用皮袄袖子招呼。太阳落山还不见父亲用皮袄袖子招呼，三个姑娘只好往回走，路上看见父亲的皮袄袖子挂在树枝上随风摆动，却不见父亲的影子。三个姑娘走了一夜遇到一户人家，请求借宿。那户人家有一老奶奶和三个儿子。三个姑娘和三个儿子结为夫妻，过着美满生活。几年后三个姑娘带着礼物去看望父母。父母头发蓬乱，衣不蔽体地缩在炕上吃灰土。三个姑娘从天窗放下去许多好吃的，两个老人看见好吃的东西，又望着天窗祷告说老天爷再给我托生一个

① 《民间故事》(第二辑)，第267—269页，循化撒拉族自治县民间文学三套集成办公室1991年编。

儿子。三个女儿爱恨交加。最后请人把断气的父母遗体火花，骨灰撒在高山顶上。[①]

甘青地区特有民族之间还流传着许多非常相似的动物故事、机智人物故事和笑话等。动物故事如《狼和小羊》、《贼和老虎》、《兔子传圣旨》、《兔子和狐狸》、《狼尾巴为什么抬不起来》等。机智人物故事和笑话如《巧娶媳妇》、《木拉的神衣》、《比赛撒谎》、《谎口袋胡群木加》等。这些故事有的也流传于甘肃、青海的汉族地区，有的流传于藏族地区，显然是各民族相互交流的产物。

① 朱刚、席元麟等:《土族撒拉族民间故事选》，第 214—219 页，上海文艺出版社 1992 年版。

第八章　形成区域特征的历史背景

甘青地区特有民族语言文化区域特征的形成，与甘青地区在历史上作为民族融合的大舞台和文化变迁的前沿阵地有密切关系。在漫长的岁月中，曾在甘青地区依次迭兴的各民族，有的历经曲折延续至今，有的则相互消融，形成新的民族。民族迁徙与民族融合的关系史，为甘青地区积淀了深厚又复杂的多民族文化背景与族源基因。

第一节　历史上的民族融合

历史上，河湟谷地和河西走廊犹如一个巨大的“漏斗”，不断地接受着来自各方的民族。来到甘青地区的各民族，不管是南下还是北上，东来还是西归，在这块特殊的土地上都经历了新一轮的民族大融合，在此择要介绍如下。

羌族是甘青土地上古老的居民，除迁出者和苏毗、党项外，南北朝以后大部分役属于吐谷浑国。吐谷浑灭亡后，转而汇合于青藏高原上另一支古老民族蕃族而成为吐蕃族。鲜卑族吐谷浑部公元4世纪由塞北西迁进入甘青地区建国，历经300年后亡国，其大部分融入吐蕃族中。

由内地迁移而来的大批汉族，自西汉开始在河西走廊和河湟谷地驻军、屯垦、修城、浚渠，对甘青地区的农业开发做出了历史贡献。但是，其中大部分在与吐蕃人错居杂处，通婚联姻中逐步吐蕃化。“入宋以后，秦州地区吐蕃部落就有安家族、大马家族、小马家族等，而凉州有邢家、懒家、章家、马家、周家、赵家、王家、宗家等吐蕃部落，这些部落均为‘吐蕃化’的汉人，在吐蕃统治下，由一个家族变为一个部落。”① 宋人张齐贤说：“西凉蕃部，多是华人子孙，例会汉言，颇识文字。”②

自五代以来，以拓跋氏为首的党项，逐步统一仍处于分散状态的党项各部，其中包括正同党项融合的吐蕃各部，《宋史·党项传》列出的仍处于分散状态的党项有好几百部。所有这些党项部落，多归于以拓跋氏为首的党项民族之中，其中有的在宋初归于宋王朝，而当西夏强大之时，又归于党项。“西人以李氏世著恩德，往往多归之。”③此外，党项还融合了汉族、吐蕃和回鹘等民族，曾成为西北强大的少数民族之一。13 世纪初，西夏国被蒙古汗国所灭，大批西夏人外逃，或被强行迁徙。其中信仰藏传佛教的西夏人被迁徙到西藏地区；最大一支为信仰伊斯兰教的西夏人，他们被迁徙到地广人稀的甘青交界处的积石关内外，同当地穆斯林各族相依为命，后来融合到回族等民族中。④

第二节　诸民族形成中的多源流性

甘青地区特有的五个小民族基本都是经明、清两代逐步形成的。这些民族的形成和发展轨迹与它们的语言文化发展特点一

① 刘建丽：《宋氏西北吐蕃研究》，第 56 页，甘肃文化出版社 1998 年版。

② 刘夏蓓：《安多藏区族际关系与区域文化研究》，第 24 页，民族出版社 2003 年版。

③ 杨建新、马曼丽（主编）：《西北民族关系史》，第 324 页，民族出版社 1990 年版

④ 孙滔：《青海回族源流考》，载《首届回族历史与文化国际学术讨论会论文集》，第 47—52 页，宁夏人民出版社 2003 年版。

样，也有一些共同特征：第一，他们的祖先或族源主体，大都是从中国北部或西部的草原或沙漠地带南下或东来的。第二，这些小民族在形成过程中不同程度地吸收了汉、藏、蒙古、回等大民族成分，从而注入了复杂的文化内涵。第三，这些小民族在发展过程中又彼此进行了十分频繁的族际人口置换、文化交流、混血通婚、语言借用等。因此，他们虽然在语言、宗教、族源、生产等方面形成了民族特征，但是面对各自的具体环境，为了生存与发展，又必须经常在两种宗教、两种生产方式，甚至在几种语言之间进行重新选择。在此我们通过各民族的形成历史来认识其族源的多元性和文化的复杂性。

一、土族

土族族源是新中国成立前就引起广泛讨论的问题，学界有多种说法，如蒙古说、吐谷浑说、沙陀说和多元说等。1983 年青海民族学院将各派观点的文章结集成册，取名《土族族源讨论集》，收录文章 36 篇。对土族族源的不同认识即意味着其形成的复杂性。

土族现有人口 24.1 万，主要有三个聚居区：一是湟水以北、大通河以南的互助土族自治县及西邻的大通回族土族自治县和甘肃天祝藏族自治县朱岔、天堂、石门三个乡，即藏文文献所称的华热地区。二是黄河以北、湟水以南的民和回族土族自治县。三是黄河以南的黄南藏族自治州同仁县，即藏文文献所称热贡地区。

据调查研究，三个聚居区的土族来源各不相同。土族自称也各地不一，互助一带多自称蒙古尔、蒙古尔孔、察罕蒙古尔等；民和三川一带多自称忙古、土昆等。①

① 民和土族自称“土昆”等，见《民和土族回族自治县概况》第三章第二节“民族来源”。也有学者调查认为，民和一带土族从未有过“忙古”、“土昆”自称。李克郁：《土族〈蒙古尔〉源流考》，第 35—36、第 44 页，青海人民出版社 1993 年版。

根据自称“蒙古尔”名称研究的学者认为，土族是由一部分蒙古人与当地“霍尔”人在长期相处过程中，逐渐融合发展而成的，土族的来源与蒙古人有关。在互助、大通、民和等土族中均流传着这样的传说：“蒙古尔人（土族）原是鞑子，是成吉思汗西征时来的。大汗部下在青海的互助、民和及甘肃的东乡各留下一队人马，他们的首领就是格日勒图，其塑像供在佑宁寺石崖上的一座佛堂里。这些兵马原准备进藏的，后来不知什么原因，没有进藏而定居下来了。”[①] 这些传说在清代藏文文献《佑宁寺志》中有记载：13 世纪初，“成吉思汗之部将格日利特（Kereltu）率领其部属到此，现今的霍尔（Hor）人均为这些人的后裔。”“格日利特死后，化作大力精灵，居住郭隆之山岩。”[②]

根据自称“忙古”、“土昆”研究的学者认为，土族主要源于吐谷浑。吐谷浑亡国后一直到北宋，在今湟水和大通河流域居住着数量众多的吐谷浑人，被称为“吐浑”，从北宋到蒙古人南下的 200 年间，河湟一带的吐谷浑人重新为吐蕃人统治（如唃厮啰政权），受其文化习俗影响，也采用藏族对他们的称呼，自称“霍尔”。在其居住地区出现了大量的霍尔、合尔之类的地名。13 世纪蒙古人进入河湟地区开始统治青海各地，部分蒙古人与称“霍尔”的原吐谷浑人融合，最后形成今天的土族。[③]

以上只是土族主要来源的两派观点。其实在形成过程中，实

---

① 李克郁：《土族〈蒙古尔〉源流考》，第 33 页，青海人民出版社 1993 年版。

② 有学者查证认为，上述传说和佑宁寺记载与《元史太祖本纪》相关记载相符。刘夏蓓：《安多藏区族际关系与区域文化研究》，第 57 页，民族出版社 2003 年版。也有学者认为，佑宁寺记载是伪作，民间以讹传讹。李文实：《西隆古地与羌藏文化》，第 404—405 页，青海人民出版社 2001 年版。

③ 青海人民出版社 1982 年出版的《土族简史》主要观点。

际融合了许多其他民族的成员。在土族社会历史调查资料中明确标有“土族是由几个民族融合而成的”。例如，佑宁寺中有松巴佛，现为土族。但松巴为西藏十八大姓中的第三姓，他们从西南地区迁来互助后，长期聚居在巴红村，逐渐由藏族变成了土族。居住在民和三川下排沟地区的土族，原来也是藏民；三川鲍家庄的土族，传说缘由黄南同仁迁来的藏民演变而成，过去每年正月十五，他们还要穿上藏式服装，到各庄游行，以示不忘民族之本。又传土族董姓人家，原先也是藏族，土语称“董姓”为“朵娃”，藏语“朵娃”是最好的意思。董姓人初到土族地区后，跑马占地，因马跑得最快，大家称作“朵娃”人。①

互助县东沟大庄土族中融合了很多汉族成分。据土族的民间传说和族源记载，在洪武年间，曾有一批汉族人从山西等地迁入三川、从南京迁到互助地区。他们与当地土族长期相处，互通婚姻，一部分人融入土族之中。如民和官厅土族张家、贸家的家谱称其祖先原系山西平阳府人；秦家家谱称其祖先原籍山西大柳庄人。清中叶以后，又有许多汉族人陆续从四川、甘肃等地迁居于互助境内，与土族杂居，互通婚姻，结为亲戚，逐步融入土族之中。② 互助县红崖子沟合尔郡所住土族，自称“蒙呼尔”，其中一部分是不同时代逃难逃荒而来的汉族后代。据介绍，合尔郡有8户汉族和土族结婚后变成土族。他们转为土族以后有如下表现：儿女与土族通婚；完全改说土语，唱土族歌曲；对外自称土族；改汉族衣饰为土族衣饰；改土葬为火葬；土族也视他们为本族成员。当然，也有不少土族在相互杂居、通婚中变成汉族或者

① 青海省编辑组：《青海土族社会历史调查》，第81页，青海人民出版社1985年版。

② 刘夏蓓：《安多藏区族际关系与区域文化研究》，第60页，民族出版社2003年版。

藏族。[①]

在互助县大庄有一地方叫希饶裕固湾，传说是合尔三国的黄帐房蒙古族聚居地，该民族旧称“黄蕃”，过去迁徙到甘肃的，即成为今日的裕固族；留在大庄的成为今日土族何姓的祖先。因土族称裕固族为希热裕固族，故将此湾称为希饶裕固湾。[②]

同仁土族主要聚居在青海省黄南藏族自治州同仁县的吴屯、年都乎、郭玛日、尕沙日和脱加5个自然村。在明清时称“四屯”或“四寨”。过去这里的居民被称为“四寨子族”，1952年被认定为土族。同仁土族有6317人，占全县总人口的11.04%。

同样，同仁土族先民的来源也各不相同。关于吴屯土族来源有来自四川汉族和山西汉族的说法。[③] 吴屯土族是一个比较特殊的族群。关于年都乎等屯土族的来源有以下说法：1. 几百年前由互助迁来。2. 从前从民和三川迁来三兄弟，带着家属，分别住在今下庄、哈拉巴土和尕斯东三地，后来从三川又陆续迁来康、杨、孙、唐和王等8个家族。3. 与霍尔有密切关系。郭玛日人说，泽库县霍尔哇加保存着他们的历史，根子在霍尔。当初霍尔人住在这里，一半在这里成为土族，后来一半到了泽库，霍尔杰岗是首领。他们信霍尔，不信格萨尔。4. 来自内地，派到这里守边。年都乎人说，我们是从东方“尖卜落”，或东方“卡陇”来这里守边的。四寨子不是同时来的，年都乎来得最早，吴屯来得最晚。又说，过去每年农历六月下旬举行六月会（每年一

---

① 青海省编辑组：《青海土族社会历史调查》，第114页，青海人民出版社1985年版。

② 青海省编辑组：《青海土族社会历史调查》，第58、第61、第81页，青海人民出版社1985年版。

③ 芈一之：《青海同仁县土族调查报告——“五屯”的民族和历史》，载《西北史地》1985年第1期，第84—90页。

次，历久未断），土把总（即年都乎千户）在会上讲话，且一定要讲，我们是从东方尖卜落或卡陇来的，是皇帝派我们来这里守边的，别人是归我们管的等等。现年都乎南边“油库”地方，是过去他们的“营盘”，是与藏族的分界处。5. 来自蒙古族。据藏文《佑宁寺创建记》，同仁土族是成吉思汗时来的，但是与互助的蒙古人又不是一回事。郭玛日下边原有一城，为成吉思汗部队首领所住。该首领死后埋于此地。有二子，一名蒙玛尔，是郭玛日人的先人；另一子是今泽库县合尔措玉（即霍尔措玉）四部落的先人。①

从上述可知，同仁土族的来源更为复杂，综合众多材料可以说，同仁土族主要是明初自内地拨来的屯民，也有一些人户是从民和三川迁去的。

二、东乡族

东乡族因居住古河州城以东而得名（以河州城为中心，城周围分东、西、南、北四乡）。过去又被称为“东乡回”。关于东乡族的形成见之于史籍的材料很少，只知元、明、清及民国时期，在今东乡族聚居地建立有里、保、会、社等严密的地方组织管理，驻有重兵，实行着严格的军事化统治。先后实行过屯寨制、土司制、里甲制、会社制和保甲制等，以该地区的民族上层人士为里长、甲首等，这应可视为该地区的人们被认为一个民族集团的反映。②

关于东乡族的来源，学界有以下几种看法：一是“伊斯兰

---

① 青海省编辑组：《青海土族社会历史调查》，第 176—178 页，青海人民出版社 1985 年版。

② 刘夏蓓：《安多藏区族际关系与区域文化研究》，第 67 页，民族出版社 2003 年版。

化"的"蒙古屯戍军"与当地民族融合而成。二是来自于中亚"撒尔塔"人与当地民族融合而成。三是传教士的后裔。还有吐谷浑说、回回说等。

综观以上几种说法，可以认识到东乡族的来源是多方面的。首先，东乡族的发展和形成，与元帝国的军事活动有密切关系，这也同回族先民大批来到甘青地区一样。13世纪初，成吉思汗西征将撒马尔罕3万手艺人编为签军，攻下玉龙杰市后，徙其工匠10万于东方，攻下你沙卜尔和乌苏，各留400工匠，为成吉思汗的东征服务。1227年至1272年之间，蒙古军队数次在今临夏市以东的东乡境内屯垦放牧。[①] 据拉施特《史集》第二卷记载：阿难答幼时曾被托付给突厥斯坦的穆斯林抚养，他能背诵《古兰经》，熟知伊斯兰教经典，是虔诚的伊斯兰教徒，他使依附于他的15万军队大部分皈依伊斯兰教，此外他的军队中本身就有相当一批回族先民即"签军"。阿难答是当时西北乃至全国势力最大的藩王之一，后因夺权失败而被赐死。阿难答死后，伊斯兰教在元朝曾一度受到冷遇，他的15万军队为免受牵连被迫进入山大沟深、偏僻闭塞的东乡族地区屯聚牧养。这支军队在东乡族境内经过元、明两代的聚居生活，并吸收了汉、藏等其他民族后形成了今日的东乡族。[②] 其次这支军队中的西域"签军"，祖传有"撒尔塔"自称，遂东乡族自称"撒尔塔"，其在东乡族中的确切含义是：指当时居住在中亚地区的一部分信仰伊斯兰教的人，在元时被称为"回回"或色目人，而被东迁的那一部分人。西域签军、亲军、或探马赤军，在东乡屯戍的情况，在今日东乡

---

① 李亨：《东乡族形成源流考》，载《回族社会历史调查资料》，第35—36页，云南民族出版社1988年版。

② 杨建新：《中国西北少数民族史》，第549—551页，宁夏人民出版社1988年版。

族地区的一些地名中仍能找到证据。如许多村名的名字以工匠的工种命名："免古池"村，即银匠的意思；"阿类池"村，即编织匠的意思；"托木池"村，即铁匠的意思；"陶毛赤"村，即意为制革匠。此外"妥马池"地名是"探马赤"的音译，三塬、考勒两乡还有军屯、民屯之分。[①]

在东乡族境内，还有一些奇异的地名，它既不是东乡语、汉语，也不反映地形、地貌及地理方位特征，与人名也毫无联系。如纳伦光、巴拉城、巴喀松、达巴拉等，这种不解其意的地名有15个之多。其中只有阿里麻土和今哈萨克斯坦"阿拉木图"同音，由此推断，这些地名和古代中亚各部落有关。如乃蛮庄，奴乃蛮、乃蛮若顺等，与突厥乃蛮部落相对应。东乡族有以地名称人名的习惯。这些现在不解其意的地名，也许是那些元代来自中亚各部落的居民，各自合群而居，把原来的居住地名，命名为新居住地村庄的名称了。[②]

元末明初，自西域来东方的传教士增多，据传说，由哈木则率领的40位"古土布"和由阿里阿塔率领的8位"赛义德"，经河西到临夏，在东乡族地区传播伊斯兰教，这些人有的定居东乡，并亡故在这里。这就是东乡族源自传教士后裔之说的主要根据。据最近报道，一本以牛皮为封面，在东乡族保存完好的，有600余年历史的手抄本《古兰经》，经东乡族研究学者认定，这部天经是见证了东乡族源流的实物佐证，现在成为研究东乡族源

① 李亨：《东乡族形成源流考》，载《回族社会历史调查资料》，第35页，云南民族出版社1988年版。

② 李亨：《东乡族形成源流考》，载《回族社会历史调查资料》，第35—36页，云南民族出版社1988年版。

流的出发点。[①]

从元代到明初，蒙古族掌握政权，在政治上居领导地位，在经济、社会生产等方面居支配地位，由此蒙古语成为官方通用语言和主要交际语言。从事屯戍的色目人［据统计其部族群体达31种之多，其中也包括伊斯兰化的蒙古军人，其语言（方言）各不统一］，以及屯戍地方的其他民族成员，均学习使用蒙古语，久而久之，便成为东乡族的语言而沿袭下来。[②] 可以说在东乡族的形成过程中，使用蒙古语的那部分回族先民和伊斯兰化的那部分蒙古人起着主导作用。

三、保安族

保安族的形成与东乡族的形成过程及历史条件有着相似的一面，只是屯戍的地方和周边社会环境不同而已。保安族在历史上被称为“保安回”，其族源也可以追溯到元帝国时期。元破积石

---

① 这本现存于东乡族韩则岭拱北的《古兰经》，长48cm，宽34cm，厚9cm，牛皮压印花清真言印的封面，比著名的撒拉族从元朝带入中国现为国家一级文物的《古兰经》开本还要大，每页经文11行，除前后几页因长期诵读而出现了页边破裂和缺失，后经人裱糊和补抄外，基本保存完整，字迹清晰。为了完好保存这本《古兰经》，所存者东乡族韩则岭拱北的当家人马清芳在每年斋月拿出来诵读一遍，平时秘不示人。据马清芳讲，这本手抄本《古兰经》是东乡族的先贤哈木则巴巴在元朝末年，带着传教师和许多经典从撒马尔罕长途跋涉来东乡时带来的。这是目前发现的东乡族保存最早的一本《古兰经》，也是中国境内现有古老的珍贵《古兰经》之一。在东乡族人民心中这部天经保存流传至今的故事中还包含着东乡民族迁徙形成的历史事实，是一部无言的史诗。据马清芳当家人说，曾有伊朗客人来此专程一瞻该《古兰经》，观后这位学者说，此经是源自伊朗的手抄书，伊朗目前有一本一模一样的《古兰经》。该经现已成为东乡族族源的实物佐证，经历600余年历史变迁，东乡族数辈人以不惜一切代价保存下来，弥足珍贵。现在，不时有国外、国内的伊斯兰文化学者和民族学者来韩则岭拱北一看，以供其研究的资证。详见临夏州人民政府网页。更新日期2005年9月20日。

② 李亨：《东乡族形成源流考》，载《回族社会历史调查资料》，第35—36页，云南民族出版社1988年版。

州后，同仁一带形成蒙古军的屯兵据点，以对付吐蕃，后来一批信仰伊斯兰教的蒙古军，也来到这里驻军、屯垦。1254 年，“元帝诏降吐蕃各部”。藏族地区普遍设驿站、哨所、军站，派驻军队。元世祖忽必烈平定康、藏后在河州设立吐蕃等三处宣慰使司都元帅府，其下属的千户、万户由当地僧俗上层人士担任，完全控制了包括同仁在内的广大地区。保安原是同仁地区的“边卡”和“交通要道”，有蒙古人在此驻军、屯田。其中从西域花剌子模国（今乌兹别克斯坦境内）俘虏签充而来的一批信仰伊斯兰教的色目人组成的“探马赤军”和“各色技术营”驻扎在隆务河畔。他们是亦兵亦农，“上马则备战斗，下马则屯聚牧养”的军队。到元世祖后期，随着全国局势的稳定，元朝将“探马赤军和各色技术营”，“随处入社、与编民等”，而入社后的“探马赤军”等虽仍属元代军户，但已开始转化为具有军人身份的“民户”。

明万历己未年（1619）在隆务地方修建土城一座，称“保安堡”，[①] 都指挥，隶属河州卫，管辖同仁十二族。清雍正年间(1723—1735)，保安地方曾发生“土千总王拉夫旦暴动”，当时循化、保安也受影响。事件平息后，清政府为加强统治，又从各地调兵增加驻军人数，并设陕西河州协游击员一名，千总一名。随着对保安营的加强，屯田戍边军士的增多，这里出现了信仰伊斯兰教的色目人与信仰藏传佛教的土族、藏族以及陆续从各地调兵而来的汉族相邻杂居的局面，保安营成为多民族活动的聚居

① 据说保安城的四面城墙，是由附近四寨子的居民，每一寨子负责修筑一面城墙而筑成的。甘肃省编辑组：《裕固族东乡族保安族社会历史调查》，第 159—160 页，甘肃民族出版社 1987 年版。

点。他们互相来往，特别是通过联姻结亲的形式产生了一代新人。[①] 从上所述可知，“保安族的来源绝不可能是哪一个古代民族的单一发展，而是与历代屯垦军士与当地土著民族有关。”[②]

四、撒拉族

撒拉族自称“撒拉尔”，历史上称为“撒拉回回”或“撒拉番回”。其先民是元代从撒马尔罕迁徙而来的。相传，大约在700年前，中亚的撒马尔罕地方，住着尕勒莽和阿合莽两兄弟，他们为了躲避国王的迫害，寻找新的栖息地，率领18个族人，牵一峰白骆驼，驮着故乡的水、土和《古兰经》，离开撒马尔罕向东出发。随后又有四五十人跟随而来。他们跋山涉水，千辛万苦，几经曲折，终于来到循化街子地方。他们发现从撒马尔罕带来的水土和这里的水土完全一样，认为这里就是他们寻找的乐土，便在这里定居下来。[③]

传说，尕勒莽和阿合莽两兄弟率部族来到循化时，当地居住着麻祖乎（蒙古人），麻祖乎和尕勒莽对话，并迎接了尕勒莽和阿合莽一行。现循化撒拉族自治县积石镇波列村的群众说：他们的祖先是从甘肃省临夏州广河县阿力麻土乡迁来的。迁来之前他们是东乡人，是从元朝驻兵演变而来的，他们信仰伊斯兰教，但

---

① 据说，当年“吃粮干事”的汉民及其家属多居住在保安城内，而住在城内“吃粮当兵”的回民（藏族称他们为“镇乎家”，意为说汉语、穿汉衣的回民）及其家属多住在下庄或尕撒尔一带，从事农业生产。他们的家属说着和周围土族一样的语言，叫“下庄土语”。他们往往娶周围土族妇女为妻。后来从大河家迁来的回民愈来愈多，下庄逐渐增至500户，形成下庄的四方头（即四大马姓家族）。甘肃省编辑组：《裕固族东乡族保安族社会历史调查》，第159—160页，甘肃民族出版社1987年版。

② 马文渊：《中国保安族》，第9—12页，甘肃人民出版社1999年版。

③ 《撒拉族民间故事》，第5页，青海省循化撒拉族自治县民间文学三套集成办公室1989年编。

语言、习惯，尤其服饰等方面仍保持着蒙古族的习俗和装饰。他们在黄河边的波列村居住了一段时间后，这里来了尕勒莽和阿合莽率领的撒拉族先民。撒拉族民间流行的“对委奥纳”（骆驼戏）游戏中记述了这段历史。①

撒拉族先民初到循化时，人口不多，大约数百人到千人。据传说，他们在循化定居下来以后，便向邻近的边都沟（文都）的藏民通媒求婚。藏民同意和他们通婚，但提出四个条件：第一，供拜喇嘛教的菩萨；第二，在屋顶安设嘛呢筒；第三，在庭院中立木杆，上悬藏文经幡；第四，接受藏民的风俗。前三个条件他们认为与伊斯兰教规不符而未同意，第四个条件他们同意了，与藏民通婚遂告成功。因此至今撒拉族仍保持着当地藏族的某些风俗习惯，如衣服不放在衣柜里而挂在横杆上；结婚时把牛奶泼在新娘所骑的马的蹄子上以及在院墙的四角顶上放置白石头等。②由于上述关系，在撒拉族聚居的街子一带还流传着一些特殊的传说和风俗。传说撒拉族的阿相桑（尕娃的阿舅）是文都藏族，阿娃桑（阿大的主人）是波列村人。街子一带每年举行伊斯兰教的两个尔德节时，首先在一起集中，出发前先问，波列的阿娃桑来

① 这种游戏是撒拉族人在结婚时的一种特有的表演，由两人反穿皮袄装扮骆驼，另外两人，一人牵骆驼，身穿长袍，头缠“达斯达尔”（白布头巾），扮演撒拉族的先民尕勒莽，另一人扮演本地人（蒙古人）。整个表演有唱有白，采取本地蒙古人与尕勒莽问答的形式，追述撒拉族先民迁徙到这里的经过以及他们在路途中的见闻。在对白中，本地蒙古人问尕勒莽：“你从哪里来?”尕勒莽答“我从撒马尔罕来。”蒙古人问“你牵的是什么?”尕勒莽答“牵的是白骆驼。”蒙古人问：“骆驼在路上吃什么?”尕勒莽答“路上吃的是芨芨草。”蒙古人又问“骆驼上驮的是什么?”尕勒莽答“骆驼上驮的是《古兰经》和撒马尔罕的水土。”蒙古人高兴地说：“那给我们讲个古兰经吧?”尕勒莽答“呀！我给你们讲一段古兰经。”众人说：哪里有蒙古人要求讲古兰经的？哪里有伊斯兰教给蒙古人讲古兰经的？相信远来的撒拉人，我们和本地的“蒙古人”信仰是相同的。详见《民间故事》（第二辑），第57—58页，民间文学研究集成青海省循化撒拉自治县1991年版。

② 《撒拉族简史》，第14页，青海人民出版社1982年版。

了没有，若还没有来，一直要等到阿娃桑的人来了才能到荒滩上做尔德礼拜。这一天，各村庄群众都要高举日月绿色旗走向尔德仪式的场所，阿娃桑的旗总要插在最显要的位置上。这种习俗一直流传到现在。[①]

随着循化地区撒拉族人口的发展，开始向街子之外迁移，其中迁往邻近的化隆县甘都镇境内最多。传说当时与街子隔河相望的今黄河大桥以西至阿河滩一带的一片土地，原是当地土著藏族游牧的荒草野滩。因地区临河，水利便利，适宜开发，被撒拉族世袭百户神宝看中，经藏族头人首肯，撒拉族四户人家来此垦荒造田，安家落户。经过几代人的发展，后来形成4个“阿格乃”和“孔木散”[②]。明洪武三年（1370），神宝归属明朝后更名韩宝，故撒拉族多韩姓。化隆阿河滩至今有95%为韩姓。最先迁到化隆县甘都镇关巴村的撒拉族是兄弟两户，该村原为藏族居住地，“关巴”即藏语寺院的意思。兄弟一户为藏族放牧，一户为藏族做靴子。以后随着人口的繁衍增长，形成马姓两个“孔木散”。关巴村的飞来寺清真寺，据说是甘都镇撒拉族中年代最久远的寺，早年除撒拉族、回族朝拜外，当地藏族、汉族也前去朝拜。甘都镇苏合加村原是藏族居住地，“苏合加”是藏语，意为“撒拉人和中原人混合杂居”的地方。相传，苏志村一撒拉族人到隔河相望的苏合加村为藏族放牧，后暴病而亡，藏族牧主没有及时向苏志村人通报而埋葬了。苏志村撒拉族人不答应，双方打官司，结果判藏族以土地赔命价，藏族被迫迁往今海南藏族自治州共和一带，苏志村撒拉族迁入苏合加定居。初迁时只有几户，后随着人口增长，形成了苏合加、阿路庄两个自然村。化隆县其他

① 《民间故事》（第二辑），第58页，民间文学研究集成青海省循化撒拉族自治县1991年版。

② 即4个以近亲血缘为主的家族组织和远亲血缘关系形成的“同根子”组织。

撒拉族聚居地，原来都是藏族居住地，多半是撒拉族先去给藏族放牧，后通婚杂居，然后买地耕种，一步步定居下来，逐渐形成撒拉族的“孔木散”。由于民族杂居，这里的撒拉族、回族和汉族都会说藏语，当地的撒拉语中也夹杂着许多藏语。据1997年底统计，化隆县境内撒拉族人口为10920人。①

此外，由于宗教信仰和风俗习惯相近，循化周边的回族成为撒拉族的又一主要来源。撒拉族有韩、马、冶、何、沈等20余姓，其中有相当一部分是由回族转化而来的。如街子的沈姓撒拉族说自己本是河州迁来的回族，后来成了撒拉族。《循化志》（卷五）记载了河州迁来的回族，几代之后变为撒拉族的事例。还说“又有从内地回族迁居工内者，亦为所属”（同上），即从内地迁来撒拉族聚居区的回族，也成了撒拉族。撒拉族中还吸收了不少汉族成分。如《循化志》（卷四）说，当地汉族“历年既久，一切同土人。”据明朝张雨《边政考》（卷九）记载，到嘉靖年间，撒拉族人口已达“男妇一万名”，约2000余户，比初来之时增加10倍。②

五、裕固族

裕固族的来源也是学术界一直有争议的问题。争议的焦点主要集中在以下两个方面：

一是裕固族自称 sarïɣ yoɣur，或者 yoɣur。一般认为这一名称来自历史上的“黄头回纥”和“撒里畏兀”。“黄头回纥”是宋朝初期出现于塔里木盆地东南部的回纥分支。但是，黄头回纥源于何处？他们的先民究竟是属于唐代中期以后的“甘州回鹘”还是

① 化隆县政协：《化隆境内的撒拉族》，载《青海文史资料集粹》（民族宗教卷），第200—207页，青海省政协学习和文史委员会2001年（内部资料）。

② 《撒拉族简史》，第14—15页，青海人民出版社1982年版。

"西州回鹘"？这是学界争议的第一个问题。

多数学者认为甘州回鹘被西夏攻灭后，各部四散，原在瓜州、沙州等地的部分甘州回鹘部落在瓜、沙失陷后，退出沙州以南，继续保持着相对的独立性，游牧于甘肃、新疆、青海交界地带。宋代称为"黄头回纥"，元、明称作"撒里畏兀"、"撒里畏兀儿"。但是近年来学界又提出不少新观点：认为"黄头回纥"来自"西州回鹘"，或是"西州回鹘"的别称；来自"龟兹回鹘"；是"西州回鹘"的一支等等。①

作者对黄头回纥来源的几种主要观点进行综合研究认为，实际相互对立的观点只有两种：即黄头回纥是源于甘州回鹘还是非源于甘州回鹘。因为主张非甘州回鹘说者，虽然依靠不同的论据提出了不同的看法，但他的论点有相互交叉的地方。例如西州回鹘说者赞同并补证龟兹回鹘说的主要观点，只是对"将龟兹回鹘与西州回鹘完全分开"，并"视为两个从来就独立的回鹘政权"提出不同看法。主张黄头回纥与沙州回纥无关的学者，一种是否定龟兹回鹘国在历史上又被称为沙州回鹘的观点。一种是对黄头回纥出现的位置与沙州回鹘所处位置提出疑问。但同时，又依据其他资料认为，黄头回纥应该是西州回鹘的一支。由此看来，主张非甘州回鹘说者在全力否定的同时，共同强调的一点就是，黄头回纥可能来自西州回鹘。

关于甘州回鹘与西州回鹘的关系，学界已有很多研究，但过去探讨的重点是，庞特勤是一者始祖，还是二者始祖。对其他方面由于史料缺少记载，探讨较少。其实，二者虽然地隔东西，环境相殊，但在各个方面都一直保持着密切关系。有学者对史料未能记载的方面进行了补充研究。从政治背景而言，河西与西域打

① 各派观点的详细介绍见钟进文：《裕固族文化研究》，第9—47页，中国民航出版社1994年版。

成一片实从7世纪上半叶开始。那时唐朝国力空前发展，在河西，从凉州起，往西经甘、肃、瓜、伊、西，形成一条战略上的“常山之蛇”。首尾相连。“安史之乱”后，吐蕃趁机控制了这条蛇形首尾相连的战略地区。经过几经争夺，甘州回鹘与西州回鹘终于同处在这一蛇阵上面。此后二者同受这条常山蛇形阵地的影响而紧密相连。早在两王国成立前，唐末咸通七年（869），当时任沙州节度使的张义潮派遣甘州回鹘人仆固俊西去吐鲁番，领导西州回鹘人民战胜当时占领从北庭至安西一带的吐蕃统治者。使西州回鹘王国能顺利地建立起来。1036年，甘州回鹘亡于西夏后，先进入瓜沙地区，最后退至西州。甘州回鹘余部的西迁，给西州回鹘带来了两个重大变化：一是西州可汗的继承人发生了变化，由甘州回鹘可汗毋母主的后裔毕勒哥取代。二是西州回鹘的疆域发生了变化，不仅将高昌、龟兹统一在一个回鹘政权内，而且将北徙额济纳一带的甘州回鹘余部也归附于西州回鹘。这样在常山蛇形阵地形成了一个新的首尾相统一的回鹘政权。由此可见，主张西州回鹘说者并不是一味地认定黄头回纥与甘州回鹘无关。

同样，主张甘州回鹘说者也不是孤立地看待这个问题。这可从两方面加以说明。第一，李元昊攻占河西后，一部分河西回鹘人窜居沙州西南的山谷间，这部分回鹘人的酋长自称“沙州镇国王子”，继而又进攻沙州，但“攻沙州不克”。此后近一个世纪中，河西回鹘的后裔也逐渐以“沙州回鹘”自称或被称，并反映于汉文史册，但这部分回鹘人始终不能返回沙州的中心区，所以称“沙州回鹘”，实际名不副实，而这部分回鹘人正是宋朝史书中记载的“黄头回纥”。这一点与主张黄头回纥与沙州回鹘（即所谓独立的沙州回鹘政权）无关的学者观点是一致的。但是与主张龟兹回鹘说的观点相抵。第二，主张甘州回鹘说者认为，自西夏占据河西走廊之后，西州回鹘的东南与黄头回纥接壤，《中国历史地图集》将二者的分界标在今青海与新疆的交界处。但这仅仅是11世纪初期的分界，后来黄头回纥继续向西北发展。而主张西州回鹘说者认为，早在10世纪末11世纪初，西州回鹘的部落已分布到青海湖畔的黄河边，而且沙州已成为西州回鹘的势力范围。

上述种种互补互抵的观点似乎给我们一个结论，那就是将黄头回纥与甘州回鹘或西州回鹘中的某一个截然分开是一件很不容易的事。这一方面是资料贫乏，仅有的几条史料又多从侧面记载，从而滋生种种争议；另一方面，由于地界相连，多为游牧民族，频繁迁徙也确有可能造成了你中有我，我中有你的历史事实。这是一个比较复杂的问题。上述种种探讨虽然没有得出一个令人信服的结论，但是它有助于对这一问题的深入认识，从某种程度而言，它纠正了传统的裕固族仅仅源自甘州回鹘的片面认识。同时，对于人们认识裕固族古老民歌《尧乎尔来自西至哈至》有重要意义。①

另外，突厥语专家耿世民教授认为，裕固族从总体而言，是由甘州、沙州回鹘和从新疆吐鲁番一带东迁的“黄回鹘”（sarïɣ uyɣur）共同组成的。关于黄头回纥的“黄头”或撒里畏兀的“撒里”（sarïɣ）的含义，学界也有各种各样的观点。耿世民教授认为，在此所说的“黄”（sarïɣ）也许是表示一种自然方位。我国古代汉民族很早就将自然方位与颜色相联系，有东苍、南赤、西白、北玄之说，北京中山公园里的五色土也象征着中国古代的五行，即中黄、东青、西白、南红、北黑。与汉文化发源地黄河流域接近的我国北方草原各少数民族，很早就接受了这种学说，同时又有发展。突厥民族的传统是“黑”表示“北”，“红”表示“南”，“白”表示“西”，“黄”表示“东”。所以，“黄回鹘”

① 钟进文：《西部裕固语研究》，第4—7页，中央民族大学博士学位论文1999年。

(sarïɣ uyɣur) 即为“东部回鹘”。由此 15—16 世纪纪初，撒里畏兀儿与吐鲁番一带的维吾尔族可视为一个民族。敦煌出土的部分回鹘文书及海达尔（Haidar，M.M）的《拉失得史》（History of Tughluk Timur）中的有关记载也证明着这一点。

二是今日裕固族由操突厥语族语言和操蒙古语族语言的两部分人组成。或者说，裕固族源流由两大支系组成，一支源于古代回鹘，即前文所述，另一支源于古代蒙古。构成裕固族源流中的蒙古支系又来自何处？

据学者专文考证认为，蒙古支系“主要来自拖雷系的出伯子孙及其军队。”1226 年蒙古大将速不台攻下撒里畏吾地区，自此撒里畏吾统一于蒙古，蒙古相继派宗王戍守其地，但前期各宗王戍守时间都不长。从元朝中叶开始，蒙古宗王出伯及其子孙戍守撒里畏吾地区一直到元末。出伯即元朝前期驻兵甘州（今张掖），戍守瓜（今安西）、沙（今敦煌）等西部边疆的威武西宁王，后晋封为王。出伯及其子孙长期戍守撒里畏吾地区，对撒里畏吾的影响很大，出伯所辖部落及其军队的一部分，后来也成为撒里畏吾的一部分。明朝所封撒里畏兀儿安定王卜烟贴木儿，仍是“元宗世”① 即蒙古人。《明实录》记载“撒里畏兀儿者，鞑靼别部也”。②明朝史料把蒙古人分为两部分：游牧于我国西北部，明朝大军西进时没有武力对抗的蒙古人称为“瓦剌”，《明史》有《瓦剌传》即尔后的卫拉特；被明朝军队打败，退出元大都（今北京），游牧于大漠南北者称为“鞑靼”，《明史》有《鞑靼传》。“鞑靼即蒙古故元后也”。③ 因此，“鞑靼别部”之称，就其源流来讲是蒙古人，而且是“故

①② 高自厚：《裕固族源流中蒙古支系的由来、演变及其重大影响》，载《中国裕固族研究集成》，第 139 页，民族出版社 2002 年版。

③ 《明史》卷 327，《鞑靼传》。

元后也”；从裕固族历史来讲，就是已经同回鹘人相融合的“故元后”。有史记载的撒里畏兀儿安定王除卜烟贴木儿之外，还有亦攀丹、领占千些儿、千奔，都是卜烟贴木儿的直系子孙，也就是“鞑靼别部”。不仅如此，撒里畏兀儿诸卫首领都是这些“鞑靼别部”。明朝前期，撒里畏兀儿在号为“鞑靼别部”的安定王的统领下，发展壮大。从蒙古西征以来数百年的历史中，号为“鞑靼别部”的蒙古人始终是撒里畏兀儿首领，并且在撒里畏兀儿历史上发挥了重要作用。如明代以后的“撒里畏兀儿”之名，就是经祖属蒙古人的“鞑靼别部”上层统治者之口，见诸于明代官方文书，进而为他人所熟知的。①

明朝中期，撒里畏兀儿人东迁入关。清朝统一西北后，以原有的部落组织为基础，将撒里畏兀儿分为“七族”。封操蒙古语族语言的撒里畏兀儿首领为“七族黄番总管”，即群众所称“总王”、“大头目”，并赐予黄马褂和红顶蓝翎子帽。所谓“七族”即七个部落，裕固族称部落为“家”。据社会历史调查资料，新中国成立前，裕固族共有 10 个部落，其中讲蒙古语族语言的部落有 8 个。

由此可以说，自唐末以来，河西地区的一部分回鹘人在特定的历史条件下生存发展，日益同中亚回鹘人相分离，向新的民族共同体发展，直至元朝，以出伯为首的一部分蒙古人与回鹘人长期共居一地，相互融合，并且始终是这个群体的统治者，使这个群体的文化特征发生质的变化，不仅保留了回鹘的特征，又增加了蒙古的特征。他们相互吸收，相互补充，构成了新的民族特征，即形成了裕固族。②

① 高自厚：《裕固族源流中蒙古支系的由来、演变及其重大影响》，载《中国裕固族研究集成》，第 137—141 页，民族出版社 2002 年版。

② 胡国兴（主编）：《甘肃民族源流》，第 302 页，甘肃人民出版社 1991 年版。

裕固族东迁入关以后一直生活在多民族杂居的地区，尤其长期和藏族毗邻而居，深受藏族文化影响。新中国成立时，当地已把裕固族视为藏族的一支。如 1944 年发表的《祁连山北麓调查报告》把蒙古种族的裕固族称“黄黄番”，把回鹘种族的裕固族称“黑黄番”。“黄黄番原系蒙古民族，来自外蒙古新疆一带，迁来时间无可考证。其宗教生活习惯，均同于当地藏族，唯语言、服饰，仍类蒙古。”“黑黄番原系维吾尔族，其生活习惯、宗教信仰，虽同于当地藏族，但仍操维吾尔语，故人称之为黑黄番。”[①]《顾嘉堪布传》也有类似论述：“所谓黄番七族者，分布于临泽、高台南山，蒙古归化为藏民者也。”“所谓黑黄番者，以其与黄黄番有别也，余经十年之考查，确知此族为畏吾儿所归化为藏民者也。”民国时期，活跃于祁连山北麓的藏族、裕固族的共同宗教领袖顾嘉堪布就拥有两个民族的血统，其父亲索南彭楚是藏族（当时俗称“黑番”），其母亲东科尔髻儿（俗姓安氏），是裕固族（当时俗称“黄番”）亚拉格家之女。顾嘉堪布自幼通藏语和裕固语（即突厥语部分）。[②] 由此可知，裕固族和藏族通婚现象非常普遍，异族通婚的后代基本都融入裕固族中。

第三节　其他特殊群体

除上述特有民族之外，甘青地区还有一些特殊群体，他们有的计入回族中，但是仍操藏语，或者蒙古语；有的称藏族，但已

① 蒙藏委员会调查室：《祁连山北麓调查报告》，载《中国裕固族研究集成》，第 517—518 页，民族出版社 2002 年版。

② 马铃梆：《顾嘉堪布传》，载《中国裕固族研究集成》，第 467 页，民族出版社 2002 年版。

改用汉语，其风俗习惯与汉族和回族趋同。这些群体的形成与甘青地区历史上的民族融合也有着密切关系，有些还和甘青地区特有民族的形成有关。从这些群体的形成与发展中，更能把握甘青地区民族交融和文化交流的历史脉搏。

一、卡里岗人

卡里岗，指青海省化隆回族自治县德恒隆乡、阿什努乡等地，在这里居住着一支操藏语、生活习俗等具有浓郁藏族风格的穆斯林，人口约1万人。

“卡里岗”系藏语“雪山”或“高山”的音译；“德恒隆”系“老虎”的音译。据文献资料记载，卡里岗地区原为藏族聚居地，清乾隆二十一年（1756），伊斯兰教虎夫耶教派花寺门宦的创始人马来迟到卡里岗一带传教，使部分藏族改信伊斯兰教。《化隆县志》记载，德恒隆乡“原为藏族聚居地，明时为西宁府中马番族二十五族之一的占咂族部落牧地，兼营农耕。清初为思那家族和安达其哈族部落居牧。明末清初回族迁入，垦荒种地，部分藏族迁往海南（今海南藏族自治州）等地。乾隆年间部分藏族皈依伊斯兰教，逐渐成为回藏杂居，以农为主，兼营畜牧的地区。”① 在当地老百姓中还流传有藏族刚皈依伊斯兰教时，马来迟在教规上给他们放宽要求的故事。例如礼拜时若坏小净，仍允许他们继续做礼拜，不必再小净等。这种因人因事，灵活把握教规的做法，为马来迟在这里得以顺利传播伊斯兰教奠定了基础。

现在的卡里岗人虽然信奉伊斯兰教，其民族成分也改变成回族，但在语言、服饰、饮食习惯、住房建筑风格、婚姻程序、文娱活动等方面，都保持了鲜明的藏族特色。

---

① 《化隆县志》，第30页，陕西人民出版社1994年版。

卡里岗人操藏语安多方言，男女老少，没有不懂藏语的。他们之间日常交流用藏语，甚至连阿訇向教民讲经，也使用藏语。据调查者介绍，曾亲聆过德一寺安优布阿訇用藏语讲经。这位阿訇年仅47岁，除宣读经文用阿拉伯语外，讲解时均用藏语，一口流利的藏语，滔滔不绝。清真寺大殿里除阿訇的宣讲声外，鸦雀无声，可见教民听讲之认真，信仰之虔诚。近年来，随着和外界接触的频繁，男人大多学会了汉语，但是在日常交流时，如果有人用汉语定遭非议。

在服饰上，卡里岗人过去均着藏族服装。现在，除部分成年男子冬天穿藏式皮袄外，都已改着汉族服装，而且男子头戴白帽，女子戴盖头。据当地老人讲，他们不穿藏族服装只是近50年间的事。

卡里岗人的住房建筑风格，过去完全保留着藏族村落特征：单扇大门，屋内灶头连着炕。但是随着他们生活水平的提高，近年家家户户修新房或改造旧房，那种藏式风格的住房建筑变得越来越少。在饮食上，过去以糌粑为主食，由于当地已不做酥油，现以面食为主，也不经常吃牛羊肉。在一些生活的细节上仍可见到藏族的习俗。例如藏族用刀和针线时，刀刃、针头都朝自己的方向，从不朝外，卡里岗人仍保持这种方式。

卡里岗人的婚姻程序，文娱活动，几乎和藏族没有两样。虽成为回族，但是他们不唱汉语“花儿”，而唱藏语“花儿”。藏族英雄史诗《格萨尔王传》和藏族民间故事等也在这一带流传。[①]

卡里岗的回族虽然保留有很多藏族风格的内容，但是也不是一成不变的。随着社会的发展和与外界交流的加强，他们昔日拥有的鲜明特色也在逐渐地改变和消失，越来越多地向回族靠拢，

① 马学仁：《从藏族走向回族的穆斯林——来自卡里岗地区的田野调查》，载《西北民族研究》2000年第2期，第155—159页。

语言上虽然仍操藏语，但是越来越多的人已经学会了汉语，那种纯粹不懂汉语的人几乎没有。卡里岗人向回族演化的进程仍在进行中。

二、托茂人

在青海省海北藏族自治州所属的海晏、祁连两县，有一部分人俗称“托茂人”。他们的生产方式、生活习惯、语言等都与青海地区的蒙古族相同。历史上是青海地区蒙古族两盟 29 旗中的南左后旗的旗民。但是，他们的宗教信仰却和蒙古族传统的宗教信仰不同，而是信仰伊斯兰教。历史上，青海地区的群众习惯地称这部分人为“托茂鞑子”、“托茂家”、“托茂公家”。他们自称“托茂”，称其所在旗为“托茂公”。

关于托茂人的来源，较普遍的说法是先民是蒙古人，从蒙古地区到新疆、西亚，受到当地信仰伊斯兰教人的影响，改信伊斯兰教，然后又来到青海。[①]

据考证，托茂为“土麻”、“秃满”、“秃马惕”的汉文不同异译。原为蒙古草原突厥语部落。成吉思汗统一蒙古草原时，为斡亦剌（即瓦剌）部首领所征服，秃马惕女首领嫁给斡亦剌部首领，该部即由斡亦剌首领统领，成为初期卫拉特联盟成员之一，游牧于中国西北部地区。元初，斡亦剌部中一部分人信仰伊斯兰教，因秃马惕部信仰伊斯兰教的人数最多，斡亦剌各部的穆斯林均被称为“秃马回”，久而久之，简化为“秃满”、“秃麻”、“秃马惕”等。后经多民族语言辗转流传，又将“秃满”音转为“托

① 李耕砚、徐立奎：《青海地区的托茂人及其与伊斯兰教的关系》载《世界宗教研究》1983 年第 1 期，第 132—138 页。

茂”、“陀莫”、“驼毛”等而载入汉文史籍中。[①]

托茂人进入青海大约是明朝正德四年（1509）。[②]托茂人的先民中应该有三部分人：一是东来的维吾尔人——缠头；二是信仰伊斯兰教的蒙古军人；三是当地的蒙古人。随着时间的推移，上五庄附近的汉族、藏族、回族，由于婚姻关系都有人逐渐加入托茂人的队伍。历史上，托茂人是蒙古王爷的旗民。逢年过节，要给蒙古王爷拜年贺喜，平时的乌拉差役和蒙古人一样负担。据说托茂公王爷手下一般要设两名章京，一名由蒙古人担任，另一名由托茂人担任。

托茂人在青海由于战争、民族冲突等原因辗转许多地方，现在散居于海北藏族自治州的祁连县境内的多隆乡、野牛沟乡和托莱牧场，按回族统计，约40户人家。有些人家由托茂人和回族共同组成。

托茂人虽然世代信仰伊斯兰教，但是生活习俗和蒙古族基本相同。

在居住方面：过去一直住蒙古包，间或也住黑牛毛帐房，现除冬天住一部分土房外，其余时间主要住牛毛帐房。服饰方面：男女服饰与青海蒙古族一样，男子冬天穿长袖无领大襟的老羊皮袄，腰间以长布（绸）带束之。脚穿皮靴，头戴狐皮帽（夏天多戴呢帽）。女子长袍、高靴、腰带等都一如青海地区的蒙古族妇女。头戴蒙古族式尖尖帽或四块瓦式的藏族式皮帽（视季节而定）。头上多梳小辫，戴辫套，辫套缀各种装饰品。到马家家族统治青海时，伊赫瓦尼教派兴起后，托茂人成年妇女除帽子外，还戴盖头。这种特殊的衣着，使人一看便知是托茂人。现在随着生活条件的改善和与外界交往的增多，衣着打扮也有所改变。如

①② 孙滔：《青海回族源流考》，载《首届回族历史与文化国际学术讨论会论文集》，第59—60页，宁夏人民出版社2003年版。

青年男子穿起了西裤、中山装等；女子则仿照西宁回族妇女模式来打扮。在饮食方面与青海地区的蒙古族、藏族相同，过去也以炒面、酥油、曲拉、奶子、肉食为主，只是牛羊需请阿訇或自己宰杀。油炸食品也较多，这与历史上同回族相接触，受其影响有关。

托茂人的语言为蒙古语。老年人仍以蒙古语为主，现在年轻人都会说汉语。在民族杂居地区，托茂人一般都会说蒙古、藏、汉等语言。

托茂人在丧葬问题上，又与回族基本相同。在婚嫁方面，既有与回族相同之处，也有与青海蒙古族相似之处。

保持着蒙古族生产方式和生活习俗的托茂人，却世代以伊斯兰教为其宗教信仰（曾因特殊原因也改信过其他宗教。详见第九章“宗教的变迁”相关内容）。托茂人也曾选送自己的孩子入寺念经当满拉，但是从未有过自己的阿訇、教长之类的宗教职业者。他们多从湟中、西宁等地聘请宗教人员。新中国成立以后，托茂人设置了专门的帐篷寺院，聘请的宗教人员住进帐篷寺院，由信教群众轮流供饭，按照冬夏不同季节，随群众的迁徙而迁徙。1954 年，托茂在海晏县自己本部落的草原上，破天荒盖起了自己的一座清真寺，规模为三间土房。但是几年后因托茂人的迁移而废弃。[①]

三、家西番

家西番是对生活在青海河湟地区，以农业生产为主，兼营少量牲畜或经商，说汉语青海方言（或河州话），宗教信仰和风俗习惯上具有藏汉两种文化特征的一部分人的称呼。长期以来，对

---

① 李耕砚、徐立奎：《青海地区的托茂人及其与伊斯兰教的关系》，载《世界宗教研究》，1983 年第 1 期，第 132—138 页。

家西番的族属认识不一，“西番”是宋以来对甘青一带各少数民族的一种贬称。由于对“家”的不同解释，使人们对家西番的族属问题发生分歧。有人认为藏语中汉族被称为“家”，所以“家西番”即“汉西番”、“假西番”，是藏化的汉族；有人认为“家”形象地反映了青海东部的这一农区“西番”与游牧的西番之间不同的村落家园居住形式和各自的农牧生产特征，由此家西番应该是藏族的一部分。另有说法认为，清代的固始汗将湟源、共和、海晏县的大片土地划归东科寺（今湟源县日月藏族乡境内），原先在这片土地上游牧的西番遂成为东科寺的佃户。这部分西番以“东科尔家的西番”来与别处的西番相区别，久而久之“东科尔家的西番”便简称为“家西番”。因而，这个“家”表明“西番”是“东科尔家”的百姓，证明了“西番”与东科寺的役属关系。[①] 那么，家西番到底是藏化的汉族，还是汉化的藏族？

湟源县最早的县志《丹噶尔厅志》在卷6“人类”中记载：“南乡（包括今日月藏族乡、和平乡等）一带克素尔、兔尔干各庄，有西番住屋耕田者，名曰东科寺佃户，与汉民杂居，间有读书者，土人称为‘家西番’，即熟番也。”[②] 《湟源风土调查录》在“种族”栏中记载：“（湟源）五族杂处，大部分均系汉族，城关多杂回民，东南乡多番族，其习俗多陈汉风正在同化时期，土人称为家西番。”[③] 从历史而言，湟水流域的生产方式经历了以游牧为主到半农半牧，再到以农业为主的发展过程，而吐蕃时期留居此地的藏族部落，在明清以后，与汉族长期杂居，逐渐接受

① 卢兰花：《“家西番”族属探析》，载《西藏研究》2005年第2期，第39页。

② 《丹噶尔厅志》，成书于清道光年间，铅印本，卷6，第29页，卷5，第24、第36、第23、第28页。卢兰花：《“家西番”族属探析》，载《西藏研究》2005年第2期，第39页。

③ 湟源县知事民国十五年抄本。卢兰花：《“家西番”族属探析》，载《西藏研究》2005年第2期，第39页。

了汉族的农业生产方式。变成了“似汉家”的藏族。

虽然家西番已转用汉语（懂藏语的不多），从事农业生产，但是从文献记载来看，其风俗习惯曾与藏族相似。“服装近似西番，男子则穿长领皮袄以带围腰，令腰间衣悬垂如袋取其多能携带物件也，女子则多穿长袍腰间亦系带，怕不令其悬垂也，男女皆着皮靴，女子发恒作二发辫，以长布囊之，布囊上饰以刺绣珠玉及银制之物，所费亦常在数十金左右，未嫁则置胸前，既嫁在置背后稍有不同耳；至其衣服质料因气候关系多用羊皮及野牲皮。”[①] 饮食“合境人皆喜食羊肉，依蒙番俗，六七人共煮肉一大块，重十多斤，手裂而啖，同席皆然，不以为嫌，家常所食，亦用以陪客。嗜酒者更多，每因酒席酒醉以陨生者，亦有终年沉湎不事生业者，有三五日为期相聚轮饮者，亦以见嗜饮者之多也。又以木杵舂之，经三五次而后成；名曰‘打茶’，邑人多喜饮之，每人三十碗，有终日彻夜不休者。”婚姻习俗“境内南乡东科尔佃户，原系西番种类，其婚多属招赘女家，男家反受聘礼，而冒女家之姓。”[②] 家西番还忌食“圆蹄”类动物，即不吃驴马狗肉，忌食鱼类。这与藏族饮食禁忌基本一致。

在宗教信仰方面，家西番对藏传佛教信仰极其虔诚。每有寺院化缘之事，必慷慨解囊。“凡有创建庙宇及重新彩画之事，虽费至三四千金，无不慨施乐捐，踊跃输将。”东科尔寺创建时，人们“一闻修建佛寺，无不踊跃输将，乐于赞助。故在数月之间，公私捐资，数已足用。”[③] 家西番还源源不断地向寺院输送

① 卢兰花：《“家西番”族属探析》，载《西藏研究》2005年第2期，第39—40页。

② 《丹噶尔厅志》，卷5，第24、第36页。卢兰花：《“家西番”族属探析》，载《西藏研究》2005年第2期，第40页。

③ 《丹噶尔厅志》，卷5，第23、第28页。卢兰花：《“家西番”族属探析》，载《西藏研究》2005年第2期，第41页。

子弟当僧人学经诵经。保留有藏历十月二十六日纪念宗喀巴圆寂念“岗索”经的习惯；每年正月十五晚上还要进行盛大的朝拜活动。①

现在，随着社会的发展，这些风俗习惯又发生了很大变化。如服饰已基本汉化，饮食以面食为主，结婚送财礼时由过去的送藏装演变为纯粹送汉族服装。在丧葬方式上实行土葬。在家西番的风俗中还有祭祖、祭灶习俗，祭奠亲人时，与汉族一样，也烧纸钱。也有过春节的习俗，过春节时，要贴对联，其过程和汉族几乎一样。②

与此同时，家西番也受河湟地区伊斯兰文化影响，尤其受穆斯林民族商业文化熏陶，经商也成为家西番的主要经济方式之一。在文化方面的最大特色是，在家西番中间普遍传唱“花儿”，而且其喜爱程度不亚于当地的汉族、回族。例如青海省湟中县鲁沙尔每年举行的“六月六”花儿会上，演唱花儿的多半是鲁沙尔、上五庄、拦隆口、多巴四乡以及湟源县的家西番。他们演唱的花儿歌声悠扬嘹亮，往往能吸引大批听众。从家西番中走出不少优秀的“花儿”歌手。③

从上述可见，家西番文化属于藏、汉边缘文化，同时也受穆斯林民族文化影响。他们在与汉、回等民族长期杂居过程中，民族文化之间产生了相互影响，他们将汉族、回族文化与本民族文化相糅合，形成了一些新的文化模式。因此，从表面看，他们与藏族文化产生了差异，而又不同于汉族、或回族文化，形成了独特的“家西番”文化。

①② 刘夏蓓：《安多藏区族际关系与区域文化研究》，第214页，民族出版社2003年版。

③ 详见本书第四章“花儿的区域特征”。

四、康家回族

居住在青海省尖扎县康杨镇的部分回族使用一种属于蒙古语族的语言，这种语言被当地称为“土话”，学界被称为“康家话”、“康家语”，或“康家回族话”。康杨镇的回族按照不同来源，分为康家回族和杨家回族。康家话是部分康家回族所操的语言。

康家回族居住的康杨镇位于青海省东南部，黄南藏族自治州尖扎县西北坎甲山下，黄河南岸。康杨镇居民以回族为主，全镇回族共5587人，占总人口80%，汉族和藏族各占10%。由于历史地理原因，当地回族被分为两大块，即康家回族和杨家回族。自南向北流入黄河的康杨河以西为康家，以东为杨家。使用康家话的人主要居住在康家。

所谓康家回族主要是指康杨镇沙力木、宗子拉、巷道3个村会说“土话”的回族。其他村也有一些回族懂康家话，但都是从康家迁出去的。现在使用康家话的人越来越少，据1995年的调查统计，懂得或使用康家话的人数只有487人，其中全懂的377人，略懂的110人。康家回族老人中有一部分人还兼通藏语。这主要是康杨镇居住着部分藏族，镇周围有许多藏族乡村，长期互相来往，联系十分密切。康家话词汇里也融入许多藏语词，包括最常用的人体器官和日常用语。

康家回族虽操一种特殊的语言，但其来源并无可靠记载。关于康家回族，尤其沙力木、宗子拉一带回族来源主要有以下几种说法：

1. 他们是从保安迁来的工匠、商人。后来由于民族矛盾一批保安回族迁到了这里。据康家阿訇（当年75岁）介绍，康家人的根是保安回族的铁匠、木匠等手工艺人，到康家后保持了原来保安地区的土语。而这些工匠不是集体迁来的，先自己出来谋生，后把自己的家眷带来，接着又把本家、亲友搬来，自成村落。过去每日做礼拜，城上汉民说：你们（指回族）做礼拜、读经，弄得我们头疼。让这些回族到川里去做礼拜。后来回族就定居在川里。据康家回族老人（当年79岁）介绍，康、杨、李是三屯，杨、李二屯不讲土语(即康家话)，只有康家回族讲。康家是藏族多家官人的百姓，归贵德管辖，而康家的回族是从保安迁来的。迁来时就姓马，大约80余家。杨、李两家没有从保安迁来的传说。另据当地藏族干部介绍，贵德的回民是从河州来的士兵，屯田戍边，后来将眷属带来定居。夏日仓活佛（隆务寺夏日仓三世，1740—1794）时期，强迫他们改信喇嘛教，一部分皈依了喇嘛教，一部分迁到了康家。康家当时是藏族多加官人手下康百户的地方。这批保安回族迁来后，用银子买下了这块地，藏族康百户带领自己的部落迁到贵德、兴海一带。1958年他的后人还回来看过。现今（同仁）县上的洛藏家（在年都乎）就是以前的清真寺。

2. 由河洮等地迁来。据康家回族老人们讲，康家的韩姓是从化隆来的，绽姓是1929年从河州迁来的，张姓是甘肃洮州来的，康家的张文真阿訇是甘肃张家川人。

3. 当地的汉族、藏族群众，接受了伊斯兰教，成为穆斯林。这种说法在康家和杨家都有。据当地阿訇讲，最初这里可能不是回民，到马来迟来此传教后，当地的回族、藏族群众跟着马来迟学经，接受了伊斯兰教，逐渐变成了回族。①

4. 据老人讲，“很早以前康杨一带可能是蒙古人和藏民居住。我们这里流传好汉敬德的传说。这里一些坟墓不像我们回民，土葬的尸体是立着的，殉葬物也和我们回民不同。可能是蒙

① 陈新海：《康杨社会历史调查报告》，载《青海民族研究》1993年第4期，第37—38页。吴承义：《康杨回族乡沙里木回族讲土语及其由来的调查报告》，载《青海民族研究》1990年第4期，第50—54页。

古人的。”

5. 某些康家回族讲，“我们的土话和东乡话接近，我们的先人们可能是从甘肃临夏那边来的。直到现在从那边来的回族与我们康家人结婚的还有。”在康家回族人口普查簿上原籍为甘肃临夏等地的人不少。[①]

上述传说或多或少都有一些历史根据，历史上这一带就属于河湟地区的一部分，是众多民族和部落繁衍生息、频繁迁徙、融合的地方。自蒙元时期这一带就有不少蒙古人，后到蒙哥可汗时，为了东压金国，西控吐蕃，河州、积石州一带成为蒙古军的屯驻重镇。蒙古军的这些活动，有的在保安地区，有的在东乡的邻近地区，有的就在河州。由此在这一带留下了相当数量的蒙古军队。[②]

综上所述，康家回族应该是从河州、东乡一带来的部分操蒙古语的回族人和信仰伊斯兰教的蒙古人，以及后来从同仁保安地区来的一些保安人或回族人，与当地包括少数汉、回和一些原住民融合而成的。从语言角度而言，康家、保安、东乡 3 种语言彼此接近，而且康家话几乎处在东乡语和保安语中间，偏向保安语状态。例如康家话两位整数词与保安语的组成方式一样，不同的是康家话保持了更原始的状态。康家话虽然没有严谨的元音和谐律，但保留着局部和谐现象，这一点接近东乡语。东乡语词尾音节末的 r 等一些辅音完全脱落，保安语几乎完全保留，而康家话处于部分失落或清化，或者还保留的过程之中。因此，康家话是东乡和保安地区来的人经过一段时间的“磨合”后形成的一种语言。操康家话的主体是历史上操蒙古语的回族人和信仰伊斯兰教的蒙古人。[③]

① 斯钦朝克图:《康家话研究》，第 7—14 页，上海远东出版社 1999 年版。

② 详见本书第八章中“东乡、保安等民族形成源流”和第九章中“河州话的形成”。

③ 斯钦朝克图:《康家话研究》，第 7—14 页，上海远东出版社 1999 年版。

第九章 形成区域特征的社会文化环境

第八章已指出，甘青地区特有民族语言文化区域特征的形成与甘青地区在历史上作为民族融合的大舞台和文化变迁的前沿阵地有密切关系，并探讨了形成区域特征的历史背景。本章重点探讨形成区域特征的社会文化环境及发展趋势。

第一节 历史上的多语言环境

在漫长的历史岁月中，曾在河西走廊和河湟谷地依次迭兴的民族不计其数，其中有的历经曲折延续至今，有的则相互消融，形成新的民族。在这民族征服与被征服，统治与被统治的过程中，毫无疑问其语言文化也在发生着翻天覆地的变化，只是历史资料所限，我们无法了解到真实的过去。在此，我们仅根据有限的敦煌文献资料来了解一下甘青地区历史上的多语言环境。

一、敦煌所见多种语言

位于河西走廊最西端的敦煌，唐代称沙州，地处东西交通要道，有着重要的地位。向东与河西走廊的肃州（酒泉）和甘州（张掖）相连，西接哈密，连通吐鲁番盆地，又是通往天山地区的要道。新疆境内操突厥语和蒙古语的游牧民族，时常通过丝绸之路南迁，并定居河西走廊从事农业。敦煌，还连接今青海省境内的河湟谷地，生活在河湟谷地并建立过政权的吐谷浑人也与敦煌保持着密切关系。不难想象，在古代，敦煌是一个汇集着东、西方各种语言的聚集地。

初唐时期，粟特人在敦煌东部建立了自己的聚居部落，并与中原进行贸易往来，8世纪下半叶，粟特人被中原文化同化并消失。敦煌文书中有粟特语写本50余件，主要是佛教经卷，即居住在敦煌的粟特佛教徒遗留下来的。[①] 此后，虽然粟特人消失了，但是回鹘化的粟特人或受到粟特语影响的回鹘人在9—10世纪，即归义军时期仍在使用粟特语。这些经历了回鹘化的粟特语文献有大量大事记、信件和各种笔记。10世纪于阗使节张金山出访敦煌，在他的一份于阗写本上用粟特语签名，这一事实说明在这时期粟特语仍在一定范围内使用。[②]

敦煌藏经洞中发现百余件于阗语写本。所有这些文献都用晚期于阗语写成，除佛经外，还有相当数量的世俗文书，诸如外交书信和报告等。于阗位于塔里木盆地南部，主要居民属伊朗血统，距敦煌如此遥远，其文献却频频见于敦煌。这主要是10世纪曹氏归义军政权和于阗有密切关系，此外，中原汉文化对于阗文化也有深刻影响，因此，曹氏归义军时代，有一支常住敦煌，从事外交活动的于阗人群体，他们精通汉语，并用汉语来抄写佛经。与此同时，还发现有为方便于阗人来往于敦煌而编辑的记载大量口语的于阗语——汉语双语写本。[③]

同一时期，敦煌及河西绿洲地区还活跃着讲梵语的社会群

---

① 这些写本都有相应的汉语名称，证明是居住在中国的粟特人撰写的。见吉田丰：《粟特语文献》，载《敦煌胡语文献》（《讲座敦煌》卷6），东京，1985年版。

② 张金山的于阗语签名见S.Ch00274的题记和Ch.002的边缘。高田时雄：《敦煌发现多种语言文献》（马茜译），载段文杰、茂林博雅主编：《敦煌与中国史研究论集——纪念孙修身先生逝世一周年》，第354页，甘肃人民出版社2001年版。英文版《亚洲学刊》（Acta Asiatica）第78号（敦煌吐鲁番研究专号），东京，2001年版。

③ 高田时雄：《敦煌资料による中国语史の研究——九、十世纪の河西方言》第196—197页，东京：创文社1988年版。

体，而且在吐蕃统治时期，吐蕃僧侣在敦煌开启了学习古梵文的先例。1924年哈金发表了伯希和收集的梵-藏文对照表，这是曾赴五台山朝圣的印度和尚 Devaputra 于10世纪后半期在肃州（今酒泉）口授而成。[①] 随着印度僧人的增多，交流机会的加大，敦煌还出现了梵文-于阗文双语写本。[②] 除此之外，7—10世纪对敦煌及河西走廊有着根本性、持久性影响的语言是吐蕃语和回鹘语，由此受到强烈影响的是吐谷浑、西夏党项等民族。

二、多民族协作而成的吐蕃经卷

吐蕃在征服河西走廊的过程中，对敦煌（沙州）围攻长达8年，占领敦煌后，为了推广藏传佛教，吐蕃任用汉族、苏毗、于阗、尼泊尔人等出任各级行政官员，大力开凿石窟，致力于藏传佛教的传播。[③] 吐蕃赞普弃宗弄赞（815—841年在位）执政期间下令开展大规模的抄经活动。这一活动的开展，使得在今日河西走廊的敦煌（沙州）、酒泉（肃州）、张掖（甘州）、武威（凉州）等地，留下一批中唐藏文写本经卷。据研究，这批近万数的写经箧页，虽然数量相当可观，但远非中唐吐蕃经卷的全部或者大

① 哈金（Joseph Hackin）《梵—藏文对照表》（Formulaire Sanskrit-tibetain），巴黎，1924年。引自高田时雄：《敦煌发现多种语言文献》（马茜译），载段文杰、茂林博雅主编：《敦煌与中国史研究论集——纪念孙修身先生逝世一周年》，第353页，甘肃人民出版社2001版。英文版《亚洲学刊》（Acta Asiatica）第78号（敦煌吐鲁番研究专号），东京，2001年版。

② P.5538背面是于阗国王尉迟徐拉（Visa ‘Sura，967—978）写给沙州王曹元忠（944—977）的官方正式文件，写于于阗王登基第四年。引自高田时雄：《敦煌发现多种语言文献》（马茜译），载段文杰、茂林博雅主编：《敦煌与中国史研究论集——纪念孙修身先生逝世一周年》，第353页，甘肃人民出版社2001版。英文版《亚洲学刊》（Acta Asiatica）第78号（敦煌吐鲁番研究专号），东京，2001年版。

③ 刘夏蓓：《安多藏区族际关系与区域文化研究》，第26—27页，民族出版社2003年版。

部，而只是其中的一部分，甚至只是一小部分。它同汉文、于阗文等其他民族文字经卷一起，证明中唐河西民族大交流的客观存在，它是这个大交流于吐蕃时期的一个特定产物。[①]

吐蕃经卷卷尾通常签署写者和校勘者的名字，有的还要做“注”乃至写“批语”。全部河西吐蕃经卷上共出现署名800多处，除去重复，共有400余人的姓名，“写者”100余人，“校勘者”300余人，极少数人既是“写者”又是“校勘者”。依400余人的姓名来区别，其中有百余人是吐蕃人，他们署名时往往冠以吐蕃种姓和氏族名称。比吐蕃写、校人数多几倍的写、校者是其他民族。他们用吐蕃文字署名，除少数以吐蕃文字音译转写形式还保留着自己民族的姓名之外，其余大都起了吐蕃式的名字。从姓氏看，他们中有一批张、王、周、李、宋、阴、翟、索、令狐等汉人或早已汉化的少数民族人士。更多的是在名前冠“康”的西域康居人、“安”姓的安国人、“白”姓“米”姓的龟兹人、“石”姓“何”姓的石国何国人、“里”姓的于阗人、“土”姓的吐谷浑人、冠以“支”字的月氏僧人以及冠以瓜、沙、甘、凉、庭、宕、河、岷等地区名称以表示本人系各该州郡吐蕃以外的各民族人士。对这批经卷进行清理、编目的专家研究认为，河西吐蕃写经卷子，虽其外部特征完全是吐蕃民族形式，但在写、校者总人数中其他民族的人占五分之四甚至六分之五，吐蕃人只占五分之一乃至六分之一，由此可见，河西吐蕃经卷是地地道道的多民族直接协作的产物。[②]

众多的各民族人士除参与到佛经的写制之外，也深入到其他

---

① 黄文焕：《河西吐蕃经卷目录跋》，载《世界宗教研究》1980年第1期，第57页。

② 关于河西吐蕃经卷写、校署名录见黄文焕：《河西吐蕃卷式写经目录并后记》，载《世界宗教研究》1982第1期，第84—102页。

领域。据研究，在吐蕃的军队中，有一直被称作“杂虏”的杂牌军，这是吐蕃利用被征服民族建立的军队，其中有党项人、羌人、汉人、吐谷浑人、突厥人等。他们与吐蕃军队协同作战，这支军队能被吐蕃首领随意调遣，说明他们已经成为吐蕃语言的使用者。①

“有如此众多的兄弟民族人士从事吐蕃文字经卷的写制，又有那么众多的兄弟民族吐蕃化得简直如同吐蕃人一样，这就从一个特定方面表明：7—9世纪间，吐蕃领有西域南部以及河西一带广阔地区时，民族交流不仅存在，并且在原有基础上以自己的形式继续进行，其规模之宏大、时间之持久、方法之自然、影响之深入都是极为动人的。”②

三、藏、汉双语社区与双语文献

对敦煌语言有着根本性和持久性影响的语言是吐蕃语。吐蕃在786—848年对敦煌实行军事统治时期，敦煌百姓不可避免地在生活的各个方面接触到吐蕃语。既然统治者使用吐蕃语，不难想象各级政府机构也在使用吐蕃语。吐蕃统治的影响达到极点即产生了藏汉双语群体社区。敦煌的汉人不仅仅通汉语，而且能流利地听、说、写吐蕃语，尽管这些“吐蕃化的汉人”的立社动机不是十分清楚，但是它反映出吐蕃语已深入到汉人社会的基层——社。有关社区组织的吐蕃语文书最早出现于吐蕃统治时期，但是10世纪一份关于“五姓”算命法的吐蕃语写本表明，早期建立的汉藏双语社区在10世纪下半叶归义军时期仍存在。

---

① 刘夏蓓：《安多藏区族际关系与区域文化研究》，第26—27页，民族出版社2003年版。

② 黄文焕：《河西吐蕃卷式写经目录并后记》，载《世界宗教研究》1982年第1期，第102页。

吐蕃统治时期，随着吐蕃语、吐蕃文在敦煌汉族社会的渗透，渐渐在汉人中形成了用吐蕃文书写汉语的习惯，由此一部分汉文书用吐蕃文转抄下来。如佛经类《金刚经》、《阿弥陀经》等，曲子词《对明主·郑郎子辞》、《寒食篇》等，还有启蒙读物如乘法表、千字文、杂抄等。这些写本属于吐蕃和10世纪的曹氏归义军两个时期，因为吐蕃和归义军时期的佛经写本在音韵上有明显不同。由此可以说明，用吐蕃文书写汉语的传统建立于吐蕃时期，但一直延续到10世纪曹氏归义军时期。虽然吐蕃已被逐出敦煌，必须使用吐蕃语、吐蕃文的政治压力已经消除，但是一种习俗一旦形成则不易消失。①

四、回鹘语文在河西走廊的通行

“河西回鹘”有时指甘州回鹘，有时指沙州回鹘，有时又是二者的合称。总之，它是指自唐末“散处甘、凉、瓜、沙间各立君长，分领族帐”的回鹘人。河西回鹘人建立的甘州回鹘汗国，是河西走廊的中心地带，也是西域和中原往来的咽喉。从漠北故乡迁居甘州的回鹘人与当地的汉人、突厥人、吐蕃人相互融合后，文化得到长足发展。河西走廊西端的敦煌是通向西方的南、中、北三条道路的出发点，是丝路重镇。沙州回鹘人利用敦煌在整个丝绸之路中交通枢纽的地位，经营中介贸易，甘州回鹘则控制着从中亚进入中原的门户，他们借此收取过往商队的商税。这样，回鹘人在敦煌至甘州的狭长地带盛极一时。回鹘人又与周围各族交往密切。甘州回鹘可汗与控制着敦煌的汉人曹氏家族通

---

① 高田时雄：《敦煌发现多种语言文献》（马茜译），载段文杰、茂林博雅主编：《敦煌与中国史研究论集——纪念孙修身先生逝世一周年》，第351页，甘肃人民出版社2001年版。英文版《亚洲学刊》（Acta Asiatica）第78号（敦煌吐鲁番研究专号），东京，2001年版。

婚，至今在曹氏家族所修的佛教石窟中，仍可见回鹘公主的画像。

回鹘文是一种依照粟特字母创制的音素文字，由大约18—22个符号组成（因时间早晚字母数目有所不同）。一般认为，回鹘文流行时间是8—15世纪，流行地区是今新疆吐鲁番盆地和中亚楚河流域。但是宋元时期回鹘语文成为河西一带的通行语言，据文献研究记载，自10世纪下半叶起，敦煌地区回鹘语的使用呈现剧增态势，它的影响可与汉语相匹敌，并最终超过汉语。到10世纪晚期，随着河西地区的回鹘化，敦煌地区使用汉语的人数越来越少，汉语渐渐被回鹘语和其他语言取代。但是出土的大约50件回鹘文写本尽管含有佛经、占卜、格言警句和书信等，但无论怎么说都不能算多。这主要是敦煌藏经洞对文献的收藏有偏向性。事实上，河西地区用回鹘文记录和创作了许多作品，并进行了颇具规模的佛典翻译工作，这可从大量出土于其他洞窟的元代回鹘文文书得以说明。[①]

从1028年到1036年，河西回鹘人成为西夏王朝的属民。西夏境外的回鹘人和邻近各族仍有密切的经济和文化交往。在交往中，西夏文和回鹘文并用，而且回鹘文在佛典的翻译过程中发挥着重要作用。西夏在佛教的传播方面主要借助回鹘僧的帮助。西夏曾多次延请回鹘僧演释经，如西夏天授礼法延祚十年（1047），景宗元昊于首都兴庆府建高台寺，内贮宋朝所赐之大藏经，并“广延回鹘僧居之，演释经文易为蕃字。”毅宗拱化五年（1076）和惠宗秉帝天民安六年（1095），西夏曾两次向辽进献由回鹘僧

---

① 高田时雄：《敦煌发现多种语言文献》（马茜译），载段文杰、茂林博雅主编：《敦煌与中国史研究论集——纪念孙修身先生逝世一周年》，第348—354页，甘肃人民出版社2001年版。英文版《亚洲学刊》（Acta Asiatica）第78号（敦煌吐鲁番研究专号），东京，2000年版。

所演释的“梵觉经”和“贝多叶经”。由此可见，西夏时期，河西回鹘人与党项人之间在文化交往中的密切关系及彼此所受的深刻影响。

元灭西夏后，回鹘人被列为色目人。元代有相当数量的回鹘人居住在河西。而分布在甘州、肃州一带的回鹘人此时又称撒里畏兀儿。撒里畏兀儿为河西回鹘的一部分，除此以外，河西地区还居住有新疆迁来的西州回鹘人。1209 年西州回鹘臣属于蒙古。1275 年以后，首都高昌（和州）陷于西北蒙古亲王之手，亦都护留驻永昌（武威）遥领，此时有相当一部分西州回鹘人相随迁居河西。

明清以后，随着河西回鹘势力的衰微，回鹘文逐渐被忘却，用这种文字写成的文献也随之归于湮灭。19 世纪末 20 世纪初，由于甘肃敦煌藏经洞的发现才有一部分回鹘文文献问世。这些文献材料也可为我们提供一些了解认识回鹘语文在河西地区的通行情况。

回鹘文《有元重修文殊寺碑铭》，现存甘肃酒泉西南文殊沟。此碑立于 1326 年，正面为汉文，背面为回鹘文。立碑人是喃答失太子。此碑内容虽汉文和回鹘文部分大致相同，但后者并不是前者的译文。这不仅表现在段落内容和细节上不同，而且表现在文体上的不同，汉文为散文体，回鹘文则为押头韵的韵文体。回鹘文部分不仅提供了元代河西走廊蒙古察合台一支完整、正确的系谱（即成吉思汗—察哈台—拜答尔—阿禄嵬—主伯—喃忽里—喃答失），从而不仅改正了汉文部分和《元史》中的有关错误，而且对回鹘文学和语言的研究也具有重要意义。

回鹘文《大元肃州路也可达鲁花赤世袭之碑》，现存甘肃酒泉市文化馆。碑文用汉文和回鹘文书写。此碑立于元顺帝至元二十一年（1361），立碑人是唐兀（即西夏）族人善居。此碑记录了一个唐兀族家族自西夏灭亡后，至元朝末 150 多年 6 代 13 人的官职世袭及其仕事元朝的情况。该碑回鹘文，反映出直到元末仍有相当数量的回鹘人居住在肃州一带，并使用回鹘文。

此外，还有回鹘文《亦都护高昌王世勋碑》，现存甘肃省武威市文化馆。碑文用汉文和回鹘文书写。汉文部分从上到下通行书写，回鹘文部分则分栏书写，现存该碑后一部分的四栏半，据此碑的回鹘文部分内容判断，碑石立于元顺帝元统二年(1334)。[①]

从上述文献我们可以认识到宋元时期回鹘文在河西地区的重要地位及通行情况。

五、变化的汉语

敦煌自汉代以来就在中原王朝的有效控制之下，敦煌最重要的语言无疑是汉语，无论在政治上还是社会上都占据主导地位。但是自 787 年吐蕃占据沙州（敦煌）后，敦煌和中原王朝的政治联系经常被切断，此后如 840 年回鹘人的西迁，890 年左右甘州回鹘汗国的建立，914 年曹氏归义军的夺权，1036 年西夏占领肃、瓜、沙州等地等历史变化都使得该地区常常处于相对独立的状态。由此这一地区的语言也发生了一系列变化，除前述民族语地位上升外，汉语也在发生着变化。

如前文所述，吐蕃统治的影响达到极点即产生了藏汉双语群体社区。敦煌汉人的吐蕃化必定使其汉语发生变化。《新五代史》出现了相关的记载：

“安禄山之乱，肃宗起灵武，悉召河西兵赴难，而吐蕃乘虚攻陷河西，陇佑，华人百万皆陷于虏。文宗时，尝遣使者至西域，见甘、凉、瓜、沙等州城邑如故，而陷虏之人见唐使者，夹

① 相关文献详见耿世民：《敦煌出土回鹘文献介绍》，载《中国裕固族研究集成》，第 656—662 页，民族出版社 2002 年版。

道迎呼，涕泣曰：‘皇帝犹念陷蕃人民否?’其人皆天宝时陷虏者子孙，其语言稍变，而衣服犹不改。”①

日本学者高田时雄认为，这里所说的“语言稍变”是一种什么性质的变化，由于缺少语言材料，现在很难描述，但是至少可以做到以下思考：第一，受到吐蕃语的直接影响而产生的变化，即敦煌在吐蕃人的统治下，掌握了吐蕃语的汉人在使用汉语时夹杂着吐蕃语。这是对“其语言稍变”的一种理解。另一种可能是虽然在吐蕃影响下对汉语没有形成直接影响，但是汉语的规范意识受到影响。也就是说社会影响导致了语言的变化。在吐蕃统治之前，河西是唐王朝的属地，从习俗到制度上应与中原一致。中央派来的官员应讲长安正式的官方语言，诗文的押韵、佛经的诵读等都应该是标准语言。但是长期的异民族统治，使汉语的规范性发生松动，规范意识淡化，与之相应的上升语言是当地的方言土语。这种普遍使用方言土语的现象也许给中央使者造成了“其语言稍变”的印象。这是另一种理解。②

高田时雄通过对9—10世纪的河西方言研究认为，敦煌结束吐蕃统治之后的归义军时期并没有完全恢复汉语的规范意识。848年张议潮起义建立相对独立的政权后，与中原的联系逐渐减少，与此同时，敦煌方言的地位相应上升，出现于公共场所。特别是10世纪曹氏归义军统治时期，敦煌方言成为独立的敦煌官方语言，曹氏政权用这种语言频繁与甘州回鹘等周边异民族政权交往。但是随着10世纪晚期河西地区的回鹘化，汉语的使用越来越少，渐渐被回鹘语和其他语言取代。经过西夏、元、明、清

① 新五代史卷七十四，四夷附录第三，吐蕃（标点本P914）。

② 高田时雄：《敦煌资料による中国语史の研究——九、十世纪の河西方言》，第5—9页，东京：创文社1988年。

几个朝代的兴衰变迁，敦煌最终又成为一个汉化的社会。[①]

敦煌虽为弹丸之地，但是为我们留下了丰富的历史语言文献资料，通过这些文献资料，我们以点带面的形式了解甘青地区历史上更为广阔的多语言环境及其历史文化背景。

第二节　河州话的形成

一、河州话的分布与特点

河州话是指今甘肃临夏及青海东部地区的回、汉及其他少数民族所说的一种地方语言。在本书第三章我们较系统地描述了河州话的语音、词汇、语法等特征。通过描写研究使我们了解到河州话的词主要来自汉语，但是有 SOV 语序，用附加成分表示变格，量词简化。声母、韵母与汉语相同。单音节词的声调有辨义功能，但调类少，音高差别不大。多音节词内的不同声调已基本转化为轻重差别，具有声调语言与重音语言相互渗透的痕迹。简而言之，河州话的材料是汉语的，但是框架接近阿尔泰语，具有明显的混合性质。

这种混合语的形成与语言接触有密切关系。语言接触使语言功能和语言结构都发生变化。功能方面主要是使用领域扩大或缩小。结构可分浅层影响和深层影响。浅层影响主要是借词，它只增加新的成分，不改变原来的成分、框架和演变规律；深层影响可以发生在语言、语义、语法诸方面，可以使原有的成分、框架

---

① 高田时雄：《敦煌发现多种语言文献》（马茜译），载段文杰、茂林博雅主编：《敦煌与中国史研究论集——纪念孙修身先生逝世一周年》，第 348—354 页，甘肃人民出版社 2001 年版。英文版《亚洲学刊》（Acta Asiatica）第 78 号（敦煌吐鲁番研究专号），东京，2000 年版。

或演变规律发生变化。深层影响如果发生在非亲属语言之间时会引起语言质变。具有混合性质的河州话毫无疑问是语言间深层影响的结果。

过去作者认为，保安、东乡、土、撒拉等民族所使用的具有混合性质的第二语言是他们来到甘青地区定居后，由于在汉、藏、回等几个人口较多的民族包围之下，为了生存、发展而学习汉、藏等民族语言而形成的。① 但是经过近几年的进一步思考研究，认为河州话的形成并非如此简单，河州话中出现的这些与阿尔泰语言相同的语法现象可能和历史上的民族接触有着密切关系。

马树钧先生在《汉语河州话与阿尔泰语言》一文结语部分也认为，"从以上材料来看，河州话与阿尔泰语言之间完全有可能存在某种历史关系。目前仍与河州话接触并与之有双语关系的阿尔泰语言有保安语、东乡语、土族语、撒拉语等。但使用这些语言的民族人数不多，地域范围有限，其中有些民族出现在这一地区的历史也并不很长。他们虽然可能在某些方面对河州话产生一定的影响，但看来不可能有那么大能量足以影响通行于那么多人口、那么大范围内的河州话，甚至使其语法结构发生重大变化。鉴于语法结构具有较大稳定性，其演变历程通常都比较漫长，我们不妨设想：存在于现代河州话中的某些语法现象也有可能是在很久以前就已形成了的。因此，我们在考虑河州话所受其他民族语言的影响的时候，不能只着眼于民族分布的现状，还应该考虑民族接触的历史。不过这个问题尚待于今后进一步研究。"②

---

① 钟进文：《甘肃地区突厥蒙古诸语言的区域特征》，载《民族语文》1997 年第 4 期，第 55—60 页。

② 马树钧：《汉语河州话与阿尔泰语言》，载《民族语文》1984 第 2 期，50—55 页。

今天从河州话的分布范围来看，主要分布于甘肃临夏以及青海西宁以东湟水与黄河交汇之处的河湟地区[①]，这一地区自元朝以来就是回族及其先民的主要聚居地。新中国成立后，在甘肃以河州为中心，建立了临夏回族自治州；在青海回族聚居的门源、化隆分别建立了回族自治县；在民和、大通分别建立了回族土族自治县；在平安、湟中等县建立了10个回族乡。由此可见，河州话的主要使用者是回族，其次是当地的汉族及其他少数民族。作者认为，河州话的形成与甘青地区回族的形成有着密切关系。

二、甘青地区回族的形成

回族自明代逐步形成一个民族以来，可以说分布全国各地，但是各地回族的形成并不完全相同，各自都有自己的形成特点。

早在唐宋时期就有阿拉伯、波斯商人和中亚地区伊斯兰化的突厥商人通过唐蕃古道和丝绸之路进入甘青地区从事经商活动，其中不少人长期滞留在青海辽阔的天然牧场和甘肃富饶的河西走廊，“及其日久，多有留居不去，冠汉姓，娶汉人女子为妻妾者。”[②] 此外还有不少唐肃宗时援唐后落居甘青的大食兵。[③] 但是这些人只是外来的“蕃客”、“胡商”，只能视为甘青地区回族最早的“先民”。

甘青地区回族的主要来源是宋末元初，随着蒙古军队的西征，东迁到甘青地区的蒙古军和“回回军”。

13世纪，蒙古族西征，先后征服了中亚穆斯林各国，签发

---

① 李炜：《甘肃临夏一带方言的后置词“哈”“啦”》，载《中国语文》1993第6期（总第237页），第435—438页。

② 金吉堂：《中国回教史研究》，第110页。引自高占福：《甘肃回族源流考略》，载《回族社会历史调查资料》，第1—10页，云南民族出版社1988年版。

③ 也有学者认为，此处的大食兵未必是阿拉伯人的部队，当为信仰伊斯兰教的中亚人所组成。见《中国大百科全书》“大食条”，中国大百科全书出版社1988年版。

被征服各国的青壮年组成“回回军”进入中土。1227年春，成吉思汗亲率大军占领甘青广大地区，并把水草丰美、草原辽阔的甘青地区作为进军中原的根据地，派蒙古军和“回回军”在这里屯聚牧养。元朝建立后，先后派蒙古宗室西平王系、安西王系、西宁王系等部驻屯甘青地区。这三个王系从始封人开始都是蒙古贵族中较早信仰伊斯兰教的虔诚教徒，当时共有60万人（包括奥鲁军，即随军家属屯牧部队）。常年驻守青海的约30万众，多为“回回军”和信仰伊斯兰教的蒙古军；此外还有一部分红袄军（山东反金农民起义军，后归顺蒙古，编入探马赤军中），逐步融合到蒙古军和“回回军”中，后改信伊斯兰教，并同奥鲁军及当地各族居民通婚也成为甘青回族先民的一部分。①

第一，蒙古军与甘青回族的关系。

元代是伊斯兰教在甘青地区的大发展时期，也是甘青回族形成的重要时期。甘青地区伊斯兰教的发展，回族的形成，都与西宁王有着重要关系。西宁王的封号始于元世祖至元二十年（1283），西宁王是元王朝对成吉思汗次子察合台后裔中留居元朝境内的诸王出伯所封的世袭王位。② 1271年，拖雷子忽必烈继大汗位后，改蒙古汗国为元朝，改汗王为皇帝。当时，成吉思汗家族内一部分人认为应由成吉思汗三子窝阔台的后裔为皇帝，反对忽必烈称帝。拥有重兵并占据战略要地的窝阔台之孙海都和察合

① 孙滔：《青海回族源流考》，载《首届回族历史与文化国际学术讨论会论文集》，第48页，宁夏人民出版社2003年版。

② 《元史》、《新元史》、《元史新编》、《蒙兀儿史记》、《续文献通考》等史书将此世袭王位列入成吉思汗第四子拖雷之子旭烈兀后裔中或成吉思汗之弟的后裔中，依据该王系后裔于元末在敦煌莫高窟、酒泉文殊寺所立碑文对家族谱系的记载，印证中亚贴木儿王朝谱系《穆伊兹·阿萨部》（意为“显贵世系”）以及《史集》、《中亚蒙兀儿史》等史料可发现汉文史籍记载有误。详见孙滔：《青海回族源流考》，载《首届回族历史与文化国际学术讨论会论文集》，第48页，宁夏人民出版社2003年版。

台之孙都哇联合起兵与忽必烈对抗。在察合台汗国内，围绕拥护和反对忽必烈以及察合台国内汗权之争，分裂为对立的两派。忽必烈为了巩固自己的皇位，保持西部地区的稳定，即指派维护元王朝统一，反对分裂割据的察合台之孙、察合台汗国四世汗王阿鲁忽之子诸王出伯（汉文史籍又称术白、术伯等，虔诚穆斯林）屯兵今青海、甘肃西部，协助西平王奥鲁赤（忽必烈子，穆斯林）、安西王阿难答（忽必烈孙，穆斯林）统领蒙古军、探马赤军和各地军户，平息以海都、都哇为首的分裂活动。出伯在镇守元王朝西部门户期间屡立战功，元王朝于始世祖至元二十年（1283）封出伯为西宁王，在今青海、甘肃、新疆交界处设置曲先答林元帅府，在河西走廊、青海道、唐蕃古道设置驿站、军站和屯区，统由西宁王管辖。不久，镇守西宁的宁濮郡王章吉驸马随西平王从征期间，背叛元王朝，参与海都等人的分裂活动。元王朝以从叛处置，撤去封号，将封地西宁州划归西宁王出伯，并令出伯抽出一部分赋税供养章吉之妻大长公主芒古台。出伯即迁部分家族率部进驻西宁州。成宗大德八年（1304），元王朝又加封出伯为威武西宁王，大德十一年（1307）又晋封出伯为邠王，这是元王朝最高王位。成为当时中国西部与忽必烈系的西平王（后称镇西武靖王）、安西王握有同等军事实权和封地的最高世袭王位。出伯一人先后被元王朝封三个王位，在元代是独一无二的。可见元王朝对出伯的倚重。

出伯受封的三个王位，其后裔一直继承到元末，共传承四代。其中将西宁王授予卜烟塔失子速来蛮。速来蛮（汉文史籍又写作苏莱曼、撅鲁曼、珠勒玛、斯隆玛等）正式受封于天历二年（1329），今青海海东、海北、海西和甘肃与青海海东相邻地区为其封地，甘青交界区的蒙古军、探马赤军、回回军户、宣政院辖区各卫、积石州元帅府、曲先答林元帅府、各军站驿站，均受其节制、调遣。由于速来蛮镇守甘青地区有方，在民族大迁徙、大变动中，原住民族与外来民族、主户与客户和睦相处，社会稳定，地方安宁。元王朝于至顺三年（1332）招置西宁王府王傅官四人，协助速来蛮处理军政要务，使西宁王登上了宗王的最高王位。速来蛮于至正十一年（1351）去世。速来蛮在位22年，不仅在开发甘青地区、巩固元王朝的统治中做出了重大贡献，而且一直关心、支持伊斯兰教事业的发展，同时对其他宗教信仰也采取宽容政策。令其后裔在研究伊斯兰文化的同时，也要认真研究其他宗教文化，他曾令其第三子诸王阿速歹组织专人收集、整理、保存佛教文献。如敦煌原保存的一部畏兀儿佛教文献就是畏兀儿学者萨里都通奉西宁王速来蛮三子诸王阿速歹的旨意，于至正十年（1350）抄录并珍藏于敦煌莫高窟，后被斯坦因盗走。由于西宁王对各民族、各宗教一视同仁，平等对待，因而很受甘青地区各民族群众的拥戴。他的部众多为穆斯林，他积极支持其他部众的宗教活动，从中亚聘请伊斯兰教著名经学大师讲经典、领拜、设伊斯兰教宗教法官（哈迪）规范信徒的宗教义务，为去世的宗教大师修建陵墓，开办伊斯兰教学校，培养伊斯兰教传播人才。他的子女都受过严格的伊斯兰教教育，四子一女中，有两个儿子取得了"沙赫"（蒙古族穆斯林对伊斯兰教中有地位的著名教师、学者的称谓）的尊称。正是由于速来蛮的种种举措，不久即在青海相继形成了后来被称为回族、撒拉族、保安族这样的族群，在甘肃西宁王封地内形成了今日东乡族，成为新疆之外形成穆斯林民族最多的地区。①

明初，明朝政府在甘青西部地区设置了安定、阿端、曲先、罕东四卫，安置归附的西宁王系、西平王系和安西王系的各部，其首领和部众多为穆斯林。四卫残破后，各部渐次移牧于青海湖

---

① 孙滔：《青海回族源流考》，载《首届回族历史与文化国际学术讨论会论文集》，第47—60页，宁夏人民出版社2003年版。

周围及其以东地区，其中一些部落逐步由畜牧向农耕、经商转变。随着生产方式的变迁和同回族的密切交往以及通婚等而融合到回族之中。如游牧于安定、阿端卫一带善于征战、养马和经商的蒙古穆斯林“红毛儿”，其先民是成吉思汗次子察合台第三子拜答儿之孙阿拉坛的部队。其部驻守在新疆东部、青海和甘肃西部，即元代曲先塔林元帅府辖区范围，其人员构成除蒙古军外，还有西域回回军（以中亚突厥人为主体）等，是一支多民族组合并经历三四代各族人不断融合的蒙古军，也是最早归信伊斯兰教的蒙古军。元末，该部驻守沙州路，归西宁王管辖，人数约 10 万人。明初一部分归附明朝，他们几经辗转，被明政府安置于今青海西宁、湟中、湟源等地，亦牧、亦农、亦商。从明中期到清朝后期，青海与西藏的民间商业贸易往来，基本上掌握在“红毛儿”商队手中。在他们居住的范围内至今留下了许多与穆斯林有关的地名，如湟源的胡丹度，就是蒙古语“信仰伊斯兰教的蒙古族住地”的意思。后来，“红毛儿”逐步融合到回族中，至今西宁、湟中、湟源一些回族群众还说他们的先人是“红毛儿回”，他们的邻里仍亲切称之为“红毛家”。①

明正德年间，蒙古穆斯林、东蒙太师、瓦剌部首领、蒙古汗王也先之孙亦卜剌，与蒙古汗王达延汗争战失败，率部入青；随后其亲族、也先侄孙、小王子部太师卜儿孩也率部入青，两部约 5 万人，他们联军一处游牧于青海湖和四卫之间。其部众包括哈喇灰（即瓦剌回回之意）、乜克历（又称卫郭特）和永邵卜回，由此可见其部众全为穆斯林。他们在青海聚族游牧 30 余年，部落有很大发展，后因东蒙土默特部首领俺答汗率蒙古大军入青征讨，占据青海胡环湖地区，哈喇灰、乜克历部相继迁入海北祁连

---

① 详见考证四：“红毛儿”。孙滔：《青海回族源流考》，载《首届回族历史与文化国际学术讨论会论文集》，第 53—54 页，宁夏人民出版社 2003 年版。

山和青海东部，其大部陆续融合到回族中。[①]

俺答汗的部众中也有一些蒙古族穆斯林和史称“白帽回”的维吾尔族，如东蒙永邵卜部（又称永谢部，其先人是元代驻守甘肃永昌府安西王的部众，明代由也先带入东蒙，后由亦卜剌统领，亦卜剌败入青海，所率部众中就有永邵卜部成员），即被史书称为“鹰韶保回子”。说明该部大多数为穆斯林，他们也随着历史的发展而融合到回族中。

明末，西蒙古卫拉特和硕特部在其首领顾实汗率领下进驻青海广大牧区，其10支部队中有一支为能征善战的部队，主要成员为蒙古穆斯林和维吾尔族，是进军青海，消灭喀尔喀领主却图汗、攻占西藏消灭藏巴汗的主力部队，后驻牧于环湖地区，以托茂（驼毛）自称，是清雍正初年进藏征讨准噶尔的主力，曾多次参加青海回民反清起义。此部队与蒙古族王公发生矛盾，于光绪年间脱离蒙古部落，分为两支：一支为老弱妇幼3000余人，在噶斯的率领下徙牧于远离蒙古王公地域和战乱之地的海南、海北一带；另一支为青壮年2000余人，在首领茶根率领下同回民起义军合兵一处，转战青海各地，后又在茶根率领下同回民起义军万余人进入新疆。留在青海的托茂人，有的徙牧于湟中上五庄、水峡、多坝一带，随着由游牧到半农半牧，又到农耕这一经济结构的转变，并通过与回族的通婚，逐步融合到回族中；有的徙牧于今海晏三角城一带，这里原为托茂公的牧地，托茂人离去后，人口锐减，生产衰落，战后又被蒙古王公迎入旗内，以恢复该旗往日雄风。新中国成立后，这一部分托茂人全部迁到海北祁连县，也逐步融合到回族中。青海托茂人虽然先后融合到回族中，但他们仍习惯聚族而居，以托茂人自称，至今仍操蒙古语，习惯

---

① 详见考证五：明代亦卜剌。孙滔：《青海回族源流考》，载《首届回族历史与文化国际学术讨论会论文集》，第47—60页，宁夏人民出版社2003年版。

着蒙古服，善于游牧，以肉食为主，喝酥油奶茶，仍保留部分蒙古族习俗，但是坚守伊斯兰教信仰（详见第八章“特殊族群”部分）。

第二，“回回军”与甘青回族的关系。

前面已经指出，13世纪，蒙古族西征，先后征服了中亚穆斯林各国，签发被征服各国的青壮年组成“回回军”进入中土。并派蒙古军和“回回军”在甘青地区屯聚牧养。上文主要介绍了蒙古军的演变历史，那么“回回军”又是一个什么概念呢？这要从“回回”一词的起源和演变说起。

“回回”一词最早出现于北宋人沈括所著《梦溪笔谈》中，该书卷五：“边兵每得胜回，则连队抗声‘凯歌’，乃古之遗音也。凯歌词甚多，皆市井鄙俚之语。予在鄜延时，制数十曲，令士卒歌之。今粗记得数篇。其四：‘旗队浑如锦绣堆，银装背嵬打回回。先教净扫安西路，待向河源饮马来’。”①

这里所说的“回回”，从明末清初顾炎武开始就有学者进行解释，从歌词中安西、河源等地名看，这个“回回”应该是指回鹘（原称回纥），是从回鹘（或回纥）的语音演化而来的。②“回回”一词从唐代仅指回纥、回鹘，到元代指信仰伊斯兰教的西域人，这一演变过程与元朝历史有着密切关系。

第一，唐代用汉字写的“回纥”在唐后期改称“回鹘”，到元代又改称“畏兀儿”（另有伟兀、外吾等称），这是最接近本民族的汉译音，也应是到这个时期汉语语音演变的结果。

第二，在蒙古兴起之前，中亚的突厥诸部族早已大部分伊斯

---

① 胡道静校注：《梦溪笔谈校注》卷五，《乐律》一，上海古典文学出版社1957年版，上册，第224—225页。邱树森（主编）：《中国回族史》（上），第130页，宁夏人民出版社1996年版。

② 杨志玖：《回回一词的起源和演变》，载《回族研究》1992年第4期，第5页。

兰化，元代把这些人一般称为“回回人”（也有一些保持本族的名称），因此，在元代，“回回”一词既有民族名，又有伊斯兰教徒的含义，他和主要信仰佛教的畏兀儿人在宗教信仰上迥乎不同。

第三，在元代，伊斯兰化的突厥人和信佛教的畏兀儿人都大量东来，散处各地，且在政治、经济各方面都占有重要地位，用一个名称（无论是回鹘、回纥或回回、畏兀儿）称呼他们势必在户籍上和社会上引起混乱和不便，因此分别用回回和畏兀儿表示和称呼他们的特点和族籍。如《大元马政记》“中统四年（1263）八月四日谕中书省，于东平、大名、河南路宣慰司，今年信差发内，照依已降圣旨，不以回回、通事、斡脱并僧、道、答失蛮、也里可温、畏兀儿诸色人户，每钞一百两通滚和买堪中肥壮马七匹。”[①] 这是元政府关于买马匹的诏令，其中列举了国内各族、各职业的人户，而回回与畏兀儿并列，足见这两种人是不同的。同时可知，这两个名词在社会上是普遍流行的，而回纥、回鹘等词已在诏令中消失。

综上所述，“回回”一词在元代主要是指伊斯兰化的中亚突厥诸部族，换言之，成吉思汗西征，签发被征服各国的青壮年组成的“回回军”主要是中亚突厥语部落的人士。由此可以说，甘青地区回族的主要来源是操阿尔泰语系蒙古语和突厥语的民族。突厥语民族除被征服各国组成的“回回军”外，也有通过其他形式融入甘青回族之中的。如前文所述以蒙古人身份融入回族中的托茂人，其祖先原是蒙古草原上的突厥语部落，成吉思汗统一蒙

① 杨志玖：《回回一词的起源和演变》，载《回族研究》1992年第4期，第8页。

古草原时被征服而成为蒙古族的一支；[①] 再如青海唯一的回族土司——冶土司，其先祖为西域回鹘（维吾尔）人，元朝中期，随高昌回鹘亦都护纽林的斤率部调驻永昌府。冶土司先祖阿台不花驻凉州时，拥有庞大的部落和军事实力，为元王朝维护这一地区的安定做出了很大贡献。其子忻都曾多次率部随蒙古宗王征讨西部的叛乱，功勋卓著。忻都子二人，一为斡栾，元顺帝后期官至中书平章政事，官职仅次于丞相；另一子薛都尔丁，为甘肃行省佥事，主持甘肃行省司法事务。他任职不久，元朝即亡，甘肃行省自行解体，薛都尔丁将其家搬迁到今青海民和县米拉沟避居，其后人逐渐融合到回族中，成为明清两朝青海回族著名土司，共传承 14 代，历 450 余年。[②] 突厥语虽和蒙古语有一定差别，但都属于阿尔泰语系，以及历史上突厥语民族不断融入蒙古族的事实，我们可以推断，元朝在甘青地区屯聚牧养的近 30 万伊斯兰化的蒙古军和“回回军”的共同语应该是蒙古语。

关于回族的族源问题，有一种意见认为，汉族改宗是回族的“一个最大的数量”来源。[③]

学界一般认为，回族是这样形成的：自唐经宋迄元，移居中国的信奉伊斯兰教的阿拉伯人和中亚人的后代，是形成回回民族共同体的核心。在尔后的发展中，“最大的数量”的改宗汉人附丽于此核心，犹之滚雪球一般，在共同的社会生活中、在共同的

① 详见考证六：托茂人。孙滔：《青海回族源流考》，载《首届回族历史与文化国际学术讨论会论文集》，第 47—60 页，宁夏人民出版社 2003 年版。

② 孙滔：《青海回族源流考》，载《首届回族历史与文化国际学术讨论会论文集》，第 47—60 页，宁夏人民出版社 2003 年版。马忠、马小琴：《青海回族土司——冶土司评述》，载《回族研究》1992 年第 3 期，第 29—36 页。

③ 白寿彝《论设立回教文化研究机关之需要》，《禹贡》七卷四期。

经济与政治的基础上，逐渐形成一个民族共同体。①

甘青地区回族的形成也大致如此。根据史料、家谱及民间传说，从明朝初年开始，国家即采取移民实边政策，从人口较多、土地缺少的江淮、山西等“狭乡”地区移民到地广人稀的甘青一带“宽乡”地区屯田。青海汉族的来源，据芈一之先生考察，很大一部分是由民屯而来的。他在《青海地方史略》一书中写到：“明初数以万计的军户从内地移居到青海来了”。兴办民屯，是“移民就宽乡”和“移民实边”。选调一部分农民，隶属卫所，实施屯田。它不同于军屯，不属军籍，只屯田不守城作战。有时是聚族而迁，也有时将犯罪官吏或百姓拨去屯田。据《西镇志》，正统三年（1438）规定“屯额，西宁卫‘屯科田 2756 顷 46 亩’，应交‘屯粮 25012 石 6 斗’。可见屯田数目是相当可观的。今尖扎县康、杨、李三屯和王、李、周三屯的地名，是由民屯而来的。贵德十屯系永乐四年（1406）由陕西行都司都指挥刘钊从内地调来的。今同仁县保安四屯，其中有‘吴屯’者是由‘吴地’（今江苏）调来的兵士驻屯而得名。现今青海汉族居民中广泛地传说，‘从南京迁来的’云云，考之史实，大都是从明初的军户或民屯而来，民间保存的许多碑记和谱牒中也证明了这一点。如湟中县大才公社孙家窑大队东侧王氏坟茔石碑云：‘原籍南京，拨户来宁’。《清郭氏家谱》记：‘明初徙居西宁’（《西宁府新志·艺文》）。如此等等。至于民间传说中有‘来自南京竹子巷’，乃音讹，应是‘珠肌巷’。”②

从内地来甘青地区屯田的人中本身有不少回族，为了便于生

① T.W. Arnold, The Preaching of Islam, P251—252。引自戴康生、秦惠彬：《试论伊斯兰教在我国回族中传播的特点》，载《世界宗教研究》1982 年第 1 期，第 105 页。

② 张成材：《青海省语言概况》，载《青海民族学院学报》1989 年第 4 期，第 136 页。

活，他们一般都迁居于回族社区，自然形成一个个回族里甲。[①]另外，在洪武初年随回回将领沐英征战西北的内地回回军，在军事活动停止后，很多人留在甘肃和青海东部地区屯耕戍守，以后多数人落籍为民，并在西北形成新的回族聚居村落。[②]

此外，从内地屯田而来的汉族由于长期和当地回族或相邻而居，或杂居而生，久而久之便接受了回族的生活方式而渐渐融入回族之中。如同治年间，“西宁八属汉民，尽随其教，马智元兄弟（即马归源、马本源兄弟，一为署知府，一为代总兵）格外庇护，得以安业。”[③]

从上述历史可以得知，明、清两代是甘青地区原来以蒙古语为共同语言的信仰伊斯兰教的蒙古军和“回回军”的后裔与从内地而来的汉族和操汉语的回族的大融合时代。这种融合体现在语言方面，便是阿尔泰语与汉语之间的互相影响。

语言接触之后的影响可分浅层影响和深层影响。深层影响主要是民族杂居，为了沟通，通过学习，形成双语制。双语人掌握两种语言的程度往往是不同的，而且有内部类化的倾向。所谓类化就是把一种语言的特征推广到另一种语言的固有成分当中。类化使原来性质不同的语言，在双语人那里，在某些方面变得相同。

类化有两种倾向。当双语人第一语言（母语）的程度高于第二语言时，就把第一语言的特征推广到第二语言上。例如突厥语没有声调，操突厥语的人兼用汉语时，他们说的汉语也往往没有声调。彝语支语言缺乏鼻尾，操彝语支语言的人兼用汉语时，他

---

① 孙滔：《青海回族源流考》，载《首届回族历史与文化国际学术讨论会论文集》，第47—60页，宁夏人民出版社2003年版。

② 邱树森（主编）：《中国回族史》（上、下），第386页，宁夏人民出版社1996年版。

③ 杨凌宵：《乙未循回纪略》，载《近代史资料》，1958（39）年版。

们说的汉语也缺少鼻尾。布依语和壮语北部方言缺少送气音声母，操布依语和壮语北部方言的人兼用汉语时，他们说的汉语就不分送气音与不送气音部分。[①]

除了熟练程度外，双语人两种语言的势力也决定类化的趋向。使用某种语言的民族如果政治上居统治地位，或者经济、文化发达，语言丰富，或者人口众多，这种语言就是优势语言；反之，就是劣势语言。双语人使用的优势语言的特征就会推广到劣势语言中。如前文所述，吐蕃统治敦煌时期，吐蕃语作为优势语言便推广到“陷虏的百万华人”之中，致使“其语言稍变”。由此推理，元朝蒙古族是统治者，在政治上占据优势地位，自然其语言也成为优势语言，因此，在元朝甘青地区的语言影响应该是蒙古语的一些特征推广到当地汉语之中。

双语制不会永远保持不变，经过几代人或更长时间，就会过渡到新的单语制。过渡时多数是放弃第一语言，转用第二语言，或者放弃劣势语言，转用优势语言。具体到甘青地区而言，明朝，蒙古族的统治时代结束，其语言的优势地位也自然丧失。但是由宗教促成的回回民族和信仰伊斯兰教的蒙古族的人数在甘青地区依然相当可观，“元时回回遍天下”，及至明朝“居甘肃者尚多。”[②] 此外，明朝虽然汉语成为优势语言，而且因屯田垦戍而移居甘青地区的汉族也很多，但是戍边而来的汉族来自全国各地，虽然同操汉语，其方言差别很大，屯民、拨兵等汉民族之间用汉语交流还存在一定困难。也就是说，当时在政治上占据统治地位的汉语，在甘青地区并没有形成一个统一的标准语，而是全国各地方言的大杂烩，换言之，优势语言并不完全具备优势。这

① 陈其光：《语音间的深层影响》，载《民族语文》2002 第 1 期，第 13 页。

② 《明史》卷三三二《西域四》。戴康生、秦惠彬：《试论伊斯兰教在我国回族中传播的特点》，载《世界宗教研究》1982 第 1 期，第 103—117 页。

样，原来操阿尔泰系语言、信仰伊斯兰教的当地居民，在转用第二语言时，就不是一个简单的转化过程，实际是两种类化都在起相当大的作用。这种语言类化的结果使原来类型不同的语言变得相同。具体而言就是，当时的所谓的"优势语言"分析型的汉语变成了黏着型的河州话。这应该是河州话形成的重要原因。

当然，河州话的形成与回族先民使用阿拉伯语、波斯语也有一定关系。据学者研究，自10世纪起在东部伊斯兰世界，波斯语就取代了阿拉伯语占据了统治地位，故元代入华的回回人内部的共同交际语当为波斯语。波斯语在这一时代在中国既是一种外语，也是一种少数民族语言，即回族先民的共同语言①。如果说自元朝屯聚牧养甘青地区的伊斯兰化的中亚突厥诸部族青壮年组成的"回回军"的共同交际语言是波斯语的话，那么，波斯语对河州话的影响是完全有可能的。由于作者不懂波斯语，所以无法进行相应的对比研究。但是，从波斯语的一般特点而言，也的确有和河州话相似或相同之处。虽然波斯语属于印欧语系印度－伊朗语族，但是基本语序是主语－宾语－谓语，即SOV语序，和河州话一样。动词有人称、数、时态、语态和语气等语法范畴，时态通过动词的词尾，或者加助动词来体现。名词和代词没有明显的格和性的范畴，领属关系由一个连接符号（波斯语称伊扎菲）表示。波斯语在历史上受阿拉伯语影响最大，近一半词语来自阿拉伯语。此外也吸收了土耳其语和蒙古语词语②。由此可见，其语法特点与阿尔泰语言有某种相似之处，从这个角度说河州话的形成与波斯、阿拉伯语有一定关系也未尝不可。此外，用

---

① 刘迎胜：《"小经"文字产生的背景——关于"回族汉语"》，载《西北民族研究》2003第3期（总第38期），第63页。

② 《中国大百科全书》（语言文字卷），第24—25页，中国大百科全书出版社1988年版。

“小经”文字记录的经堂语进入回族日常生活，对河州话的形成也有一定影响。

但是，蒙古族与甘青回族的形成以及自元以来蒙古语在甘青地区的语言地位是不可忽视的。因此，作者更倾向于前面所论述的操阿尔泰语系语言、信仰伊斯兰教的居民，在转用第二语言时，因当地分析型的汉语尚不具有“优势语言”的特点而变成了黏着型的河州话这一观点。

第三节 “小经”文字产生的文化基础

一、“小经”文字的产生

“小经”产生于何时，史籍无记载。目前有两种说法：一种说法认为，信仰伊斯兰教，有一定阿拉伯、波斯文基础的回族先民初到中国以后，为了学习、掌握汉语，他们便以自己所熟悉和使用的阿拉伯、波斯文字母来拼写汉语，以作为他们学习异族语言的“拐棍”，“小经”由此而生。但这只是一种传说和解释。另一种说法是产生于经堂教育前后。这种说法认为，作为“拐棍”的“小经”到了经堂教育建立，才又使它得到了较多的应用，甚至说“小经”就产生在这前后。[①] 这两种说法都说明，“小经”产生于十三四世纪左右。

综合众家之说，“小经”应该是伊斯兰教经堂教育的产物。到明代中叶，回族已经由它的形成进入巩固和发展阶段，同时随着宗教活动和宗教学术的积累，伊斯兰教的发展也在发生新的变

① 冯增烈：《明清时期陕西伊斯兰教的经堂教育》，载《清代中国伊斯兰教论集》，第243—244页，宁夏人民出版社1981年版。

化。这种“新的变化”主要是指此后的中国伊斯兰教带着明显的中国风格、中国特色，其突出表现就是回族中的伊斯兰教学者以儒家思想阐发伊斯兰教教义，创立中国伊斯兰教自身所特有的凯拉姆体系（Kalam），即宗教哲学思想体系。① 这种变化也孕育了一种中国化的伊斯兰教宗教教育体制——经堂教育。

伊斯兰教传入中国后，与儒家思想和封建宗法制度相融合，大约到明末清初，在甘、宁、青地区形成了一系列门宦。各门宦兴起后，首要任务是要在群众中宣传本教派的教义，壮大自己的势力。穆斯林认为，伊斯兰教的教义在其根本经典《古兰经》中已包揽无遗，无需任何补充、修订，只要系统地阐述即可。各门宦的教长、阿訇、满拉及职业讲道师都是学习过阿拉伯语文知识的宗教人士，而广大的教民却是操各种民族语和汉语方言的普通群众，传教士在讲经布道时又主要依靠口耳相传。这样在传播伊斯兰教的过程中就出现了布道者和信徒之间的语言障碍，虽然阿訇们可以把阿拉伯语、波斯语经文译成汉字，但是，信徒们既不识汉字，也不懂阿拉伯语，只是精通阿拉伯或波斯文拼音，全靠口耳相传，容易遗忘，也可能对经文内容产生误解，违背先知的圣训。随着经堂教育的普及，经师们为了让学员和信教群众能够准确地记录和通俗易懂地理解他们讲授的内容，用脱胎于阿拉伯字母的拼音字母来书写大家熟悉的当地方言，并取名“消经”，即消化经典之意。由此，“小经”就成了在非阿拉伯语民族中传播伊斯兰教典籍文化的书面语言。

本书第五章系统介绍了“小经”文字体系及相关文献，由此可知，“小经”文字主要是用来注解阿拉伯文和波斯文的经籍。换言之，即主要记录经堂用语。

---

① 戴康生、秦惠彬：《试论伊斯兰教在我国回族中传播的特点》，载《世界宗教研究》1982年第1期，第106页。

二、经堂语的特点

经堂语，顾名思义，即经堂教育中使用的语言。新近出版的学术著作把“经堂语”解释为“回回等族伊斯兰教解语解经的一种汉语形式宗教语文”，并提出“从起源上说，经堂语不过是通过宗教的形式将回回在语言演变过程中的遗存留了下来，因而其语言主要是双语制和混合语遗存。”[①] 这说明，“经堂语”是由两种语言组合而成的，即回族先民在宗教领域使用的阿拉伯、波斯语和汉语的结合体。其中的阿拉伯语、波斯语词汇主要来自《古兰经》用语、波斯文的《古兰经》及其他经典和文学著作，其中不少词语也进入回族等穆斯林民族的日常生活用语之中。[②] 经堂语的主要词语是汉语词，而这些汉语词便体现出了“回族汉语”的混合语特点。在此根据冯增烈先生的研究作一介绍。

经堂语中的汉语词主要有以下几种：

第一，普通汉语，例如：

乾坤，财帛，正道，舍散，至贵，唯独，公道，悔罪，老人家。

第二，阿拉伯、波斯语的义译。例如：

晚夕：夜晚。

喜爱：欢喜、爱护。

定然：前定、命定。

慈悯：施恩；引申为“获利”、“下雨”。

亡人：死者、尸体。

---

① 李兴华等：《中国伊斯兰教史》，第516—522页，中国社会科学出版社1998年版。

② 冯增烈：《明清时期陕西伊斯兰教的经堂教育》，载《清代中国伊斯兰教论集》，第217—250页，宁夏人民出版社1981年版。杨占武、金立华：《回族经堂语的语言问题》，载《回族研究》1992年第2期，第43—50页。

灾失：病。

禄量：滋养、生命力。

的实：的确、确实。

任便：随意。

高强：尊贵、有价值。

恕饶：饶恕、宽恕。

习学：学习。

解明：讲解、诠释。

端庄：正确。

直至：直到。

该来：应该的、该当、命定。

认识：承认、相信、依靠。

殁：死。

至：及、很（“至贵”、“至香”）

伙：群、种、类。

从上述例句可以把义译内容大致分四种：第一种如晚夕、喜爱、殁等，义译明显，一看便可以理解。第二种虽和汉语习惯用语有一些差别，但细想也能悟出意思，如禄量、高强、习学等。第三种看是汉语常见词语，但是义译和本来的词义大不相同，如慈悯、端庄、认识等。第四种是经堂语中完全生造出来的义译词，如灾实、解明、看守、观见等。

在这四种经堂语中，后三种情况反映了早期回民学习汉语的遗迹，因为当汉语和回族先民母语交融的时候，他们还不能够准确地辨别量词“伙”同“种”与“类”、“永生”与“永远”、“端庄”与“正确”等，因而出现了词义的混淆现象。同时他们也不注意并列复词结构的凝固性，常将“饶恕、学习、祈求”等词反转来使用。由于初学汉语或掌握汉语词语较少，在翻译阿拉伯语、波斯语词语时，不得不似是而非、张冠李戴地加以生造或暂借，以致产生如灾失、任便、解明、的实、该来、认识等这样的词语。这些词语被回民口耳相传，代代沿袭，不仅保存在经堂语中，而且成为回民的日常生活用语，形成回族汉语的一大特点。

经堂语在语法方面，虽然大致遵循的是汉语语法规则，但实际仍存在着不少特殊的组合现象。其一是以词代句。即用阿拉伯语、波斯语的一个名词、形容词或动词代表一句话的意思。例如在一定语言环境里，说一个“复生”或者“机密”，便代替了“给亚迈蒂的日子”或“真主的万能”这两个句子。只说一个“灾失、别麻勒”或“姑拿哈”，便代替了“不幸而得病了”或“我是在受罪呀”这两句话。形容词和动词代替句子“慈悯”引申为“获利”和“下雨”；“歹猜”可以代替“诬陷好人”等。其二是将经堂语或回民的生活用语用自己掌握的汉语语法规则来造句。一般的规律是，谓语、补语和状语多用汉语语词，主语、宾语和定语则用阿拉伯语、波斯语语词，但也有同时并用的。在此分别举例介绍如下：

1. 阿拉伯语、波斯语作主语，汉语语词作谓语。如：

䚡拜卜不好：机会不佳。

尼卡哈尔催人呢：应该配婚了。

哈完底往前走：主人上前！

尔卜多了：掺水太多。

2. 阿拉伯语、波斯语作宾语，汉语语词作谓语。如：

糟蹋尼尔埋底：糟蹋食品。

动耐夫兹：动怒、生气。

发扫赶底：发誓。

封若栽：封斋。

3. 阿拉伯语、波斯语作定语，汉语语词作名词，以前者修饰后者。如：

安拉乎的定然：真主命定。

盖德尔晚夕：先知升宵夜。

板岱德钱：我的钱。

撒申尼下来：撒申尼礼拜之后的时间。

4. 阿拉伯语作谓语，汉语语词作补语。如：

数迷透咧：不幸得很。

乌巴力的很：可怜得很。

5. 一般汉语语词和经堂语词组合，有词组，有句子。如：

全美的日子：好日子。

离乡人路上：流落在外地。

显迹不好：预兆不佳。

再看口唤：再等机会。

6. 经堂语词语之间的组合。如：

参悟机密：悟测玄机。

搭救亡人：祭祀祖先或亡者。

认识定然：承认命定。

该来这无常：该当某种死亡（一般指非病死亡）。

7. 经堂语词作谓语，阿拉伯语、波斯语作宾语。如：

行哈拉目：干禁止的事。

出散海贴：施舍布施钱财。

搬阿訇：聘请阿訇。

做颇腮：接吻（严肃的）。

8. 波斯语和阿拉伯语之间组合。如：

板岱的乜贴：我的施舍（并加有汉语结构助词）。

别乃色卜：碰不上运气、倒霉（“别”是波斯语词）。

9. 阿拉伯语词、波斯语词、汉语词之间的相互并列。如：

候儿昆买腮来：（阿 + 汉）。

安拉胡达的（喊叫）：又喊安拉、又喊胡达（阿 + 波 + 汉）。

胡达呀为主的呀：真主呀（波 + 汉）。

仇人堵失蛮：仇敌（汉＋波）。①

经堂语严格而言，只是一种经堂之内使用的伊斯兰教宗教术语语词，并不具有普遍性。但是，大量的穆斯林教徒接受了经堂教育之后，不管后来是否从事宗教职业，都和社会发生各种各样的联系，语言是一种社会现象，因此我们不能不注意到它对穆斯林民族实际语言的影响。从流行于甘青地区的“小经”小册子来看，它实际上已成为河州话的“书面形式”。但与用汉字记录的“花儿”比较，“花儿”更接近口语一些。“小经”里有大量经堂语和汉语词混用的现象。如“下朵子海”，“朵子海”（tozaq）是波斯语“火狱”音译。语序往往颠倒，如“圣人们的方面，那些事情使得？”“第二个站道里礼拜上打算。”也有一些后缀形式，例如：əmərum（我们）是 əmə（我们）＋rum（复数形式）。由此可知，在甘青地区，经堂语已经越过经堂的藩篱，成为各穆斯林少数民族日常交际语言的一部分。这种“书面语言”进入当地穆斯林民族的日常生活之后，自然对当地语言有一定影响，这也可能是河州话形成的因素之一。

第四节　文化的选择与调整

今天被称为东乡、撒拉、土、裕固、保安的各民族自进入甘青地区以后就一直夹杂在汉、藏、回、蒙古等民族之间。虽然他们在族际交往中顽强地保持了自己的族体，但是在实际生活中，他们面对不同的环境和多重的民族文化，不得不不断地作出自己的选择或者调整。

① 冯增烈：《明清时期陕西伊斯兰教的经堂教育》，载《清代中国伊斯兰教论集》，第236—242页，宁夏人民出版社1981年版。

一、宗教文化的变迁

裕固族曾游牧于甘青新交界处，约明朝中期东迁进入祁连山，东迁之前，他们保持着原始的萨满教，并崇信汉传佛教。据史料记载，宋代的甘州回鹘与后来的“黄头回纥”都信仰佛教。①但是他们进入祁连山腹地以后，由于当地藏传佛教的格鲁派逐步兴盛起来，加之上层阶层的大力扶持，藏传佛教逐步传入当地许多少数民族之中，裕固族便放弃原来崇信的萨满教和汉传佛教，在和藏族格鲁派创始人宗喀巴故乡毗邻而居中接受了藏传佛教——喇嘛教。

明朝末年，裕固族在今青海省祁连县境内，建起了自己的第一座藏传佛教寺院——黄藏寺（又名古佛寺）。黄藏寺的建立，表明裕固族走向了全面接受藏传佛教文化的历程。

关于裕固族改信藏传佛教信仰，在民间还流传着这样的传说：很久以前，裕固族人的祖先从西至——哈至迁徙到祁连山，住在八字墩草原一带。当时迁来的人很多，各部落的游牧地分为上八字墩、中八字墩和下八字墩，并以部落头目戴的帽顶颜色的不同来区别各部落。上八字墩部落头目戴黄扎拉（黄顶帽），中八字墩部落头目戴红扎拉（红顶帽），下八字墩部落头目戴紫扎拉（紫顶帽）。后来，部落头目之间，因宗教纠纷而不和睦，再加上与当地人闹矛盾，彼此间相互杀戮，伤亡很大。宗王大头目的嘎顿（即夫人或妻子）目睹这种情况，便向大头目建议信仰喇嘛教。大头目不同意，两人相争起来。嘎顿一气之下，便带领十

① 《宋史·回鹘传》载：宋景德四年（1007），甘州回鹘派遣僧人入贡，经宋朝允许，僧人游佛教圣地五台山。接着，“又遣僧翟大秦来献马，欲于京城建佛寺。”可见此时甘州回鹘的佛教已很兴盛。至大中祥符三年（1010），甘州回鹘“发愿修寺”，乞求宋朝支援“钱粉”等物资。详见《宋会要辑稿》番夷四，《回鹘》。

几名年轻力壮的小伙子，赶着一百头犏牛、数百只羊，骑上好马，前往嘉嘎尔（西藏）求经。时值八字墩瘟疫四起，传染病流行，人口逐年减少，草原日渐荒芜。宗王大头目不得不忍痛丢掉八字墩草原，将牙帐转移到冬窝子（冬季牧场）。

三年后，嘎顿从嘉嘎尔请来了大包经（藏经），可是在搬运中，遇到重重困难。他们苦思冥想，终于想出了运输大包经的办法：把圆木排在一起，在下边做成滚轮，将大包经放置在上面，一站一站地搬运。从西藏至青海的塔尔寺是第一站，再从塔尔寺到张掖甘浚是第二站，最后一站从甘浚到康隆（大头目的冬窝子）。

大包经请来后，七个部落的正副头目都前来祝贺，并高兴地说："嘎顿给我们请来了大包经，我们都信教吧！"各部落的百姓们便给布施、送牛羊；头目们忙着聚会商量建寺的地点、大包经的存放处以及到哪里去请喇嘛等。后来，各个部落的头目又到甘浚聚会，商定在七族黄番居住的中心，大头目的冬窝子建寺比较合适。寺庙竣工时，正是清康熙、乾隆年间，故取名康隆寺，并从青海请来喇嘛。过去只是部分人信仰藏传佛教，以后，七族黄番都信仰藏传佛教，康隆寺也就成为七族黄番的活动中心了。①

此后，裕固族地区共建有10座寺院，每个部落都有自己的寺院，这些寺院大部分建于清代，都为藏传佛教宗喀巴一系。1949年前，寺院是部落、宗教活动中心，也是当地的经济、政治中心。寺院上层人物与部落头人关系十分密切。寺院中的喇嘛，起初都是从青海进入裕固族地区的传教者，后来，随着藏传佛教的深入传播，一些裕固族儿童被选入青海塔尔寺，学习几年经文，结业后回到本地当喇嘛。虽然裕固族牧民当喇嘛的不多，但是会说藏语的人已不少。20世纪初，俄国突厥学家C.E.马洛

① 范玉梅：《裕固族》，第82—84页，民族出版社1986年版。

夫曾两次到裕固族地区进行语言调查，他说裕固族有4个集团，其中有一个即操藏语。[①] 还介绍说，当时喇嘛禁止裕固族人学习汉语文，以免他们不学藏文经书。[②] 到民国时期，当地藏族、裕固族共同宗教领袖顾嘉堪布开始兴办教育，其中开设的第一门课程便是藏语文。新中国成立前，裕固族人的姓名已普遍藏族化，孩子周岁或3岁第一次剃头时要取经名。经名即先请喇嘛念经，择定吉日，从藏文经典上选取名字。如谢尔加木措，意为智慧海；罗桑尼玛，意为慧日。青年男女到了结婚年龄，如果只有乳名，没有经名，结婚时要请喇嘛念祝福经取经名。成年人不论男女都要请喇嘛僧人取经名。[③]

藏传佛教普及于裕固族地区以后，裕固族原先信奉的萨满教，即"汗天格尔"崇拜，便和藏传佛教糅杂在一起。当萨满巫师"也赫哲"占卜之后，如果认为有灾祸临头，就要告诫主人在某月某日请喇嘛念经，消灾免难；而喇嘛也欣然应主人之请，在也赫哲预定的时间之内念经。这种现象在裕固族丧葬礼仪上表现得最为突出。这种宗教的选择与文化的吸收，与当时祁连山区的民族分布与社会环境有密切关系。

今被计入土族的同仁"土族"先民，大都来自江南和河州，系"内地民人"、"汉人"，他们久居民族杂居的隆务河畔，历经政治、社会的变迁，其文化和风俗习惯发生了明显变化，曾被称

① ［日］佐口透，章莹译：《新疆民族史研究》（第一部甘肃的少数民族），第28—29页，新疆人民出版社1993年版。

② 当年马洛夫给裕固族僧人留下了精致的纸张和钢笔，鼓励学习汉语文，但是1957年，另一位苏联突厥学家捷尼舍夫到裕固族地区调查时，裕固族僧人珍藏的是用这些纸和笔抄写的经文，而且当时年老的僧人还能用藏文记录裕固族民间故事。引自钟进文、妥进武（主编）：《明花区志》，第289—290页，甘肃人民出版社2006年版。

③ 甘肃省编辑组：《裕固族东乡族保安族社会历史调查》，第40—41页，甘肃民族出版社1987年版。

为“四寨子族”。《循化志》对保安四屯记载：“屯兵之初，皆自内地拨往，非番人也。故今有曰吴屯者，其先盖江南人，余亦有河州人。历年既久，衣服言语，渐染夷风。其人自认为土人，而官亦目之番民矣。”又“按保安四屯，实内地民人，久居番地，染其习俗，竟指为番人，似误矣。”1947 年吴均《青海》（上册）也有类似记载：“在同仁者当时称保安堡有四屯，为吴屯、脱屯、季屯、李屯。虽其先人为吴屯江南人，余皆为河州汉人，然皆与藏族杂婚，生活习惯完全藏化，语言另成一格，部分类江南语，现居于隆武（务）寺以下，保安（隆务河）大河两岸。除吴屯为原名外，其余各屯皆改为藏名，如年托（都）乎、郭马（麻）日、尕赛（沙）日等。”

五屯人原来不信藏传佛教，是后来改信的。年都乎和郭麻日人自叙最早信仰伊斯兰教。[①] 据当地传说，隆务寺势力强大后，夏日仓三世派卡索桑到年都乎强迫他们修建寺庙，信奉喇嘛教，他们顶不住，即服从了，在各寨子城门上放置玛尼经轮，表示皈依隆务寺。

从历史考查，四屯人（或五屯人）在明朝是军户，来自内地，政治上居于强者地位，[②] 当时不会屈服于当地宗教势力，也不可能有组织有计划地在各屯之中修建喇嘛教寺院。到了清代，政权易主，这批军户失去了依恃的靠山（明朝），也丧失昔日的权威。但是，当时清朝虽在名义上统治当地，实际官不到任，遥为羁縻，“屯首”率属，有所挟持，有饷有粮有武装，仍是地方强者，也不至于屈从于隆务寺的宗教势力。雍正六年（1728），清军进抵保安，“生擒”四屯土千总王喇夫旦，并解除了四屯武

① 索端智：《元明以来隆务河流域的民族融合与文化共享》，载《青海民族研究》2001 年第 3 期，第 41—44 页。

② 详见第八章“同仁土族来源部分”。

装，四屯人的军伍身份丧失，他们以农民身份种田交粮。

而与此同时，清朝承认并保留藏族某些地区的“政教合一”特权，其目的是维护僧俗上层利益，借其力控制其部，以巩固清朝统治。这样，同仁地区最大的格鲁派寺院隆务寺的夏日仓三世，不仅是当地最高的宗教领袖，同时又是最高行政长官。他有权力指挥隆务地方头人，实际掌握了该寺所属隆务十二族的政教大权，并不断扩张其势力。[①]

五屯人正是在这种无所依恃而有所求援的情势下，开始信奉喇嘛教，皈依格鲁派，归属隆务寺。也就在这时，各屯寨开始出现了第一批藏传佛教寺院，也开始习染和接受藏族文化。

今天，五屯各寨不仅有颇具规模的寺院，而且具有浓厚的宗教氛围和深厚的宗教文化积淀。年都乎村有年都乎寺，藏语称为“年都乎噶尔扎西达吉林”，意为“年都乎吉祥兴旺洲”；郭麻日村有郭麻日寺，藏语称为“郭麻日噶尔噶丹彭措村”，意为“郭麻日具喜圆满洲”；吴屯下寺，藏语称为“格丹彭措曲林”，意为“具善圆满法洲。”

五屯人普遍接受了当地民族山神崇拜的习俗，家族和村寨都有自己供奉的山神，按当地山神崇拜的习惯，山神一般有两种，即杰拉和丁拉。如年都乎村山神有年青山神、夏琼山神、阿尼玛沁山神和二郎神庙。值得指出的是，几乎每个村寨都建有二郎神庙，二郎神经过改头换面后，已成为当地保护神之一，藏语称为“阿米瓦宗”或“阿米木洪”，与本地地方山神有着同等重要的地位。如年都乎村的二郎神庙建在村北一小山顶上，坐西朝东，三间神殿，门前设有煨桑炉，立有经幡旗杆。庙内所塑二郎神像为

① 宋秀芳：《清朝政府对青海藏区的施政和治理》，载《藏学研究论丛》（第六辑），第68页，西藏人民出版社1994年版。秦士金：《青海隆务寺早期历史初探》，载《藏学研究论丛》（第五辑），第164—165页，西藏人民出版社1993年版。

三只眼，头戴文官双翅官帽（与汉族相同），身穿土族式长袍，脚穿云子纹长筒靴（上下身民族化），前立二侍者，一人手托一塔（将托塔李天王幻化为侍者），另一人手持一酒壶。而二郎神的“啸天犬”却没有了。由此可见民族交融中“二郎神”的民族化、地区化。与二郎神同庙享受人间香火的还有土地神。据当地人说，进寺院僧人敬佛，其余百姓都敬二郎神。二郎神保护一村安宁、五谷丰登，处在一方保护神的地位。这说明二郎神和当地山神崇拜相结合。类似的还有“阿米尤拉”，这是当地群众对汉族文昌帝的藏语称谓，这是一位文字神、文章神，但是同仁有些村的山神庙里也有它的塑像。这种山神崇拜的信仰，可以说是移居这里的各民族和当地民族不断发生融合和整合的结果。

除上述特有民族外，今日已融入其他民族的一些群体，在历史上由于种种原因也经历过宗教的变迁。

托茂人是明末西蒙古卫拉特和硕特部中一支能征善战的部队，其主要成员为蒙古穆斯林和维吾尔族，是进军青海，消灭喀尔喀领主却图汗、攻占西藏消灭藏巴汗的主力部队，被誉为“陶莫恩”，意为英勇善战的英雄军。清雍正初年，清军进藏征讨准噶尔时，以托茂人为主的蒙古军为先头部队；青海罗卜藏丹津武装反清时，托茂人又被摆在与清军作战的第一线。此外他们还多次参加青海回民反清起义。这样一支英勇善战的军队，在“河湟事件”之后，却曾一度断送掉自己的信仰。据传说，曾有这样一幕历史悲剧，“托茂公王爷”利用回、撒拉和托茂人新遭失败，政治形势对托茂人极度不利的情况下，曾强迫托茂人改变信仰。当时托茂公王爷举办过一次宴席，席间摆有包括猪肉在内的菜肴，责令刚刚聚集起来的托茂人的男女老幼，到王府“赴宴”。酒席之前，王爷向托茂人声称（大意）：“你们是王爷下属的臣民，反叛了朝廷，犯了大逆不道之罪，朝廷正在差人四处捕杀。你们如能放弃伊斯兰教的信仰，改信喇嘛教，你们就不再是穆斯林，我将设法保护你们。今特设猪肉宴席，你们如能就食此物，则表示你们改信的诚意；如其不然，我将无能为力。你们这些老弱病残部，难免受刀下之苦。”托茂人身处绝境，迫于压力，只好放弃信仰，改信喇嘛教。时过境迁，托茂人曾向王爷提出赎回自己原来的信仰。贪婪成性的王爷听见“赎回”二字，不禁利欲熏心，把这看成榨取财物的大好时机，欣然同意。托茂人想尽办法筹集了大量银钱和毛蓝布等物品，“赎回”了自己的伊斯兰教信仰。这就是托茂人所谓的“买回了教门”的传说。[1]

托茂人又被称为“海里亥的鞑子”，并有“海里亥的鞑子——两头指望”的说法，这种说法虽然没有具体解释，也许还带有某种贬义，但是我们从这句话感受到的是，历史上托茂人在政权更迭、民族冲突中所面临的种种进退两难的境地。这支虔诚信仰伊斯兰教的“蒙古军”在风云变幻、血雨腥风的甘青地区无立足之地，最后只好融入当地的回族之中。

生活在青海化隆回族自治县德恒隆乡等地的卡里岗人改信伊斯兰教虽然没有借助任何暴力、特权或强制手段，是自愿接受的，但是从当时的历史情况来看，也是出于无奈。德恒隆乡境内山峦起伏，沟壑纵横，地形破碎，土地贫瘠，交通闭塞，生活环境十分恶劣。在如此环境中生活的藏族百姓却还要受到佛教上层势力的不断剥削和压迫。据《化隆县志》记载：“根据调查，清代初期，这一带佛教戒律一度松弛，佛教上层势力给藏族人民造成沉重的经济负担和精神压力，许多人由于受不了这种人为的压力而纷纷外迁。正在此时，花寺门宦的创始人马来迟阿訇来这里宣传伊斯兰教。由于马来迟所传教理教条在许多方面迎合了当时这部分藏族群众的心理需求，从精神上给予了解脱和鼓舞，于是

① 李耕砚、徐立奎：《青海地区的托茂人及其与伊斯兰教的关系》，载《世界宗教研究》1983 年第 1 期，第 132—138 页。

逐渐改信了伊斯兰教。”[①] 马来迟在卡里岗附近的同仁等县藏族中也传过教，但都没有成功，唯独在卡里岗地区传播开来，这与上述原因有直接关系。[②]

二、民俗文化的变迁

服饰传承着重要的民俗文化，从服饰的演变也可以透视民族文化交融的痕迹。

保安族是一支信仰伊斯兰教的蒙古人的后裔，在明、清之际与汉、回、土、藏等民族融合而成的一个新的民族。[③] 他们起初居住在今青海省同仁县，曾与五屯人共建保安城。后因宗教信仰不同，内部发生分裂，信奉伊斯兰教的人于清朝同治年间陆续迁到了甘肃大河家。留居同仁县信奉藏传佛教的人虽然仍操保安语，但因宗教和风俗习惯近似青海的土族，而被计入土族。不过他们之间至今仍有亲戚来往。保安族的服饰变化非常形象地记录了民族历史文化变迁的过程，保安族服饰最早与蒙古族相似，男女冬季均穿长皮袄，戴各式皮帽，夏秋则穿夹袍，戴白羊毛毡制的喇叭形高筒帽；男女均系各色鲜艳的丝绸腰带，并佩戴小饰物。在同仁居住后期，受藏、土等民族影响，改穿长衫，戴礼帽。迁到大河家以后，最初仍保留在同仁时的特点，但后与回族、东乡族和汉族等来往，开始戴白色或青色的号帽，穿白布衫、套青布背心。现在与当地回、东乡等民族服饰相差无几。

五屯人来自“内地”，后皈依喇嘛教，习染藏族文化，今日又被计入土族之中，其文化变迁的历程也明显地体现在服饰当

① 《化隆县志》，第658页，陕西人民出版社1994年版。

② 马学仁：《从藏族走向回族的穆斯林——来自卡里岗地区的田野调查》，载《西北民族研究》2000年第2期，第158页。

③ 侯广济：《保安族族源初探》，载《甘肃民族研究》1982年第3期，第17—24页。

中。五屯土族的男服已经完全藏化，穿藏袍，着藏靴，戴礼帽或毡制藏帽。妇女服装虽有藏化趋势，但与藏装不同，也有别于其他地区土族服装的一些特点。妇女下穿红色宽腿裤，上着及膝长袍，左右开衩，小圆领，腰系彩色绸带结于肚前，头饰为小珊瑚、玛瑙编成的“排板”，发辫梢子戴银盾。据当地本民族人解释，左右开衩这种服装是从蒙古族武士服装演变而来，为适应骑马作战的需要而形成的；今日女装衣领是翻领平叠在颈肩上的，据说演变前是竖领护围在颈项上的，是典型的蒙古族女装衣领的特点。据考证，隆务镇四合吉村神庙中的壁画人物帽子和元代的官帽非常相似，是受到蒙古族服装的影响所致。[①] 从服饰的演变也可以看出同仁土族在文化方面的选择与调整。[②]

此外，藏族过春节不贴对联和门神，可五屯土族都贴，而且多用藏文写对联，有些人家门神贴“花木兰像”、“闯王进京像”，有些则贴“格萨尔王像”（贯盔穿甲，手持长矛，骑坐白马，面似汉人）。吴屯人过端午节很隆重，一般三天到五天。届时家家户户扎帐房于河边，穿上新衣，携带食品，宿于帐房，如遇下雨，认为更是吉利。食品中必定有菜包子，据说应吃粽子，因当地没有做粽子的原料（糯米、粽子叶），便用菜包子代替；户户门前插柳枝，据说因没有艾叶，用柳枝代替。宿于河边的原因是因无法竞舟（水浅无舟），只好宿河边以保持传统意义。[③] 年都

---

① 索端智：《元明以来隆务河流域的民族融合与文化共享》，载《青海民族研究》2001年第3期，第43页。

② 其实当地藏族女装受其他民族文化影响也发生了很大变化，形成了与整个藏区迥异的风格。详见吕霞：《隆务河畔的藏族民间服饰及其审美意蕴》，载《青海民族学院学报》2003年第1期，第16—21页。

③ 青海省编辑组：《青海土族社会历史调查》，第189—190页，青海人民出版社1985年版。芈一之：《青海同仁县土族调查报告——“五屯”的民族和历史》，载《西北史地》1985年第1期，第90页。

乎土族在祭祀山神时还要跳一种与巴楚文化有关的“於菟”舞。[①] 从上述内容，我们可以了解到隆务河流域民族交融、文化变迁的历史概貌。

三、《格萨尔》在土族和裕固族中的流传变迁

今天《格萨尔》在土族和裕固族中广为流传，但是早期土族和裕固族中是禁唱《格萨尔》的。土族中普遍流传他们是班嘎尔三兄弟的后裔，历史上也曾有格萨尔和霍尔王交战、霍尔王战败被格萨尔所杀的故事，说唱《格萨尔》，班嘎尔三兄弟不喜欢。班嘎尔三弟兄，即指黄帐王、白帐王和黑帐王，土族人说这是他们先祖，现在佑宁寺之左河旁还修有班嘎尔三兄弟的宫殿，有些土族人家还立有他们的神位来供奉。[②]

土族学者李克郁教授介绍说：“记得 1944 年，在我 9 岁那年，父亲用自己多年的积蓄盖了三间土木结构的房子。因为是新房子，里面的板壁需要油漆，并要作画装潢。因此，父亲要哥哥和我一同前去请木拉霍尼其（mulaa huniqi，小羊圈）的画匠。……这位画匠的名字叫官布希加……官布希加来到我家，大约有两三天时间。有一天晚上，也就是第三天的晚上吧，在伸手不见五指的时候，村里的大人们一个个来到我家里，大约有十来个人。乡里人有个特点，平时串门闲聊，总是大喊大叫的，可是这天晚上很反常，他们一个个不声不响，悄悄地进了新盖的那座房里。”

我家院子的中心点上，有一座用土坯砌成的台子，周围是喂

---

① 秦永章：《江河源头话“於菟”——青海同仁年都乎土族“於菟”舞考析》，载《中南民族学院学报》2000 年第 1 期，第 52—55 页。

② 王兴先：《土族史诗〈格萨尔纳木塔尔〉述论》，《格萨尔学集成》（第 2 卷）第 943 页，甘肃民族出版社 1990 年版。

养牲畜的槽，所以，这个土台子叫做转槽或圆槽。转槽的中心点是高约3丈多的旗杆，旗杆顶部飘着印有经文的幡。旗杆根部的南侧，是高出转槽约3尺的香炉，也是用土坯砌成的。这里是我百岁祖父每天早晨烧香磕头的地方。

等到人们来齐的时候，已是夜深人静了。父亲从屋里走了出来，煨了桑、烧了香、磕了头，然后又悄悄进了屋，把门反插上，弄得有些神秘。

我和哥哥觉得很奇怪，于是踮着脚不声不响地走进窗根，听大人们究竟在议论什么。原来画匠官布希加在给大家讲故事，时而在低声唱着，时而在讲述着。我站在窗根下，耳朵贴在窗户上，还是听不清楚。可是在他唱曲调时，总是嗝日嗝（girigi），嗝日嗝的。从此，我们给了他一个绰号，叫做嗝日嗝，再也不叫他画匠或官布希加了……

后来，我们问父亲，嗝日嗝讲的是什么故事？为什么弄得那么神秘？父亲说，嗝日嗝讲的是格赛尔的故事，佛爷不准在蒙古尔（土族自称）当中讲这个故事。我烧香磕头是为了忏悔自己的罪过。①

同仁土族也认为，自己与霍尔有密切关系。郭玛日人说，泽库县霍尔哇加保存着他们的历史，根子在霍尔。当初霍尔人住在这里，一半在这里成为土族，后来一半到了泽库，霍尔杰岗是首领。他们信霍尔，不信格萨尔。②

同样，裕固族中也有类似的说法。在裕固族的历史传说中认

① 李克郁：《土族格赛尔》，第2—3页，青海人民出版社1994年版。

② 青海省编辑组：《青海土族社会历史调查》，第176—178页，青海人民出版社1985年版。

为，黄帐王是裕固族的可汗。[①] 俄国探险家波塔宁（Potanin）在其著作中说："某些裕固族人声称霍尔黄帐王才是他们真正的国王。"而且指出他在裕固族人中发现了"霍尔黄帐王很多马和犬"[②]。著名藏学者松巴·堪布益希班觉尔（1704—1788）在给第六世班禅白丹益西（1737—1780）的复信（又称《问答》）中指出："在距青海湖北面七八天的路程，有一个叫巴董（pa-stonk），有一河名叫熊暇河（shunk-shai-chu），从这里到汉族的肃州城（rkyisu-kru-mkhar）的土卡（thurkha），之间有所谓霍尔黄帐部，此亦即所谓撒里畏吾尔（shara-yu-kur），又称'班达霍尔'（vpan-t-hor）又称'霍屯'（hor-thon）。"[③] 由此可知，他认为霍尔黄帐部就是撒里畏吾尔，即元、明时代裕固族的名称［另外，他还认为"霍尔"白帐部是"索波人"（sok-po），即蒙古族。黑帐部是"卓博"（vprok-pol），即藏北胡系统藏族牧人］。有学者认为"松巴堪布身为蒙古人，又久居蒙藏交错杂居的青海地区，熟悉这一地区的各民族情况。他对甘青一带各民族的考证具有一定的权威性。"[④] 同样的看法也见于现代著名藏族老学者毛尔盖·桑木丹的论著中，他不仅认为霍尔黄帐部就是裕固族，而且认为"撒里畏吾儿"（sh-Aurke）是蒙古语黄帐之意。[⑤] 裕固族最后一任大头目

---

① 捷尼舍夫：《西部裕固语结构》，第252页，其中编号№9的短文的主要内容是"从前有黄可汗、红可汗、黑可汗和白可汗。黑可汗是藏族的可汗，黄可汗是裕固族的可汗，红可汗是蒙古族的可汗，白可汗是汉族的可汗"。

② 《汉地边缘的唐古特—藏族与中部蒙古》，圣彼得堡1893年，第1卷。其中第442页是有关裕固人中的格萨尔问题。第363页又认为格萨尔可能是回鹘人的文化遗产。

③ 《松巴·益喜幻觉尔全集》"问答"之部第15页下，甘肃省拉卜楞寺收藏稿。

④ 《如意宝树史》汉译文序（蒲文成、才让译），甘肃民族出版社1994年版。

⑤ 毛尔盖·桑木丹：《格萨尔其人》，载《章恰尔》1985年第4期。

安贯布什加，曾对中国科学院社会历史调查组说，我们是霍尔[①]。过去，裕固族有敬奉“汗点格尔”的原始崇拜，不论是操西部裕固语的人，还是操东部裕固语的人，都称作“汗点格尔”。但是，当地藏族称之为“霍尔泰”，意为裕固人的神。[②]

对裕固族而言，史诗主人公格萨尔既是英雄又是仇敌。例如，裕固族地区流传的其他《格萨尔》故事中有这样的内容：“像日月一样尊贵的客人，请允许我讲一段故事——英雄的格萨尔。格萨尔世代传颂的英雄，他恰似山中猛虎，犹如海底蛟龙。捧起海子水般的醇酒，也无法表达对格萨尔的崇敬。但他杀死了尧乎尔（裕固族）的可汗，在我们祖先的心中，也曾产生仇根。相传在过去，但凡尧乎尔子孙，在格萨尔王庙门前都要停步，抽出刀剑对他挥舞，还要用吐沫啐吐。这是尧乎尔早先的风俗。”[③]罗列赫在其著作中特别指出了裕固族（黄西番）人中一些会使人联想到《格萨尔》史诗的风俗习惯。例如，某人骑一匹枣红色的马接近一顶帐篷，那就要把马拴起来并使其头转向该地区以避免具有同样颜色的格萨尔之马再出现和以其蹄踢平帐篷。裕固人吃饭吃得很快，因为他们声称格萨尔的一次奇袭使他们至今仍感到惊怕。大家声称在他们之中存在有《格萨尔》史诗的一种文本。其中奉霍尔人国王为其祖先，而格萨尔于其中可能是作为危险和狡猾的敌人之面貌而出现的。罗列赫由此得出这样一种结论：“所以，对于古代的吐蕃和突厥部族人间爆发的部族之战的记忆

① 吴永明：《关于“裕固族简史”补充调查和修订工作的几个问题》，载《民族研究动态》1983年第4期，第19页。

② 《裕固族东乡族保安族社会历史调查》，第30页，甘肃民族出版社1987年版。

③ 郝苏民：《东乡族保安族裕固族民间故事选》，第270页，上海文艺出版社1987年版。

至今尚存在，成了经常性的部族冲突的原因。”①

据大多数《格萨尔》研究者认为，格萨尔的故事并非虚构，历史上实有其人其事，而且认为故事中的格萨尔就是唃厮啰②，黑霍尔就是蒙古游牧部落（黑鞑靼），白霍尔就是靠近汉族地区的农业部落（白鞑靼），黄霍尔即黄头回纥。而且宋朝，党项人经常勾引鞑靼、回鹘壮大自己的势力，并征调他们与唃厮啰进行了长时期的战斗。格萨尔与霍尔三国的斗争，实际反映的是党项西夏与唃厮啰之间的争斗。③

从上述可知，历史上格萨尔是土、裕固民族的敌人，给两个民族的先民留下了可怕的记忆，土族和裕固族的先民是忌讳说唱格萨尔的。

但是，时过境迁，现在土族和裕固族中却说唱、流传着《格萨尔》，虽然土族中说唱《格萨尔》前，一般要煨桑，求霍尔王不要发怒，允许说唱《格萨尔纳木塔尔》。但是年轻说唱者已经不继承这种习俗，他们已不相信神祖会发怒。有的说唱者甚至对岭王和霍尔采取不褒不贬的态度，有的还认为格萨尔是英雄，救了我们，我们可以赞颂他等等。④

《格萨尔》在土族、裕固族中的这种变迁，也与甘青地区的社会文化环境有关。经过几个世纪的发展变化，藏族和土族、裕

---

① 《岭·格萨尔王的史诗》，载《皇家亚洲学会孟买分会会刊》，文学类第8卷，第2期，1942年，在此引自石泰安的《西藏史诗与说唱艺人的研究》（耿升译），西藏人民出版社1993年版。

② 如魏明章在《青海历史纪要》中说“唃厮啰成为藏区各部落传说中的英雄人物，据考证，流传极广的藏族民间史诗《格萨尔王传》中的格萨尔王，据说就是唃厮啰。”详见第64、第69页；王沂暖认为格萨尔是宋初居于青海东部之唃厮啰。

③ 李克郁：《土族〈蒙古尔〉源流考》，第42—43页，青海人民出版社1993年版。

④ 王兴先：《土族史诗〈格萨尔纳木塔尔〉述论》，载《格萨尔学集成》（第2卷），第943页，甘肃民族出版社1990年版。

固族又形成了毗邻、杂居的局面，同时又都信仰藏传佛教，共同的宗教信仰势必导致各民族文化的交流。据介绍，过去，在互助、民和以及别的土族聚居区，寺院林立，僧侣众多，素有“三川的喇嘛遍天下”之说。土族僧人一进寺院就学藏文，这样，僧人便有了接触并传播藏民族文化的机会。[①] 在裕固族地区调查到的 20 多位《格萨尔》艺人，多数会说藏话，有的懂藏文，其中有些是本人或他们的前辈是寺院的僧人。如 73 岁的扎巴尼玛唯色就曾当过互助郭隆寺下属一寺的班弟，他说唱的《格萨尔》用藏语吟唱韵文，然后用东部裕固语解释。通婚也为格萨尔在土、裕固民族中的流传提供了条件。例如，裕固族有位艺人名叫赵嘎布藏，他原系藏族，久居青海祁连蒙古、藏、土、裕固等民族杂居地区，会说东部裕固语，1958 年迁居肃南皇城区北滩乡。他除会说“乔冬外出做买卖亏本”、“当岭王国家衰败”等片段外，主要说唱《阿古叉根史》、《阿古乔冬史》和《安定三界》等。他当年 70 岁，26 岁时当了一位裕固族人的上门女婿。他除在家里说唱外，还经常给裕固族群众说唱《格萨尔》，颇有名气。[②]

总之，这些小民族在甘青地区这个特殊的地理环境和错综复杂的民族关系中不断发生这样或那样的变化，这些变化是历史上民族融合的继续。在宗教方面，他们或者选择蒙藏民族所信奉的藏传佛教，或者选择回族所信奉的伊斯兰教，并且与同教民族通婚发生混血融合，进而在文化生活方面互相渗透。在物质方面，他们兼容并蓄、扬长避短发展出综合经济。这种精神和物质的变迁与发展，为语言的发展变化奠定了基础。

---

① 马光星：《土族格萨尔故事述评》，载《格萨尔学集成》（第 2 卷）第 928 页，甘肃民族出版社 1990 年版。原载《青海民族学院学报》1985 年第 2 期。

② 王兴先：《土族史诗〈格萨尔纳木塔尔〉述论》，载《格萨尔学集成》（第 2 卷），第 943 页，甘肃民族出版社 1990 年版。

参考文献

1. 阿·伊布拉黑麦:《甘肃境内唐汪话记略》,载《民族语文》1985年第6期,第33—47页。

2. 阿·伊布拉黑麦:《东乡语话语材料》,载《民族语文》1987年第3期,第69—73页。

3. 阿·伊布拉黑麦:《回族“消经”文字体系研究》,载《民族语文》1992年第1期,第25—31页。

4. 阿·伊布拉黑麦、陈元龙:《中国东乡族》(甘肃文史资料选辑第50辑),第87—90页,甘肃人民出版社1999年版。

5. 白寿彝:《中国近代史资料丛刊第四种:回民起义》(第三册),神话国光社1952年版。

6. 保朝鲁等:《东部裕固语词汇》,共157页,内蒙古人民出版社1985年版。

7. 保朝鲁、贾拉森:《东部裕固语和蒙古语》,共389页,内蒙古人民出版社1991年版。

8. 布和等:《东乡语词汇》,共192页,内蒙古人民出版社1983年版。

9. 布和:《东部裕固语词汇》,共265页,内蒙古人民出版社1986年版。

10. 才让:《历世夏日仓活佛传略》,载《藏学研究论丛》(第六辑),第246—261页,西藏人民出版社1994年版。

11. 陈乃雄:《五屯话初探》,载《民族语文》1982年第1期,第10—18页。

12. 陈乃雄:《保安语词汇》,共239页,内蒙古人民出版社

1983 年版。

13. 陈乃雄:《保安语和蒙古语》，共 395 页，内蒙古人民出版社 1987 年版。

14. 陈乃雄:《五屯话音系》，载《民族语文》1988 年第 3 期，第 1—10 页。

15. 陈其光:《河州话的声调重音》，载《中国语文学报》1999 年第 9 期，第 249—265 页。

16. 陈其光:《语音间的深层影响》，载《民族语文》2002 年第 1 期，第 8—15 页。

17. 陈新海:《康杨社会历史调查报告》，载《青海民族研究》1993 年第 4 期，第 33—40 页。

18. 陈新海:《河湟文化的历史地理特征》，载《青海民族学院学报》2002 年第 2 期，第 29—33 页。

19. 陈宗振:《西部裕固语研究》，共 550 页，中国民族摄影艺术出版社 2004 年版。

20. 戴康生、秦惠彬:《试论伊斯兰教在我国回族中传播的特点》，载《世界宗教研究》1982 年第 1 期，第 103—117 页。

21. 丁乃通:《中国民间故事类型索引》，共 211 页，春风文艺出版社 1983 年版。

22. 丁乃通:《中国民间故事类型索引》，共 598 页，中国民间文艺出版社 1983 年版。

23. 范玉梅:《裕固族》，共 89 页，民族出版社 1986 年版。

24. 方步和:《张掖史略》，共 749 页，甘肃文化出版社 2002 年版。

25. 冯绳武:《甘肃地理概论》，共 271 页，甘肃教育出版社 1989 年版。

26. 冯增烈:《明清时期陕西伊斯兰教的经堂教育》，载《清代中国伊斯兰教论集》，第 217—250 页，宁夏人民出版社 1981

年版。

27. 冯增烈:《'小儿锦'初探——介绍一种阿拉伯字母的汉语拼音文字》，载《阿拉伯世界》1982年第1期，第37—47页。

28. 甘肃省编辑组:《裕固族东乡族保安族社会历史调查》，共225页，甘肃民族出版社1987年版。

29. 高田时雄:《敦煌资料による中国语史の研究——九、十世纪の河西方言》，第5—9页，创文社1988年版。

30. 高田时雄:《敦煌发现多种语言文献》(马茜译)，载段文杰、茂林博雅主编:《敦煌与中国史研究论集——纪念孙修身先生逝世一周年》，第348—354页，甘肃人民出版社出版2001年版。英文版《亚洲学刊》(Acta Asiatica)第78号(敦煌吐鲁番研究专号)，东京，2000年。

31. 高占福:《甘肃回族源流考略》，载《回族社会历史调查资料》，第1—10页，云南民族出版社1988年版。

32. 高自厚:《裕固族源流中蒙古支系的由来、演变及其重大影响》，载《中国裕固族研究集成》，第133—136页，民族出版社2002年版。

33. 高自厚:《论裕固族源流的两大支系》，载《中国裕固族研究集成》，第137—140页，民族出版社2002年版。

34. 哈斯巴特尔等:《土族语词汇》，共244页，内蒙古人民出版社1986年版。

35. 韩福德:《撒拉族民间故事序言》，载《撒拉族民间故事》(第一辑)，第3页，青海省循化撒拉族自治县文化馆1989年编印。

36. 韩建业:《〈土尔克杂学〉词汇选释》，载《青海民族研究》1993年第4期，第61—67页。

37. 韩建业:《撒拉族语言文化论》，共408页，青海人民出版社2004年版。

38. Hans Nugteren, Marti Roos. M, Common Vocabulary of the Western and Eastern Yugur Languages(东部、西部裕固语共同词)

39. 郝苏民、马自祥:《东乡族民间故事集》, 共 137 页, 中国民间文艺出版社 1981 年版。

40. 郝苏民:《东乡族保安族裕固族民间故事选》, 共 410 页, 上海文艺出版社 1987 年版。

41. 郝毅:《论(西凉乐)"羌胡之声"与花儿的关系》, 转引自王沛《河州花儿研究》, 兰州大学出版社 1992 年版。

42. 侯广济:《保安族族源初探》, 载《甘肃民族研究》1982 年第 3 期, 第 17—24 页。

43. 胡国兴(主编):《甘肃民族源流》, 第 297—316 页, 甘肃人民出版社 1991 年版。

44. 虎隆、马献喜:《"消经"日记〈正大光明〉与普洱马阿洪》, 载《回族研究》2006 年第 3 期, 第 76—82 页。

45. 化隆县:《化隆境内的撒拉族》, 载《青海文史资料集粹》(民族宗教卷), 第 200—207 页, 青海省政协学习和文史委员会 1999 年出版[青新出(2001)准字第 38 号, 内部资料];《花儿论集》, 共 244 页, 甘肃人民出版社年版 1983。

46. 黄文焕:《河西吐蕃经卷目录跋》, 载《世界宗教研究》1980 年第 1 期, 第 56—62 页。

47. 黄文焕:《河西吐蕃卷式写经目录并后记》, 载《世界宗教研究》1982 年第 1 期, 第 84—102 页。

48. 菅志翔:《宗教信仰与族群边界——以保安族为例》, 载《西北民族研究》2004 年第 2 期(总第 41 期), 第 175—187 页。

49. 兰州大学临夏方言调查:《临夏方言》(兰州大学中文系临夏方言调查研究组), 兰州大学出版社 1996 年版。

50. 李并成:《河西走廊历史地理》, 共 279 页, 甘肃人民出版社 1995 年版。

51. 李范文、余振贵(主编):《西北回民起义研究资料汇编》, 共595页, 宁夏人民出版社1988年版。

52. 李耕砚、徐立奎:《青海地区的托茂人及其与伊斯兰教的关系》, 载《世界宗教研究》1983年第1期, 第132—138页。

53. 李克郁:《土族〈蒙古尔〉源流考》, 共195页, 青海人民出版社1993年版。

54. 李克郁:《土族格赛尔》, 青海人民出版社1994年版。

55. 李炜:《甘肃临夏一带方言的后置词"哈""啦"》, 载《中国语文》1993年第6期(总第237页), 第435—438页。

56. 李炜:《兰州话、河州话两种混合语及其关系——兼谈西北话的阿尔泰化》, 载《双语双方言与现代中国》, 第158—163页, 北京语言文化大学出版社1999年版。

57. 李文实:《西陲古地与羌藏文化》, 共454页, 青海人民出版社2001年版。

58. 李天昌(主编):《中国保安族》(甘肃文史资料选辑第49辑), 共205页, 甘肃人民出版社1999年版。

59. 梁莉莉:《家西番地区祭灶神习俗的象征符号》, 载《青海民族研究》2003年第3期, 第66—69页。

60. 刘凯:《"花儿"流传中的一种特异现象——"风搅雪"》, 载《西北民族学院学报》1981年第4期, 第31—33页。

61. 刘凯:《"风搅雪花儿"与双语文化钩沉》, 载《甘肃民族研究》2000年第2期, 第101—105页。

62. 刘夏蓓:《安多藏区族际关系与区域文化研究》, 共260页, 民族出版2003年版。

63. 刘迎胜:《回族与其他一些西北穆斯林民族文字形成史初探——从回回字到"小经"文字》, 载《回族研究》2002年第1期, 第5—13页。

64. 刘迎胜:《关于我国部分穆斯林民族中通行的"小经"文

字的几个问题》，载《回族学论坛》2003(第一辑)，第240—256页，宁夏人民出版社2003年版。

65. 刘迎胜：《“小经”文字产生的背景——关于“回族汉语”》，载《西北民族研究》2003年第3期(总第38期)，第61—68页。

66. 芦兰花：《“家西番”族属探析》，载《西藏研究》2005年第2期，第39—42页。

67. 吕霞：《隆务河畔的藏族民间服饰及其审美意蕴》，载《青海民族学院学报》2003年第1期，第16—21页。

68. 吕霞：《土族花儿的文化特征》，载《西北民族研究》2004年第3期(总第42期)，第159—166页。

69. 马国忠、陈元龙：《东乡语汉语词典》，共474页，甘肃民族出版社2001年版。

70. 马光星：《土族格萨尔故事述评》，《格萨尔集成》(第2卷)，第924—929页，甘肃民族出版社1990年版。原载《青海民族学院学报》1985年第2期。

71. 马铃梆：《顾嘉堪布传》，载《中国裕固族研究集成》，第467—474页，民族出版社2002年版。

72. 马曼丽：《甘肃民族史入门》，共213页，青海人民出版社1988年版。

73. 马树钧：《汉语河州话与阿尔泰语言》，载《民族语文》1984年第2期，第50—55页。

74. 马树钧：《河州话代词说略》，载《中央民族学院学报》1988年第1期，第72—75页。

75. 马树钧：《河州话的语音特点》，载《西北民族学院学报》1988第4期，第102—105页。

76. 马明良、马维胜：《伊斯兰教与撒拉族文化》，载《青海民族学院学报》1993年第1期，第65—69页。

77. 马忠、马小琴:《青海回族土族——冶土司评述》, 载《回族研究》1992 年第 3 期, 第 29—36 页。

78. 毛继祖:《试论〈岭、格萨尔王传〉主题的变异》, 载《格萨尔学集成》(第 2 卷), 第 1323—1326 页, 甘肃民族出版社 1990 年版。原载《青海社会科学》1985 年第 5 期。

79. 马效融:《临夏文史资料选辑河州史话专辑》第八辑, 共 227 页, 中国人民政治协商会议甘肃省临夏回族自治州委员会文史资料委员会 1994 年编。

80. 蒙藏委员会调查室:《祁连山北麓调查报告》, 载《中国裕固族研究集成》, 第 517—527 页, 民族出版社 2002 年。

81. 马自祥:《东乡族小经文"拜提"的人文资源价值》, 载《西北民族研究》2005 年第 3 期(总第 46 期), 第 98—107 页。

82. 马自祥、马照熙:《东乡族文化形态与古籍文存》, 共 256 页, 甘肃人民出版社 2000 年版。

83. 芈一之:《青海同仁县土族调查报告——"五屯"的民族和历史》, 载《西北史地》1985 年第 1 期, 第 84—90 页。

84. 芈一之:《青海民族史入门》, 共 259 页, 青海人民出版社 1987 年版。

85. 敏生智:《汉语青海方言与藏语安多方言》, 载《青海民族学院学报》1989 年第 3 期, 第 77、第 78—87 页。

86.《民间故事》(第二辑): 青海省循化撒拉自治县 1991 年。

87. Nugteren, H. and Roos, M.: Commonvocabulary of the Western and Eastern Yugur languages——the Turkic and Mongolic loanwords. Acta Orient. Hung. 1996. XLIX(1—2), pp. 25—91.

88. Nugteren, H. and Roos, M.: Commonvocabulary of the Western and Eastern Yugur languages the Tibeten loanwords. Studia Etymologica Cracoviensia 1998 Vol. 3. pp. 45—92. Cracow.

89. 奥布鲁切夫, 王希隆译:《中亚研究者戈·尼·波塔宁的成就》，载《西北史地》1981 年第 3 期，第 109—114 页。

90. 青海省编辑组：《青海土族社会历史调查》，共 196 页，青海人民出版社 1985 年版。

91 清格尔泰：《土族和蒙古语》，共 396 页，内蒙古人民出版社 1991 年版。

92. 秦士金：《青海隆务寺早期历史初探》，载《藏学研究论丛》(第五辑)1993 年第 145—170 页。

93. 秦永章：《江河源头话“於菟”——青海同仁年都乎土族“於菟”舞考析》，载《中南民族学院学报》2000 年，第 1 期，第 52—55 页。

94. 邱树森(主编)：《中国回族史》(上、下)，共 1017 页，宁夏人民出版社 1996 年版。

95. 仁增胜姆：《汉语河州话与藏语的句子结构比较》，载《民族语文》1991 年第 1 期，第 12—15 页。

96.《撒拉族民间故事》：循化撒拉族自治县民间文学三套集成办公室 1989 年编，青新出(91)准字第 22 号。

97. 石定栩：《洋泾浜语及克里奥语研究的历史和现状》，《国外语言学》1995 年第 4 期，第 1—8 页。

98. 斯钦朝克图：《康家话研究》，共 330 页，上海远东出版社 1999 年版。

99. 宋秀芳：《清朝政府对青海藏区的施政和治理》，载《藏学研究论丛》(第六辑)1994 年，第 58—77 页，西藏人民出版社。

100. 孙殊青：《“花儿”的起源》，载《花儿论争集》，青海省文学艺术研究所 1987 年。

101. 孙滔：《青海回族源流考》，载《首届回族历史与文化国际学术讨论会论文集》，第 47—60 页，宁夏人民出版社 2003 年版。

102. 索端智：《元明以来隆务河流域的民族融合与文化共

享》，载《青海民族研究》2001 年第 3 期，第 41—44 页。

103. 田海燕：《金玉凤凰》(第一册)，共 287 页，(上海)少年儿童出版社 1961 年版。

104. 田自成(主编)：《裕固族民间故事集》，共 358 页，天马图书有限公司 2002 年版。

105. 町田和彦、黑岩高、菅原纯(共编)：《中国におけるアラビア文字文化の诸相》，東京外国語大学アジア·アフリカ言語文化研究所 2003 印刷发行。

106.［德］瓦·海希西，赵振权译：《多米尼克·施罗德和史诗〈格萨尔王传〉导论》，《格萨尔学集成》(第 2 卷)，第 911—924 页，甘肃民族出版社 1990 年。

107. 王国明：《土族〈格萨尔〉语言研究》，共 222 页，甘肃民族出版社 2004 年版。

108. 王沛：《河州花儿研究》，共 434 页，兰州大学出版社 1992 年版。

109. 王兴先：《格萨尔文库》第三卷，《土族〈格萨尔〉》(上)，共 719 页，甘肃民族出版社 1996 年版。

110. 王兴先：《土族史诗〈格萨尔纳木塔尔〉述论》，载《格萨尔学集成》(第 2 卷)，第 938—947 页，甘肃民族出版社 1990 年版。

111. 王兴先：《藏族、土族、裕固族〈格萨尔〉比较研究》，《中国裕固族研究集成》，第 369—377 页，民族出版社 2002 年版。

112. 吴承义：《康杨回族乡沙里木回族讲土语及其由来的调查报告》，载《青海民族研究》1990 年第 4 期，第 50—54 页。

113. 武文：《裕固族〈格萨尔故事〉内涵及其原型》，《中国裕固族研究集成》，第 362—365 页，民族出版社 2002 年版。

114. 武文：《从裕固族〈格萨尔故事〉看格萨尔其人》，《中国裕固族研究集成》，第363—369页，民族出版社2002年版。

115. 武文(主编)：《中国民间故事集成·甘肃卷》，共876页，中国ISBN中心2001年出版。

116. 席承藩等：《中国自然区划概要》，共165页，科学出版社1984年版。

117. 许宪隆：《试论回族形成中的语言问题》，载《甘肃民族研究》1989年第1期，第65—70页。

118. 许钰：《口承故事论》，共491页，北京师范大学出版社1999年版。

119. 杨恩洪：《土族地区流传之〈格萨尔王传〉探微》，《格萨尔学集成》(第2卷)，第929—938页，甘肃民族出版社1990年版。

120. 杨圣敏：《回纥史》，共226页，吉林教育出版社1991年版。

121. 杨建新：《中国西北少数民族史》，共580页，宁夏人民出版社1988年版。

122. 杨建新、马曼丽(主骗)：《西北民族关系史》，共507页，民族出版社1990年版。

123. 杨占武、金立华：《回族经堂语的语言问题》，载《回族研究》1992年第2期，第43—50页。

124. 杨占武：《回族语言文化》，共123页，宁夏人民出版社1996年版。

125. 杨志玖：《回回一词的起源和演变》，载《回族研究》1992年第4期，第5—15页。

126. 扎西东珠、马岱川：《试论安多藏语与河湟花儿的内在联系》，载《西藏研究》1994年第2期，第57—66页。

127. 张成材：《青海省语言概况》，载《青海民族学院学报》1989年第4期，第136—139页。

128. 张承志:《张承志文学作品选集心灵史卷》,共 333 页,海南出版社 1995 年版。

129. 张祁庆:《隆务河流域的古文化遗存》,载《黄南文史资料》第三辑,第 164—177 页,青海省黄南藏族自治州政协文史资料委员会编 1996 年。

130. 张贤亮:《张贤亮中短篇小就精选》,共 578 页,宁夏人民出版社 1994 年版。

131. 赵宗福:《谈咏"花儿"的诗及其最早出现的年代》,载《中央民族学院学报》1988 年第 4 期,第 67—69 页。

132. 赵仁魁等:《"花儿"源于古鲜卑族的〈阿干歌〉》,载《甘肃社会科学》1991 年第 2 期,第 82、第 83—88 页。

133. 钟福祖:《裕固族〈格萨尔〉片段》,《中国裕固族研究集成》2002,第 671—682 页,民族出版社 2002 年版。

134.《撒拉族民间故事》第一辑,循化撒拉族自治县文化馆编,青新出(89)准字(45)号。

135. 钟进文:《树大石二马三号》,载《民间文学》1988 第 2 期(总第 217 期)。

136. 钟进文:《甘青地区突厥蒙古诸语言的区域特征》,载《民族语文》1997 年第 4 期,第 55—60 页。

137. 钟进文:《甘青地区独有民族的语言文化特征》,载《西北民族研究》1997 年第 2 期,第 42—62 页。

138. 钟进文:《回族消经文化》,《百科知识》1997 年第 4 期,第 61 页。

139. 钟进文:《西部裕固语研究》,共 184 页,中央民族学博士学位论文 1999 年。

140. 钟进文:《一篇"裕固族历史传说"研究》,载《中央民族大学学报》2000 年第 2 期,第 27—33 页。

141.《藏族民间故事选》,共 404 页,上海文艺出版社 1980 年版。

142. 周伟洲:《早期党项史研究》, 共 287 页, 中国社会科学出版社 2004 年版。

143. 朱刚、席元麟等:《土族撒拉族民间故事选》, 共 494 页, 上海文艺出版社 1992 年版。

144. 庄壮(主编):《中国民间歌曲集成》(甘肃卷), 共 1009 页, 人民音乐出版社 1994 年版。

145.[日]佐口透, 章莹译:《新疆民族史研究》(第一部甘肃的少数民族, 第 2—50 页), 新疆人民出版社 1993 年版。

146.[日]佐藤暢治:《チベット語アムド方言来源の借用語からみた保安族におけるチベット族との民族接触》,《NIDABA》1996 年第 25 期, 第 28—37 页。

附录一

河州话（积石山点和循化点）、东乡语、保安语、土族语、东部裕固语、西部裕固语、撒拉语7语言词汇表

编号	汉语	河州话（循化点）	河州话（积石山点）	东乡语	保安语	土族语	东部裕固语	西部裕固语	撒拉语
1	天	tɕʻia$^{\sim 323}$	tɕʻɑn^{13}	ɑsimɑn	ɑsmɑn	tʻienkəʐə	theŋgər	teŋər	ɑsmɑn
2	太阳	ʐə^{21}tʻəu^{55}	tʻɛ^{44}jaŋ^{02}	nɑrɑn	nɑrɑŋ	naʐa	nɑrɑn	khun	kun
3	月亮	ye^{21}liaŋ^{55}	jue^{31}liɑŋ^{13}	sɑrɑ	shəʐə	mɑʐa/soʐɑ	sɑrɑ	aj	ɑj
4	月蚀	ye^{21}ʂʅ^{55}	jue^{31}ʂʅ^{44}	sɑrɑ borolo	nɑrɑŋ yeəʂ gətɕʅ	soʐɑnʅtʅtɕɑŋ/ soʐɑ ɑjtɕɑŋ	sɑrɑstə tʂoliŋ nɑtʂɑowei	aj thutəl	ɑj tɕhitɕilʁɑn
5	星星	ɕiəu^{21}ɕiəu^{21}	ɕiŋ^{31} ɕiŋ^{44}	xodun	ohthoŋ	huotʻu	pʰotən	jəltəs	joltus
6	北斗星	liaŋ^{55}miŋ^{21}ɕiŋ^{3}	pei^{34} təu^{55} ɕi$^{\sim 44}$		tɕhi ɕin	petəu ɕin	tʂhɔluən	aqh tʂholuan	jɑrɑq joltus
7	流星	tsei^{313} ɕiŋ^{3}	liəu^{34} ɕi$^{\sim 03}$	unɑsɑn xodun/ xodun unɑ	huo ɕin(hal ə hothoŋ)	huotʻu tə Rlɑʐtɕɑŋ（星星掉下来了）			joltus ojnɑ

续表

编号	汉语	河州话（循化点）	河州话（积石山点）	东乡语	保安语	土族语	东部裕固语	西部裕固语	撒拉语
8	天河		tɕ‘ɑ$^{\sim 44}$ hə^{34}	usu moron	ɑsmɑn mɑʐ͵on	then huo	theŋgər qol	solaŋqe	ɑsmɑn moʐ͵ən
9	月晕	ye^{21}liaŋ^{55} p‘an^{12}tʂa‘ŋ^{3}	yue^{31} yə$^{\sim 44}$	sɑrɑ tuɢolo	shəʐ͵ə kuro ɑlitɕiɑo (shəʐ͵ənesər tɕio tɕio)	sɑrɑ tjorkə tɕɑŋ			ɑj k‘oronɑpɑ
10	虹	ka$^{\sim 53}$	kɑ$^{\sim 42}$	lun(u)sulɑ	ka$^{\sim}$	sunoŋqo	soloŋqol	qulaŋqe/ qolaŋqe/ solaŋqə/	me:hi
11	阴天	in^{13}t‘ia$^{\sim 214}$	ji$^{\sim 44}$tɕ‘ɑ$^{\sim 02}$	tɕiəntɕindʐ͵i/ oliən pugu	ɑsmɑn ‘ʐ͵ɿpkətɕhe	t‘ienkʐ͵ə porthutɕɑŋ	poroth tʂitʂiwɑj	təŋər puorat	ɑsmɑn tunpɑ
12	晴天	tɕ‘iŋ^{313}t‘ia$^{\sim 2}$	tɕ‘i^{44} tɕ‘ɑ$^{\sim 02}$	tɕiəntɕi ɑru/oliən ɑru	ɑsmɑ ′kitɕhe	t‘ienkəʐ͵ə ɑrəutɕɑŋ	ɑtʂhəl tʂiwɑj	təŋaŋr aʂtə	(ɑsmɑn) ɑtɕihipɑ
13	云	yn^{214}ts‘ɛ^{2}	yə$^{\sim 34}$	oliən	ʂəŋ	uole	bələt	bələt	pulit
14	乌云	hei^{2}yn^{324}ts‘ɛ^{2}	wu^{44}yə$^{\sim 34}$	oliən/ qɑrɑ oliən	ʂəŋ	qɑrɑ oliən	xɑrɑ pələkh	ɢɑrɑ pələt	qɑrɑ pulit
15	雷	ko^{55}zɿ^{2}	luei^{34}	oliən tunkuliə	hɑjim	t‘ienkərə pʰenkəlɑloŋ	ulu	wulu	poʁɑnɑx
16	闪	ʂa$^{\sim}$tian^{55}	ʂɑ$^{\sim 44}$	oliən tunkuliə	ʂɑ$^{\sim}$ tɕɑ$^{\sim}$	ʂɑn ten kə loŋ	qɑl tʂɑqəl tʂiwɑj	jasən tʂhaɢodə	jitər tɕɑŋ
17	风	fən^{324}	fə$^{\sim 34}$	kɑi	khi	k‘ɛ	khi	jil	jil
18	旋风	ɕyen^{55}wo^{2}	ɕuɑ$^{\sim 44}$fə$^{\sim 02}$	ɕiən fən kɑi	ɕyɑ$^{\sim}$ fən	ɕuɑn hur	xui xɔrɔtəmɑ	saɢartɢə yil	jilɑntʂ‘əq jil
19	雨	y^{42}	ɥ^{44}	ɢurɑ	quʐ͵ɑ	q‘uʐ͵ɑ	xurɑ	yaɤmər	jɑʁmər

续表

编号	汉语	河州话（循化点）	河州话（积石山点）	东乡语	保安语	土族语	东部裕固语	西部裕固语	撒拉语
20	雪	ɕye^{324}	ɕue^{34}	tsasun/ dʐasun	tɕha$^{\sim}$ suŋ	tʂʻ ə̥ qtsɿ	tʂasən	qar	qər
21	雹子	ta$^{\sim 55}$tsɿ^{4}	pao^{44}tsɿ^{02}	mandəu	quʐa tantan	ten tentsɿ	diaokh	thartɕaq	jarma
22	霜	ʂa$^{\sim 324}$	ʂua$^{\sim 34}$	qirəu	ʂa$^{\sim}$	ʂuaŋ	tʂaləm	tɕalən tʂaləm	kʻatʻu
23	露水	lu^{324}ʂui^{2}	lu^{44} ʂui^{02}	ɕiaodʐiərun	lu ʂui	ʂə u̥ tiʐə		tʂaləm/tʂalən	tʃʻixsu
24	雾	v^{313}	v^{44}	tuman/u	wu	manoŋ	manan	manan	pulit
25	暴风雨	po^{55}y^{32}	pao^{44}fə$^{\sim 44}$ɥ		pəyi	ʂu̥ kuo kʻɛ qʻura	xara khihaora		wuli poʁan nax jil
26	火	huo^{32}	ho^{44}	qan	xal	qar	qal	ot	ot
27	烟	ie$^{\sim 313}$	ja$^{\sim 34}$	funi	fne	hunɿ（冒烟）	hataq^{h}	əs	tɕhi̥ tɕhin
28	气	tɕʻɿ^{55}	tɕʻɿ^{44}	kai/xo （蒸汽、生气）	loŋsə̌k	var	ɔr	or	puʁa
29	地	tɿ^{55}	tɕɿ^{44}	dzaimin	qaɕ ə̌r	qatʂar	qatɕar	yer	jər
30	山	ʂa$^{\sim 313}$	ʂa$^{\sim 34}$	ula	hi	vla	ɔla	taɣ	taʁ
31	山坡	ʂa$^{\sim 33}$ pʻə^{33}	ʂa$^{\sim 35}$ pʻə^{44}	ula bandzi	ŋkəma	kʻi̥ tɕe	khətɕi	paɣər	tɕan pa
32	山峰	ʂa$^{\sim 33}$tiŋ^{41}	ʂa$^{\sim 31}$ fə$^{\sim 42}$		untər	vla tɕen tɕenr	ɔlin ʂikən	thaɣvaʂ/ thaɣ baʂ	taʁ sɿ（tɕi）
33	山谷	ʂa$^{\sim 33}$kə^{323}	ʂa$^{\sim 34}$ku^{34}		poʁlən	quar	tʂilɣa		toʁ qol
34	山腰	pa$^{\sim 55}$ʂa$^{\sim 323}$	ʂa$^{\sim 35}$ jao^{34}	ula nurun	poʁ lutu （jopa）	vlatunta	ɔlin then	thaɣ paɣar	taʁ pene

续表

编号	汉语	河州话（循化点）	河州话（积石山点）	东乡语	保安语	土族语	东部裕固语	西部裕固语	撒拉语
35	山脚	ʂa$^{\sim 33}$ kə$^{\sim 33}$	ʂa$^{\sim 44}$ tɕue^{34}	ulɑ kon	hituntɔ	ulat^{u}əʐ^{u}ɔ（山下）/ vlatʂuɑr（山根）	ɔlin horəl	ethek（山裙） thar drp（山根）	tɑb ɑjɑbə
36	洞	k‘u$^{\sim 3}$ lu$^{\sim 32}$	tu$^{\sim 42}$	dun/nokiə（窟窿）	tun	nuk‘uɔ	nΦken	thelək	qɑlɑx
37	河	hə^{324}	hə^{34}	moron/ɑrɑn	mɑʐ̧un	məʐ̧ɑn	qol	ɢol	moʐ̧ən
38	洲	tʂəɯ^{324}	tʂəu^{34}		ʂathan	tɕɑt‘ɑn	qhusun sertphɑq		
39	湖	hu^{313}	hu^{34}	noɚ/xu	hu	nor	nur	kiol/køl（汪水）	kol
40	池塘	tʂ‘ʅ^{313}t‘ɑ$^{\sim 2}$	tʂ‘ʅ^{34} t‘ɑ$^{\sim 02}$	noɚ	tʂhʅ	loŋ p‘ən		laopa	lɑo pɑ
41	沟	kəɯ^{313}	kəu^{34}	ɢon	qol	quɑr	siwɑq^{h}	tɕorqa	qon
42	井	tɕiŋ^{32}	tɕi$^{\sim 44}$	ɢudəu/dʐ̧in	tɕiŋ	tɕin/tɕiʐ̧ə	tɕiŋ	ʤiŋ	tsən
43	坑	k‘ə$^{\sim 313}$	k‘ə$^{\sim 34}$	nokiən	tuntun	nuk‘uɔ	tɕynkur	telək	thetɕhix
44	堤	t‘ʅ^{21}		ʼdʐ̧ɑdzi	pɑ	t‘ipɑ	kərwej		
45	坝	pa^{55}	pɑ^{44}	bɑ	pɑ	t‘ipɑ		su khur	
46	路	lu^{55}	lu^{44}	mo	mɔr	mar	Φmer	jol	jol

续表

编号	汉语	河州话（循化点）	河州话（积石山点）	东乡语	保安语	土族语	东部裕固语	西部裕固语	撒拉语
47	旱地	ha~^{55}tɿ^{2}	ha~^{42} tɕɿ^{02}	ɢadʐ̜a	qatɕir	qatɕir	xaq qatɕar	qaq jər	ɑs
48	石头	ʂɿ^{2}t‘əu^{55}	ʂɿ^{31} t‘əu^{55}	taʂi/ɢada	thaɕi phalon（大石头）	taʂɿ	tʂhəlo	das	taʂ
49	沙子	ʂa^{33} tsɿ^{32}	ʂa^{31} tsɿ^{44}	ʂadzi	ʂatsi	ʂatsɿ	xomaq	qom	qom
50	尘土	tʂ‘ə~^{323} hui^{2}	tʂ‘ə~^{34} t‘u^{02} t‘a~^{34} t‘u^{02}	‘tan tu	ɕiro konkətɕo	ʂɒ/ʂəu	ʂaoro	doz	tuman
51	泥巴	nɿ^{313} pa^{2}	nɿ^{44} pa^{2}	ʂuwa	pər	ʂpar	ʂiwar	ʂopaq	p‘antɕix
52	水	ʂui^{313}	ʂuɿ^{44}	usu	sɿ	stsu	qhusun	su	su
53	泉水	tɕ‘ye~^{323} ʂui^{3}	tɕua~^{34} ʂui^{2}	bula usu	sɿ tɕhirtɕo	pulaq(pulaŋ)/pələq stsu	pəlaq	køz su	jyl su
54	洪水	ʂa~^{323} ʂui^{2}	hu~^{34} ʂui^{44}	ʂan ʂui	kosɿ	tʂ‘əu	h̥ alam qʰusum	taɤ su	tɕharmu su
55	树林	ʂu^{55} ta~^{2}	ʂu^{44} li~^{34} li~^{34} k‘uo^{2}	linko	ɕiou	link‘uo		terek	talarsɿ
56	矿	k‘ua~^{55}	k‘ua~^{44}	kon	thaɕi	kuaŋ			
57	金子	tɕin^{313} tsɿ^{43}	tɕi~^{31} tsɿ^{44}	antan	althoŋ	art‘aŋ	altan	ahltən	alt‘un
58	银子	ɳin^{213} tsɿ^{43}	ji~^{31} tsɿ^{44}	miəngu	menku	menku	menku	kuməs	kumuʂ

续表

编号	汉语	河州话（循化点）	河州话（积石山点）	东乡语	保安语	土族语	东部裕固语	西部裕固语	撒拉语
59	铜	t‘un	t‘uə$^{\sim 34}$	tun	shar	t‘ioʂɭ	qolao	paqər	tɕhɿ
60	铁	t‘ie^{313}	tɕ‘e^{34}	tɕiəmu	t‘əmər	təmər	themər	temər	temər
61	钢	ka$^{\sim 313}$	ka$^{\sim 34}$	gan	koŋ	kaŋ		temər	
62	煤	mei^{313}	mei^{34}	məi	mɿ	mei/t‘an	xara ʂura	khømər	
63	硫磺	liəu^{323} ha$^{\sim 2}$	liao^{34} hua$^{\sim 2}$	liuxon	lin huaŋ	lin huŋ		ʂorduraɢ	
64	盐	tɕ‘in^{2} jen^{212}	ja$^{\sim 34}$	dansun	tapsun	tapts‘ɿ/tapsɿ	tapsun	duz	tuts
65	碱	tɕia$^{\sim 33}$ mia$^{\sim 33}$	tɕa$^{\sim 44}$	ʂapun/ʂuntu	hui	tɕienmer		dʒin/ʂor	tɕho ʁan
66	灰	hui^{323}	hui^{34}	funiəsun	mo hui	hunnisɿ（灰面）	hesən	kul	khul
67	石灰	ʂɿ^{55} hui^{2} /pə^{323} hui^{2}	ʂɿ^{44} hui^{2}	ʂi xui	ʂɿ hui	ʂɿ hui		dʒo tuge（焦土块）	
68	木炭	ho^{2} tʂəɯ^{2} t‘a$^{\sim 2}$	mu^{31} t‘a$^{\sim 44}$	mutan	than	mu t‘an	khΦmər	tʂoɤ	komər
69	地方	tɿ^{55} fa$^{\sim 2}$	tɕɿ^{34} fa$^{\sim 2}$	oron	oron	vʐaŋ	qatɵar	yer	tsemin
70	城市	tʂ‘ə$^{\sim 2}$ ʂɿ^{55}	tʂ‘ə$^{\sim 31}$ ʂɿ^{44}	badza	tʂhən ʂɿ	patsar	kamsi		
71	街	ke^{2}to^{55}	kɛ^{34}	gaidao	ke	keitɔ		geʂaŋ	kɛ

续表

编号	汉语	河州话（循化点）	河州话（积石山点）	东乡语	保安语	土族语	东部裕固语	西部裕固语	撒拉语
72	场（集）	tʂa$^{\sim 21}$tsɿ^{55}	tʂ‘ɑ$^{\sim 34}$	dʐ̩i	tsi	keiʂaŋ		imətəq	tsɿ
73	村子	tʂa$^{\sim 33}$ tsɿ^{42}	ts‘uə$^{\sim 44}$ tsɿ^{2}	ɑʁin	nde wɑ	məʀə/iməʁ	hotaq（部落）		ɑʁəl
74	巷	hɑ$^{\sim 55}$tɔ^{2}	hɑ$^{\sim 44}$	tumun	hɑntu	tɔtər		arasə（中间）	hɑntu
75	邻居	ke^{55} pɿ^{2}	li$^{\sim 34}$tɕy^{2}	giə bidzi	tɕhimsi	liŋtɕar	eltɕiŋ	jora/jüra	hɑms^{h}ɑli
76	学校	ɕye^{2} ɕio^{55}	ɕue^{31} ɕiɑo^{44}	ɕiə ɕiɑo	ɕiə ɕio	ɕye/ɕiɑu			
77	牢（狱）	pa$^{\sim 2}$f‘ɑ$^{\sim 55}$	lɑo^{34}	bɑfɑndzi	pɔŋfɔŋ	pɑn fɑŋ tsɿ		ɢara jü	pɑnfɑŋ
78	衙门	ia^{324}men^{1}	jɑ^{34} mə$^{\sim 2}$		jɑmen	jɑ/men		paɣan/pharaŋ	jɑ men
79	人家	ʂə$^{\sim 323}$tɕia^{2}	ʐ̩ə$^{\sim 34}$ tɕɑ$^{\sim 2}$	giə	kər	k‘unikɑr	ker		k‘itɕ‘ini oj
80	客栈	ly^{32}tia$^{\sim 55}$	k‘ə^{31} tʂɑ$^{\sim 34}$	dʑiən	tɕen（lyʂə）	tiɑn	tiɑn	den	tjɑn
81	饭店	kua$^{\sim 32}$ tsɿ^{32}	fɑ$^{\sim 44}$ tɕɑ$^{\sim 44}$	fɑndʑiən	kuantsɿ/	kuantsɿ/fɑnkuɑr		kuɑzi/semen satba/satma	kuɑn tsɿ
82	商店	p‘u^{55} tsɿ^{43}	ʂɑ$^{\sim 31}$ tɕɑ$^{\sim 44}$	ʂɑndʑiən/pudzi	phutsɿ	ʂɑŋ tiɑn			p‘utsɿ
83	招牌	p‘ɛ^{2} tsɿ^{55}	tʂɑo^{44} p‘ɛ^{44}		phetsɿ	p‘etsɿ		sək qhalaq	ɑt
84	庙	mio^{42}	miɑo^{42}	miɑo	mio/mətɕhi（清真寺）	sɿmie/miɑo（寺院）	khet	seme	mio/kər（喇嘛寺）/mit（清真寺）meʂ

续表

编号	汉语	河州话（循化点）	河州话（积石山点）	东乡语	保安语	土族语	东部裕固语	西部裕固语	撒拉语
85	碑	ʂʅ^{2}pʅ^{33}			ʂʅ pʅ	ʂʅ pʅ			ʻpʅ
86	亭子	lia$^{\sim 323}$t'i$^{\sim 2}$	tɕ'i$^{\sim 44}$tsʅ^{2}	tɕin dzi	tɕin tsʅ	t'in tsʅ			t'in tsʅ
87	塔	t'a^{323}	t'ɑ^{34}	tɑ	tha mənɑʐə（清真寺前面的塔）	t'ɑr	tɕhorthem	tɕhərtɕin	mirɑ lu（清真寺环彩塔）/tɕhot'ən（藏塔）/t'ɑ
88	棚子	wə^{2}p'u^{55}	pə$^{\sim 31}$tsʅ^{44}	opu	wɔphu	p'ən	qhəʂɑq（圈）	qhɑlɑq	wo p'u
89	窑	jo^{323}	jɑo^{34}	jɑo	jio	jɑo	nɸken	paɣar jü	jəo
90	窖	tɕio^{42}	tɕɑo^{44}	dʑiao	kər	tɕɔ			wu ʐə
91	桥	tɕ'io^{323}	tɕ'ɑo^{34}	tɕiɑo	tɕhio	tɕ'ɔ			k'omər（撒拉）metsɑ（回族）fən（汉族）
92	坟	f'ə$^{\sim 323}$	fə$^{\sim 34}$	maidzɑ/dzɑrɑ	mutsɑr（回民坟fən）	q'uɑr（脚）/hur	ɔtur（坟院）ɔthur	feijen/tur	t'erpe
93	民族	min^{323}tsu^{2}	mi$^{\sim 34}$tsu^{2}	mindzu		mintsu			mintsu
94	汉族	ha$^{\sim 55}$ʐə$^{\sim 2}$	hɑ$^{\sim 44}$tsu^{2}	nɑnɢɑ/qidɑ/boro	xʂɑ khun	tɕ'it'ei	qətɑth	qəde/sure/süjer	xɑ ti（下面的人）
95	人	ʐə$^{\sim 323}$	ʐə$^{\sim 34}$	kun	khun	k'un	khɔn	kəsə	k'etʂ

续表

编号	汉语	河州话（循化点）	河州话（积石山点）	东乡语	保安语	土族语	东部裕固语	西部裕固语	撒拉语
96	大人	ta^{55} ha$^{\sim 2}$	tɑ^{44}ʐə$^{\sim 2}$	fugiə kun	ko khun	ʂkuɔ kʻun	ɕiki khɔn	bezek kəsə	ule kʻetʂ
97	小孩儿	ka^{2}wa^{55}	kɑ^{31}wɑ^{44}	kəwos	jɑ tɕi	məlaple（小男孩）məlaakur（小女孩）	məlɑ/tɑi məlɑ（小小孩）/ɕiki məlɑ	mula	pɑle kʻetʂ
98	婴儿	ye^{2}wa^{55}	ji$^{\sim}$r^{34}/kɑ^{34}kɑ^{2}	oni kəwos（抱怀的小孩）gogosən kəwos（吃奶的小孩）	shɑ̌t jɑtɕi	ye li wər	məlqhɑ qhsun/məlqhɑ məlɑ	hadi mula	ɑj pɑle
99	老头儿	lo^{53} ha$^{\sim 55}$tɕia^{55}	lɑo^{44}hɑ$^{\sim 42}$tɕɑ^{2}	otɕiɑo kun	tetʅ	lɔ han	lɔutə	hoʐɣa	pos
100	老太太	lo^{53}a^{55} nɛ^{2}	nɛ^{34} nɛ^{2}	otɕiɑo niənəigiə	nenʅ	niŋkɑr	khɔxəʂən	qurtɢa	neno
101	男人	na$^{\sim 2}$tsʅ^{55}	nɑ$^{\sim 34}$ʐə$^{\sim 2}$	ərə kun/ərəs/ərə	ʻere khun	nunkʻun	xəqɑn nɑr	eren	ər kʻtʂ
102	妇女	ɕʅ^{2} fu^{55}	fu^{42}mi^{2}	əmə kun/əməs/əmə	hǔ̥ thun/	ɕtɕun kʻun	phesuɤe	kempeʂ	qɑtən kʻetʂ

续表

编号	汉语	河州话（循化点）	河州话（积石山点）	东乡语	保安语	土族语	东部裕固语	西部裕固语	撒拉语
103	小伙子	ɕo^{55} ho^{2} tsɿ^{5}	ɕiao^{44}huo^{31}tsɿ^{2}	dʐ̩alao	ko jatɕi	ple	tʂalɔ	jiɤət	jik k‘etʂ
104	姑娘	ia^{2} t‘əɯ^{55}	kɑ^{44}ȵi^{44}hɑ^{44}	otɕin	ɑku	ɑkur	hɔkɔn	ɢəz	ɑnɑ
105	工人	kun^{323}ʐ̩ə~^{323}	kuə~^{31}ʐ̩ə~^{34}	gun ʐ̩ən	kun ʐ̩ən	kuŋʐ̩ənts‘ɿ			kunʐ̩ən
106	农民	tʂuɑ~^{2}tɕia^{55} ʐ̩ə~^{2}	tʂuɑ~^{31}tɕɑ^{34} ʐ̩ə~^{2}	dʐ̩on dʐ̩iɑ kun	tɕoŋ tɕilekətɕhon khun	tʂuɑŋ tɕɑ ts‘ɿ		jardarma	tɕonkəl k‘etʂ
107	兵	pi~^{323}	pi~^{34}	bin	tɕherɿk	pin	tɕherək（兵的总称，部队）	tɕirəɤ	liɑŋ tsɿ
108	商人	mɛ^{43} mɛ^{3} ʐ̩ə~^{2}	ʂɑ~^{31}ʐ̩ə~^{34}	mɑi mɑi kun	tann ton tɕi	memets‘ɿ	qɒtɑltɕin	sadəɤtʂi	shɑt k‘etʂ
109	干部	kun^{323}tso^{2}ʐ̩ə~^{33}	kɑ~^{44}pu^{44}	gɑn bu	kan pu	kan pu		qhaɢ kəsə	kɑn pu/iɕi̥ kɑlɑ
110	学生	ɕye^{323} ʂə~^{2}	ɕue^{34}ʂə~^{2}	ɕiə ʂən/ surutʂin	ɕye ʂən	ɕuə ʂən		pətəɤ jorɤenme	ɕye ɕo pɑlɑ
111	老师	lo^{43}ʂɿ^{33}	lao^{44}ʂɿ^{44}	lɑoʂi/ suru batʂin	lo ʂɿ	ʂusuRqɑk‘ ukun	kerkɑn	haka	lo ʂɿ
112	医生	tɛ^{55} fu^{2}	tɛ^{42}fu^{2}	dɑifu	mɑnmpə	pietɕ‘iŋnoɤɑk‘ uk‘un	emtɕhə	emtʂi/imtʂi	ɑrəq pɑqutɕi
113	师傅	ʂɿ^{3} f‘u^{55}	ʂɿ^{31}fu^{34}	ʂi fu	tɕioŋ ʐ̩ən	ʂɿ fu	kerkɑn	haka	orʁə qutɕi

续表

编号	汉语	河州话（循化点）	河州话（积石山点）	东乡语	保安语	土族语	东部裕固语	西部裕固语	撒拉语
114	徒弟	t‘u^{2}tʅ^{55}	t‘u^{31}tɕi^{44}wɑ^{2}	tu dʑi	tu tɕi	t‘u ti		pantə	orʁən qutɕi
115	头人（头目）	t‘əɯ^{323}ʐə$^{~2}$	t‘əu^{44}t‘əu^{2}	tiəru tʂi	thəu ʐən	nuojen	niɑon	peɤ	ɑʁəl paɕi
116	仆人	y$^{~55}$ʐə$^{~2}$	p‘u^{44}ʐə$^{~2}$	xodʑi	letɕhi	tɕɑrətər	ətsawɑ	ʂaŋtde	joʁtɕi
117	丫头	ʂʅ^{42}hua$^{~55}$ɲy^{2}	jɑ^{31}t‘əu^{55}	jaxon	hoton khun letɕhi		tɕɑrtɕɑr khun	ələɣat əmsama	palə watqətɕi（佣人）
118	长工	tʂ‘ɑ$^{~323}$ ku$^{~2}$	tʂ‘ɑ$^{~34}$kuə$^{~2}$	xodʑi	letɕhi	tʂalɑo	ətsawɑ	əstutba/situtma	joʁ tɕi
119	厨师	ta^{55} ʂʅ^{3} fu^{2}/ tɕa^{2}ma^{55}（藏）	tɑ^{44}ʂʅ^{44}fu^{2}	daʂifu	tʂhutsɿ	taʂʅfu	thoɣən pɑrmɑ	semen qandərma	taʂʅfu
120	牧人	tɑ$^{~323}$jɑ$^{~55}$wa^{2}	tɑ$^{~44}$ja$^{~34}$wa^{2}	ɑdulɑtʂin	qonə ɑtartɕhun	ɑstoŋla tɕhin k‘un	maltʂə	maltʂi	mal k‘ukutɕi
121	木匠	mu^{3} tɕɑ$^{~55}$	mu^{31}tɕɑ$^{~44}$	mudʑiɑn	mutɕioŋ	mu tɕiɑŋ	motən pɑrmɑ	jiɣaʂtʂi	joʁəntɕi/ ɑʁɑtɕi
122	铁匠	t‘ie^{323}tɕɑ$^{~55}$	tɕ‘e^{31}tɕɑ$^{~44}$	tɕiədʑiɑn	tɕhetɕioŋ	t‘ie tɕiɑŋ	themər pɑrmɑ	demərtʂi	temər tɕi
123	石匠	ʂʅ^{2}tɕɑ$^{~55}$	ʂʅ^{31}tɕɑ$^{~44}$	ʂi dʑiɑn	ʂʅ tɕioŋ	ʂʅ tɕiɑŋ	tʂhilou pɑrmɑ	tas soqba/ soqma	taʂtɕi
124	裁缝	ts‘ɛ^{2} fə$^{~55}$	ts‘ɛ^{31}fə$^{~44}$	tsaifən	shefən	ts‘e fən	məskə pɑrmɑ	qezɣə təkpe	peqər‘ tɕ‘ ikutɕi

续表

编号	汉语	河州话（循化点）	河州话（积石山点）	东乡语	保安语	土族语	东部裕固语	西部裕固语	撒拉语
125	泥石匠	ȵi^{323} ku$^{\sim 2}$	ȵʅ^{44}wɑ^{31}tɕɑ$^{\sim 2}$	niʂuidʑian	wɑ tɕioŋ	wɑ tɕioŋ	ʂirɔ parma	miʂui tɕaŋ	p‘ɑl tɕ‘xtɕi
126	剃头匠	t‘ei^{55}tɕɑ$^{\sim 2}$	tɕ‘i^{55}t‘əu^{31} tɕɑ$^{\sim 44}$	tai dʐɑo(汉)	the tʂoŋ	stsu tɕ‘ɑor ʁɑ tɕ‘in k‘un	thəlɤesəŋ xərɤama	paʂ qarqpa/ phaʂ qarqpa	paʂ iliuʁutɕi
127	算命先生	sua$^{\sim 55}$kuɑ^{55}tʅ^{2}	sua$^{\sim 44}$ kuɑ^{44}p‘ə^{2}	songuaɡiətʂin	shan kua	amesanaqk‘ uk‘un	xɔrɤɔrtʂi	haq ɢarama həq ɢarama	shanaxtɕi
128	和尚（喇嘛）	hə^{2} ʂɑ$^{\sim 55}$/ la^{2} ma^{55}ie^{2}	la^{31}ma^{2}	lama	lama	lama	lama	haga	alax(藏语：佛爷) lama
129	尼姑	nʅ^{313}ku^{2}	ni^{44}ku^{2}	gugu	miku	niku			tɕo mu（藏语：姑娘）
130	巫师	wu^{323} p‘ə^{2}	wu^{34}ʂʅ^{2}	idoʁo	fhaʂʅ（法师）	fala	həltʂi	ehltʂi	t‘utuʁotɕi（佛师动作）
131	乞丐	jo^{2}mə^{55}tʅ^{2}	tɕao^{44}hua^{31}tsʅ^{2}	ɢuaitʂin	qui tɕun（要穷）	k‘arlits‘ʅ	qylɤotʂhə	qolɢətʂi	k‘eli wutɕi
132	妓女（婊子）	pio^{32}tsʅ^{55}		biaodzi			qɔnqər qutaltəma	satba/juz joq pərmi	shaqutɕi
133	扒手	tsei^{323}t‘əu^{55}	liou^{44}wa^{31}tsʅ^{2}	ɢuʁəi	lio wa tsʅ（流娃子）	q‘arqeits‘ʅ	xulaɤetɕhi	tʂhəmək ethpe	jan tɕ‘oqəla

续表

编号	汉语	河州话（循化点）	河州话（积石山点）	东乡语	保安语	土族语	东部裕固语	西部裕固语	撒拉语
134	骗子	p‘ia$^{\sim55}$tsʅ^{3}	pia$^{\sim44}$tsʅ^{2}	piəndzi		qutarts‘ʅ	xɔrmaqtʂi	kəsə ojnama	p‘ian tɕaŋ /peleʁutɕi
135	贼（小偷）	tsei^{323}t‘əuɪ^{55}	tse^{34}	ɢuʁəi	qulʁi quʀʁ（泛指小虫子）	q‘arqeits‘ʅ	xulaɤaitɕhe	tʂhəməktʂi tʂh əməktʂhi	oʁozˌə
136	土匪	t‘u^{32}fei^{55}	t‘u^{44}fei^{44}	tu fəi	thufi	t‘ufei	thawaq	tawaq	t‘ufe
137	坏人	hui^{55} zˌə$^{\sim3}$	hue^{42}suə$^{\sim2}$	maoɕiənkun	mən khun	mək‘un	məkhun	jüs kəsə	jəman k‘etʂ
138	皇帝	ha$^{\sim2}$ʂa$^{\sim55}$	huaŋ^{31}tɕʅ^{44}	xon ʂan	hoŋ ʂoŋ	huaŋ ʂaŋ	xan	qhan	huaŋ ʂaŋ
139	官	kua$^{\sim323}$	kua$^{\sim34}$	nojən	kuan	nojən	nijon	peɤ	peʁə
140	财主	jəuɪ^{32}ts‘ia$^{\sim33}$ ha$^{\sim55}$	ts‘ɛ^{34}tʂu^{42}	jən wai/ bəə~ tu kun	pejoŋ khon（富人）	paiaŋ k‘un（富人）	bajaŋ khun	pej khəsə	par k‘etʂ
141	老爷	lo^{42} ie^{55}	lao^{44}je^{44}		lo the je	lao je		oka	ta lao je
142	太太	t‘ɛ^{55} t‘ɛ^{2}	t‘ɛ^{44}t‘ɛ^{2}		‘the the	t‘e t‘e	qhatən	qatəm	t‘e t‘e
143	少爷	ʂo^{55}ie^{2}	ʂao^{44}je^{2}		ʂo je	ʂao je			ʂo je
144	小姐	ɕio^{42} tɕie^{2}	ɕiao^{44}tɕe^{2}		ɕio tɕie	ɕao je	xannə hukun（头目的女儿）		ɕo tɕie

续表

编号	汉语	河州话（循化点）	河州话（积石山点）	东乡语	保安语	土族语	东部裕固语	西部裕固语	撒拉语
145	地主（牧主）	tʅ^{55} tsu^{42}	tɕɿ^{44}tʂu^{2}	ɢadʐɑ ədʐən	pejoŋ khun	pajaŋ k‘un	bajaŋ khum	pej khəsə	par k‘etʂ
146	媒人	mei^{323} ʐə~^{2}	mei^{34}ʐe~^{2}	dʐɑo tʂi	mi ʐən	ləmei	tʂour matʂi	aratʂi	səetɕi
147	经纪人	ia^{334}hɑ~^{2}	tɕɿ~^{31}tɕɿ^{44}ʐe~^{34}		phinkətɕhun khun	jɑ haŋ	（qətaltɕin）	aratʂi	jahaŋ
148	管家	kua~^{42}tɕia^{3}	kuɑ~^{44}tɕiɑ^{44}	gondʑiɑ	tʂoŋ kutɕi（掌柜）	kuɑn tɕɑ	ərkɸskɸ（寺院管家）	yütutba	kuɑn tɕɑ
149	狗腿子	kəɯ^{42} t‘ui^{3} tsɿ^{55}	kəu^{44}t‘ui^{44}tsɿ^{2}	gəu tui dzi		tsəu kəu		ʂət azaq/ʂət pət	kəu t‘ui tsɿ
150	伙计	ho^{42} tɕɿ^{2}	huo^{44}tɕɿ^{2}	xodʐi	h ɑ̌mtələ ǎstɕio	tʂaləu	qatura jɸlle parma khoun	hüker	huo tɕi
151	朋友	ia^{323} ʐʅ^{2}	p‘eŋ^{34}jiəu^{2}	dosi/dʐənliən	nokhur	nuk‘uar	nɸkhur	nøker/hüker	jaʐə patɕa
152	老乡	ɕa~^{324} tɕ‘i~^{2}	lɑo^{34}ɕiɑ~^{2}	ɕiantɕin	mənə khun	jʅkə ʐaŋni k‘un	qhətʂa qatʂarə khoun	pər jərnəŋ/pər wejnəŋ khəsə	pər jərti
153	瞎子	ma^{323}ia~^{42}tɕi~^{2}	ha^{31}tsɿ^{2}	suɢo	shuqor	hatsɿ	soqər	theløk	qoro
154	跛子（瘸子）	tɕ‘ye^{2} tsɿ^{55}	tɕue^{31}tsɿ^{44}	doɢolon	toʁloŋ/laqtɕa（瘸子）	tɕ‘etɕ‘ar	tɔɣələn	asaqtʂi	axsax

续表

编号	汉语	河州话（循化点）	河州话（积石山点）	东乡语	保安语	土族语	东部裕固语	西部裕固语	撒拉语
155	矮子	ka^{2} kə^{55} tsɿ^{4}	ts‘uo^{31}tsɿ^{44}	gadurəi	phaho	məlape	poɤənəq	ɢurtɕaq	hawaʐ̩ə（贬义）moxturo
156	聋子	lo$^{\sim323}$tsɿ^{3}	lu$^{\sim31}$ tsɿ^{44}	duləi	təli	luŋtsɿ	theŋə	thenək/ thelək qhulaq	s^{h}ɑʁər
157	秃子	t‘u^{323}tsɿ^{55}	t‘u^{31}tsɿ^{44}	taʁəi	thutsɿ	t‘utsɿ	qaltʂ qur	jalən paʂ /kəltən paʂ	tətskur
158	麻子	ma^{2} tsɿ^{55}	ma^{31}tsɿ^{44}	madzi	matsɿ	matsɿ	xotər	qudər/qodər	matsɿ
159	斜眼睛	ɕie^{2} ka^{2} la^{55}（贬义）	ɕie^{34}ȵiɛ$^{\sim44}$ tɕi$^{\sim2}$	ɕiə liə ɢu	merʁər natun	ɕəkara	qəltɕi notən	qəltʂəq køz/ tɕhinkərkøz	qe jər
160	驼背	k‘ɑ$^{\sim323}$jo^{2}		jaogo	kapə ŋkurkətɕo	kuŋjar	kəta norən	pegek	kuʐ̩u
161	傻子	tɛ^{2} tsɿ^{55}	pa$^{\sim44}$ ȵiɛ$^{\sim34}$ha$^{\sim2}$	guadzi	thəku	tentuŋk‘un	qalwa	gualaŋ	kamaku
162	疯子	hə$^{\sim2}$ha$^{\sim55}$	fe$^{\sim34}$ha$^{\sim44}$	fəndʐ̩iərə/ fəndʐ̩iaoli（疯）	qantɕarsoŋ	huŋhan	qaltɕou	jilləɤ/jəlləɤ	terʁən
163	瘫子	tso^{42} k‘ɑ$^{\sim55}$lio^{42}	t‘ɑ$^{\sim34}$hua$^{\sim44}$		loʁlas^{ə}utɕio	t‘an huan kətɕaŋ	ərontə orɤotɕhe（瘫在床上的人）	poz thanxuara hanəpto	petili

续表

编号	汉语	河州话（循化点）	河州话（积石山点）	东乡语	保安语	土族语	东部裕固语	西部裕固语	撒拉语
164	结巴	tɕie^{2} tsɿ^{55}	tɕie^{31}pɑ^{44}		tukhul tɕio	jəpɑr	tʂhəltəq（说不清楚）	tʂhotəq	teti
165	哑巴	ia^{42} pɑ^{3}	jɑ^{44}pɑ^{44}	jɑbɑ/dʐʅə dzi	jɑpɑ	jɑpɑr	məqə	ɕozdimes khəsə/japa	jɑpɑ
166	客人	k‘ie^{2}ʐʅa$^{\sim 55}$	k‘ə^{31}ʐʅə$^{\sim 34}$	dʐʅotʂin		k‘əʐʅən	khetɕen	ketɕhin	qonox
167	新郎	ɕi$^{\sim 2}$mi^{2} ɕɿ^{2}	ɕi$^{\sim 44}$mi^{44}ɕy^{2}	ʂini quʁon	ɕine kh̬u rkoŋ	peʐʅhk‘uk‘un	sənə khɸrɤen	yaŋɤə kuzeɤə	jɑŋʁə kufu
168	新娘	ɕi$^{\sim 3}$sɿ^{2}fu^{55}	ɕi$^{\sim 44}$ɕi^{44}fu^{44}	ʂini biərəi	ɕiner ɑku	ʂniʂnɑku	ʂənə per	yaŋɤəkhe̥ len	jɑŋʁə kinɑ ku(fu)
169	外国人	wei^{55}kuo^{2}ʐʅə$^{\sim 2}$	wɛ^{44}kuo^{31}ʐʅe$^{\sim 2}$	wɑigo kun	we kuo khun	jɑŋ ʐʅən		tnsɤar khəsə	tɑɕi qɑtsən
170	生人	ʂə$^{\sim 323}$ ʐʅə$^{\sim 2}$	ʂe$^{\sim 44}$ʐʅe$^{\sim 2}$	soni kun	'ləthe nine	t‘anitɑk‘ uk‘un	l əthɑnɲei	danəmas khəsə	tɑnəmɑʁɑn k‘etʂ‘
171	熟人	ʂu^{323} ʐʅə$^{\sim 2}$	ʂu^{34}ʐʅe$^{\sim 2}$	ʂuɕi kun	theni tɕio	t‘anik‘uk‘un	thɑnəɤə	danəɤaq khəsə	tɑnəʁɑn k‘etʂ‘
172	同伴	lia$^{\sim 323}$ʂəu^{2}	liɛ$^{\sim 34}$ʂəu^{2}	nokiə	nokur	nuk‘uɑr	xɑni’	nøker/hüker	tɕɑp
173	祖宗	tsu^{2} ɕia$^{\sim 33}$	tsu^{44}tsu$^{\sim 34}$	ɕiən ʐʅən	ɕiɑn ʐʅən	tsu ɕiɑn	ɕiɑntɑʐʅən（汉）	qhɑr mɑŋqə	ɕhɑn ʐʅən
174	曾祖父	t‘ɛ^{55} ie^{2}	wɛ^{44}t‘ɛ^{44}je^{2}	bɑwɑ	t‘ɛje	t‘ɛ je	xɑrɑwɑ	qhɑr mɑŋqə	ɑje

续表

编号	汉语	河州话（循化点）	河州话（积石山点）	东乡语	保安语	土族语	东部裕固语	西部裕固语	撒拉语
175	曾祖母	t‘ε^{55}t‘ε^{2}	wε^{44}t‘ε^{44}nε^{44}nε^{2}	bɑwɑ tɑitɑi	the the	t‘ε t‘ε	xɑrɑŋ ɑŋkɑ	qharmaŋqə	nene
176	爷爷	a^{55} ie^{2}	ɑ^{44}je^{2}	jəjə/ɑjə/dʑiədəi	tete/laje	aje	ɑwɑ	oka	ɑje
177	奶奶	a^{55} nε^{2}	nε^{44}nε^{2}	nɑi nɑi/niə nəi	nene	niana	ɑŋkɑ	anika	nene
178	父亲	a^{55} ta^{2}	ɑ^{44}tɑ^{2}	ɑbɑ ɑdɑ ɑwi	ɑpo	ɑtʅ/ɑtɑ/ɑpɑ	ɑtʂɑ/tɕhiɤe（老子）	atʂa	ɑwɑ/ɑpɑ（年轻人叫）
179	母亲	a^{55} am^{2}	ɑ^{44}mɑ^{2}	ɑnɑ/ɑnəi	ɑmo	ɑnɑ	meme	ana	etɕɑ
180	儿子	ka^{3} wa^{55}	kɑ^{31}wɑ^{44}	kəwon	əo	ple	khɸkhen	mula	oʁəl
181	儿媳妇	ə~^{323} ɕʅ^{3} fu^{3}	ɕi^{31}fu^{44}	kəwon biərəi	əo weʐɿ	ple peʐɿ	per	mulakelən	oʁəl k‘en
182	女儿	ia^{2} t‘əɯ^{55}	jɑ^{31}t‘əu^{44}	otɕin	ɑku	ɑkur	hukun（女人的总称）	ɢəz	qəts
183	女婿	mi^{2}su^{55}wa^{2}	ni^{44}ɕy^{44}wɑ^{2}	quʁon kəwon	khur koŋ	ɑkumi k‘urkun	khurɤe	ɢəzguzeɤə	kufu
184	孙子	su~^{55} tsɿ^{3}	su~^{31}tsɿ^{44}	sundʑi	suntsɿ	sutsɿ	sunzikɑ（汉）	sunzika	suntsɿ
185	孙女儿	su~^{55}ȵy^{42}	su~^{44}ȵy^{44}	sundʑi otɕin	mi sun	sutsɿ	sunzikɑ	sunzi ɢəz	qətsɿ suntsɿ
186	曾孙	ts‘u~^{323}su~^{2}	ts‘u~^{44}su~^{2}	tʂun sun	sun tsɿ	tʂun sun	sunzikɑ		oʁol suntsɿ
187	大儿子	ta^{33}ka^{2}wa^{55}	lɑo^{44}t‘ɑ^{2}	fugiə kəwon	ko əo	ʂkəple	tɕhiki khykhen	bezekmula	uli oʁol

续表

编号	汉语	河州话（循化点）	河州话（积石山点）	东乡语	保安语	土族语	东部裕固语	西部裕固语	撒拉语
188	双生子	ʂua~^{2}ʂua~^{55}	ʂuɑ~^{44}pɑo^{44}tʻɛ^{44}	ʹʂon go	ʂoŋ ʂoŋ	ʂuɑŋ ʂuɑŋ	ʂikər məlɑ	ərkəs	ʂuɑŋ ʂuɑŋ
189	小女儿	ka^{323} ia^{2} tʻəɯ^{55}	kɑ^{44}jɑ^{31}tʻəu^{2}	milɑ otɕin	tɕikoŋ ɑku	mlɑ：ɑkur	taikhun	lokanzi（最小的）	ketɕhik qəts
190	哥哥	a^{55} kə^{2}	ɑ^{44}kə^{2}	ɑʁɑ/ɑgɑ/gɑgɑ/gɑji	kɑkə	kɑkɑ	kɔkɔ	aɢa	kɑkɑ
191	姐姐	a^{55}tɕie^{2}	ɑ^{44}tɕe^{2}	ɑdʑiɑ/ɑdzəi	ɑtsʅ	ɑtɕɑ	tɕeitɕei	ɢəz aɢa	ɑtse
192	弟弟	ɕu~^{2}tʅ^{2}	kɑ^{44}ɕu~^{34} tɕʅ^{44}	dʑiɑo	tu	pletiɔ	tioukai	ənə	ini
193	妹妹	mei^{55} tsʅ^{3}	kɑ^{44}mei^{44}tsʅ^{2}	ɑtɕin dʑiɑo	okhun tu	stɕuntiɔ/ɑkurtiɔ	tioukhɔm	səŋnə	səŋni
194	伯父	ta^{55}ta^{2}	tɑ^{44}tɑ^{2}	ɑbəi	tɑtʅ	ʂkuɑpɑ	ɑtʂɑ	hakən	po ~ teji
195	伯母	ta^{55} nə^{2}	tɑ^{44}nɑ^{2}	ɑmu	tɑnʅ	ʂkuɑnɑ	meme	pezik anaŋ	teniɑŋ
196	叔叔	pa^{2}pa^{55}	pɑ^{31}pɑ^{44}	ɑwiʁɑ/ɑbɑ/bɑbɑ	pɑpu	ɑvu	pɑpɑ	papaŋ	tɑtɑ
197	婶母	sʻa~^{2} nɑ^{55}	ɑ^{31}jʅ^{34}	ɑji	ʂəntsɑnʅ	ɑzʅ	itɕikɑi	jitɕin	ɑmu
198	侄儿	tʂʅ^{2}ə~^{323}tsʅ^{2}	tʂʅ^{31}ər^{34}tsʅ^{2}	hɑtʂi	tʂʅ ərtsʅ	tʂʻʅ		hatʂi ol	tʂʅər ts ʅ
199	侄女儿	tʂʅ^{323} ȵy^{2}	tʂʅ^{44}ȵyr^{2}	hɑtʂi otɕin	tʂʅ mi	tʂʻɕytɕyn		hatʂi qəz	tʂʅ mi

续表

编号	汉语	河州话（循化点）	河州话（积石山点）	东乡语	保安语	土族语	东部裕固语	西部裕固语	撒拉语
200	堂哥	t‘ɑ$^{\sim323}$ ɕu$^{\sim2}$	t‘ɑ$^{\sim34}$ɕu$^{\sim2}$	tanɕin gaji	thaŋ ɕiuŋ	t‘ɑŋ ɕun kaka			kaka
201	堂姐	t‘ɑ$^{\sim2}$tɕie^{55}	t‘ɑ$^{\sim34}$tɕie^{2}	tanɕin adʑia	thoŋ atsɿ	t‘ɑŋ ɕun atɕa	tʂiqan(堂辈的总称)		atse
202	堂弟	t‘ɑ$^{\sim2}$tɿ^{323}	t‘ɑ$^{\sim31}$tɕɿ^{34}	tanɕin dʑiao	thoŋ tu	tiəu			ini
203	堂妹	t‘ɑ$^{\sim2}$ mei^{323}	t‘ɑ$^{\sim31}$mei^{44}	tanɕin otɕindʑiao	thog okhoŋ tu	t‘ɑŋ ɕun ɕytɕyn tiɕu			səŋni
204	兄弟	ɕu$^{\sim44}$ tɿ^{323}	ɕu$^{\sim31}$tɕɿ^{44}	gajidʑiao/ oʁadʑiao	kakə tu	aqatɿ	tikej/tuikej	aɢənə	kak ini
205	姐妹	tsɿ^{42} mei^{3}	tɕe^{31}mei^{44}	adʑi dʑiao	atsɿe thon	atɕatiɔ	etʂhi tuikun/ketʂhi tuikun	ekesəŋnə	atse səŋne
206	公公	ku$^{\sim2}$ku$^{\sim2}$	ku$^{\sim31}$ku$^{\sim44}$	ɢa dun	awoŋ	atɿ/ata/apa	qatəm tɕiɣe	qasta	awa
207	婆婆	p‘ə^{2} p‘ə^{55}	p‘ə^{31}p‘ə^{442}	ɢadun məkiə	anɿ	ana	qatəm heke	qazinaŋ	etɕa
208	大伯子	a^{2} pei^{55} tsɿ^{2}	a^{44}kə^{2}		kakə	kaka	kɔkɔ	qasta aqa	kaka
209	小姑子	ɕio^{42}ku^{55} tsɿ^{2}	ɕiao^{44}ku^{44}		akhoŋ tu	ʂtɕun tiɔ	khuri tikɔm/khuri tuikhɔn	atɕaka	səŋne
210	小叔子	ɕio^{42} ʂu^{55} tsɿ^{2}	ɕiao^{44}ʂu^{44}tsɿ^{2}		tu	pletiɔ	khuri tui	papa	ini
211	嫂子	ɕia$^{\sim323}$ tɕie^{2}	ɕi$^{\sim44}$tɕe^{2}	bəʁən/bənʁən	orkoŋ	ʂnatɕa	perkai	eŋge	jenku

续表

编号	汉语	河州话（循化点）	河州话（积石山点）	东乡语	保安语	土族语	东部裕固语	西部裕固语	撒拉语
212	弟妹	tʅ^{55} sʅ^{2} fu^{2}	ɕu~^{44}tɕʅ^{44}ɕʅ^{2}fu^{2}	dʑiabiərəi	tu weʐʅ	tiɔ peʐʅ	tikəm per	ana ichelən	səŋne
213	外公	wei^{55} ie^{2}	wɛ^{44}je^{2}	wijə	ɑje	veije		qastaŋ	ɑje
214	外婆	wei^{55} nɛ^{55}	wɛ^{44}nɛ^{44}nɛ^{2}	winainai	anʅ	veinɛnɛ		qazna	nene
215	舅父	a^{2} tɕəɯ^{55}	ɑ^{44}tɕəu^{44}	ɑdʑiu	ɑtɕiu	ɑtɕieu	taqɑ	taqa/taqən	ɑʐɑŋ
216	舅妈	tɕəɯ^{55}mu^{2}	tɕəu^{44} mu^{2}	dʑiumu/ tɕindzi	tɕiu mu	tɕʻintsʅ	tɑɤənei	taɤənin	tɕumu
217	老表	ku^{2} tɕəɯ^{55}				ku tɕəu（姑舅）			
218	表哥	a^{55} kə^{2}(对)	ɑ^{44}kə^{2}	gudʑiu/lianji	kutɕiu	ku tɕəu kaka		tʂhiqan aqən（姨弟兄）	kaka
219	表妹	pio^{42} mei^{2}	ka^{44}mei^{44} tsʅ^{2}	gudʑiu/ liahji	lioŋ ji	kutɕəu ɕytɕyn tiəu			səŋne
220	表姐	pio^{42} tɕie^{42}	ɑ^{44}tɕe^{2}	gudʑiu/lianji	lioŋ ji	kutɕəu ɑtɕɑ			ɑtse
221	表弟	pio^{42} tʅ^{55}	ka^{44}ɕu~^{31}tɕʅ^{44}	gudʑiu/lianji	kutɕiu	kutɕiu tiəu			ini
222	亲戚	tɕi~^{2}tsʻʅ^{55}	tɕʻi~^{31}tɕi~^{44}	tɕingu	kotɕiko	vʐu	orəq	orəq	tɕhin tɕhi
223	岳父	tsɑ~^{55} ʐə~^{2}	tʂɑ~^{44}ʐe~	ɢɑ dun	tʂoŋ ʐən	atʅ/atɑ/ɑpɑ		qastaŋ	ɑwɑ
224	岳母	tʂɑ~^{55} mu^{2} na^{55}	tʂɑ~^{44}m u̥ nɑ^{2}	ɢadun məkiə	tʂoŋ mu nioŋ	ɑnɑ		qazina	etɕɑ

续表

编号	汉语	河州话（循化点）	河州话（积石山点）	东乡语	保安语	土族语	东部裕固语	西部裕固语	撒拉语
225	爱人	ʂʅ^{2} fu^{55}（偏指女性）	ɕʅ^{31}fu^{44}		peʐʅ k‘ur kan		per		
226	丈夫	na$^{~323}$ʐə$^{~2}$	nɑ$^{~44}$ʐe$^{~2}$	lɑɔdʑi/ giənuʁun	kh u̥ rkoŋ	k‘urkɑn	qənər	kuziɤə	kijo
227	妻子	ɕʅ^{2} fu^{55}	ɕʅ^{31}fu^{44}	biərəi/ giənuʁun	weʐʅ	peʐʅ		khelən/ ʂaʒtəɤ	k‘ene
228	未婚妻	wei^{214}hu$^{~2}$tsʅ^{55}				ts‘e tɕekə tɕaŋ（尚来结婚）		suratqan	
229	未婚夫								
230	大老婆	ta^{214}nɛ^{42}nɛ^{2}	ɕʅ^{31}fu^{44}	fugiə niənəigiə	ko weʐʅ	ʂkur peʐʅ	ɕikɑi phuseɤe	pezək kelən	tɑ fʰɑŋ
231	小老婆	ka^{323} nɛ^{42} nɛ^{2}	kɑ^{44}nɛ^{44}nɛ^{2}	gɑ niənəigiə	tɕikoŋ weʐʅ	mlɑ peʐʅ	tɑi phuseɤe	khitɕik kelən	ərfʰɑŋ
232	继母	həu^{55} a^{2} ma^{2}	həu^{44}ɑ^{31}ɲiɑ$^{~34}$	quɑitu ɑnəi	huithʅ ɑnʅ	q‘unɔnɑ	ɑrheke	soŋqə ana(itɕi) 婶	etɕɑ
233	继父	həu^{55}a^{2}ta^{2}	həu^{44}ɑ^{31}tɑ^{44}	quɑitu ɑwi	huithʅ ɑwo	q‘unɔ ɑtɑ/ ɑti/ɑpɑ	ɑr tɕhiɤe	papaŋ	ɑwɑ
234	遗腹子	ʅ^{323} fu^{55} tsʅ^{2}		kiəlidə f əiliəsən	tɕhen thʅ jɑtɕi	kətesto telatɕ ʅrsaŋ(肚子里带来的)	tɕiɤe wuɤe məlɑ(没有父亲的孩子)		

续表

编号	汉语	河州话（循化点）	河州话（积石山点）	东乡语	保安语	土族语	东部裕固语	西部裕固语	撒拉语
235	独子	tu^{323} tsɿ^{2}	jɿ^{34}kə^{44}kɑ^{31}wɑ^{44}		tɕhɑŋ khun	jikə ple	neiɤe məlɑ		pər oʁol
236	寡妇	kua^{42} fu^{55}	kuɑ^{44}fu^{2}	guɑ fu	kuɑ hu	k‘urkɑnhuk ‘usɑŋk‘un	hɑqənɑr uɤei phuseɤe	hisək	kuɑfu
237	单身汉	kuɑ$^{\sim 2}$ ku$^{\sim 55}$ hɑ$^{\sim 2}$	kuɑ$^{\sim 34}$ku$^{\sim 44}$ hɑ$^{\sim 2}$		tɕɑhoŋ	qɑtʂɿ qər	neɤe khum	jɑŋqəs khəsə	kuɑŋ kun
238	孤儿	ie^{2} tɕ‘i$^{\sim 42}$ (tɕ)(伊斯兰教经文)	je^{31}tɕ‘ɿ^{44}mu^{2}	oliətʂin/ jətɕimu	ɑwɑ ɑnɿ kinɿ (父母没有的)	miɛtɕin	netʂən məlɑ	ʂeləməlɑ	je tɕhim pɑlɑ
239	孤老	mə^{214}ə^{2} hɑ$^{\sim 55}$			lo ku kuɑ	k‘ɑo ɕytɕyn kuik‘u k‘un	qhəthtɕɑ lɑotə qhəthtɕɑ khɑo ʂən(孤老婆)		
240	情夫（野老公）				ere quɑro	k‘orlisɑŋ k‘un	ʂukɑol mɑltʂi（四处流浪）	jɑqhən	nθkur
241	情妇（野老婆）		jɑ$^{\sim 44}$h ɑ$^{\sim 44}$p‘ə^{2}		inɿ qothon khun	k‘orli sɑŋk‘un		jɑqhən	nθkur
242	私生子	tsa^{214} kə^{2} ta^{2}			thoŋ lɑ	lən kɑn po（背称）	ɑtʂɑ ky məlɑ	jɑqhən məlɑ	tsɑkətɑ

续表

编号	汉语	河州话（循化点）	河州话（积石山点）	东乡语	保安语	土族语	东部裕固语	西部裕固语	撒拉语
243	养子	po^{55}ha^{2} tə^{2}	pɑo^{44}hɑ^{31}tɕʅ^{2}	tɕiɑosən kowon	tersoŋ əo	asrasaŋ ple	sɑrasɑ məlɑ	asəraɤan məla	oʁol eken
244	养女	po^{55}ha^{2}tə^{2}	pɑo^{44}hɑ^{31}tɕʅ^{2}	tɕiɑosən otɕin	tersoŋ ɑku	ɑsrɑsaŋ ɑkur	sɑrɑsɑ ukhun	asəraɤan qəz	qəts eken
245	义父	a^{2} ta^{55}		tɑnisən ɑwi	ɑpo	q'ue t'u ɑpɑ			ɑwɑ etɕɑ
246	大爷	a^{55} ie^{2}	pɑ^{31}pɑ^{44}		tete	ʂkuoɑje（伯父）ɑvu（叔叔）	ɑwɑ	oka	pɑpɑ
247	大娘	a^{55}nɛ^{2}	ɑ^{31}jʅ^{44}		nene	ʂkuoneanɑ（伯母）azʅ（婶婶）	ɑnkɑ	ajkaŋ	nenɑ
248	干爹	ka$^{\sim 2}$ ta^{55}	kɑ$^{\sim 31}$tɑ^{44}	gɑn dɑ dɑ	kɑn tɑ	kɑn tɑ	xɑq tɕhiɤe	qhaq atʂaŋ	ɑwɑ
249	干女儿	ka$^{\sim 214}$ia^{2} t'əɯ^{55}	kɑ$^{\sim 44}$ȵyr^{2}	tɑnison otɕin	kɑn tɑ ʐənqəsɑno	kɑn ny	xɑqkun	qhaq qəz	qəz
250	把兄弟	ka$^{\sim 2}$ tʅ^{55} ɕu$^{\sim 44}$	pɛ^{44}tɕʅ^{44}ɕu$^{\sim 2}$	tɑnisɑn gɑjidʑiɑo	ɑwe wɑrət tɕhi	pela saŋni ɑqɑtiəu	thɑŋqəraqh	thaŋqaraq aqənə	kɑkɑ ini
251	身体	ʂə$^{\sim 33}$tsʅ^{55}	ʂe$^{\sim 44}$tɕ'ʅ^{2}	bəjə/Gɑləbu	hoŋ	pei	qhɔqɔ/pej	poz	p'oŋ
252	头	t'əɯ^{214}	tuo^{31}luo^{44}	tɕiərun	thuroŋ	t'ɑrqe	thɔlɔɤei	paʂ/phaʂ	paʂ
253	头发	t'əɯ^{2} fa^{55}	t'əu^{31}fɑ^{44}	usun	ʐɑwu	stsu	thɔlɔɤei sun	ʂaʐ	shaʂ
254	辫子	pia$^{\sim 55}$tsʅ^{2}	piɛ$^{\sim 44}$tsʅ^{2}	biəndzi	ʐɑwɑ fu̥ to	tsɑrmɑr	kɔrmel	jorni	uzun shaʂ

续表

编号	汉语	河州话（循化点）	河州话（积石山点）	东乡语	保安语	土族语	东部裕固语	西部裕固语	撒拉语
255	额头	mɿ^{214} ts‘a$^{\sim 2}$	mi^{31}liɑ$^{\sim 34}$	mɑnlə	qɑlphu	t‘ɑŋqɑŋ	mɑŋnej	themek	menzən
256	眉毛	mɿ^{323} mo^{2}	mɛ^{34}mo^{2}	mi mɑo	mi mo	hɑnisqɑ	gərwək	kərmək	k‘urləx
257	眼睛	ȵia$^{\sim 42}$ tɕi$^{\sim 55}$	ȵɛ$^{\sim 44}$tɕi$^{\sim 44}$	nudun	neton	nutu	nutun	kioz	koz
258	睫毛	ȵia$^{\sim 42}$tʂa^{2} mo^{55}	ȵɛ$^{\sim 44}$tʂɑ^{31}mo^{34}	somson/niond ʐɑmɑo	ȵien tʂɑmo	hɑnisqɑ		kər wək	suk‘olox
259	鼻子	pɿ^{3} tsɿ^{55}	pɿ^{31}tsɿ^{44}	qɑwɑ	hor	q‘ɑper	xɑwɑr	qarq/qarəq	pəmi
260	耳朵	ə‘$^{\sim 42}$ to^{55}	ər^{44}tuo^{2}	tʂiɕin	tɕhiqoŋ	ts‘kə	tʂhəqən	qulaq	qulɑx
261	脸	ȵia$^{\sim 42}$	ȵɛ$^{\sim 44}$	nu	nor	tama	niur	jüz/jyz	yz
262	腮	ȵia$^{\sim 42}$ pɑ$^{\sim 55}$	ər^{44}pɑ$^{\sim 2}$tsɿ^{2}	qidʐɑ/jɑtʂɑ	ntɕəpu	q‘ɑtʂɑr	orΦn	jinnaq	tɕɑŋ pɑŋ
263	酒窝儿	tɕiəɯ^{42} wə^{55}	tɕəu^{44}wə^{2}		tun tun	q‘ɑtʂɑr wo wo	tɕynkur（窝窝儿）	tʂoŋzi	
264	人中	ʐə$^{\sim 323}$ tʂu$^{\sim 33}$	ʐeŋ^{34}tʂuŋ^{2}			ʂui kəu			
265	嘴	tsui^{42}	tsui^{44}	ɑmɑn	ɑmoŋ	ɑmɑ	ɑmɑn	təmsəɤ	ɑhs
266	口	tsui^{42}	k‘əu^{44}	ɑmɑn	ɑmoŋ	ɑmɑ	ɑmɑn	as	ɑhs
267	胡子	hu^{2} tsɿ^{55}	hu^{31}tsɿ^{44}	sɑʁɑn	khɑ phusɿ	squɑr	saqɑl	saqal	sɑʁɑli
268	下巴	ha^{55} pa^{2}	hɑ^{31}pɑ^{2}	Xɑbɑ	hɑ pɑ	ɕɑpɑ	ɔren	xapazi	hɑpɑku

续表

编号	汉语	河州话（循化点）	河州话（积石山点）	东乡语	保安语	土族语	东部裕固语	西部裕固语	撒拉语
269	脖子	pa$^{\sim33}$tɕi$^{\sim55}$	pə^{31}tsɿ^{44}	ɢudʐun	qənɑ	kutsɿ	kutɕɸn	mojin	pojniŋ
270	肩膀	tɕia^{33} tsɿ^{55}	tɕɑ^{31}tsɿ^{44}	dɑləu	tɑli	taluo	mərən	jiɤen	jɑʁɑŋnaʂɿ
271	背	tɕɿ^{2}pei^{55}	tɕi^{31}pei^{44}	nurun	kɑpu	nərʐɿ/nərʐu	phətɕi	arqa	ɑrxɑ
272	膈肢窝	kə^{2} tsɿ^{2} wa^{44}	kə^{31}tʂəu^{31}wə^{44}	ɢidʐiwɑ	shuq	sutoro	sounhərər	qholtəq	xoltoʁotɕi
273	胸脯	kʻɑ$^{\sim2}$ tsɿ^{55}	kʻɑ$^{\sim31}$tsɿ^{44}	ətʂən	epu ɕun	kʻɑŋ tsɿ	phutɕin	tios/thios	kʻurɑʁɑz
274	乳房	ȵie^{2} ȵie^{55}	nɛ^{44}pʻɑ$^{\sim2}$	gogo	nunu	kʻukuo	hukɸn	jiməɤ	emetɕex
275	奶汁	nɛ^{33} tsɿ^{55}	nɛ^{44}tsɿ^{2}	nɑidzi	nitsɿ	kʻukuo	sun	sut	sət
276	肚子	tu^{55} tsɿ^{2}	tu^{44}tsɿ^{2}	kiəli	khələ	kətiesɿ	kətisən	ɕitɕikə	xus^{h}ɑx
277	肚脐	pʻə^{2} tɕɿ^{55} ȵia$^{\sim42}$	tu^{44}tɕɿ^{2}ȵɛ$^{\sim44}$	kuɑisun kuɑisun nudun	khisun	kʻuetsɿ	kɸsun	khəntək/ khəmtək	kentɕix
278	腰	io^{323}	jɑo^{34}	nurun	lepɑ	nurʐɿ	pel	pel	peni
279	屁股	kəuɯ^{33} tsɿ^{33}	pʻɿ^{44} ȵɛ$^{\sim2}$	boʁo	poqortuntsɿ（…墩子）	quɑŋtʂuosɿ	qənqər	qonqər	ontox
280	大腿	ta^{55} tʻui^{2}	tɑ^{44}tʻui^{2}	ɢujɑ/dɑtui	tɑthui	qujɑ	ɕirɑ	pezək pət	intɕix
281	膝盖	kʻɛ^{44} sɿ^{2} kie^{42}	tɕʻɿ^{31}kɛ^{44}	ɑdəu	eptɚk	poto	uətək	təz	ɑʁətɕɑx
282	小腿	ɕio^{42}tʻui^{42}	kɑ$^{\sim44}$tʻui^{2}	bojɑ/gɑntui	kɑn thui	qujɑ	tej ɕirɑ	khitɕiɤ pət	kʻitɕintɕʻix

续表

编号	汉语	河州话（循化点）	河州话（积石山点）	东乡语	保安语	土族语	东部裕固语	西部裕固语	撒拉语
283	脚踝	tɕye^{2} pa^{55} ku^{2}	tɕye^{31}ku^{44}ke^{31}	kon bodo/ xuailaɢu	kuki	ʂaqe	tsounej	kukui/kukue	t‘omox
284	脚	tɕye^{323}	tɕye^{34}	kon	khul	q‘uar	khɸl	azaq	ajax
285	脚后跟	tɕye^{323}‘hə ɯ^{55}‘kə$^{\sim 2}$	tɕye^{34}hə u^{44}kə$^{\sim 2}$	uʂiʁəi/ kon xəugən	khul həukən	q‘uar q‘ono	tsoŋɣe	azaqtəŋ artə	ajaxsoŋ
286	脚指头	tɕye^{323}tʂʅ^{42} t‘əɯ^{55}	tɕye^{34}tʂʅ^{44} t‘əu^{2}	kon ɢurun	qor	q‘uarquro	khɸl xorən	tarmaq	ajax pərmax
287	胳膊	kə^{2} pʔ^{55}	kə^{31}pe^{44}	bəʁəliə	xarkantsʅ	qar	xa	qol	qol
288	手	ʂəɯ^{42}	ʂəu^{44}	qa	xar	qar	qar	eleɣ/ələɣ	en ~ el ~ otɕin
289	手指	ʂəɯ^{42}tsʅ^{2}t‘əɯ^{55}	ʂəu^{44}tʂʅ^{44}	qa ɢurun	qor	qarq‘uzʅ	qar xorən	mətəq	elpər max
290	拇指	ta^{55} mu^{2} tʂʅ^{2}	ta^{44}m u̥ tʂʅ^{2}	aba ɢurun	koqor	ɕike q‘uro	ermektʂi/ helmektʂi	phasərmek	paʂ pərmax
291	食指	ʂʅ^{323} tʂʅ^{42}	ʂʅ^{34}tʂʅ^{2}	lman ɢurun	imamu qor	məla q‘uro	təqəʂ xorə	suqə	jiman pərmax
292	中指	tʂu$^{\sim 44}$ tʂʅ^{42}	tʂu$^{\sim 34}$tʂʅ^{2}	dundadu ɢurun	xtɕi qor	tunta q‘uro	tuntatətəxərən	ortamaq	ohta pərmax
293	小指	ka^{323} mu^{2} tʂʅ^{42}	ka^{34}m u̥ tʂʅ^{2}	gaʥi ɢurun	ka qor	tʂʅ tʂʅ qar q‘uro	tsən ətʂiq	athimaq	setɕi pərmax

续表

编号	汉语	河州话（循化点）	河州话（积石山点）	东乡语	保安语	土族语	东部裕固语	西部裕固语	撒拉语
294	指甲	tʂʅ^{2}tɕia^{214}	tʂʅ^{31}tɕiɑ^{34}	ɢimusun	qom sun	tʂʻən pʻu tsʅ/ tɕhin pʻutsʅ	xɑməsən	tarmaq	tərnɑx
295	手掌	pa^{323} tʂɑ$^{\sim 55}$	ʂəu^{44}tʂɑ$^{\sim 44}$	hɑnʁɑ	xɑrhelkə	qɑr	hɑlɤɑn	haja	eniʈʂʅ
296	拳	tɕʻui^{55}tʻəɯ^{3}	tʂʻui^{34}tʻəu^{2}	tʂui	nətərəq	tʂʻui	nutərɤɑ	uzərq	tʻuiləx
297	脐带	tsʻʅ̥^{21}tʻa^{42}	tɕʻʅ^{31}tɛ^{33}	kuɑisun	khi sun	ɕen kə	khɸsən	khəŋ	kentɕix
298	印记	tʻɛ^{33}tɕʅ^{55}			sumejɑ	menkʻə	thɑp	tentək/temtək	
299	肛门	pʻʅ^{55} ȵia$^{\sim 42}$	pʻʅ^{44}ȵɛ$^{\sim 31}$ mə$^{\sim 34}$	boʁo nudun	poqor	quntʂuotsʅ	qhuʂqənɑq	qoŋqər	ontox
300	男生殖器	ma^{2}tɕʻio^{55}	tɕʻəu^{34}	dʐudʐu	tɕhiq	mɑner	hɸt	qurt	tɕitɕix
301	女生殖器		pʻʅ^{34}	fuduʁun	kɑtɕik	tuku	qɑimɑ	qajma/khɸt	emi ~ kexti
302	皮肤	pʻʅ^{3} fu^{55}	pʻʅ^{34}fu^{2}	mɑrɑ	ɑrsun	muqɑratsʅ	ɑrɑsən	ther	tʻir
303	皱纹	tʂʻu̥^{2} tʂʻu^{55}	tʂʻu^{31}tʂʻu^{44}	tʂu tʂu	tʂhu tʂhu	tʂʻu tʂʻur	hənmər	tɕürsək	tʂhu tʂhu
304	汗毛	ho^{214}mo^{2}（毫毛）	hɑ$^{\sim 2}$mo^{34}	usun	sun	ʂɑ(ŋ) quɑ tsʅ	ʂirɑ ɸ sun		tɕʻi̥ə̥u̥x
305	痣	tɕʅ^{323}	tɕʅ^{44}	mənkiə	sumejɑ	menkʻə	mien	min	men

续表

编号	汉语	河州话（循化点）	河州话（积石山点）	东乡语	保安语	土族语	东部裕固语	西部裕固语	撒拉语
306	雀斑	tɕye^{55} pa^{-2}	jiəu^{44}ɕɛ$^{-2}$	jəudʐiən	pohuɑ	menk‘ə	tɕhɑr	ʂiwɑr	shoko
307	疮	tʂ‘ɑ$^{-2}$	tʂ‘uɑ$^{-34}$	jɑrɑ	məru	jɑrɑ	jirən letɕaj/ jirən leteyj	jaɣər	tɕ‘iwɑn/qɑt suqɑt/qɑt jəmən qut
308	疤	pa^{33} tsɿ^{55}	pɑ^{34}	badzi	patsɿ	pɑ	jɑrɑ	qhazəq	pazɿ
309	痱子	fei^{33} k‘uə^{55} k‘uə^{55}	ʐə^{34}k‘uo^{2}	koko/ʐəko	tu tɕhi/tu khuo				pirə(湿疹)
310	癣	ɕyɑ$^{-42}$	ɕuɑ$^{-44}$	ɕiən	ɕhuan	ɕen	qɑmtʂou	qɑmtɛaqej/ qantɛaqej	ɑxtə
311	血	ɕie^{323}	ɕie^{34}	tʂusun	tɕhi sun	tʂ‘u̥ tsɿ	tɕhysun	qhɑn	qɑn
312	筋	tɕi^{-214}	tɕi^{-34}	sidɑsun	sʅə	tɕin	səntasən	tɕim	tamər
313	脑髓	no^{214} s‘ui^{2}	nɑo^{44}sui^{2}	nɑo sui	no sui	nɑo sui	mənej	moŋej	jilix(骨髓)
314	骨头	ku t‘əɯ^{55}	ku^{31}t‘əu^{44}	jɑsun	je sun		jasən	səmək/sumək	sɿ nex
315	牙齿	ia^{214} tʂ‘ʅ^{2}	jɑ^{34}tʂ‘ʅ^{2}	ʂidun	ton	ʂu̥tu	ʂitən	thəs	tɕ‘i̥
316	舌头	ʂə^{2} t‘əɯ^{55}	ʂə^{31}t‘əu^{44}	kiə liən	khɑloŋ	k‘əlie	kholen	təl	tɕil
317	小舌	ka^{2} ia^{-55} ia^{-2}	ɕiɑo^{44}ʂə^{2}	qoʂi kioliən	tɕikoŋ khɑloŋ	t‘o̥ qork‘əlie	tekhelen	khitɕhiɤ təl	k‘itɕ‘itɕl/ pɑlɑ tɕil

续表

编号	汉语	河州话（循化点）	河州话（积石山点）	东乡语	保安语	土族语	东部裕固语	西部裕固语	撒拉语
318	上颚	t'ia$^{\sim 55}$ hua^{2} pa$^{\sim 42}$	ʂa$^{\sim 44}$ə^{2}	tanləi	ȵəi	t'aŋ le	taŋne	taŋji/taŋne	t'aŋne
319	喉咙	s'a$^{\sim 42}$ tsɿ^{55}	sa$^{\sim 44}$tsɿ^{2}	Goləi	nətah	q'uoluo	poɣərtoq	oŋqəʂ(红肠)	xakər tax
320	肺	fei^{55}	fei^{44}	pafəi/fəi(人)	olɕiqi	p'əpu	əʂqə	jükbe	oxen
321	心脏	ɕi$^{\sim 2}$ tsa$^{\sim 55}$	ɕi$^{\sim 34}$tsa$^{\sim 2}$	dʐuʁə	tɕirkə	tʂurkə	tɕərɣen	ɸrek	jərəx
322	肝	ka$^{\sim 33}$tsɿ^{55}	ka$^{\sim 34}$	ʂiron /gandzi	helkə	kantsɿ	eleɣen	paɣər	paʁər
323	肾(腰子)	io^{33}tsɿ^{55}	ʂə$^{\sim 44}$	boro /jəwo	poʐɿ	pəʐə	peri	pheɣər	porəx
324	胃(肚子)	ɕi$^{\sim 33}$ k'əɯ^{2}	wei^{44}	orə	oɕiqi	ɕtɕao	tsɸɣə	üzek	ʐok'ox
325	胆(苦胆)	k'u^{42} ta$^{\sim 42}$	k'u^{31}ta$^{\sim 44}$	kudan	khutan	k'utan	suwei sən	kük su/atʂəɣsu	ot
326	肠子	tʂ'a$^{\sim 3}$tsɿ^{55}	tʂ'a$^{\sim 31}$tsɿ^{44}	kidʐəsun	ketɕisun	kətesɿ	kətisən	itɕhikə	paʁazox
327	肚子	tu^{55}tsɿ^{2}	tu^{44}tsɿ^{2}	kiəli	tɕophu	kətiesɿ(下水)	kutɕej	quaram/qharan	xosax/qaʐən（牛羊肚）
328	膀胱	p'o^{2} tsɿ^{55}	p'ao^{31}ta$^{\sim 44}$	dawala	toləq	ńiaop'ər	tawasəq	taŋsəq	qortɕ'ox
329	屎	ʂɿ^{42}	ʂɿ^{44}	basun	pasun	pasɿ	phasən	arq	pox
330	尿	ȵɔ^{42}	ȵao^{44}	ʂəsun	ɕesun	ʂarsɿ	ɕisən	sətək	tɕ'itɕix
331	屁	p'ɿ^{55}	p'ɿ^{44}	hunGusun	honqosan	hunqusɿ	qonqəsən	osərq	osərox

续表

编号	汉语	河州话（循化点）	河州话（积石山点）	东乡语	保安语	土族语	东部裕固语	西部裕固语	撒拉语
332	汗	ha$^{\sim 42}$	hɑ$^{\sim 44}$	koliəsun	kuolsun	k‘uarlisɿ	khɸlesən	ther	teʐ
333	月经		ye^{34}tɕi$^{\sim 2}$	tʂusun irə（来血）	jue tɕin	terqua k‘une rtɕaŋ（洗衣服的事来了）	qɔqen ʂəntasən	poztam maŋəptə	qam
334	痰	t‘a$^{\sim 2}$ t‘uo^{55}	t‘ɑ$^{\sim 34}$	qanadun	hantuŋ	tʂ‘ər	khatʂi（吐沫）	tɕhər	palʁəm
335	口水	ha$^{\sim 214}$ʂui^{42}	t‘u^{44}mə^{2}	ʂinki	namusun（吐沫）	ʂurk‘ɛ	aman qhsun	khətɕika	koxsu
336	鼻涕	pɿ^{2}tsɿ^{55}	pɿ^{44}tsɿ^{44}	qawa	hor	q‘apar	jirən	jirəŋ	pərnax
337	眼泪	ia$^{\sim 32}$lui^{41}	ȵɛ$^{\sim 44}$lui^{2}	nubusun	namusun	linp‘utsɿ	nulusən	yas	jəʂkuz
338	脓	nə$^{\sim 214}$	lu$^{\sim 34}$	xosun/irun	tɕhisər	itɿ	jirən	jirən	jərən
339	耳屎	ə$^{\sim 42}$to^{55}ʂɿ^{2}	ər^{44}ʂɿ^{2}	tʂiɢin basun	tɕhiqoŋ pasun	q‘uar quar（与羔羊同音）	kaŋlaq	qulaŋqe	qulax pox
340	污垢	kəɯ^{42} tɕia^{42}	kəu^{31}tɕɑ^{34}	gəudʑia	kəutɕia	kotɕa	qaltaqh	koutɕa/khər	k‘ər
341	畜生	tʂ‘u^{55}ʂə$^{\sim 2}$	tʂ‘u^{34}ʂe$^{\sim 2}$	asun	asun	asɿ	məl	mal	mal ~ hajwan
342	牛	ȵiəɯ^{323}	ȵəu^{34}	fugiə/fugə˜	inaŋ	hukuar	hukur	kus	kuljex
343	黄牛	tɕia^{2} ȵiəɯ^{55}	ȵəu^{34}	fugiə	ɕira inaŋ	hukuar	palaŋ	sarəɣ kus	sarə kuljex

续表

编号	汉语	河州话（循化点）	河州话（积石山点）	东乡语	保安语	土族语	东部裕固语	西部裕固语	撒拉语
344	水牛	ʂui^{42} ȵiəɯ^{2}	ŋəu^{34}	ʂuiniu		hukuar	qhusun kər		su kuljex
345	牛犊	ka^{2} ȵiəɯ^{323}tu^{2}	ŋəu^{34}tu^{2}	tuɢ un/ tuɢuntʂɑ	thoqol	hukuar tsutsu qur	ʂat	ʂat	puzu
346	公牛	so^{214} ȵiəɯ^{55}	sɑo^{31} ŋəu^{34}（未阉牛） tɕiɛ$^{\sim 31}$ŋəu^{34}（阉牛）	dʑion niu	so niu	ntʂasʅ f u̥ kur/ p‘uqɑ(种牛)	phəqɑl	puqɑ	tanɑ
347	母牛	sʅ^{55}ȵiəɯ^{2}	tsʅ^{44} ŋəu^{34}	tsiniu	sʅ niu/ɑkə thəinɑŋ	wuni f u̥ kur	nin	enik	inex
348	牛角	ȵiəɯ^{214}kə^{2} tʂ‘a^{55}	ŋəu^{34} k ə^{31}tʂ‘ɑ^{34}	oə˜ gotʂɑ	wer	hukuar jepar	ewer	maos	mons
349	牛蹄	ȵiəɯ^{214} tɕye^{55}	ŋəu^{34} tɕ‘ʅ^{2}	fugiəni kon/fugiəni ɢimusun	nokhə	q‘ur	tərən	khustujɣə/ tawaq	kuljex səmax
350	牛皮	ȵiəɯ^{214}p‘ʅ^{2}	ŋəu^{34}p‘ʅ^{2}	fugio arasun	inaŋ arasun	hukuaraʐasʅ	həkər arasən	ther	kuljex t‘er
351	毛	mo^{214}	mao^{34}	noɢosun（绵羊毛）	sun	quasʅ	quwasən	jün	tɕ‘ox
352	尾巴	i^{42}pa^{55}	jʅ^{44}p‘ɑ^{2}	ɕiən	ɕan tɕhik	ɕar	syl	quzərq	qurox
353	牛奶	ȵiəɯ^{214} nɛ^{42}tsʅ^{55}	ŋəu^{34}nɛ^{44}	fugiə naidzi	inaŋ nitsʅ	ne tsʅ	sun	sut	kuljex sɪt

续表

编号	汉语	河州话（循化点）	河州话（积石山点）	东乡语	保安语	土族语	东部裕固语	西部裕固语	撒拉语
354	马	ma^{42}	mɑ^{44}	morəi	morə	məʐʅ	mɔr	ɑt	ɑt
355	马驹	ma^{42} ər$^{~2}$tsʅ^{55}	mɑ^{44} tɕy^{2}	dɑʁɑn	mor tahɑŋ	məʐʅɿ tʂutʂu quɑr	nɑɣɑn	qhulun/qulum	ɑt qotox
356	公马	ər$^{~214}$ma^{42}	ər^{34}mɑ^{2}	ər˜ mɑ/ə˜ mɑ morəi	ər mɑ	ʂun mɑ	ɑtɕerɣɑ	ɑzəɣə	ərmɑ
357	母马	kʻo^{33}ma^{42}	kʻuo^{34}mɑ^{2}	komɑ morəi/komɑ	ŋkur mo	kʻuo mɑ	kyn	phij/tej（未生育）	kʻomɑ
358	羊	jɑ$^{~214}$	jɑ$^{~34}$		qonə	qʻɔnʅ	xɔnə	qoj	oɕʻixmɑl
359	绵羊	sʻa^{-1}j.l jɑ$^{~214}$	mɛ$^{~34}$jɑ$^{~2}$	Goni	qonə	qʻɔnʅ	tʂhəqɑl Goni/xɔnə	aq qoj	qoj
360	山羊	ku^{42}lu^{42}	ku^{31}lu^{44}l	imɑn	imɑŋ	zʅmɑ/jimɑ	mɑn	ʂuku	əʂku
361	骡子	lo^{214}tsʅ^{55}	luo^{31}tsʅ^{44}	lɑosɑ	lᵊusʅ	ləusɑ	lousɑ	qhatər	luoshɑ
362	驴	ka^{2}ly^{214}	ly^{34}	əndʐəʁə	ntɕikə	məlir	etɕiɣen	tɕiɣen	eɕex
363	骆驼	luo^{2}tʻo^{55}	luo^{31}tʻuo^{34}	loto		tʻie mie	themen	tɕhi	tojə
364	猪	tʂu^{2}	tʂu^{34}	qiGəi/xindzirəi	qei	qʻəqɛ	qhəqej	qhawɑn	tonəs
365	公猪		sao^{31} tʂu^{34}		ote qei	jɑ tʂu（阉猪）	ere qhəqej	erkhək qawɑn	otonəs

续表

编号	汉语	河州话（循化点）	河州话（积石山点）	东乡语	保安语	土族语	东部裕固语	西部裕固语	撒拉语
366	母猪		mu^{44} tʂu^{2}		akutə qei	hɛtʻaŋ/nɛtɕho（阉后母猪）	eme qhəqej	thəsə qawan	ana tonəs
367	猪崽	ka^{33}tʂu^{33} wa^{55}	tʂu^{34}wa^{2}	qiɢəi dʐ̩undʐ̩uʁa	qetɕintɕiq	qeqetʂutʂu quar	qhəqən tʂaoltʂiɤan	hati qhawan	tonəs palas
368	狗	kəɯ^{42}	kəu^{44}	noʁəi	noʁe	nuqur	nəqej	əʂt	it
369	猎狗	lie^{323}kəɯ^{42}	lie^{34}kəu^{2}		ɕi kəu	nuquar			ərtax it
370	猫	mo^{323}wa^{2}	mao^{34}	moə˞~	motɕi	miuʐ̩ɿ	mi:	məʂ	miɕiox
371	兔子	tʻu^{55}wa^{2}tsɿ^{2}	tʻu^{44}wa^{2}	taoləi	tholi	tʻɔlɛ	thɔləj	thosɤan/ thusɤan	toɕen
372	鸡	tɕɿ^{323}	tɕɿ^{34}	tɕa < təɢa	thaqa	tʻaqa	thaqa	thaqaɤə	tʻox
373	公鸡	ku$^{~2}$ tɕɿ^{44}	ku$^{~31}$ tɕɿ^{34}	gaigun/ gaigun tɕa	kuntɕi thaqa	kuntɕi	ere thaqa	ərkhek thaqaɤə	kun ku
374	母鸡	mu^{42} tɕɿ^{33}	mu^{44} tɕɿ^{34}	mudʑi/ mudʑi tɕa	mutɕi thaqa	pər tɕhɿ	eme thaqa	thəsə thaqarə	anaʃ
375	小鸡	ka^{2}tɕɿ^{44}wa^{3}	ka^{44}tɕɿ^{31} wa^{34}	tɕa dʐ̩un dʐ̩uʁa	thaqat ɕintɕiq	tʻaqatʂut ʂuquar	t^{h}aqən t ʂaoltʂiɤan		tʻoxala
376	鸡爪子	tɕɿ^{44} tʂua^{42}tʂua^{55}	tɕɿ^{44} tʂua^{44}tsɿ^{2}	tɕa dʐ̩ua dʐ̩ua	thaqa tʂua tʂua	tʻaqa tʂuatʂuar	thaqən tarmaq	tarmaq	tʻoxajax

续表

编号	汉语	河州话（循化点）	河州话（积石山点）	东乡语	保安语	土族语	东部裕固语	西部裕固语	撒拉语
377	翅膀	tsʻɿ^{55}pʻɑ~^{42}	tsʻɿ^{44}pɑ~^{2}	sibɑn	ɕhəʁə	tsʻɿpɑŋ	xɑnɑt	qhenaq	qɑnɑt
378	鸭子	ia^{2}tsɿ^{55}	jɑ^{34}tsɿ^{2}	jɑdzi	jɑtsɿ	jɑtsɿ		qaz	pɑt
379	鹅	ŋə^{323}	ə^{34}	no	no	no		aqhətan	qɑz
380	鸽子	pə^{2} kə^{55}	pə^{31}kə^{34}	ɢoʁotʂin/ gogotʂin	pokə	kuku	kɸkɸʂkən	küʂɣen	oŋkəlix
381	野兽	jie^{42} ʂəɯ^{55}	jie^{44}ʂəu^{2}		jeʂən/je wo		kɸrisɸn	khik	
382	老虎	lo^{42} hu^{2}	lɑo^{44}hu^{2}	bɑsi/lɑoxu	lohu	pɑrsɿ	pɑrs	pɑrsə	pɑs
383	狮子	ʂɿ^{2} tsɿ^{55}	ʂɿ^{31}tsɿ^{34}	ʂidzi	ʂɿtɿ	ʂɿtsɿ	ɑrsəlɑŋ	arsəlaŋ	ʂɿtsɿ
384	爪子	tʂua^{42}tsɿ^{55}	tʂuɑ^{44}tsɿ^{2}	dʐuɑdzi	tʂuɑ tsɿ	tʂuɑtʂuɑr	tɑrmɑq	tarmaq	ɑjɑx
385	猴子	həɯ^{55} tsɿ^{3}	həu^{34}tsɿ^{2}	biətʂin	pɑtɕhun	miɛtɕin	pejtɕin	pejtɕin	petɕin
386	猩猩	ɕi~^{3} ɕi~^{55}	ɕi~^{31}ɕi~^{31}		pɑtɕhun	mɑŋ qʻutsɿ（毛古斯）	khun tɕertpən		ɑtʻx
387	象	ɕʻɑ~^{55}	ɕiɑ~^{44}		ɕhɑŋ	ɕɑŋ	tʂɑn hukur	jaɣan	ɑslɛn（维语中的狮子）
388	豹子	po^{55}tsɿ^{33}	pɑo^{44}tsɿ^{2}	bɑo dzi	potsɿ	pɑotsɿ	ɑrwəs		potsɿ

续表

编号	汉语	河州话（循化点）	河州话（积石山点）	东乡语	保安语	土族语	东部裕固语	西部裕固语	撒拉语
389	熊	ha^{2} ɕu$^{\sim 33}$	ɕy$^{\sim 34}$	gəuɕin	xaɕun	haɕuŋ	xara kɸrsyn	xa ɕün	atɕʻix
390	野猪	ie^{42} tʂu^{55}	jie^{44} tʂu^{2}	jədʐu	je tʂu	je tʂu		huan tʂu	jəlin kən tonəs
391	鹿	lu^{2} ka^{55}	lu^{34}	lugo	ta lu	lu	pɔtɔ	suɣən	poʁo
392	旱獭	tʻa^{42} la^{33}	ha$^{\sim 44}$ tʻɑ^{2}	sondʐu	thala	hala	thawər ɣan	soɣur/suɣər	shuxur
393	刺猬	tsʻɿ^{55}wei^{2}	tsʻɿ^{44} wei^{2}	siwi	sɿ wei	tsʻɿ wei	tɕara	tɕara	
394	老鼠	lo^{2}tʂʻu^{55}	lao^{34}tʂʻu^{2}	sidʐəʁan	tɕhitɕhiqoŋ	lotʂʻu	xonaqəlaq	ʂiɣan	keme
395	松鼠	su$^{\sim 33}$ ʂu^{42}	su$^{\sim 44}$ ʂu^{2}	dʐili mao	sun mo	sun ʂu	naq nəqej		ɕile ɕen
396	黄鼠狼	ha$^{\sim 33}$ ʂu^{42} la$^{\sim 214}$	hua$^{\sim 34}$ʂu^{2} la$^{\sim 34}$	jəxudzi	ɕira tɕhi tɕhiqoŋ	tʂʻəu saohur	ʂira sulunqəq	sarəɣ ʂəɣan	sar inex
397	狼	la$^{\sim 214}$	la$^{\sim 34}$	dʐiranɢəi/ dʐanɢəi （藏借）	tɕhina	tʂʻuna	antərka/ thalatəɣə	terdiŋ	poʐɿ
398	狐狸	hu^{214}li^{2}/ ie^{42}hu^{55}	hu^{34}lɿ^{2}	funiəʁə	huli	jehu	malaɣetɕhi	thulkə	tɕʻolʁo
399	鸟	ȵəɯ^{42}	ȵao^{44}	bundʐu	pintɕir	ʂpaɔ	peltɕər	qhoqaʂ	setɕi
400	鸟窝	ȵiəɯ^{42} wo^{55}	ȵao^{44} wuo^{2}	bundʐu xo	pintɕir hor	ʂpaɔqʻuar	saŋ	orəm/orən	setɕi onʁa

续表

编号	汉语	河州话（循化点）	河州话（积石山点）	东乡语	保安语	土族语	东部裕固语	西部裕固语	撒拉语
401	老鹰	lo^{42} i$^{\sim 2}$	lao^{44} ji$^{\sim 2}$	həliəwu	hijin	laɔjin	xatɕir	sar	qoʃ
402	猫头鹰	mo^{33}t‘ə ɯ^{3} i$^{\sim 33}$	mao^{33}t‘əu^{2} ji$^{\sim 34}$（ku^{31} ku^{31}miao^{44}）	gugumiawu		kukumavu	ʂira ʂɔun	məʂ qus	oʁa
403	燕子	ia$^{\sim 55}$ tsʅ^{33}	jiɛ$^{\sim 44}$ tsʅ^{2}	qarantʂa	ʂaʂaje	ʂuaʂua jer	qərlaʂ	qərlaʂ	jəra san
404	大雁	ta$^{\sim 33}$ ia$^{\sim 55}$	ta$^{\sim 33}$jiɛ$^{\sim 44}$	tonɢorəi	tharqoŋ	t‘oqoroŋ	sprΦtɕhy	surtɕhin/ suritʂi	t‘əma
405	野鸭	ie^{42} ia^{2} tsʅ^{55}	jie^{44} ja^{31} tsʅ^{2}			jatsʅ	qalɔ	aŋət（黄鸭子）	jəlinkən pet
406	麻雀	ma^{2}tɕ‘io^{55}	ma^{34} tɕ‘io^{31}	bundʐu	pintɕir	ʂpaɔ	tajʂɔn	qhoqaʂ	setɕe
407	喜鹊	ie^{42} tɕ‘io^{55}	jie^{44}tɕ‘io^{2}	sadʐɿɪʁəi	ɕahɕi	ʂatsʅqɛ	satʂhiqej	saqhəsɣan	saxsaʁan
408	乌鸦	vu^{2} ia^{55}	lao^{44}wa^{2}	noɢa laowo	lo wa	laɔva	khəri	qarɣa	qarʁa
409	野鸡	ie^{42}tɕʅ^{55}	jie^{44}tɕ‘ʅ^{2}	jədʑi	je tɕi	tso no tʂ‘o qur	ʂɔun	jə tqaɣə	səxlen
410	八哥	pa^{2}kə^{33}	pa^{31}kə^{44}	bago	pako	pakər			
411	鹦鹉	i$^{\sim 44}$u^{42}	ji$^{\sim 31}$kə^{44}	同上	jin ko	jinkər			
412	啄木鸟	pa^{55} ku^{55} t‘ui^{3}	tʂuo^{44} mu^{44}ɳao^{44}	dumutʂi	tuomutʂʅ/ ɕiutheja	mət‘uʂpao	naqəʂ louɣər		aʁaszoʁalo ʁatɕi（木头）

续表

编号	汉语	河州话（循化点）	河州话（积石山点）	东乡语	保安语	土族语	东部裕固语	西部裕固语	撒拉语
413	杜鹃	pa^{55} ku^{2}	tu^{44} tɕyɛ~^{2}	gugu	kuku（布谷鸟）	tʂən kuku			kuku
414	乌龟	vu^{44}kui^{33}	wu^{44}kui^{44}			wu kui			
415	蛇	ʂə^{21}	tʂʻɑ~^{34} tʂʻu~^{2}	moʁəi	moʁe	mɑɔqɛ	mɔɣej	jilɑn {oht jilan 毒蛇 tɕhijilan 无毒	jilɑn
416	青蛙	la^{55} hə^{2} ma^{2}	tɕʻi~^{31}wɑ^{34}	bɑʁɑ	tɕekutɑn	lɛhɑmɑ	pɑqɑ	pɑqɑ	pɑʁɑ
417	鱼	y^{323}	y^{34}	dʐ̩ɑʁɑsun	tɕilʁɑsun	jer	tʂɑɣɑsən	tɕɑɣɑsə	pɑlix
418	虾	ɕʻa^{323}mɿ^{41}	hɑ^{31}mɿ^{44}	ɕiɑmi	ɕiɑ	ɕiɑ/hɑ mir			jɑniqut
419	虫	tʂʻu~^{214}	tʂʻu~^{34}	ɢuʁəi	qurʁi/qurɢi	qʻɑrqɛ	xɔrɔqej	qhurɑqe /qhurɑqhe	qut
420	跳蚤	kə^{55}tsəɯ^{42}	kə^{31}tsɑo^{44}	bunʁə	pərkə	pɑrkə	kətsɔ	birɣi	pərʁə
421	虱子	se^{33}tsɿ^{55}	ʂə^{31}tsɿ^{4}	bosun	posun	pəsɿ	pejsən	phiʂt/phəʂt	pʻɿt
422	苍蝇	tsʻɑ~^{2}i~^{214}	tsʻɑ~^{34} ji~^{4}	ʂunbun	pusiməl	ʂmər	zɔnɑ	tʂiwən	qɑrtɕin
423	蚊子	we~^{2}tsɿ^{55}	wə~^{2}tsɿ^{4}	wəndzi	wəntsɿ	vəntsɿ		pərɑ təmsəɣ	sənəxtɕitɕin oŋqazɿ（鸡蚊子）
424	蜘蛛	tʂəɯ^{3} tʂəɯ^{323}	tʂəu^{31} tʂəu^{4}	dʐ̩əu dʐ̩əu	tʂo tʂo	tʂəɯ tʂəɯ	ɔrɣimetɕhe	joɣəntʂi/ jürəntʂi	pəj

续表

编号	汉语	河州话（循化点）	河州话（积石山点）	东乡语	保安语	土族语	东部裕固语	西部裕固语	撒拉语
425	蝎子	ɕie^{2} tsɿ^{55}	ɕie^{31} tsɿ^{4}	ɕiə dzi	ɕie tsɿ	tinqʻutʂur		tʂhijen	tɕɑ tɕɑ
426	壁虎	ʂə^{33} pia$^{\sim 33}$ liəuɹ^{55}	pɿ^{34} hu^{2}		piɕiə	ʂuoʂqɛ（田野的四脚蛇）			
427	蚯蚓	tɕʻy^{3} ʂa$^{\sim 55}$	tɕʻy^{31} ɕiɛ$^{\sim 44}$	sun ɢutʂɑ	shɑn puk	kətesqʻɑrqɛ			so ʁartɕɑŋ
428	蛔虫	hui^{323}tʂʻu$^{\sim 2}$	hui^{34} tʂʻu$^{\sim 2}$	sunɢutʂɑ	shɑnpɑk	kətesqʻɑrqɛ		qhuraqej	so ʁartɕɑŋ
429	蚂蟥	ma^{42} hɑ$^{\sim 3}$	mɑ^{44} huɑ$^{\sim 2}$	usu moʁəi		ʂkətin		sənkik	
430	蚂蚱（蟋蟀）	ɕɿ^{2} ʂuɛ^{55}	mɑ^{31}tʂʻɑ^{44}	tɕiʂən/madʐɑ	tɕɑ̆q tɕɑ̆q	mɑtʂɑtʂɑ		tʂhaq tʂhaqhe	tʻottɕɑtɕɑx
431	蟑螂	tʂɑ$^{\sim 55}$lɑ$^{\sim 2}$	tʂɑ$^{\sim 44}$lɑ$^{\sim 34}$	hun ɢurɑ（黑甲虫）	hotəq				
432	蚂蚁	ma^{323} i^{2}	mɑ^{44} mɑ^{44} ji^{2}	pɑipudzi/bibidzi	phɑmtsɿk	mɑjer	xɔqɔrtʂən	sorɤatʂhəh/sorɤətʂən	qoməsqɑ
433	蚕儿	tsʻa$^{\sim 33}$	tsʻɑ$^{\sim 34}$		soŋ	sɑŋər			
434	茧	la^{2}ma^{55}ie^{2}	tɕiɛ$^{\sim 44}$						
435	蛾子	ŋə^{323} tsɿ^{2}	tɑ^{44}tu^{31}nuo^{34}	dɑdəu noʾ	tɑtuno	hɑrpike	qɑl khelep	khelikə	qoʐokʻekelex
436	蜜蜂	ta^{2} tsɿ^{55} fei^{2} mɿ^{2} fə$^{\sim 55}$	mɑ^{31}fei^{44}	bɑnbun	pɑntsoŋ	tsono		zona	pɑltɕitɕin

续表

编号	汉语	河州话（循化点）	河州话（积石山点）	东乡语	保安语	土族语	东部裕固语	西部裕固语	撒拉语
437	马蜂窝	ta^{2}tsɿ^{55} fei^{2} wə^{33}	ma^{31} fei^{44} wo^{44}	ban bun xo （nolsəi banbun xo）	pan tsoŋ hor	ʂatsuno xur	p^{h}arkan zona	zona orən	sartɕin oŋʁa
438	蜻蜓	tɕ'i~^{33} t'i~^{3}	tɕ'i~^{44} tɕ'i~^{2}			wuʐur ʐoŋ	ahltan keril		
439	蝴蝶	hu^{2} tie^{2}	ta^{44}tu^{31}nuo^{34}	həbəʁəi/ matʂadzi	ɕhalmaɕiki	harpike	khelep	khelikə	qoʐok'ekelex
440	毛虫	mo^{214} tʂ'u~^{2}	mao^{34} mao^{34}tʂ'u~^{44}	Gʊʁəi	hajimqorʁi	onquasɿq'arqe	xorqej		tɕ'oxlesqot
441	螃蟹	p'a~^{214} ɕie^{2}	p'a~^{34} ɕie^{2}		ɕheləqɕi			aʏoej	
442	蜗牛	ka~^{2}ȵiəɯ^{55}	ka~^{31}ȵəu^{34}	qutʂaʁu	kuakua niu	kuokuo ner		tons	t'ənkaneno
443	树	ʂu^{55}	ʂu^{44}	mutun	ɕiu	pəR	thoraq	terek	tɛl
444	树皮	ʂu^{55}p'ɿ^{33}tsɿ^{55}	ʂu^{44}p'ɿ^{4}	mutunarasun	ɕiu arsun	pəRarasɿ	thoraq arasən	terek qhaztəq	tɛl qox
445	根	kə~^{214}	kə~^{34}	mutun boʁo /mutun gondzi	tsaphu	tʂuar	thora horə	jəlthəs	uzəx
446	叶子	ie^{42} tsɿ^{55}	jie^{31} tsɿ^{4}	latʂin	laptɕhiu	ləRts'ɿ	laptʂiq	lawər/laqtʂəq	jarax
447	花	hua^{323}	hua^{34}	tʂidʐə	mətəh	tɕ'ikə	metəq	tɕitɕiki	tɕitɕix
448	果子	kuo^{42}tsɿ^{44}	kuo^{42}tsɿ^{2}	alima	almoŋ	amla	alma	alma	əmət

续表

编号	汉语	河州话（循化点）	河州话（积石山点）	东乡语	保安语	土族语	东部裕固语	西部裕固语	撒拉语
449	柳树	liəɯ^{42}ʂu^{55}	liəu^{424}ʂu^{44}	liumu mutun	tɕoŋmu ɕiu	ɕytɕyesɿ	hətɕisən	soɤət təɤək/ solɤot	ojtɛl
450	白杨树	pə^{2} jɑ$^{\sim 2}$ ʂu^{33}	pɛ^{31} jɑ$^{\sim 31}$ ʂu^{44}	xulasun/ bəjan mutun	phajoŋ ɕiu	p‘ajaŋ	tʂhaqan thərəq	torɤaq	k‘ue p‘ejaŋ
451	松树	tʂ‘u$^{\sim 2}$ ʂu^{55}	su^{31} ʂu^{44}	sumu mutun	sun ʂu	sun mu pəʁ	naq	kuej	tɕ‘itɛl
452	柏树	pə^{2} ʂu^{55}	pɛ^{31} ʂu^{44}	bəʂu mutun	pe ʂu	ʂha、papər	artɕa	hartɕa terek	tʃyra tɛl
453	桑树	s‘ɑ$^{\sim 214}$ tsəɯ^{42} ʂu^{55}	sɑ$^{\sim 31}$ ʂu^{44}			saŋ ʂu			saŋtɛl
454	桦树	hua^{55} mu^{2} ʂu^{55}	hua^{44} ʂu^{44}	xuamu mutun	hua mu ɕiu	hua mu	haɔlasən		qajin
455	榆树	y^{3} ʂu^{55}	y^{31} ʂu^{44}	qara mutun	ʐem ɕiu	q‘ɛlasɿ	zənkan		qar ʁaʃ
456	梧桐树	u^{323}t‘u$^{\sim 2}$ ʂu^{55}	wu^{34} t‘u$^{\sim 31}$ ʂu^{44}			wu t‘un			
457	竹子	tʂu^{3} tsɿ^{55}	tʂu^{31} tsɿ^{4}	Gilusun	qomsun	t‘urxa	qhulusun		qaməʃ
458	刺	ts‘ɿ^{55}	ts‘ɿ^{51}	əʁəsun	ŋkasɿk	tsar	ərkΦrsən	thikin/thikhim	tɕikən
459	桃	t‘o$^{\sim 323}$	tao$^{\sim 34}$	taoɤ	torək	t‘aər			t‘ao
460	核桃	t‘o^{2} hu^{55} hu^{2}	hə^{31} t‘ao^{44}	taoɤ hangə	tɕankəh	t‘aɔ huru			t‘ao tsaŋnax
461	梨	kuə^{42} tsɿ^{55}	lɿ^{34}	alima	tʂhaŋ pali	ʐuar	alma	alma	armət
462	杏儿	ka^{2} hi^{55}	hə^{51}	orəu	orək	amla			jerox

续表

编号	汉语	河州话（循化点）	河州话（积石山点）	东乡语	保安语	土族语	东部裕固语	西部裕固语	撒拉语
463	杏仁	hu^{55}hu^{2}	hə$^{\sim44}$hu^{2}	həngə	khantsʅk	ʐɑ ɑlimɑ		tɕhinhuzi	saŋraxɕi
464	桔子	tɕy^{323} tsʅ^{2}	tɕy^{34} tsʅ^{2}	dʑidzi	tɕytsʅ				
465	柿子	ʂʅ^{55} pi$^{\sim42}$	ʂʅ^{44} tsʅ^{2}	ʂi dzi	ʂʅpin	ʂʅtsʅ			ʂʅ'p'in
466	苹果	p'i$^{\sim323}$ kuə^{42}	p'i$^{\sim34}$kuo^{2}	pingo ɑlimɑ	phin kuo	ɑmlɑ			p'inkuo
467	葡萄	p'u^{2} t'o^{55}	p'u^{31} t'ao^{44}	putɑo	phuto	p'u̥ t'ɑɔ	ytɕyn	utɕün	p'ut'ɑo
468	石榴	ʂʅ^{2} liəɯ^{33}	ʂʅ^{34} liəu^{2}		ʂʅliu	ʂʅliu			ʂʅliəu
469	莲子	lia$^{\sim323}$ tsʅ^{2}	liɑ$^{\sim34}$ tsʅ^{2}						liɑn huɑ ərlox
470	杜鹃花	tu^{42}tɕya$^{\sim55}$ hua^{2}	tu^{44} tɕyɛ$^{\sim44}$ huɑ^{2}						mɑrɑle（枇杷树）
471	菊花	tɕy^{324} hua^{2}	tɕy^{34} huɑ^{2}	dʑixuɑ	tɕihuɑ	jiu ye tɕy			tɕu huɑ
472	荷花	hə^{214} hua^{2}	hə^{34} hua^{2}	xə xuɑ	po huɑ	liɑn huɑ			liɑn huɑ
473	桂花	kui^{55} huɑ^{3}	kui^{34} huɑ^{2}		ɕiɑlu	kui huɑ			
474	粮食	liɑ$^{\sim2}$ʂʅ^{55}	liɑ$^{\sim34}$ʂʅ^{2}	tɑrɑn	thɑroŋ	t'ɑʐɑ	ulɤɑl	ɑzəq	ɑɕiləx
475	水稻	tɑ^{55} mʅ^{42}	ʂui^{44} tɑo^{44}		pəmi（大米）	tɑ mi		thuthurqhɑn	tɕitərʁɑn
476	种子	tsʅ^{42} tʂu$^{\sim42}$	tʂu$^{\sim44}$ tsʅ^{2}	furə	fu̥ re	huru	hɔre	zər	orlux
477	秧	mio^{214}	jɑ$^{\sim34}$	jɑndzi	kuɑ ɕiu			lɑptʂəq	exen（苗）

续表

编号	汉语	河州话（循化点）	河州话（积石山点）	东乡语	保安语	土族语	东部裕固语	西部裕固语	撒拉语
478	稻草	to^{55} ts‘o^{42}	tɑo^{44} ts‘ɑo^{2}			piesɿ		jizi	tɕ‘itəʁɑntɕ‘op
479	麦子	mei^{33} tsɿ^{55}	mei^{31}tsɿ^{4}	bɑodəi	poʁti	t‘ɑzʅɑ	ɔʂ	tɑrəɤ	poʁte
480	大麦	ta^{55} mei^{33}	tɑ^{44} mei^{2}	ɑpɑ	tsaho	tsɑhuo	lenphi(汉)		t‘ɑme
481	燕麦	ie^{42}mei^{3}	jɛ^{44}mei^{2}	jəmi	jen me	jeme	ɑwɑqənɑ		tɕ‘otɑr
482	玉米	po^{323} ku^{3}	pɑo^{34} ku^{2}	bao gu	poku	pɑɔku		pomi	poku
483	高粱	ko^{2} lia~^{55}	kɑo^{31} liɑ~^{34}	gɑo lian	ko liɑŋ	kɑo liɑŋ			koliɑŋ
484	小米	ku^{2} tsɿ^{55}/ ɕo^{42} mɿ^{42}	ɕiɑo^{44} mɿ^{44}	ɑmun	mi tsɿ	pɿ tsɿ	nɑrəm ɑmən	soqpɑ	qonɑx
485	菜	ts‘ɛ^{55}	ts‘ɛ^{51}	sɑi	se ʂui	sɛ		kük	jɑʃ
486	白菜	pə^{3} ts‘ɛ^{55}	pɛ^{31} ts‘ɛ^{44}	bəsɑi	pese	tʂ‘qɑŋsɛ			ɑxjɑʃ
487	油菜	kie^{55} tsɿ^{2}	jiəu^{31} ts‘ɛ^{44}	jəu sɑi	jiuse	kɛ tsɿ			kezɿ
488	洋白菜	iəɯ^{3} pə^{3} ts‘ɛ^{55}	jɑ~^{34}pɛ^{31} ts‘ɛ^{44}	bɑoɕin bəsɑi	kətɑ pese	kətɑts‘ɛ			polɑŋ qɑnɑx jɑʃ
489	韭菜	tɕəɯ^{42} ts‘ɛ^{55}	tɕiəu^{44} ts‘ɛ^{44}	dʑiu sɑi	tɕiu se	qɔ quo	kɸmel		korte
490	菠菜	pə^{3} ts‘ɛ^{55}	pə^{31} ts‘ɛ^{44}	bosɑi		pə tʂ‘e			pose
491	芹菜	tɕ‘i~^{3} ts‘ɛ^{55}	tɕ‘i~^{31} ts‘ɛ^{44}	kərəʂi/tɕinsɑi	tɕhin se	tɕiŋ ts‘ɛ			tɕ‘in se

续表

编号	汉语	河州话（循化点）	河州话（积石山点）	东乡语	保安语	土族语	东部裕固语	西部裕固语	撒拉语
492	萝卜	luə^{2} p‘u^{55}	luo^{31} p‘u^{44}	tuma	thər ma	t‘urma	tərma	tərma/turma	t‘urma
493	胡萝卜	ha$^{\sim 323}$ luə^{2} p‘u^{55}	hua$^{\sim 34}$ luo^{2} p‘u^{2}	ʂiratuma	ɕira thərma	ʂat‘urma	qəzər tərma	qəzəl tərma	sa t‘urma
494	茄子	tɕ‘ie^{3} tsɿ^{55}	tɕ‘ie^{31} tsɿ^{4}	tɕiə dzi	tɕhie tsɿ	tɕhe tsɿ			tɕ‘ie tsɿ
495	辣椒	la^{323} tsɿ^{3}	la^{34}tɕiao^{2}	ladʑiao	la tsu	latɕo	qaʂun		latsɿ
496	葱	ts‘u$^{\sim 323}$	ts‘u$^{\sim 31}$ ja$^{\sim 34}$	sunɢuna	sunəq(x)	ts‘unjar	sɔɣɔn	ʂit quzəq	soʁan
497	蒜	s‘ua$^{\sim 42}$	sua$^{\sim 51}$	samusa	samsaq	sampts‘əqəR	sarmsaq	samsaq	samzax
498	姜	tɕa$^{\sim 324}$ p‘ia$^{\sim 2}$	tɕia$^{\sim 34}$	dʑian piən	tɕiaŋ phian	tɕaŋ	ka		tɕaŋ p‘ian
499	茴香	hui^{55} ɕa$^{\sim 2}$	hui^{34} ɕia$^{\sim 2}$			hui ɕiaŋ			me hui ɕiaŋ
500	马铃薯	ia$^{\sim 2}$ y^{324}	ja$^{\sim 34}$ y^{2}	jajəu	jaŋ y	ʂan jue（山药）	maməxuqər	ʂət təkar/hutʂ əntʂi awaka	jaŋ y
501	红薯	hu$^{\sim 323}$ ʂu^{2}	hu$^{\sim 34}$ ʂu^{2}	xunʂu	jaŋ y				hunʂu
502	豆芽菜	təu^{33} ia^{3} ts‘ɛ^{55}	tu^{44} ja^{31} ts‘ɛ^{44}	dəu ja	tou ja se	tojar	pheri phərtɕaq		təu ja se
503	瓜	kua^{323}	kua^{34}	gua/notʂun	kua	kua		küktoqər/qom	kua
504	瓜秧	kua^{323} ia$^{\sim 2}$ tsɿ^{55}	kua^{34}ja$^{\sim 34}$	gua jandzi	kua ɕiu	kua waŋ tsɿ（瓜蔓儿）			

续表

编号	汉语	河州话（循化点）	河州话（积石山点）	东乡语	保安语	土族语	东部裕固语	西部裕固语	撒拉语
505	冬瓜	tu~^{214}kuɑ^{2}	tu~^{34}kuɑ^{2}		kuantəkj kuɑ				
506	南瓜	na~^{214} kua^{2}	na~^{34} kuɑ^{2}		nan kuɑ	wuo kuɑ			
507	西瓜	ɕʅ^{3}kua^{324}	ɕʅ^{34} kuɑ^{2}	ɕi gua	kuɑ	ɕi kuɑ			ɕi kuɑ
508	黄瓜	hɑ~^{2}kua^{214}	huɑ~^{31}kuɑ^{34}	xon gua	huoŋ kuɑ	huaŋ kuɑ		arut	huaŋ kuɑ
509	葫芦	hu^{2} lu^{55}	hu^{31} lu^{44}	gua xulu	hu lu	hu lu			hu lu
510	丝瓜	sʅ^{2} kua^{324}	sʅ^{34} kuɑ^{2}						sʅ kuɑ
511	香瓜	ɕɑ~^{323} kua^{2}	ɕia~^{34} kuɑ^{2}	guaguadzi	kuɑ kuɑ tsʅ	kuakuu tsʅ			ɕiaŋ kuɑ
512	豆	təɯ^{55} tsʅ^{3}	tɯ^{44}	putʂɑ		p‘u̥ ts‘ʅqər	phərtɕaq	phərtɕaq	
513	黄豆	hɑ~^{2} təɯ^{55}	huɑ~^{34} tɯ^{44}	xondəu	hon təu	huaŋ to	ʂira phərtɕaq		huaŋ tər
514	蚕豆	ta^{55} təɯ^{3}	tɑ^{44}tɯ^{2}	dadəu	kuo pŭtɕiq	ʂukuar p‘u̥ ts‘ʅqəʀ			maʁala
515	豌豆	təɯ^{55} tsʅ^{3}	wɑ^{31}tɯ^{44}	putʂɑ	tɕikoŋ pŭtɕiq	məla p‘ut s‘ʅqəʀ		qara phərtɕaq	p‘ʅtɕax
516	绿豆	lu^{2} təɯ^{55}	lu^{31}tɯ^{44}	ludəu		mula p‘itɕiq			
517	扁豆	p‘ia~^{33} təɯ^{55}	p‘iɛ~^{44} tɯ^{44}	dao dəu	pian təu	pintər	mentyr		

续表

编号	汉语	河州话（循化点）	河州话（积石山点）	东乡语	保安语	土族语	东部裕固语	西部裕固语	撒拉语
518	花生	hua^{44} ʂə$^{\sim 33}$	hua^{44} ʂə$^{\sim 44}$	xuaʂin	hua ʂən	hua ʂən			hua ʂən
519	芝麻	tʂʅ^{2} ma^{214}	tʂʅ^{31} ma^{44}	dʐima	tʂʅ ma	tʂʅ ma			tʂʅ ma
520	草	ts'o^{42}	ts'ao^{44}	osun	we sun	piesʅ	wejsən	hot/ot	tɕ op
521	稗子	pʅ^{55} tsʅ^{3}							
522	茅草	mo^{2324} ts'ɔ^{42}	mao^{34} ts'ao^{2}			piesʅ			tortʃ op
523	芦苇	lu^{323} wei^{2}	lu^{34} wei^{2}					qaməʂ(芦草)	qaməʃ tɕ'op
524	蘑菇	mo^{323} ku^{2}	mao^{34} ku^{2}	mogugu/mogo	mo ku	məkur	maoku	moku	moku
525	木耳	mu^{55} ə$^{\sim 42}$	muər$^{\sim 44}$	muə$^{\sim}$	ɕiu məʁa	mu ər	thenkerin ʂarə		muər
526	烟叶	ia$^{\sim 55}$ ie^{2} tsʅ^{55}	jɛ$^{\sim 34}$ jie^{2}	jən jədzi	jan lapɕun	huaŋ jan	thamən laptʂəq	thutən	jənijarax
527	向日葵	ʐə^{2} t'əu^{55} hua^{2}	ʐə^{31} t'əu^{44} hua^{2}	naran tʂidʐə	naroŋ məthəq	nara tɕ'itɕ'iq			kuntɕitɕix
528	米	mʅ^{42}	mʅ^{44}	amun	tami	tami	amən	thuthurqhan	tɕ'itərʁan
529	糯米	no^{42} mʅ^{42}	nuo^{42} mʅ^{2}	lomi	luomi	nuomi		luo mi	tɕ'itərʁan
530	饭	fa$^{\sim 55}$	fa$^{\sim 51}$	budan	jəmə	jama	xula	semen	leme
531	早饭	tso^{42} fa$^{\sim 55}$	tsao^{44} fa$^{\sim 44}$	jaoʂə	kho mə	kantsao ʂəni jama	lɔrtɕha ərte xula		etelex

续表

编号	汉语	河州话（循化点）	河州话（积石山点）	东乡语	保安语	土族语	东部裕固语	西部裕固语	撒拉语
532	午饭	ʂɑ$^{~42}$ u^{55}（晌午）	wu^{44}fɑ$^{~44}$	utukun	noŋ tɕhi	ʂaŋvuni jamɑ	ɔute xulɑ		olilex
533	晚饭	hei^{2} fa$^{~55}$	he^{31} fɑ$^{~44}$	xəifɑn	ŋku tɕhi	ʂulieni jamɑ	tiaoʂken xulɑ		ketɕilex
534	粥（稀饭）	tʂəɯ^{323}/ ɕʅ^{33} fa$^{~55}$	ɕʅ^{31} fɑ$^{~44}$	ʂuliə	mi ɕi	ɕi fɑn	ɑmən	mithaŋ（米汤） qhotaq	omaʃ
535	面条	fʻa$^{~55}$	miɛ$^{~44}$ tɕʻiɑo^{34}	lɑʂiʁɑ	jəmə	putɑ	qɒlər xulɑ（面饭）	men semen	ozinaʃ
536	面粉	mia^{42}	miɛ$^{~44}$	ɢurun	qulər	quʐɿr	qɒlər	ə/emsaq	on
537	挂面	kua^{55} mia$^{~2}$	kuɑ^{44} miɛ$^{~2}$	guɑ miən	kuɑ mian	kuɑ men			kuamiɑn
538	包子	po^{33} tsɿ^{42}	pɑo^{31} tsɿ^{4}	mɑn tun	mɑn thoŋ	pɑɔtsɿ			po tsɿ
539	肉	ʐəɯ^{42}/ hu$^{~33}$ɕi$^{~2}$	ʐəu^{44}	miʁɑ	muʁɑ	məqɑ	maq^{h}ɑn	ɕit	et
540	牛肉	ȵiəɯ^{2} ʐəɯ^{33}	ȵəu^{31}ʐəu^{44}	fugiə（rəi） miʁɑ	onoŋ muʁɑ	huqur məqɑ	hukur maq^{h}ɑn	khur ɕit	kuljex et
541	羊肉	iɑ$^{~2}$ ʐəɯ^{2}	jɑ$^{~31}$ ʐəu^{44}	ɢoni miʁɑ（绵）	qonə muʁɑ	qʻuonɿ məqɑ	xɔne maq^{h}ɑn	quej ɕit	qui et
542	猪肉	ta^{55} ʐəɯ^{2}	tʂu^{31} ʐəu^{44}	qiɢəi miʁɑ		qʻə̥ qɛməqɑ	qhəqej maq^{h}ɑn	qhawan ɕit	tons et

续表

编号	汉语	河州话（循化点）	河州话（积石山点）	东乡语	保安语	土族语	东部裕固语	西部裕固语	撒拉语
543	肥肉	f‘ei^{2} ʐəɯ^{33}	fei^{31} ʐəu^{44}	tɑʁun miʁɑ	tharqun muʁɑ	t‘ɑrqun məqɑ	tharɤən maq^{h}ɑn	khur ɕit	k‘uʃliet
544	瘦肉	ʂəɯ^{55} ʐəɯ^{55}	ʂəu^{44} ʐəu^{2}	tuɢon miʁɑ	muɕiki muʁɑ	tsʅʐo məqɑ	jɑtəq maq^{h}ɑn	tɕʉt ɕit/tɕar ɕit	hɑliz et
545	豆油	la^{2} ki^{55} iouɯ^{2}（菜油）	tɯ^{44} jəu^{34}	tosun	hɑ̥ ʐathosun	t‘uosʅ（菜籽油）		qhom jaɤ（青油）	kez jɑʁ
546	花生油	hua^{33} ʂə$^{\sim 33}$ jəɯ^{3}	hua^{44}ʂə$^{\sim 44}$jəu^{34}	xuɑʂin tosun	huɑ ʂən thosun		xɑrɑ thusun		huɑ ʂənjɑʁ
547	黄油	hɑ$^{\sim 324}$ iəɯ	huɑ$^{\sim 44}$ jəu^{34}	sujəu					
548	酥油	su^{3} iəɯ^{2}	su^{31}jəu^{44}	sujəu	tɕhiqoŋ thosun	tʂ‘qɑŋ t‘uosʅ（白）	thusun	aq jaɤ	ɑx jɑʁ
549	酱油	tɕɑ$^{\sim 33}$ iəɯ^{323}	tɕia$^{\sim 44}$jəu^{44}	dʐiɑn jəu	tɕoŋ jiu	tɕɑŋ jou			tɕiɑŋ jəu
550	豆腐	təɯ^{55} fu^{2}	tɯ^{44} fu^{2}	dəufu	təufu	tofu			təufu
551	醋	s‘u^{55}	ts‘u^{44}	su	shəu	su	su	qhə tʂuaq/ qhətitʂuaq	lɑsu
552	淀粉	fə$^{\sim 42}$ mia$^{\sim 55}$	tiɛ$^{\sim 44}$ fə$^{\sim 44}$	ɢurun		fən miɑn tsʅ			fən miɑn
553	粉丝	fə$^{\sim 42}$ sʅ^{55} /pia$^{\sim 55}$ fə$^{\sim 42}$	fə$^{\sim 44}$ sʅ^{44}	funtɕiɑo dzi	fən thɑo	fən t‘iɑɔ			fən sʅ

续表

编号	汉语	河州话（循化点）	河州话（积石山点）	东乡语	保安语	土族语	东部裕固语	西部裕固语	撒拉语
554	粉条	fə˜^{42} sɿ^{55} /pia˜^{55} fə˜^{42}ʻ	fə˜^{44} tɕʻiɑo^{34}	funtɕiɑo dzi	fən tʻiɑ	fən tʻlɑɔ			fən tʻiɑo
555	胡椒	hu^{323} tɕo^{2}	hu^{34} tɕiɑo^{2}	xudʑiɑo	hu tɕɑo	hu tɕɑo			hu tɕiɑo
556	花椒	tɕo^{41}tsɿ^{55}	tɕiɑo^{31}tsɿ^{44}	xuɑdʑiɑo	tsɑo tsɿ	tɕɑo tsɿ			muʃ
557	八角	pa^{323} tɕye^{2}	ta^{44} ɕia˜^{2}	dɑɕiɑn	tɑ ɕianŋ	tɑ ɕiɑŋ			wu ɕiɑŋ
558	糖	tʻɑ˜^{324}	tʻɑ˜^{34}	tɑn		tʻɑŋ	ʂikər	ʂikər	ʃɑ tʻɑŋ
559	白糖	pə^{2} tʻɑ˜^{323}	pe^{34} tʻɑ˜^{34}	bə tɑn	pə thɑŋ		tʂhiɤɑn ʂikər	aq thɑŋ/ aq ʂikər	ɑx ʃɑ tʻɑŋ
560	红糖	hu˜^{3} ʂa^{33} tʻɑ˜^{3}	huə˜^{34} tʻɑ˜^{34}	xəitɑn	həʐɑ hi thɑŋ	qʻɑrɑ tʻɑŋ	xɑrɑ ʂikər	qara thɑŋ qɑrɑ ʂikər	qəzəl ʃɑtʻɑŋ
561	爆米花	po^{55} mɿ^{42} hua^{33}	pie^{44}pɑo^{34}ku^{2}	biə xuɑdzi	po huɑ				po mi huɑ
562	蛋	ta˜^{42}	ta˜^{44}	əndəʁəi	ntəki	antikə	pɑlɑ	pɑlɑ	jomuttɑ
563	鸡蛋	tɕɿ^{2} ta˜^{55}	tɕɿ^{31} ta˜^{44}	əndəʁəi	thɑqɑn ntəki	antikə	tɑqen pɑlɑ	thɑqɑɤə hosərq	tʻox jomuttɑ
564	咸鸭蛋	ɕia˜^{324} ia^{2} ta˜^{55}	tɕɿ˜^{34} jɑ^{31}ta˜^{44}						
565	松花蛋	su˜^{33} hua^{3} ta˜^{55}	su˜^{44}huɑ^{31} ta˜^{44}						
566	蛋壳	tʻa˜^{33} pʻɿ^{2} tsɿ^{55}	ta˜^{44} pʻɿ^{34}	əndəʁəi ɑrɑsun	ntəki həhə	antikə ɑrɑsɿ	pɑlen ɑrɑsen	qhɑztəq	jomuttɑ qox

续表

编号	汉语	河州话（循化点）	河州话（积石山点）	东乡语	保安语	土族语	东部裕固语	西部裕固语	撒拉语
567	汤	t‘ɑ$^{\sim 324}$	tɑ$^{\sim 34}$	ʂuliə	jəmə ɕile	ʂulʅ	ɕilen	kəltən	ɑhs su（面汤） tɕ‘ora（肉汤）
568	酒	tɕiəɯ^{42}	tɕiəu^{44}	darasun /dʑiu	ʐəkhu	turasʅ	arakə	arakə/arakhə	jaʁ
569	开水	k‘ɛ^{44} ʂui^{2}	k‘ɛ^{44} ʂui^{2}	kai ʂui	tɕhir ku	p‘tɕarsaŋstsu	xorɤɔsaŋ qhusun	xorɤəɤansu	tɕ‘oxraxsu
570	茶	tʂ‘a^{323}	tʂ‘ɑ^{34}	tʂɑ	thhiɑ	tʂ‘ɑ	tʂhɑ	qara	tʃ‘ɑ
571	茶叶	tʂ‘a^{323}ie^{2}	tʂ‘ɑ^{34}jie^{2}	tʂɑ je	tɕhiɑ	tʂ‘ɑ jer			tʃ‘ɑ jaxərax
572	香烟	ɕ‘ɑ$^{\sim 324}$ ia$^{\sim 33}$ tɕya$^{\sim 55}$/tʂʅ^{42} ia$^{\sim 55}$	tʂʅ^{44}jɛ$^{\sim 2}$	dʐijən t^{h}utən	tʂʅ jɑn	tʂʅ jɑn		t^{h}utən	tʃʅ jɑn kantsʅ
573	药片	ye^{3} p‘ia$^{\sim 55}$	ye^{34}	jə	mən	jue	em	jim	em
574	汤药	ts‘o^{42} ye^{2}	k‘u^{44} ye^{2}	sɑo jə	wu sun mən	ts‘ɑo jue	em		tɕo pem
575	糠	k‘ɑ$^{\sim 323}$	k‘ɑ$^{\sim 34}$	kəwə	nathəx	ji tsʅ			qonaxqox
576	麦麸	fu^{33} tsʅ^{44}	fu^{31} tsʅ^{44}	kəwə	nathəx	q‘əpə		fuzi	k‘ox
577	猪食	tʂu^{324} ʂʅ^{3}	tʂu^{34} ʂʅ^{34}			q‘əqɛvzʅ	qhəqən jaləq		tons em

续表

编号	汉语	河州话（循化点）	河州话（积石山点）	东乡语	保安语	土族语	东部裕固语	西部裕固语	撒拉语
578	马料	ma^{42}lio^{2}	ma^{44}liao^{44}	Goləi ujə（鸡饲料）	tɕhi	məʐɿvzɿ		phorsi/porsi	ɑt em
579	糕	ta$^{\sim 33}$ ko^{55}	ʐ̩a$^{\sim 34}$kao^{2}		tan ko	tan kao			tan ko
580	饼	pi$^{\sim 42}$	pi$^{\sim 44}$	bindzi/funi/funibindzi	təmə	k'ɑŋ k'ɑr	porsaq（馍馍）	thekhitɕhik	xɑtər ʁan emex
581	馒头	mo^{2}mo^{55}	ma^{31}təu^{34}	ʂigiədɑ giədɑ/ mɑtɕiə（花卷）	phən təmə	timei	porsaq（馍馍）	khemzi	mɑt'un
582	棉花	mia$^{\sim 33}$ hua^{55}	miɛ$^{\sim 31}$ huɑ^{4}	miən xuɑ	mənəx	mien huɑ		khøn	mɑmox
583	线	ɕ'ɪa$^{\sim 42}$	ɕiɛ$^{\sim 44}$	udɑsun	ntɑsun	tɑsɿ	tɑsən	miɕin/miɕim	ipex
584	布	pu^{42}	pu^{44}	bosi	tɑv	pəsɿ	p^{h}es	jiz	poz ~ p'os
585	绸子	tʂ'əɯ^{2} tsɿ^{55}	tʂ'əu^{31}tsɿ^{4}	tʂoudzi	tʂhəu tsɿ	t'ɑrquo	thɔrɤɔ	tawar	tʃ'əutsɿ
586	缎子	tua$^{\sim 55}$tsɿ^{3}	tua$^{\sim 44}$ tsɿ^{2}	dondzi	tuɑn tsɿ	t'ɑr quo	mɑŋləq	tawar	tuɑntsɿ
587	呢子	ȵi^{2} tsɿ^{55}	nɿ^{34} tsɿ^{2}	nidzi muʁə（褐子）	nitsɿ	nitsɿ		ɕhiumi（ton）	nitsɿ
588	衣	ɿ^{323}	jɿ^{34}	dʑiən	mus ku	tiɑr	məskə	kezɤə	piqɑrɑx

续表

编号	汉语	河州话（循化点）	河州话（积石山点）	东乡语	保安语	土族语	东部裕固语	西部裕固语	撒拉语
589	单衣	ha$^{\sim 55}$p‘a^{2}	ta$^{\sim 34}$ jʅ^{2}	dʑiən	laɕioŋ musku	tiar		jüqa kezɤə	tan piqarax
590	棉衣	mia$^{\sim 323}$ tʂu^{42} jo^{55}	miɛ$^{\sim 34}$ jʅ^{2}	dʐirəu	pəhtəx	ta oʐʅ		or（袄儿）	mian piqarax
591	长衫	tʂ‘a$^{\sim 2}$ ʂa$^{\sim 33}$ tsʅ^{55}（女）	tʂ‘a$^{\sim 34}$ ʂa$^{\sim 3}$	ʂən dzi	fu̥ tə musku	talien	hurtənməskə	ton	ton
592	背心	pei^{55} ɕi$^{\sim 3}$ /k‘a$^{\sim 3}$ tɕia^{55}	pei^{44}ɕi$^{\sim 2}$	dʑia dʑia	tɕa tɕa	tɕa tɕar		tɕa tɕazi	peɕin
593	衣领	li$^{\sim 42}$ tsʅ^{55}	li$^{\sim 44}$ tsʅ^{4}	dʑiən dʐaʁa	tɕiq qa	tartʂaqa	enker	mojintərq/ mojin təq	jaxa
594	袖子	ɕiəuɯ^{55} tsʅ^{2}	ɕiəu^{51} tsʅ^{2}	ɕandʐun	qan tɕun	q‘antsʅ	hantʂun	jin	jiŋ
595	扣子	ȵiəuɯ^{42} tsʅ^{55}	ȵiəu^{44} tsʅ^{02}	tədʐi	niu mi	t‘u qtsʅ	thəptʂi	thurqa	təu me
596	扣眼儿	ȵiəuɯ^{42} k‘əuɯ^{55}	ȵiəu^{44} k‘əu^{02}	tədʐi nudun	ne ton	t‘u qtsʅnuk‘uo	emlik	jümmik	təume kəuz
597	衣袋	tʂ‘əuɯ^{2} tʂ‘əuɯ^{55}	tʂ‘əu^{31} tʂ‘əu^{44}	tʂəu tʂəu/ tʂəu tʂəu ga	ko təu	tʂ‘utʂ‘ur		tʂhu tʂhuzi	jantʃ‘ox
598	裤子	k‘u^{55} tsʅ^{3}	k‘u^{44} tsʅ^{02}	mədun	ma ton	mətuo	motən	jüm/jim/jom	iɕitan
599	裙子	tɕ‘y$^{\sim 2}$ tsʅ^{55}	tɕ‘y$^{\sim 31}$ tsʅ^{44}	Goməi/tɕindzi	tɕhyn tsʅ	q‘ormo	qapthərqa	somataq（袈裟）	tɕ‘un tsʅ

续表

编号	汉语	河州话（循化点）	河州话（积石山点）	东乡语	保安语	土族语	东部裕固语	西部裕固语	撒拉语
600	头巾（女的）	t‘əɯ^{55} tɕi$^{\sim 2}$	t‘əu^{44} tɕi$^{\sim 02}$	gaitəɯ（盖头）	thəu tɕin	t‘otɕin	thəlɤej ɑhltʂər	qhulaq thartqəʂ（耳帽子）	ket‘əu（盖头）
601	帕子（男的）								
602	帽子	mo^{433} tsɿ^{3}	mɑo^{433} tsɿ^{02}	maʁala/malaʁa	malqə	marqa	malaqaj	pherək	soraχ
603	手套	ʂəɯ^{42} t‘o^{2}	ʂəu^{44} t‘ɑo^{44}	ʂəu tao/ʂəu wa	ʂəu tho	ʂot‘ɔ			ʃəu t‘o
604	腰带	tɕɿ^{323} io^{2}	jɑo^{31} tɛ^{44}	pidʑiə	tse	p‘ɿ tɕɿ	phəsej	ərlisək	poʁaχ
605	裹腿	kuə^{42} t‘ui^{42}	kuo^{44} t‘ui^{02}		tʂhan tsɿ	tʂhan tsɿ	kuothui		toləχ
606	袜子	wa^{324} tsɿ^{2}	wa^{31} tsɿ^{44}	wadzi	wa tsɿ	va tsɿ		wazi	liaŋ ʁa
607	鞋	hɛ^{323}	hɛ^{44}	xai	atɕhat	hɛ	qɒtəsun	qhej	haj
608	鞋底	hɛ^{323} tɿ^{42} tsɿ^{44}	hɛ^{323} tɕɿ^{02}	xai ula	atɕhat thi	hetʂaŋtsɿ	qɒtəsun hɔrəl	hultən	ort‘aŋ
609	靴子	ɕye^{33} tsɿ^{2}	ɕye^{31} tsɿ^{44}	Gudusun	qosun	ɕuetsɿ	khaŋtʂhən	k^{h}aŋ tɕhəŋ	maɕye
610	皮鞋	p‘ɿ^{3} hɛ^{323}	p‘ɿ^{31} hɛ^{44}	pi xai xantɕi（旧式皮鞋）	phi he	p‘i hɛ	arasun qɒtəsun		t‘er haj
611	梳子	mu^{323} ʂu^{3}	ʂu^{31} tsɿ^{44}	san	sham	saŋ	sam	tərɤaq	taraχ

续表

编号	汉语	河州话（循化点）	河州话（积石山点）	东乡语	保安语	土族语	东部裕固语	西部裕固语	撒拉语
612.	耳环	ə$^{\sim42}$ tʂui^{2}	ər^{44} tʂui^{02}	ɕiɑoʁə/ɕiɑowə	neser	niɕer/solotʂu（长串耳环）	tʂhəqəntəɣə	sərqa	sərʁɑ
613.	项圈	ɕɑ$^{\sim55}$ lia$^{\sim55}$	ɕia$^{\sim44}$ tɕ‘ya$^{\sim02}$						
614.	戒指	ki^{55} tsɿ^{3}	kɛ^{44} tsɿ^{02}	gɑi dʐi	tən tɕiri	tiŋtʂur（顶针子）	pelezək	ketɕhizi	ketʃir
615.	手镯	p‘a$^{\sim44}$ tsɿ^{3}	tʂuo^{31} tsɿ^{44}	ʂəu kuɑ	phən tsɿ	pɑqɑr	ʂou ku	qulaɤə	pɑntʃir
616.	手表	ʂəɯ^{42} pio^{42}	ʂəu^{44} piao^{44}	ʂəu biɑo	ʂəu piɑo	piɑo	tɕhet təumɑ		ʂəu pio
617.	毛巾	ʂəɯ^{42} tɕi$^{\sim55}$	ʂəu^{44} tɕi$^{\sim44}$	səudʑin	ləxɕi	ʂəu tɕin	ɑhltʂər	hatʂiɤər	ɕy kun
618.	手绢	kɑ^{324} ʂəɯ^{42} tɕi$^{\sim55}$	ʂəu^{44} tɕya$^{\sim44}$	ʂəudʑin	ləxɕi	ʂotɕiŋ	ɑhltʂər	mitɕa hatʂiɤər	ɕy kun
619.	荷包	hə^{2} p‘o^{55}	hə^{34} pao^{44}	xə bɑo	kɑmu	tʂən tʂ‘ənr	qɑptərqɑ	khukur qhuatʂhəq	pɿzmelix
620.	被子	pɿ^{55} tsɿ^{2}	pɿ^{44}	gondʐəliə	lɑmpu ku（羊毛毡）	kuɑn tɕilier	sikip(毡衫)	per	jorʁɑn
621.	棉絮	mia$^{\sim3}$ɕui^{55}	miɛ$^{\sim3}$ɕy^{44}	miən ɕi	mensɿ			khøn	miɑn ɕy
622.	褥子	ʐu^{324} tsɿ^{55}	ʐu^{31} tsɿ^{44}	rudzi/dʑiɑo siwuni	tesku	ʐutsɿ	ʐəzi	ʐuzi	ʐuz
623.	毯子	t‘a$^{\sim42}$ tsɿ^{55}	t‘a$^{\sim44}$ tsɿ^{44}	mɑotɑn	thɑn tsɿ	t‘ɑn tsɿ	thɑr		t‘ɑn tsɿ

续表

编号	汉语	河州话（循化点）	河州话（积石山点）	东乡语	保安语	土族语	东部裕固语	西部裕固语	撒拉语
624	枕头	tʂə~^{42}t‘əɯ^{55}	tʂə~^{44}t‘əu^{44}	dʐin təu	tɕin thəu	tieʐʅ	teri	jastəq/ jastantʂəq	jɑɬɬox
625	席子	ɕʅ^{3} tsʅ^{55}	ɕʅ^{31} tsʅ^{44}	pɑi tɕiən	ɕi	ʂtʂɑŋ		ɕizi	qɑməʃ tʃ‘ix
626	蚊帐	və~^{2} tʂɑ~^{55}	wə~^{31} tʂɑ~^{44}					wən tʂɑŋ	
627	房子	fɑ~^{3} tsʅ^{55}	fɑ~^{31} tsʅ^{44}	giə	kər	kɑr（家）	ker	jü	oj
628	院子	yua~^{55}tsʅ^{3}	ya~^{44}tsʅ^{02}	Goron	ɕhɑ	nɑŋt‘uo		jonzi/aɣəl（院落）	ɑjɑt
629	厕所	həɯ^{55}ia~^{3}	mɑo^{34}k‘ə~^{02}	məkən	mo khoŋ	mɑɔ k‘ən		kurat	mok‘en
630	厨房	tso^{55} k‘u^{3}	tsɑo^{44} k‘u^{02}	dzo wo	tso ʁə	tsei hɑŋ	xulɑ phətɕlɑɣɑ mɑ ker	tʂhoej	otɕ‘ɑx
631	楼	ləɯ^{34}	ləɯ^{34}	ləu	ləu tsʅ	ləu tsʅ（老）/ ləu lər（少）			ʐɑx ~ ʐox
632	火盆	huə^{42} p‘ə~^{55}	huo^{44} p‘ə~^{02}	xopən	huo phən	huo p‘ən		hophən	huo p‘ən

续表

编号	汉语	河州话（循化点）	河州话（积石山点）	东乡语	保安语	土族语	东部裕固语	西部裕固语	撒拉语
633	仓库	ts‘ɑ$^{-2}$ k‘u^{55}	ts‘ɑ$^{-31}$ k‘u^{44}	sɑn ku	woŋ ʐɑ	k‘u fɑŋ	mosentalmɑ ker(放东西的房子)	jiɤəntʂəq jü	qɑznɑx
634	牛圈	ȵiəɯ^{3} tɕya^{-55}	ȵiəu^{31} tɕya^{-44}	qudɑn（畜圈）	kuəl khər	q‘utɑŋ（圈）	kər qhəʂɑ	khus quran /qoran	kuljex ɑrɑn
635	栅栏	tʂa^{55} tsɿ^{2}	lɿ^{34} pa^{02}	bɑlimu		tʂ‘ɑ pɑŋ	mɑtən qhəʂɑ/ mɑtən xɔrɔn	thikin quran（刺圈）	ʃinʐɑ
636	砖	tʂua^{-324}	tʂua^{-34}	dʐon	tʂuɑn	tʂuɑn			tʂuɑn
637	瓦	va^{42}	wa^{44}	wɑ	wɑ	vɑp‘ienr			wɑ
638	围墙	wei^{323} tɕ‘ɑ$^{-2}$	wei^{34} tɕiɑ$^{-02}$	dɑn	tɕoŋ khə	pɑr qɑsɿ	kerem	jonzi paq（院墙）	pɑtər tɑm
639	木板	mu^{33} pa^{-42} /pa^{-42}tsɿ^{55}	mu^{44} pa^{-44}	bɑn bɑn	pɑn pɑn	mət‘o pɑn pɑnr		jɤaʂ pazi	ɑʁɛʃ pɑn
640	木头	mu^{2} t‘əɯ^{55}	mu^{31} t‘əu^{44}	mutun	məɬ thon	mət‘o	mɔːtən	jiɤaʂ	ɑʁɛʃ
641	柱子	tʂu^{55} tsɿ^{3}	tʂu^{44} tsɿ^{02}	tunɢuɑ	thalʁɑ	t‘urqɑ	thɔlɤɑ	tʂuzi	tərəx

续表

编号	汉语	河州话（循化点）	河州话（积石山点）	东乡语	保安语	土族语	东部裕固语	西部裕固语	撒拉语
642	门	mə$^{\sim 323}$	mə$^{\sim 34}$	widʑiən	ntoŋ	tia mɑ	jɸteŋ	sək	qo
643	窗子	tʂʻuɑ$^{\sim 33}$ tsɿ^{33}	tʂʻuɑ$^{\sim 31}$ tsɿ^{44}	tʂongun	tɕamə	tʂʻuɑŋkʻuo	ɸrɤek	tʂhuaŋzi	tʻərtʃe
644	房顶	fʻɑ$^{\sim 324}$ ti$^{\sim 55}$	fɑ$^{\sim 34}$ tɕi$^{\sim 44}$	giə dʑiərə	kər tehoŋ	kɑrtizɿ	ker ʂikən	juwaʂ	etʃʻex
645	梁	lia$^{\sim 324}$	lia$^{\sim 34}$	fu	hu	liɑŋ	ker jaŋkaŋ（帐房梁）		liɑŋ
646	菜园子	ya$^{\sim 3}$ tsɿ^{55}	tsʻε^{44}ya$^{\sim 31}$ tsɿ^{44}	sɑi jəndzi	jɑn tsɿ	sεjienjienr	lɑp^{h}tʂip qɔrɔr /ɔrɔr		jəɕ pɑʁ
647	篱笆	lɿ^{323} pa^{3}	pa^{44} li^{34}	bɑlimu		tʂʻɑ pɑŋ		quran	pɑli
648	台阶	tʻε^{2} ka^{55}	tʻε^{34} tɕie^{02}	tɑi kɑ	lohu tɕhi	hutʻi	taqər		tʻeʁo
649	桌子	tʂo^{323} tsɿ^{55}	tʂuo^{31} tsɿ^{44}	ʂirə	ɕile	tʂuotsɿ	ʂere(方桌)	tʂozi（炕桌）	kotʃuo
650	椅子	pa$^{\sim 42}$ tə$^{\sim 55}$	jɿ^{44} tsɿ^{44}	idzi	mɑn ton	pɑnten		khopezi pantəŋ/jizi	pɑntɕin
651	凳子	pa$^{\sim 42}$ tə$^{\sim 55}$	tə$^{\sim 44}$ tsɿ^{02}	bandən	mɑn ton	pɑnten		pantən	pɑntɕin
652	床	kʻɑ$^{\sim 42}$	tʂʻuɑ$^{\sim 34}$	tʂon /xuɑi（炕）	pɑn tɕhaŋ	hkaŋ（炕）	ɔrɔn(睡窝)		tʃʻɑŋ

续表

编号	汉语	河州话（循化点）	河州话（积石山点）	东乡语	保安语	土族语	东部裕固语	西部裕固语	撒拉语
653	箱子	ɕʻɑ~^{324} tsɿ^{3}	ɕiɑ~^{31} tsɿ^{44}	kuməʁə/ ɕiɑn dzi	ɕhioŋ tsɿ	ɕaŋ ɕaŋ	ɑrkam	arkam	ɑʁɑʃ xɑr
654	柜子	kui^{55} tsɿ^{3}	kui^{44} tsɿ^{02}	bɑn ɕiɑn	li khui	kuitsɿ			səntox（面柜子）
655	抽屉	tʂʻəɯ^{3} ɕa^{55}	tʂʻəu^{31} tɕʻɿ^{44}	tʂəu xɑ	tʂhəɯ ɕiɑ	tʂʻotʻi			tʃʻəu ɕiɑ
656	盒子	hə^{323} hə^{2} /hə^{2} tsɿ^{55}	hə^{31} tsɿ ^{44}	xoxo	hə tsɿ	həhar	xeʂtɕaq	ɕiaɕiazi	huo huor
657	架子	tɕia^{55} tsɿ^{3}	tɕia^{44} tsɿ^{02}	dʑiɑdzi	tɕiɑtsɿ	tɕɑ	tisəntʂhənqɑ（松开绳子）		kɑ
658	脸盆	ȵia~^{42} pʻə^{55}	ȵiɛ^{44} pʻə^{02}	niən pun	niɑn phən	nien pən	katɔrɑ		ȵiɑn pʻən
659	肥皂	ɿ^{324} tsɿ^{3}	fei^{31}tsao^{44}	ʂuwɑ idzi	ji tsɿ	ji tsɿ		jizi（香皂）	jizɿ
660	镜子	tɕi~^{55} tsɿ^{3}	tɕi^{44} tsɿ^{02}	jinər	tɕin tsɿ	tɕier	ʂel/ʂil tələ ʂeltələ	jinər	kuz ku
661	玻璃	pə^{3} lɿ^{55}	pə^{31} li^{44}	boli	pəli	pəli	ʂel		
662	刷子	ʂʻua^{2} tsɿ^{55}	ʂua^{31} tsɿ^{44}	ʂuɑ dzi	ʂuɑ tsɿ	ʂuɑ tsɿ			ʂuɑ tsɿ

续表

编号	汉语	河州话（循化点）	河州话（积石山点）	东乡语	保安语	土族语	东部裕固语	西部裕固语	撒拉语
663	扫帚	so^{55} tʂʻu^{3}	sɑo^{44} tʂʻu^{02}	sɑo tʂu	ɕin khu	tʻiɑɔ tʂʻu	xɑrɤɑnɑ	ɕorɤə（小条帚）	sup̥ se
664	抹布	mɑ^{3} pu^{55}	mɑ^{31} pu^{44}	mɑ bu	mɑ pu	mɑ pu	ɑhltʂər	jüʂ	
665	灯	tə$^{\sim323}$	tə$^{\sim44}$	dʐulɑ	tɕilɑ	tʂulɑ	kerel	təŋtʂan	tʃin tʃɑŋ /tʃʻerɑ lox
666	煤油	mei^{324} jəɯ^{2}	mei^{44} jəu^{44}	məijəu	mijəɯ	mei jo	kerel thusun	xuəjou（火油）	mei jəu
667	柴	tʂʻɛ^{33}	tʂʻɛ^{34}	mudʐɑ	thɑloŋ	tɑquʀ	thelen	otən	otʃin
668	火	huə^{43}	huo^{44}	qɑn	xəl/həl	qɑr	qɑl	ot	ot
669	火柴	iɑ$^{\sim3}$ huə^{42}	huo^{44} tʂʻɛ^{34}	jɑn xo	jɑŋ huo	jɑŋ huo	jɑŋxuɔ	jɑŋxuə	jɑŋ hue
670	垃圾	tʂɑ^{3} tʂɑ^{55}	lɑ^{34} tɕɿ^{02}	lɑsɑ	tɕɑ tɕɑ	mɑo ɕɑn tʂɑ tʂɑr	khər	kər	lɑʁu luʁu
671	颜料	iɑ$^{\sim324}$ ʂə^{3}	jiɛ$^{\sim34}$ ʂə^{02}	rən	jɑn ʂə	ʐɑn huɑŋ	jɸnke	pozəɤ	po jɑx
672	锈	ɕəɯ^{55} tɕʻɿ^{55}	ɕiəu^{44}	ɕiu	hejɑ tətɕhi	ɕiu	tɑth	tat	zɑp

续表

编号	汉语	河州话（循化点）	河州话（积石山点）	东乡语	保安语	土族语	东部裕固语	西部裕固语	撒拉语
673	灶	kuə^{3} t‘əɯ^{55}	tsɑo^{51}	gotəu	thapu ku	tsao xɑ(ŋ)	tʂaqəs（三个石头）	kotho	qazan maʃ
674	锅	kuə^{324}	kuo^{34}	tuGon	thu̥ qon	t‘u̥ quo	thɔɣɔn	thəs	qazan
675	锅盖	kuə^{3} kɛ^{55}	kuo^{31} kɛ^{44}	tuGon gaidzi	khəpəx	t‘u̥ quoama	p^{h}əker	thəs qhapaq	qazan tax
676	蒸笼	t‘o^{3} lu$^{~55}$	t‘uo^{31} lu$^{~44}$	lontʂon	thulə	luŋ tʂ‘uan		tʂənpazi/tʂənmizi	kok‘i
677	菜刀	tɕ‘ie^{55} to^{3}	tʂ‘ɛ^{44} tɑo^{02}	ɕiədao/tɕiə dao	stəu	tɕ‘ietɑɔ	qhɔtaɣɑ（刀的总称）	tɕhoto	jəʃ putʃax
678	刀把儿	to^{2} pa^{55} tsɿ^{3}	tɑo^{02} pa^{44} tsɿ^{02}	qudoʁo badzi	stəu jə ɕiə	palər	qhɔtaɣan ʂi		patʃax s^{h}ɑp
679	切菜板	tɕ‘ie^{55} pɑ$^{~42}$	tʂ‘ɛ^{44} tuə^{44}	nan ban	lan poŋ（菜板）	lan pan	taqhta	thaqta	hona
680	锅铲	tʂ‘a$^{~42}$ tʂ‘a$^{~42}$	kuo^{44} tʂ‘a$^{~02}$	gua go tʂan	tʂhan tʂhan	tʂ‘an tʂ‘an	qhəsə（刷锅工具）	qhaztəq/qhazəq	qozox
681	碗	wa$^{~42}$	wa$^{~44}$	iʁa	ajiʁə/ajiqə	qa	kejrə	ker	zantsɿ/ajax（木碗）

续表

编号	汉语	河州话（循化点）	河州话（积石山点）	东乡语	保安语	土族语	东部裕固语	西部裕固语	撒拉语
682	盘子	tie^{3} tsɿ^{55} /p‘a$^{\sim 3}$ tsɿ^{55}	p‘a$^{\sim 31}$ tsɿ^{44}	hamusa	hamsɿ	p‘antsɿ		phanzi	t‘ax/t‘alox/ t‘aler （木头方盆）
683	碟子	tie^{3} tsɿ^{55}	tɕie^{31} tsɿ^{44}	dʑiədzi	tɕiətsɿ	tie tier		tiəzi	seʐ̨ə
684	筷子	k‘uɛ^{55} tsɿ^{3}	k‘uɛ^{44} tsɿ^{02}	tʂugu	khui tsɿ	ʂur	tɸɤeʂ/teɤeʂ	ələɤ(手)	tʃ‘y ku
685	勺子	t‘ie^{2} ʂuə^{55}	ʂuo^{31} tsɿ^{02}	ʂoʂo/ʂina ʁa	the ɕiu	tie ʂuar	tʂuəməʂ	suwaq	tʃox(铁的) ʃina ʁa （木勺）
686	调羹	p‘io^{324} kua^{3}	ʂuo^{44} ʂuo^{02}	ʂo ʂo	ʂo ʂo	t‘iao kuər	hawəlɤa/ xualɤa	thokunzi	p‘ekuar
687	酒杯	tɕəɯ^{42} pei^{55}	tɕiəu^{44} pɛ^{34}	dʑiu bəidzi /dʑiu dʐundʐun	tʂun tʂun	turasɿ tʂun tʂunr	tʂuntʂi		sholma patʃun
688	茶壶	tʂ‘a^{323} hu^{2}	tʂ‘a^{34} hu^{34}	tʂa xu	tɕha hu	tʂ‘a hu	k^{h}ɔqti	konzi/tem	

续表

编号	汉语	河州话（循化点）	河州话（积石山点）	东乡语	保安语	土族语	东部裕固语	西部裕固语	撒拉语
689	罐子	kua~^{55} tsɿ^{55}	kua~^{44} tsɿ^{02}	ʂagon /tangiən （舀水用）	thoŋ ku	kuar kuanr		kuanzi	ʃɑ kuan
690	瓶子	p'i~^{2} tsɿ^{55}	pi~^{31} tsɿ^{02}	pindzi/pinpin	fhulə	laŋ huo	lənxɔ	lonqa	lon xɑ
691	坛子	t'a~^{3} tsɿ^{55}	t'a~^{31} tsɿ^{02}	gapun （发面用）	than than	t'an t'anr	ʂiwar lənxɔ	th'anthanzi	
692	缸	kɑ~^{324}	kɑ~^{34}	gan	ko~	kaŋ	ʂiwar kəntsi	kaŋ	kaŋ
693	桶	t'u~^{42} tsɿ^{55}	t'u~^{44} tsɿ^{02}	soʁo /tundzi	sholəqə	t'unt'unr	paɣatʂa	loŋzi	stʃ'ɑx
694	火钳	huə^{55} tɕia~^{3}	huo^{44} tɕiɛ^{34}	xodʑiəndzi	khusu （火棍）	huotɕ'iantsɿ		tɕatɕin	ot quʃquʃ
695	洗锅刷	ʂ'ua^{3} ʂ'ua^{55}	ʂua^{31} tsɿ^{44}		ʂua tsɿ	t'oquonɿ quak'u ʂua ʂuar	thɔɣən harɣana	kuo ʂuazi	
696	扇子	ʂa~^{55} tsɿ^{3}	ʂa~^{44} tsɿ^{02}	ʂəndzi	ʂhan tsɿ	ʂan tsɿ			ʃantsɿ
697	算盘	sua~^{55} p'a~^{3}	sua~^{44}p'a^{02}	sonpan	suan phan	suanp'an		pətama	suanp'an

续表

编号	汉语	河州话（循化点）	河州话（积石山点）	东乡语	保安语	土族语	东部裕固语	西部裕固语	撒拉语
698	秤	tʂʻə$^{\sim 42}$	tʂhə$^{\sim 44}$	ʂidʐ̥i	wər̩ maŋ	par ma	hɔtər	thartqəʂ	tʃʻən
699	钱	tɕʻia$^{\sim 324}$	tʂha$^{\sim 34}$	bɑə$^{\sim}$/bɑʁəi	sher	tɕʻɑr	menek	menek	heli
700	尺子	tʂʻʅ^{3} tsɿ^{55}	tʂhʅ^{31} tsɿ^{44}	tʂidzi	tʂhʅ	tʂɿ tʂʻʅ tsɿ			tʃʻɿ tsɿ
701	针	tʂə$^{\sim 324}$	tʂə^{34}	dʐ̥un	tɕun	tʂɑɔ	tɕyn	jiŋni	jiʁənə
702	锥子	tʂui^{33} tsɿ^{55}	tʂui^{44} tsɿ^{02}	sumeʁə	sku	ʂu puki /ʂupʅki	ʂəɤwej	pəz	piz
703	剪子	tɕia$^{\sim 42}$ tsɿ^{55}	tɕia$^{\sim 44}$ tsɿ^{44}	qai tʂi	hetɕhe	qʻɛtsʻɿ	hetʂhi	qhetɕi	tsentsɿ
704	钉子	ti$^{\sim 33}$ tsɿ^{55}	tɕi$^{\sim 31}$ tsɿ^{44}	ɢodasun	tɕintsɿ	tiŋ tsɿ		qutəx	qutəx
705	梯子	tʻɿ^{33} tsɿ^{55}	tɕhɿ^{31} tsɿ^{44}	qiʂiʁəi	kh̥ uɕi kur	kʻutsɿ	ʂathə	thizi	ozenku
706	眼镜儿	ɲia$^{\sim 42}$ tɕi$^{\sim 55}$	ɲia$^{\sim 44}$ tɕi$^{\sim 44}$ tsɿ^{02}	niəndʐ̥indzi	nian tɕin tsɿ	jɛn tɕər	saraptʂi	kɸztək	kuzlix
707	雨伞	y^{42} sa$^{\sim 42}$	sa$^{\sim 44}$	isan	y shan	jy san			y san
708	锁	sʻo^{42} tsɿ^{55}	suo^{44} tsɿ^{04}	sodzi	so tsɿ	tʂʻuar quo	kələth	kələk	shozɿ
709	钥匙	ye^{2} ʂʅ^{55}	ye^{31} ʂʅ^{44}	jəʂi	je ɕie	ye ʂʅ	thulkɸr		kʻert
710	链子	lia$^{\sim 55}$ tsɿ^{3}	liɛ$^{\sim 44}$ tsɿ^{02}	tɕiə ʂin	tɕhə ʂən	ʂən tʂər	tɕhentər	tʂhəntər	səntɕir

续表

编号	汉语	河州话（循化点）	河州话（积石山点）	东乡语	保安语	土族语	东部裕固语	西部裕固语	撒拉语
711	棍子	pia$^{\sim 55}$ ka^{3}	ku$^{\sim 44}$ tsɿ^{02}	ban ban	ɕiəɯ ɕioŋ	paŋ par mət'u t'iao t'iaor	thijaq（拐棍）	tʂimaq	pien kər
712	管子	kua$^{\sim 42}$ tsɿ^{55}	kua$^{\sim 44}$ tsɿ^{02}	gon dzi	kaŋ kuan	kuan kur			kuantsɿ
713	车	tʂ'ɛ^{33} tʂɿ^{55}	tʂ'ə^{34}	tɕiə~ gə /tʂədzi	tʂhe tsɿ	t'iar kə	therɤen	therɤen	tʃ'ətsɿ
714	轮子	ku^{42} lu^{42} lu^{55}	lu$^{\sim 31}$ tsɿ^{44}	gulu	ku lu	kulur		kulu	kulu
715	鞭子	pia$^{\sim 324}$ tsɿ^{55}	pia$^{\sim 31}$ tsɿ^{44}	mina	məla	ɕitɕao	muna	tʂaləɤ	qamtɕy
716	马鞍	ma^{42} na$^{\sim 33}$ tsɿ^{55}	na$^{\sim 31}$ tsɿ^{44}	nandʐan	ŋkə	jimər/ɛnqətʂɿ（简单得鞍子）	emel	ezer	ener/əŋqer tʃ'əx（货架）
717	缰绳	tɕa$^{\sim 2}$ ʂə$^{\sim 55}$	tɕia$^{\sim 31}$ ʂə$^{\sim 44}$	dʑian ʂin	ɕem thə	tɕiaŋ ʂən	tʂhulur	tɕilur	tʃ'ylur
718	轿子	tɕio^{55} tsɿ^{33}	tɕiao^{44} tsɿ^{02}	dʑiaodzi	tɕio tsɿ	tɕao tsɿ			tɕotsɿ
719	自行车	tsɿ^{33} ɕi$^{\sim 3}$ ts'ɛ^{55}	tsɿ^{34} ɕi$^{\sim 34}$ ts'ə^{02}	dzi ɕin tʂə	tsɿ ɕin tʂhə	tsɿ ɕin tʂ'ə		temər tɕiɤin	temər at

续表

编号	汉语	河州话（循化点）	河州话（积石山点）	东乡语	保安语	土族语	东部裕固语	西部裕固语	撒拉语
720	行李	$pɿ^{55}$ $wə^{2}$	$ɕi^{\sim 34}$ li^{02}	ɕin li	phu ke	paɔ par	xaqə tenesike（铺的盖的）	phukej	ut‘ux
721	包袱	po^{3} fu^{55}	$pɑo^{3}$ fu^{55}	bɑo fu	po fu	paɔ par	pɔfu	phofu	po fu
722	飞机	fei^{33} $tɕɿ^{3}$	fei^{44} $tɕɿ^{02}$	fəi dʑi	fe tɕi	fe tɕi			fe tɕi
723	船	$tʂ‘ua^{\sim 324}$	$tʂ‘ua^{\sim 34}$	onɢotʂo /tʂ on	tʂhuɑn	tʂ‘uɑn			shɑl（筏子）
724	锤子	$tʂ‘ui^{323}$ $tʂ‘ui^{3}$	$tʂ‘ui^{34}$	tʂuitʂui	tʂhui tʂhui	tʂ‘ui tʂ‘ur /netur（木头锤子）			t‘omox
725	钳子	$tɕ‘ia^{\sim 3}$ $tsɿ^{55}$	$tɕ‘ia^{\sim 31}$ $tsɿ^{44}$	ʂəu tɕiəndzi	kɑn pu	lɑo hu tɕhiɑn tsɿ			tʃ‘en tsɿ
726	凿子	tso^{2} $tsɿ^{55}$	$tsuo^{31}$ $tsɿ^{44}$	sutʂi	tsuə tsɿ	ʂəu tɕ‘i			ut‘uʁu
727	锯子	$tɕy^{55}$ $tsɿ^{3}$	$tɕy^{44}$ $tsɿ^{02}$	tɕirəu	soʁle	tɕ‘iro		khileɤə	p‘ɿqo
728	钻子	$tsua^{\sim 55}$ $tsɿ^{2}$	$tsua^{\sim 44}$ $tsɿ^{02}$	dzondzi	tsuɑn tsɿ	tɑʐɑʐɑ			
729	刨子	$t‘ui^{3}$ po^{55}	$t‘ui^{31}$ $pɑo^{44}$	tui bɑo	thi po	t‘ui p‘ɑo		qhərɤəʂ	t‘ui po

续表

编号	汉语	河州话（循化点）	河州话（积石山点）	东乡语	保安语	土族语	东部裕固语	西部裕固语	撒拉语
730	犁	kɑ$^{\sim 42}$ tsɿ^{55}	kɑ$^{\sim 44}$ tsɿ^{02}	andʐ̧ɑ sun	kɑn thə	ətʂɑ sɿ			s^{h}on
731	耙	lo^{42} pa^{3}（手拉）t‘ie^{3} pa^{55}（牲口拉）	pha^{34} pha^{31}	pɑtʂi	phɑ tsɿ	p‘ɑ tsɿ			usu ku（牲口拉）tərmɑx（手拉）
732	锄头	ts‘u^{3} t‘əɯ^{55}	pha^{34} pha^{31}	dʑiə təu		tʂ‘u tsɿ		tʂhaptʂiɤər	zuɑnku tɕytəu（镢头）
733	铁锹	t‘ie^{55} ɕia$^{\sim 33}$	ɕ‘ie^{44} tɕ‘iɛ^{02}	tɕiɢɑn/tɕiəxən	thə ʁoŋ	k‘urtɕi	ʂɑ m	ʂam	t‘urə
734	扁担	pia$^{\sim 42}$ ta$^{\sim 55}$ /ta$^{\sim 55}$ tsɿ^{3}	piɛ$^{\sim 44}$ ta$^{\sim 44}$	dɑn dzi	piɑn tɑn	ʂui tɑn		tanzi	piɑn tɑn
735	绳子	ma^{324} ʂə^{3}	ʂə$^{\sim 31}$ tsɿ^{44}	dʑiə sun	te sun（粗绳）hɑmtɕhiq（细绳）	tiesɿ	tisən	jip/jit/ɕip	orxən

续表

编号	汉语	河州话（循化点）	河州话（积石山点）	东乡语	保安语	土族语	东部裕固语	西部裕固语	撒拉语
736	麻袋	ma^{3} tɛ^{55}	mɑ^{31} tɛ^{44}	mɑ dai fudɑ(长口袋)	tɑ(长口袋)/mate	matɛ	səmɑl ɔuthɑ（小口袋）	səmal/somal	xɑp（口袋）
737	筐	la$^{\sim 324}$ la$^{\sim 55}$	k‘uɑ$^{\sim 34}$	ɑrəu（背篓）	ɑrqu	ɑʐur	khɔŋ	khoŋ	tʃ‘eten
738	肥料	fə$^{\sim 55}$	fei^{31}liɑo^{44}	fəiliɑo/hɑʁɑ（粪肥）	hɑl qər（牛羊粪）	q‘o			t‘juz
739	镰刀	lia$^{\sim 324}$ to^{2}	liɛ$^{\sim 34}$ tɑo^{02}	ɢɑdu	qɑtər	qɑtɑr	qɑtəur	orɤaq	orəx
740	炉子	lu^{3} tsɿ^{55}	lu^{31} tsɿ^{44}	xo ludzi	lu tsɿ	lutsɿ		louzi/koto	lutsɿ
741	筛子	ʂɛ^{33} tsɿ^{55}	ʂɛ^{44} tsɿ^{44}	ʂiə$^{\sim}$	ɕiɕi	ʂetsɿ	luər		ʃe tsɿ
742	簸箕	pə^{44} tɕɿ^{55}	pə^{44} tɕ‘ɿ^{02}	batɕi	pɑkhə	pətɕ‘i		potɕhi	pəx
743	磨	mə^{55}	mə^{44}	tɕiəmən	thɑr mɑŋ	t‘ermi	thermen	theɤermen	termen
744	鸟笼	lu$^{\sim 42}$ tsɿ^{55}	mɑ^{34} tɕhiɑo^{31} lu$^{\sim 44}$lu$^{\sim 02}$	lu$^{\sim 44}$lu$^{\sim 02}$ gɑ lun	pintɕir luntsɿ	lunlur	ʂɔwun thɔr		luŋtsɿ
745	纸	tʂɿ^{42}	tʂɿ^{44}	giə dʑiə	kətikə	tɕ‘ɑrsɿ	tʂɑsi/khekti	kheti	xɑx
746	笔	pɿ^{42}	pɿ^{34}	bi/ɢələn（竹笔）	pi	ʂɑŋ huo		sənxua	pɿ

续表

编号	汉语	河州话（循化点）	河州话（积石山点）	东乡语	保安语	土族语	东部裕固语	西部裕固语	撒拉语
747	墨	mei^{3} tʂʅ^{55}（墨汁）	mei^{34}	məi	me	mi tʂʅ	peke	phiki	mutet
748	书	ʂu^{42}	ʂu^{34}	ʂu/tɕidɑ 经书	ʂu	ʂu	phətʂikh	phətəɤ	ʃu
749	黑板	hei^{3} pa$^{~55}$	hɛ^{44} pa$^{~44}$	xəi bɑn	hi pɑn	hei pɑn			he pɑn
750	球	tɕʻəɯ^{324}	tɕʻəu^{34}		mo thoŋ	mɑo tɑn		motan	jiməx
751	风筝	fəŋ^{55} tʂʅ^{42}	fə$^{~31}$ tʂə$^{~44}$	fən tʂə	fən tʂən	fən tsun			xɑx quʃ
752	旗子	tɕʻʅ^{55} tsʻʅ^{3}	tɕʻʅ^{34}	tɕi	tɕhi tsʅ	tɕhi tɕhir		latʂəq	tɕi tsʅ
753	牌	pʻu^{55} kʻɛ^{3}	pʻɛ^{34}	pɑi	phe	pʻɛi		pen	pʻɛ
754	鼓	ku^{42}	ku^{44}	logu	ku	ku	kurənŋɑ	khünkerkə	ku
755	钟	tʂu$^{~324}$	tʂu$^{~34}$	dʐun	lin tsʅ（铃子）	tʂuŋ			tʂuŋ
756	锣	luə^{323}	luo^{34}	lo	luo	luo			luo

续表

编号	汉语	河州话（循化点）	河州话（积石山点）	东乡语	保安语	土族语	东部裕固语	西部裕固语	撒拉语
757	钹	tʂʻua42 pa55	pə34	tɕia bo	sha pa	tʂʻua loŋ	tɕhaŋ	tʂaɤan/tʂhaqtʂaqe（小时）	tʃʻɑ po
758	笛子	ɕo323	tɕɿ34 tsɿ02	ɕiao	tɕhər	pi pər/tikər	ə:ləŋ	phətiʂ	tʃʻor
759	胡琴	ə~55 hu3 /hu55 tɕʻi~2	ər44 hu02			huhutsɿ/ər hu			hu hur
760	哨子	ʂʻo55 tsɿ3	ʂao31 tsɿ44	ʂuo dzi	pipi	ʂaɔtsɿ		sor	pʻisqənəx
761	喇叭	kɑ~42 po55 /la42 pa55	lɑ34 pɑ02	laba	lɑpɑ	lɑpɑ			lɑpɑ
762	鞭炮	pʻo55 tʂɑ~3 tsɿ3	pʻao44 tʂɑ~44 tsɿ02	pao dʐan	photʂuŋ tsɿ	pʻaɔ tʂər		photʂaŋzi	pʻo tʂaŋ tsɿ
763	香	ɕʻɑ~323	ɕia~34	ɕian	atɕhi	ɕaŋ	kutʂi	kutɕi/	tʻusu
764	棺材	kua~2 tsʻɛ55	kua~31 tsʻɛ44	gonsai	kuan she	kuan tsʻɛ			kuaŋ se
765	弓	ku~323	ku~34	sumu（包括弹弓）	kun tɕian	lun mu	nəmən	oq	oxo

续表

编号	汉语	河州话（循化点）	河州话（积石山点）	东乡语	保安语	土族语	东部裕固语	西部裕固语	撒拉语
766	箭	tɕia$^{\sim 55}$	tɕiɛ$^{\sim 44}$	sumu（包括弹弓）	kun tɕiɑn		simən	oq	oxo
767	圈套	tɕʻya$^{\sim 33}$ tʻo^{55}	tɕʻya$^{\sim 31}$ tʻao^{44}	sɑ	tho tsɿ	wɑŋ	tizmɑ		tizəx
768	毒药	tu^{324} ye^{2}	tu^{44} ye^{02}	dujə	təkə man	tu ye	xɔrɔ	hura	tu em
769	网	wɑ$^{\sim 42}$ tsɿ^{55}	wɑ$^{\sim 44}$	wɑn	wɑŋ	wɑŋ	thɔr		wɑŋ
770	枪	tɕʻɑ$^{\sim 324}$	tɕʻɑ$^{\sim 34}$	tɕiɑn	pho	tɕhɑŋ	phuː	po/oq	pʻo
771	剑	tɕia$^{\sim 55}$	tɕɛ$^{\sim 44}$	bɑodʑiən	mɑ to	tɕhɑn/miɑo tsɿ	tʂhiβsaq	qəlaʂ	qəliʃ
772	罩子	tʂo^{55} tsɿ^{3}	tʂɑo^{55} tsɿ^{02}		tʂo tsɿ	tʂɑo tsɿ			
773	上帝	hu^{3} tɑ^{55}	hu^{31} tɑ^{34}（胡达）	xu dɑ	ɑlɑ hu（真主）	tʻen kər（天神）	theŋker ɑrwɑ /theŋkerwɑ	teŋər	ɑlɑ ho /hatɑ（真主）
774	神仙	ʂə$^{\sim 324}$ ɕia$^{\sim 2}$	ʂə$^{\sim 44}$ ʐə$^{\sim 02}$（圣人）	ʂin ɕiən/ tɕiə ɕiən（天仙）		ʂən ɕɑn	qɑtɕɑr qhusun	phərqan	
775	鬼	kui^{44}	mɑo^{34} kui^{31} ʂə$^{\sim 44}$	ʂai tɑn	tɕhiktər	tuqəlɿ	qejsən		pʻər/epulis

续表

编号	汉语	河州话（循化点）	河州话（积石山点）	东乡语	保安语	土族语	东部裕固语	西部裕固语	撒拉语
776	妖精	jo^{3} kuɛ^{55}	jao^{34} tɕi$^{\sim02}$	jao dzin	tɕhiktər	jaɔ tɕin	maŋqəs	uzət	epulis
777	龙王	lu$^{\sim323}$ wɑ$^{\sim3}$	lu$^{\sim34}$ wɑ$^{\sim02}$	lun wan	lun waŋ	luŋ waŋ je		sur phərqa/ su phərqan	
778	阎王	ia$^{\sim324}$ wɑ$^{\sim2}$	jɛ$^{\sim34}$ wɑ$^{\sim02}$	adzarəjili（催命天仙）	jenwaŋje	jen waŋje			
779	菩萨		p‘u^{34} sɑ^{02}	pusa		p‘u̥ sa			
780	佛	f‘ə^{324} ie^{2}	fə^{34}	fəjə		p‘qaŋ	phərqan	phərqan	p‘altʃax k‘is
781	运气	y$^{\sim2}$ tɕɿ^{55}	ye$^{\sim44}$tɕ‘ɿ^{02}	amin	jun tɕhi	amɿ（命运）	tɕijan	ajəɤ/ajou	yntʃ‘i
782	脾气	p‘ɿ^{2} tɕɿ^{55}	p‘ɿ^{31} tɕ‘ɿ^{44}	pitɕi	pitɕi	maɔk‘əu	ɔrləŋ	tʂhələɤ（有脾气的）	atʃ‘ix
783	道理	to^{55} li^{2}	tao^{44} li^{02}	dao li	to li	tao li/li ɕin		kep	toli
784	力气	li^{2} tɕ‘ɿ^{55}	li^{31} tɕ‘ɿ^{44}	ilian	khu̥tɕhi	k‘utsɿ	khutʂin	phək	hal
785	办法	pa$^{\sim55}$fa^{3}	pa$^{\sim44}$fa^{02}	ban fa	aʁəl	panfa	thaŋʂa	thaŋʂa	kappar
786	样子	ia$^{\sim42}$ tsɿ^{3}	ja$^{\sim44}$ tsɿ^{02}	jan dzi	jaŋtsɿ	jaŋtsɿ	eptə		jaŋtsɿ

续表

编号	汉语	河州话（循化点）	河州话（积石山点）	东乡语	保安语	土族语	东部裕固语	西部裕固语	撒拉语
787	影子	i$^{\sim42}$ tsɿ^{55}	ji$^{\sim44}$ tsɿ^{04}	ɕiɑo dʑiə	tsi khə	ɕəu ter	khɸleki	serɤən	jelinkʻu̥ t
788	脚印	tɕye^{2} i$^{\sim55}$	tɕye^{31}ji$^{\sim44}$	korolon	khuəlntɕi	qʻuawʐɑŋ	mer（印子）	jiz	ɑjxeyz
789	梦	mə$^{\sim42}$	mə$^{\sim44}$	dʐɑo dʑin	tɕo˜ to˜	tɕɑɔ tun	tɕytən	təls	tʻɑːper/tʃʻik ortʃi
790	话	hua^{43}	huɑ^{44}	kiəliən	kətɕhi	kə	lɑr	ʂoz	katʃe
791	歌	kə^{43}	kə^{34}	dɑn（多指“花儿”）	tolə̃ tɕio（唱歌）	tɑɔ lɑ	tən	jər	jor
792	戏	（pa^{42}）ɕɿ^{55}	ɕɿ^{44}	ɕi	ɕɿ	sɿ	qɑtɑt tətʂhi	jər（唱）	ɕi
793	故事	ku^{2} ʂɿ^{55}	ku^{44} tɕi$^{\sim02}$（古今）	guʥin	toŋ sɿ	pihuɑŋ	ləmɔq	lomɑq	tompɑx
794	信	ɕi$^{\sim55}$	ɕi$^{\sim44}$	ɕin	ɕin	ɕin	xɑrɔ	qharo	sən
795	消息	tɕʻi$^{\sim2}$ kʻɑ$^{\sim55}$/ɕo^{33} ɕɿ^{3}	ɕiɑo^{44} ɕi^{02}	ɕiɑo ɕi/ɕin	khələr tɕio	ɕɑo ɕi	xɑrɔ	qharo	jaʃi iʃ

续表

编号	汉语	河州话（循化点）	河州话（积石山点）	东乡语	保安语	土族语	东部裕固语	西部裕固语	撒拉语
796	笑话	ɕio^{55} hua^{2}	ɕiɑo^{44} hua^{02}	ɕiniə dun	ɕine ton khələr tɕio	nɑtuŋ	nɑːtəŋ /n̥ hetəŋ	khuntɕik	uniʃiqən/kɑləʃiqən
797	谜语	mʅ^{33} y^{42}	mi^{31} y^{44}	gudʑin tɑ（猜故事）	mo thɑ	pi huɑŋ	thɑsmɑq	thɑzmɑq	t‘otər ʁən
798	礼物	tu$^{\sim 324}$ ɕʅ^{55}	li^{44} wə^{02}	murə	shɑm təq	li tɑŋ	pelek	litɑŋ	li tɑŋ
799	年纪	ȵia$^{\sim 2}$ tɕʅ^{55}	ȵɛ$^{\sim 31}$ tɕʅ^{44}	nɑsun	nəsə	nɑsʅ	nɑsən	jas	jɑʃ
800	名字	mi$^{\sim 2}$ tsʅ^{55}	mi^{31} tsʅ^{44}	niərə	nəʐ̩ə	nieʐ̩ə	nere	at	ɑt
801	习惯	ɕʅ^{2} kua$^{\sim 324}$	ɕi^{31} kua$^{\sim 44}$	ɕigon		k‘ui tʂ‘ən	jɔsi	poʂ/poləʂ	ərʁən
802	事情	ʂʅ^{324} tɕ‘i$^{\sim 3}$	ʂʅ^{44} tɕ‘i$^{\sim 02}$	wiliə	tontəx	q‘əʐ̩ə/jin kɑn	hutʂur/jɑptɑl	jaltal/jatal	iʃ
803	福气	fu^{3} tɕ‘ʅ^{55}	fu^{31} tɕ‘ʅ^{44}	fu tɕi	ɑmun	q‘opʅ	tɕirɤɑ	qhol	futʃ‘i
804	灾难	tsɛ^{2} na$^{\sim 55}$	tsɛ^{31} na$^{\sim 44}$	Gədzəbu	nɑn	məu（不好）	tʂɔɤlən	manan	pelio
805	好处	ho^{42} tʂ‘u^{55}	hɑo^{44} tʂ‘u^{44}	tusɑ	shoŋ	kətsə	sen	jaʂ	jɑʃi iʃ
806	感情	ka$^{\sim 41}$ tɕ‘i$^{\sim 2}$	ka$^{\sim 44}$ tɕ‘i$^{\sim 04}$		kɑn tɕhin	tɕhin ji	emtɕel	kɸnəl/	
807	原因	ya$^{\sim 324}$ i$^{\sim 3}$	yɛ$^{\sim 34}$ ji$^{\sim 02}$	jənjin	jɑŋ tontəx	jin kɑn	hutɕɸr		noŋ ʃi

续表

编号	汉语	河州话（循化点）	河州话（积石山点）	东乡语	保安语	土族语	东部裕固语	西部裕固语	撒拉语
808	一	ɿ^{323}	jɿ^{34}	niə	nəkə	nɿkə	neɣej	pər	pθr/piʐ
809	二	ɚ$^{\sim 42}$	ər^{51}	ɢuɑ	quarə	quar	qɔr	ʂikə	ʃiki
810	三	s‘a$^{\sim 323}$	sɛ$^{\sim 34}$	ɢuran	quʐoŋ	san	qɔrwan	uʂ	wuʃ
811	四	sɿ^{55}	sɿ^{51}	dʑiə ran	teʐoŋ		terwen	tiort	tiort
812	五	u^{42}	wu^{44}	tawun	tho˜ u˜		thaːwən	pes	pɛʃ
813	六	liəu^{324}	liəu^{34}	dʐiʁon	tɕir qo˜		tɕɔrɣɔn	altə	alt‘s
814	七	tɕ‘ɿ^{324}	tɕ‘ɿ^{34}	dolon	toluŋ		tɔlɔn	jitə	jiti
815	八	pa^{323}	pa^{34}	naiman	nimoŋ		neman	saqhəs	shak‘s
816	九	tɕəu^{42}	tɕiəu^{44}	jəsun	jəsun		hesən	thoqəs	toqos
817	十	ʂɿ^{323}	ʂɿ^{34}	haron	har won		harwan	on	on
818	十一	ʂɿ^{323} ɿ^{324}	ʂɿ^{34} jɿ^{34}	ʂiji	har nəkə		harwan neɣe	pərejɣərmə	on pər
819	十二	ʂɿ^{3} ɚ$^{\sim 323}$	ʂɿ^{31} ər$^{\sim 44}$	ʂi ə˜	harən quar		harwan qɔr	ʂikəjɣərmə	on lik
820	十三	ʂɿ^{3} sa^{42}	ʂɿ^{31} sa$^{\sim 34}$	ʂi san	harən quʐoŋ		harwan qɔrwan	hytɕüjɣərmə	on wuʃ
821	十四	ʂɿ^{3}sɿ^{55}	ʂɿ^{31} sɿ^{44}	si si	harən teroŋ		harwan terwen	tiorttɕi ɣərmə	on tet

续表

编号	汉语	河州话（循化点）	河州话（积石山点）	东乡语	保安语	土族语	东部裕固语	西部裕固语	撒拉语
822	十五	ʂʅ^{3} u^{42}	ʂʅ^{34}wu^{02}	ʂi wu	harən thawu˜		harwan thaːwən	peʂ jɤərmə	on pɛʃ
823	十六	ʂʅ^{3} liəɯ^{55}	ʂʅ^{31} liəu^{34}	ʂi liu	harən tɕirqo˜		harwan tɕorɤən	altə jɤərmə	on nalt'ʻs
824	十七	ʂʅ^{3} tɕʻʅ^{55}	ʂʅ^{31} tɕʻʅ^{34}	ʂi tɕi	harən tholuŋ		harwan tələn	jitə jɤərmə	on jiti
825	十八	ʂʅ^{3} pa^{55}	ʂʅ^{31} pɑ^{34}	ʂi bɑ	harən nimor		harwan neman	saqəs jɤərmə	on shkʻs
826	十九	ʂʅ^{3} tɕəɯ^{42}	ʂʅ^{44} tɕiəu^{44}	ʂi dʑiu	harən jesun		harwan hesən	toqəs jɤərmə	on toqos
827	二十	ə˜^{55} ʂʅ^{3}	ər˜^{44} ʂʅ^{02}	ə˜ ʂi/qorun（二十岁、二十日）	hoʐon		xorən	jiɤərmə	jiʁer mi
828	二十一	ə˜^{55} ʂʅ^{3} ʅ^{324}	ər˜^{44} ʂʅ^{02} jʅ^{34}	ə˜ ʂi ji	qur nəkə		xorən neɣe	pəros	jiʁən pur
829	三十	sa˜^{3} ʂʅ^{55}	sa˜^{31} ʂʅ^{34}	san ʂi	qopuʐoŋ		qhutʂin	hutʂon	otʻuz
830	四十	sʅ^{42} ʂʅ^{3}	sʅ^{44} ʂʅ^{02}	siʂi	tereʐoŋ		tɸrtʂin	tiorton	qejerx
831	五十	u^{42} ʂʅ^{55}	wu^{44} ʂʅ^{02}	uʂi	thawa ʐoŋ		thawən	peson	eli
832	六十	liəɯ^{2} ʂʅ^{55}	liəu^{31} ʂʅ^{34}	liuʂi	tɕirʁaʐoŋ		tʂiran	alton	amuʃ

续表

编号	汉语	河州话（循化点）	河州话（积石山点）	东乡语	保安语	土族语	东部裕固语	西部裕固语	撒拉语
833	七十	tɕʻʅ^{3} ʂʅ^{55}	tɕʻʅ^{31} ʂʅ^{34}	tɕiʂi	tholaʐ̩oŋ		talan	jiton	jilmuʃ
834	八十	pa^{3} ʂʅ^{55}	pa^{31} ʂʅ^{34}	baʂi	nimaʐ̩oŋ		najan	saqəson	səksən
835	九十	tɕəɯ^{3} ʂʅ^{55}	tɕiəu^{44}ʂʅ^{34}	dʑiuʂi	jesar ʐ̩oŋ		jeren	toqəson	tʻoxsən
836	一百	ʅ^{323} pə^{55}	jʅ^{34} pɛ^{34}	ibə	nəkantɕioŋ		tʂɔːwən	jüz	pəryz
837	一百零一	ʅ^{23} pə^{55} li$^{\sim324}$ u^{42}	jʅ^{34} pɛ^{02} li$^{\sim31}$ jʅ$^{\sim34}$	ibəlinji	nəkantɕioŋ nəkə		tʂɔːwən neɤe	jüz pər	pər yz pər
838	两千	lia$^{\sim42}$ tɕʻia$^{\sim33}$	lia$^{\sim34}$ tɕiɛ$^{\sim34}$	lian tɕiən	tuŋ soni		qər maŋqan	ʂikə mən	liaŋ tʃʻan
839	三万	sʻa$^{\sim3}$ ua$^{\sim55}$	sɛ$^{\sim34}$ wa$^{\sim02}$	san wan	tʂhʅ wən xəsəm		qərwan themmen	uʂ ajaq	wuʃ zantsʅ（碗）
840	八亿	pa^{3} ʅ^{55}	pa^{31} jʅ^{34}	baji	pa ji		nejman meltər	saqəs ji	paji
841	第一	tʅ^{43} ʅ^{55}	tɕʅ^{44} jʅ^{34}	niə da	nəkə			pərəntʂi	tiji
842	第二	tʅ^{55} ə$^{\sim42}$	tɕʅ^{44} ər^{44}	ɢuada	quarə			ʂikəntʂi	tiər
843	第三	tʅ^{55} sa$^{\sim33}$	tɕʅ^{44} sa$^{\sim34}$	ɢurada	quʐ̩oŋ			utʂuntʂi	tisan
844	一个人	kə^{55}	kə^{44}		nəkə khun		neɤe khun	pər khəsə	pər kʻiʃ

续表

编号	汉语	河州话（循化点）	河州话（积石山点）	东乡语	保安语	土族语	东部裕固语	西部裕固语	撒拉语
845	两位客	kə^{55}	kə^{44}		tɕotɕhin quarə		qər khetʂin	ʂikə khetɕhin	
846	三条河	kə^{55}	kə^{44}		maʐ͵oŋ quʐ͵oŋ		qərwan qəl	uʂ taməl（溪）	
847	一张纸	tʂɑ$^{\sim 324}$	tʂɑ$^{\sim 34}$	dʐ͵an	kətikə nəkə		xətʂɑ tʂhasə	pər tʂaŋ kheti	
848	一个鸡蛋	kə^{55}	kə^{44}		təki nəkə		neɤe qal	pər tan	
849	两只鸟	kə^{55}	kə^{44}		pintɕir quarə		qər ʂɔːun	ʂikə qhoqaʂ	
850	一根扁担	kə^{55}	kə^{44}						
851	一把扫帚	kə^{55}	pɑ^{44}					pər ɕorɤə	
852	一棵树	kə^{55}	kə^{44}				xətʂɑ thəraq	pər terək	

续表

编号	汉语	河州话（循化点）	河州话（积石山点）	东乡语	保安语	土族语	东部裕固语	西部裕固语	撒拉语
853	两本书	$kə^{55}$	$pə^{44}$				qɒr phətʂik	ʂikə pən phətəɤ	
854	一座桥	$kə^{55}$	$kə^{44}$						
855	一堆粪	tui^{33}	tui^{34}	duidzi			neɤe tʂɔqtʂɔq tʂəl	pər $tʂ^{h}$qtʂaŋ jim	pər loxtə（堆）tezex
856	一桶水	$t‘u^{\sim 42}$	$t‘u^{\sim 44}$	tun dzi			neɤe paɤatʂa qhusun	pər kaŋzi su	pər lalər su
857	一碗饭	$wa^{\sim 42}$	$wa^{\sim 44}$	iʁa			neɤe ker xula	pər ker semen	pər zantsɿ aʃ
858	一块地	$k‘uɛ^{42}$	$k‘ua^{44}$	kiɕiə			neɤe khəsi qatʂar	pər təkəs jer	pər tikər（块）at‘s
859	一担行李	$kə^{55}$	$kə^{44}$					pər phuke	

续表

编号	汉语	河州话（循化点）	河州话（积石山点）	东乡语	保安语	土族语	东部裕固语	西部裕固语	撒拉语
860	一片树叶	$kə^{55}$	$kə^{44}$				neɤe lɑptʂiq	pər lаptʂəq	jɑrɑx pər
861	一朵花	$kə^{55}$	tuo^{44}				neɤe mithɑq		tʃ'i tʃ'ix pər（也可倒置）
862	一句话	$kə^{55}$	$tɕy^{44}$	ɑmɑn			neɤe ɑmɑn lɑr	pər as ɕoz	per ɑhs katʃər
863	一首歌	$kə^{55}$	$kə^{44}$				neɤe tɔn	pər jər	per tʃ'ix yrlɑ（唱一首）
864	一件衣	$tɕia^{\sim 55}$ $kə^{55}$	$tɕiɛ^{\sim 44}$	gɑndʑi（可不用）			neɤe tʂɑɤɑ məskə	pər tɕinzi kezɤə	per k'ɑn peqərəx
865	一件事	$kə^{55}$	$kə^{44}$				neɤe hutʂur	pər jatal	per iʃ
866	一双鞋	$ʂua^{\sim 324}$	$ʂua^{\sim 34}$	ʂon			neɤe qɔtəsən	pər ʂuaŋ qhej	pər qoʃ hɛ
867	一对兔子	tui^{55}/$ʂuɑ^{\sim 324}$	tui^{44}				xɑnətə thɔlej	ʂikə tosɤan /thusɤan	pər qoʃ toʃɛn
868	一群羊	$pɑ^{\sim 324}$	$pɑ^{\sim 44}$	bɑn			neɤe uɤər xɔnə	pər uɤər quej	pər pɑŋ qoj

续表

编号	汉语	河州话（循化点）	河州话（积石山点）	东乡语	保安语	土族语	东部裕固语	西部裕固语	撒拉语
869	一副眼镜	kə^{55}	kə^{44}					pər fu jantɕin	
870	一段路	tua$^{\sim 55}$/ɕie^{33}	tua$^{\sim 44}$	dʑiədzi	moʐʅ mɑntɕɑ		neɣe mer	pər tɕiz jol	kotor jol
871	一串珠子	tʂʻua$^{\sim 55}$	tʂʻua$^{\sim 44}$	tʂondzi			neɣe təzəp khewək	pər tʂhuanzi martɕan	pər tʃʻun mɑlu
872	一滴油	tia$^{\sim 42}$	tiɛ$^{\sim 44}$	dʑiədʑi			neɣe ɔrəs thɔsən	pər tikən jaɣ	pər tɑmqə jɑʁ
873	一面旗	kə^{55}	kə^{44}					pər tartɕhoq	
874	一封信	fə$^{\sim 33}$	fə$^{\sim 44}$				xətʂɑ qhɑrɔ	pər fən qharo	
875	一间房子	kə^{55}	tɕia$^{\sim 44}$	(rəi)dʑiən			xətʂɑ ker	pər tɕin jü	kɑŋ
876	一包东西	po^{33}	pao^{44}	uʁu				pər pozi urtɕi/ortɕi	po
877	一瓶油	pʻi$^{\sim 3}$	pʻi$^{\sim 44}$	pindzi			neɣe lunxɔ thusən	pər lonqha jaɣ	loŋxə

续表

编号	汉语	河州话（循化点）	河州话（积石山点）	东乡语	保安语	土族语	东部裕固语	西部裕固语	撒拉语
878	一斤	tɕi$^{\sim33}$	tɕi$^{\sim44}$	dʑin	nəkər mo	ji tɕin	neɤe hɔtɔr	pər tʂhən/ pər tartqəʂ	omən
879	半斤	pa$^{\sim43}$ tɕi$^{\sim33}$	pa$^{\sim44}$ tɕi$^{\sim44}$	ban dʑin	olər mo		nuta hɔtɔr	sənar tartqəʂ	jarəm omən
880	一斤半	tɕi$^{\sim3}$ pa$^{\sim55}$	jɿ^{44}tɕi$^{\sim44}$ pa$^{\sim51}$	idʑin ban	nəkər mo olər		neɤe hɔtɔr tɕarəm	pər tartqəʂ jarəm	pər omən jarəm
881.	二两酒	lia$^{\sim42}$	lia$^{\sim44}$	lian	ʂhoŋ quar		qɔr laŋ araka	ʂikə laŋ	stər
882	一石	ta$^{\sim55}$		dan	tan			pər tan	taʁor
883	一斗	təɯ^{42}	təu^{44}	dəu	təu		neɤe khur	pər k h̥ ur（40斤）	kʻur
884	一升	ʂə$^{\sim324}$	ʂə$^{\sim44}$	ʂin	ʂən			pər ʂən（4斤）	pan ʃəŋ
885	一里	lɿ^{42}	lɿ^{44}	li	li				
886	一丈	tʂa$^{\sim42}$	tʂa$^{\sim44}$	dʐan	tʂoŋ				
887	一度	pa$^{\sim42}$	pa$^{\sim44}$（jɿ^{44} pa$^{\sim44}$tsɿ^{04}）	anda	nəkə altə	tuo	neɤe alta	pər qolaʂ（5尺）	jaʁlax

续表

编号	汉语	河州话（循化点）	河州话（积石山点）	东乡语	保安语	土族语	东部裕固语	西部裕固语	撒拉语
888	一尺	tʂ‘ʅ^{3}	tʂ‘ʅ^{44}	tʂi	tʂhʅ			pər tʂhizi	
889	一撮	tʂa^{3}	tʂa^{44}	dʐɑdzi	nəkə tʂɑ	tʂɑ	neɤe thui	pər tʂoqən	qɛʃ
890	一寸	ts‘u$^{\sim 42}$	ts‘u$^{\sim 44}$	sun	fhən nəkə				
891	一分	fə$^{\sim 33}$	fə$^{\sim 44}$	fən	kərmɑ nəkə			pər fən	
892	一元	k‘uɛ^{42}	k‘uɛ^{44}	ʂidu/kuɑi	ɑjiʁ（碗）			pər thəkəs	tusər
893	一角	mo^{42}	mɑo^{34}	mɑo/dʑiə	mo			pər azaq	mo
894	一亩	mu^{42}	mu^{44}	mu	mu			pər mu（jər）	pər ɑz（地）
895	一点钟	kə^{55} tʂu$^{\sim 33}$ t‘əɯ^{55}	jʅ^{44} tia$^{\sim 44}$ tʂu$^{\sim 02}$	dʐiən	tiso khərɿtsə		neɤe tɕhek		
896	一会儿	ʅ^{2} hu^{55}	jʅ^{44} hu^{44}	tʂɑ	lɑlɑkə̌so		tej neɤe sɔ /sɔɤɑ（稍等一会儿）	mitɕa	pər zə mən
897	一天	t‘iɑ$^{\sim 324}$	tɕ‘ia$^{\sim 44}$	udu	nəkutə		neɤe tur	pər khun	pər kun
898	一夜	ʅ^{323} wa$^{\sim 42}$ ʂɑ$^{\sim 43}$	jʅ^{44}kə^{44} wa$^{\sim 44}$ʂɑ$^{\sim 44}$	ɕiəji	nəku ɕiloŋ	ji kə ʂuliɛn	neɤe sɸjnə	pər jiŋər /pər thuni	pər ketʃe

续表

编号	汉语	河州话（循化点）	河州话（积石山点）	东乡语	保安语	土族语	东部裕固语	西部裕固语	撒拉语
899	一个月	ɿ^{2} kə^{55} ye^{324}	kə^{44}	niə sara（一个月亮）	sha z̡ə nəkə		neɣe sara	pər aj	pər ɑj
900	两个月	kə^{55}	kə^{44}	ɢua sara	shaz̡ə quar		qɔr sara	ʂikə aj	
901	一年	ɿ^{3} ȵia$^{\sim 42}$	ȵia$^{\sim 34}$	xon	nəkə ho$^{\sim}$		neɣe tɕel	pər jil	pər jil
902	一岁	sui^{55}	sui^{44}	nasun	nəkə nasə		neɣe nasən	pər jas	pər jaʃ
903	一辈子	ɿ^{3} pei^{55} tsɿ^{3}	jɿ^{44} pei^{44} tsɿ^{02}	ibəidzi	ji pei tsɿ		neɣe jɸ	pər pizi	
904	去一次	ts'ɿ^{42} t'ɑ$^{\sim 3}$	t'ɑ$^{\sim 44}$	(rəi)fa	nəkə joŋ		neɣe taqɔr hanə	pər bar	pər kez
905	来一回	hui^{3}	ts'ɿ^{44}	(rəi)fa	nəkə joŋ		neɣe taqɔr ere	pər kel	pər kez
906	吃一顿	tu$^{\sim 3}$	tu$^{\sim 44}$	dun	ji ton		neɣe taqɔr jete	pər tun	pər kez
907	喊一声	ʂə$^{\sim 3}$	ʂə$^{\sim 44}$		nekə tun		neɣe qəɣə tʂɔɣɔr/ neɣe tɔunkɔ tʂiɣɔr	pər qati/ pər qəti	pər zqəra

续表

编号	汉语	河州话（循化点）	河州话（积石山点）	东乡语	保安语	土族语	东部裕固语	西部裕固语	撒拉语
908	打一下	ha^{3}	hɑ$^{\sim 3}$		nəkə ekho	jikə p‘qəpɑ	neɤe hɔp(tʂɔɤɔr)	pər pher	pər ʃolɑ
909	踢一脚	tɕye^{3}	tɕye^{44}	kon	nəkə kɑlə		neɤe sukil tʂɔɤɔr	pər kaŋna	ɑjɑʁɑŋlɑ pər t‘iot
910	咬一口	k‘əɯ^{42}	k‘əu^{44}	ɑmɑn	nəkə tɕəʁo		neɤe tʂɔu	pər thəsti	pər tʃ‘ilə
911	一些	ʅ^{323} ɕie^{2}	jʅ^{44} ɕie^{44}	ədʐəʁən	lɑkə wuo	tikər		mitɕar	kotər
912	几个	tɕʅ^{42} kə^{55}	tɕʅ^{44}kə^{44}	giədun	khuthun wo$^{\sim}$		khetən/khetə	qaʂ	nɛ tʃe
913	每天	mei^{42} t‘ia$^{\sim 55}$	tɕ‘ia$^{\sim 44}$ tɕ‘ia$^{\sim 02}$	niə udu niə > niuduni		tɕiɑɔtur	ɔtər wurin/ɔterenɑ	khunsen	her kunnə
914	个个	kə^{324} kə^{55}	kə^{44} kə^{02}	mɑn(都) ɑʂiʁɑn(都)			ɔrti（全部）		jio ko
915	我	ŋə^{42}	ŋə^{44}	bi	pu	pi	pu	men	men

续表

编号	汉语	河州话（循化点）	河州话（积石山点）	东乡语	保安语	土族语	东部裕固语	西部裕固语	撒拉语
916	我俩	ŋə^{42} lia^{42}	ŋə^{44} la^{44}	bidʑiən ɢuala /matan ɢuala（咱俩）	menkə qualə	taqəla	qərla	məz ʂikə（khəsə）	me ʃikəsem
917	我们	ŋə^{42} mən^{55}	ŋə^{44} mu^{2}	bidʑiən	menkə	tasɿ	putas	məz	ep‘se
918	咱们	ŋə^{42} mən^{55}	ŋə^{44} mu^{2}	maʁun ~ matan	menkə	tasɿ	putas	məz	jitʃ‘o
919	你	ȵi^{42}	ȵɿ^{44}	tʂi	tɕhi	ts‘ɿ	tʂhi	sen	sen
920	你俩	ȵi^{42}la^{42}	ȵɿ^{44} la^{02}	taɢula	ntɕo~ qualə	t‘aqələ	thaɤərla	selerʂikə /sen ʂikə	sen ʃikəsaŋ
921	你们	ȵi^{42}men	ȵɿ^{44} mu^{02}	ta	tha	t‘asɿ	thatʂəq	seler	seler
922	他	t‘a^{323}	t‘a^{44}	hə ~ əʁən ~ tərə	ntɕo~	kən	there(那个)	kol	u
923	他们	t‘a^{3} men^{55}	t‘a^{44} mu^{02}	həla əʁəsla tərəsla	təsə	kənsɿ	there tʂhəq	kolar	uler

续表

编号	汉语	河州话（循化点）	河州话（积石山点）	东乡语	保安语	土族语	东部裕固语	西部裕固语	撒拉语
924	大家	ta^{55} tɕia^{3} /tɕʻya$^{\sim 3}$ pu^{55}	ta^{44} tɕiɑ^{02}	ɑʂiʁɑlɑ	menkə ʼhɑnəʐ̩ə	tɑtɕɑ	ɔrti	hosə	mɛn
925	自己	tsɿ^{55} tɕɿ^{55}/ kə^{44}ʐ̩ə^{2}	kə^{44} ʐ̩ə$^{\sim 02}$	gojə	pu xtɕɑ	tɕenɑŋ	putɕan	hesə	ji
926	别人	pie^{323} ʐ̩ə$^{\sim 3}$	ʐ̩ə$^{\sim 34}$ tɕia^{02}	kunlɑ ~ kuslɑ	ntɕo$^{\sim}$	kuoʐ̩ɹkʻun	khɔte khun	khəsəler（人们）	pɛʃkə kʻiʃ
927	这	tʂə^{2}	tʂɿ^{44} kə^{2}	ənə	ənə	nzə	ene	bu	pu
928	这个	tʂə^{55} kə^{2}	tʂɿ^{44} kə^{2}	ənəniə	ənə	ɳ̍ikə	ene	bu	pu
929	这些	tʂə^{55} ɕie^{2}	tʂɿ^{44} ɕie^{2}	ənədzəʁən	nəlɑ	ɳ̍isɿ	ene	bular	pulər
930	这里	tʂə^{55} lɿ^{2}	tʂɿ^{44} lɿ^{2}	ənəndə	ənto	niŋtuo	ente	mənta	mentɑ
931	这边	tʂə^{55} pia$^{\sim 33}$	tʂɿ^{44}ma$^{\sim 31}$kə^{44}	ənəmən	ənitɕəto（这面） sherkhə（这边）	niŋtu	enewej	peraqənta	peʼlɛntɑ
932	这样	tʂə^{55} ia$^{\sim 33}$	tʂɿ^{44} jiɑ$^{\sim 2}$	imu	ənkə tɕi	niŋ kuo	ɔmnəŋ wej	məntaqə	peʻliʁe

续表

编号	汉语	河州话（循化点）	河州话（积石山点）	东乡语	保安语	土族语	东部裕固语	西部裕固语	撒拉语
933	那(较远指)	o^{42}	ou^{44} kə^{2}	hə	thi	tʻzɿ	thaːn	ko	tʃo
934	那个	o^{42} kə^{3}	ou^{44} kə^{2}	haniə	thər	tʻikə	there	konə/kunə	tio u
935	那些	o^{42} ɕie^{3}	ou^{44} ɕie^{2}	hədʑaʁən	thər hanə	tʻisɿ	nathere	kolar	ulər
936	那里	o^{55} lɿ^{3}	ou^{44} lɿ^{2}	hən də	thəntə	tʻiŋ tu。	tente	konta	ɑntɑ
937	那边	o^{55} pia$^{\sim 3}$	ou^{44}mɑ$^{\sim 31}$ kə^{44}	həmən	harkhə	tʻiŋtu。	terewej	koraqənta	elɛntɑ
938	那样	o^{55} iɑ$^{\sim 3}$	ou^{44} jiɑ$^{\sim 2}$	tɕimu	thenkə tɕi	tʻiŋ kuo	thenheɤe	kontaqo	eliʁe
939	谁	a^{3} ɿ^{3} kə^{55}	ɑ^{44} jɿ^{2} kə^{44}	kiən	kho˜	kʻɛn	khen	kəm	kʻem
940	什么	ʂɿ^{2} ma^{55} /tʂə^{55} liəɯ	ʂɿ^{31}mɑ^{44}	jɑn	jo˜	jaŋ	jimɑ	nitə	naŋ
941	哪个	a^{3} ɿ^{33} kə^{55}	ɑ^{44} jɿ^{2} kə^{44}	ɑli	kho˜ ji	ɑzkə	ɑlə	qajsə	qɛsə
942	哪里	a^{3} lɿ^{42}	ɑ^{44} lɿ^{44} lɿ^{2}	qɑlɑ	halə	ɑŋtsɿ^{ə}	xɑnɑ	qajta	qɛtɑ
943	怎么	a^{21} mu^{55} liəɯ^{3}	ɑ^{44} mu^{44} liɑo^{02}	mɑtu	jenki	jakətsɿ	jemɑltʂɑl/jemɑltʂɑ	nottə	nitʃʻili
944	多少	to^{24} ʂo^{55}	tuo^{31} ʂɑo^{44}	giəduʁon	khutho˜	kʻətu。	ʂiketɕhyn	nitɵor	netʃʻer

续表

编号	汉语	河州话（循化点）	河州话（积石山点）	东乡语	保安语	土族语	东部裕固语	西部裕固语	撒拉语
945	为什么	tʂa^{55} liəuɪ^{3} ʂʅ^{3}	ɑ^{44} mu^{44}	jalə	joqələ	jala	jemalɔ	naɤəti	neʁe
946	东方	tu$^{\sim 324}$ fɑ$^{\sim 3}$	tu$^{\sim 44}$ fɑ$^{\sim 2}$	dun	narɔŋ hartɕikuni tɕik	naʐ̩ɑ qartsʅ zʅsaŋ vʐ̩uaŋ(太阳升起的地方)	elmetə ʂɔq	untun/ unturaq/ untunjaq	kun tʃʻixnerə（太阳出山）
947	南方	na$^{\sim 324}$ fɑ$^{\sim 3}$	na$^{\sim 34}$ fɑ$^{\sim 2}$	nan	nan mian	nanfaŋ	tʂaɤen ʂɔq	jaqasə/joraqə	
948	西方	ɕʅ^{55} fɑ$^{\sim 3}$	ɕʅ^{44} fɑ$^{\sim 2}$	ɕi	narɔŋ wahttɕikuni tɕik	naʐ̩ɑ pʻutʻɑkʻu vʐ̩ɑŋ(太阳落下去的地方)	xujtə sɔq	art/artɕaqə	kun paxnere（太阳落山）
949	北方	pei^{324} fɑ$^{\sim 3}$	pɛ^{44} fɑ$^{\sim 2}$	bə	pei mian	pe faŋ	ɑtɑɤ sɔq	quzə/quʐ̩aqə/ qutɕaqə	
950	中间	tʂu$^{\sim 3}$ tɕia$^{\sim 55}$	tʂu$^{\sim 31}$ tɕia$^{\sim 44}$	dunda	hə̥̌tɕi	tunta	tɕaβ sar	ortasə	otas
951	中心	tʂun^{324} ɕi$^{\sim 3}$	tʂu^{44} ɕi$^{\sim 44}$	dunda	hə̥̌tɕi	tunta	tunta(tɔrɔ)	tiŋ ortasə	otas

续表

编号	汉语	河州话（循化点）	河州话（积石山点）	东乡语	保安语	土族语	东部裕固语	西部裕固语	撒拉语
952	旁边	kə$^{\sim2}$ tɕʻia$^{\sim55}$	pa$^{\sim44}$ kə$^{\sim2}$	qaruʁadə kandzidə	shorthəko	tʻata	qətɕar	khatənta /janta （附近）	janə
953	左边	tsuə^{42} mia$^{\sim3}$	tsuo^{44} pa$^{\sim31}$ kə$^{\sim44}$	soʁəi	quiləx	sərqe	səlɤe	solaqə	joləx janə
954	右边	jəɯ^{55}mia$^{\sim55}$	jiəu^{44}pa$^{\sim31}$kə$^{\sim44}$	borun	tɕio$^{\sim}$ ləx	paʐaŋ	parən	oŋjaqə	səxjanə
955	前边	tɕʻia$^{\sim2}$mia$^{\sim55}$	tɕʻia$^{\sim44}$mia$^{\sim2}$	məliə	meʐthə	mieʂʅ	ɸlme	futhurə	ilinta
956	后边	həɯ^{55}mia$^{\sim2}$	həu^{44}mia$^{\sim2}$	quina	q^{h}uinə	qʻ^{u}ən^{u}ɔ	artə	artə	artənta
957	周围	kə$^{\sim323}$tɕʻia$^{\sim55}$	tʂəu^{44}wei^{2}	idʐondə（一转）	tsuftə	tʻorotɕin	xərqaq^{h}/ xəqaqh	pər jorləɤə	tʻenaŋ qərʁə
958	里边	lʅ^{42}mia$^{\sim55}$	lʅ^{44}mia$^{\sim2}$	sudoro	no$^{\sim}$ tə	tʻutuʐuo	hutɔrɔ/tɔrɔ	ɕitɕinti	iʃintə
959	树林里	li^{323}kʻuə^{3}lʅ^{3}	ʂu^{44}li$^{\sim34}$lʅ^{44}mia^{2}	mutun dunda	ɕiu tɕoro	pRətʻantsʅ	naq tɔrɔ	terekʂiti/ terek ɕitɕinti	tala arasenta
960	心里	ɕi$^{\sim42}$lʅ^{3}	ɕi$^{\sim31}$li^{44}	dʐuʁədə	ɕirkə	tʂurktu	setkəl tɔrɔ	kənɤəlʂiti	jiriʁənta
961	附近	kə$^{\sim3}$tɕ ʻia$^{\sim55}$	kə$^{\sim31}$ tɕʻia$^{\sim44}$	tʂadadə/ wiradə	tɕhatho$^{\sim}$	tʻata	xurqaqhtə	janta/ jaqənta（近）	jaxən

续表

编号	汉语	河州话（循化点）	河州话（积石山点）	东乡语	保安语	土族语	东部裕固语	西部裕固语	撒拉语
962	对面	tui^{324} mia~^{3}	tui^{44} pɑ^{2}	duibɑ	hɑnə	mieʂʅ	thuʂqətə	futurta	elɛntɑ
963	上边	ʂɑ~^{55} mia~^{3}	ʂɑ~^{44} mia~^{2}	dʐiərə	ɓənɑ	tʂaqə	tere	josənti	iʧʻintɑ/ores entɑ（高处）
964	桌子上	tʂuə^{323}tʂʅ^{3}ʂɑ~^{3}	tʂuo^{31}tʂʅ^{44}ʂɑ~^{2}	ʂirɑ dʑiərə	ɕile teʁo~	tʂuotsʅtsaqɑ	ʂere tere	tʂozinəŋ josəŋti	kotʂuo iʧʻintɑ
965	天上	tʻia~ ʂɑ~^{42}	tɕʻɛ~^{44} ʂɑ~^{2}	ɑsimɑn dʑiərə	ɑsmɑntə（上）	tʻenkəʐə 墙的上边	thenke tere	teŋər waʂta	ɑsmɛntɑ
966	墙上	tɕʻiɑ~^{3}ʂɑ~^{55}	tɕʻiɑ~^{34}ʂɑ~^{4} a^{44} jʅ^{2} kə^{44}	dɑn dʑiərə	tɑmtə	pɑrqɑsʅ tʂaqa pɑrqɑsʅ（墙上）	kherem tere	paqta	tɛmtɑ
967	下边	ha^{55} mia~^{3}	hɑ^{44} mia~^{2} a^{44} lʅ^{44} lʅ^{2}	dəurɑ /ɕirɑ	mər̥ kə	tᵘɔʐᵘɔ	tɔrɑ	haltərənta	ʧuntɑ
968	底下	tʅ^{42}ha^{55}	tɕʅ^{44}hɑ^{2} a^{44} mu^{44} liɑo^{02}	dəurɑ	to~	tᵘɔʐᵘɔ	tɔrɑ	haltərənta	ʧuntɑ
969	山下	ʂa~^{2} ha^{55}	ʂa^{44}kə~^{2} tuo^{31} ʂɑo^{44}	ulɑdəurɑ	to~	vlə tᵘɔʐᵘɔ	ɔlɑ tɔrɑ	thaɤnəŋ haltərənta	taɓ ʧuntɑ

续表

编号	汉语	河州话（循化点）	河州话（积石山点）	东乡语	保安语	土族语	东部裕固语	西部裕固语	撒拉语
970	桌子下	tʂo^{2} tsɿ^{2} tɿ^{42}	tʂuo^{31}tsɿ^{44} ha^{44}mia$^{\sim 2}$ a^{44}mu^{44}	ʂirə dəura	to$^{\sim}$	tʂuotsɿtuoʐuo	ʂere təra	tʂozinəŋ haltərənta	kotʂuo ʧunta
971	外边	wei^{55} t‘əuɯ^{3}	wei^{44}mia$^{\sim 2}$ tu$^{\sim 44}$ fa$^{\sim 2}$	ɢadanə	qətə	qata	qatəna	thasənta	taʃənta/taʃ
972	半路	pa$^{\sim 24}$lu^{55}	pa$^{\sim 44}$lu^{44} na$^{\sim 34}$fa$^{\sim 2}$	banludə	pan lu	panlu martu	mer tɕarəm	jolta(路上)	jarmu jol
973	今天	tɕi$^{\sim 55}$kɚ$^{\sim 3}$	tɕi$^{\sim 44}$kə^{2} ɕɿ^{44}fa$^{\sim 2}$	ənə udu	nəu tə	niɔ tur	əntər	pəɣən	puʁun
974	昨天	tso^{324}kɚ$^{\sim 3}$	tsuo^{34}kə^{2} pɛ^{44}fa$^{\sim 2}$	futʂuʁudu	ku tə	tʂ‘ukutur	tʂhɔutər	thoɣən	keʧe
975	前天	tɕ‘ia$^{\sim 324}$kɚ$^{\sim 3}$	tɕ‘ia$^{\sim 34}$kə^{2} tʂu$^{\sim 31}$tɕia$^{\sim 44}$	urudʐudu	ntɕiutə	nukutur	ɔrtɕitər	urejkən/ orejkən	uzaʁun
976	明天	mi$^{\sim 2}$tsɛ^{55}	mi$^{\sim 34}$tsao^{2} tʂu^{44}ɕi$^{\sim 44}$	maʁaʂi	maxtɕie	məqaʂɿ	ɔrtɕhaq	taɣən	etisə
977	后天	həuɯ^{55}kɚ$^{\sim 2}$	həu^{44}kə^{2} pa$^{\sim 44}$kə$^{\sim 2}$	tʂinaə$^{\sim}$	tɕhinatɕie	tʂ‘neta	tɕhinita	heɣən	pa saʁun

续表

编号	汉语	河州话（循化点）	河州话（积石山点）	东乡语	保安语	土族语	东部裕固语	西部裕固语	撒拉语
978	今晚	tɕi~^{324}wa~^{44} ʂɑ~^{2}	tɕi~^{31}kə^{44} wa~^{44}ʂɑ~^{2} tsuo^{44}pa~^{31} kə~^{44}	ənə ɕiəji	nəuɕilo~	nioʂule	ɔnsenə	pəɤən jinər	po ʧe
979	明晚	mi~^{324}wa~^{42} ʂɑ~^{55}	mi~^{34}(t'ia~^{44}) wa~^{44}ʂɑ~^{2} jiəu^{44}pa~^{31}kə~^{44}	maʁuɕiəji	maxtɕi ɕilo~	məqaʂʅʂule	ɔrtɕhaq senə	taɤən jinər	ete keʧe
980	昨晚	tso^{2} wa~^{42}ʂɑ~^{55}	tsuo^{34}(kə^{2}) wa~^{44}ʂɑ~^{2} tɕ'ia~^{44}mia~^{2}	futʂuʁu ɕiəji	ku ɕilo~	tʂ'ukuʂule	tʂhɔk senə	t^{h}oɤən jinər	keʧe keʃili
981	早晨	ka~^{324}tso^{55}	tsao^{44}ʂɑ~^{2}	ətɕiəmaʁa	ethəltɕie	kantsɔ	βurtɕhaq həte	taŋqar(hərti)	etisar
982	上午	ʂa~^{55}pa^{2}	ʂɑ~^{44}wu^{2}	ətɕəmaʁa	no~ tɕhie	ʂʅtie puʐə	fanpa	fanpa(饭罢)	qoʃləx
983	中午	ʂɑ~^{324}u^{42}	tʂu~^{44}wu^{2}	udu dunda	no~ tɕhie	ukwr	ɔte/ɔtetə	khorthə	ole
984	下午	ʂɑ~^{3}	ɕia^{44}wu^{2}	ɕiawu/xabat	ɕiero	ʂulennipita/ ʂulenpur	eteɤʁɔʂi	khuninker	oletə s^{h}aŋ

续表

编号	汉语	河州话（循化点）	河州话（积石山点）	东乡语	保安语	土族语	东部裕固语	西部裕固语	撒拉语
985	黄昏	sa^{3} mu^{3} ʂʅ^{3} həɯ^{3}	ʂɑm^{44}ʂʅ^{34} həu^{2}(伊斯兰教黄昏做的礼拜称 ʂɑm)	nɑrɑn pudɑwudə	nɑro˜ wɑhtku	qɑrɑ pərtɕɑŋ	tiɑokʂi	jiŋər jɑn (qɑrthusək kilutə)	kun pɑxəjilɑtsʅ (落山时)
986	晚上	hei^{2}lio^{42} hɑ$^{\sim 324}$ʂɑ$^{\sim 2}$	wa$^{\sim 44}$ʂɑ$^{\sim 2}$	udʑiə ʂiliən	ɕilo˜	ʂule	sɸjenə	jiŋər	keʃiliʁu
987	夜里	wa$^{\sim 42}$ɕʅ^{3}lʅ^{55}	wa$^{\sim 44}$ʂɑ$^{\sim 2}$	ɕiəni	sənəxətɕi	ʂule	sɸjenə	jinər/thuni	ketɕis
988	半夜	pa$^{\sim 55}$ie^{3}	pa$^{\sim 44}$jie^{2}	bɑnjədə	sənəxətɕi	pɑn je	sɸjenə tɕɑrəm	jinər keʂ (深夜)	jɑrəm ketɕe
989	初一	tʂʻu^{2} ʅ^{55}	tʂʻu^{44} jʅ^{2}	niə/tʂuji	ɕinə nəkə	tʂʻu ji	neɤe ʂinə	pər jɑŋɤə	pər jɑŋ
990	初二	tʂʻu^{3} ɚ$^{\sim 55}$	tʂʻu^{44} ər^{44}	ɢuɑ/tʂuə˜	ɕinə quɑrə	tʂʻu ər	qɔ ʂinə	ʂikə jɑŋɤə	ʃikə jɑŋ
991	子(鼠)	tʂʻu^{42}	ʂu^{44}	sidʐəʁɑm (dʐin)	tɕhi tɕhi qo˜ tɕielə	lɑo tʂʻu	xɔnɑqəlɑŋ	ʂiɤɑn	keme
992	丑(牛)	ȵiəɯ^{42}	ȵiəu^{34}	fugiə dʐin	wuno˜ tɕielə	huqᵘɑr	hukur	kus	kolex
993	寅(虎)	hu^{42}	hu^{44}	bɑsi dʐin	pəs tɕielə	pɑr	pɑs	pɑrsi	pɑs
994	卯(兔)	tʻu^{42}	tʻu^{51}	tɑo ləi dʐin	thɔri tɕielə	tɑolɛ	thɔule	thosɤɑn	toʃɛn

续表

编号	汉语	河州话（循化点）	河州话（积石山点）	东乡语	保安语	土族语	东部裕固语	西部裕固语	撒拉语
995	辰(龙)	lu~^{324}	lu~^{34}	lun(dʐin)	lun		ulu	ulu	loŋ
996	巳(蛇)	tʂʻa~^{42}	ʂə^{34}	moʁəi	moʁe	mɑoqɛ	mɔɤe	jilan	jilen
997	午(马)	ma^{433}	mɑ^{44}	morəi	məʐə	məʐɿ	mər	ɑt	ɑt
998	未(羊)	iɑ~^{324}	jiɑ~^{34}	ɢoni	qonə	qʻɔnɿ	xɔnə	qoj	qoj
999	申(猴)	həɯ^{33}	həɯ^{34}	biətʂin	pətɕo~	miɕtɕin	pejtɕin	pejtɕin	piʧin
1000	酉(鸡)	tɕɿ^{324}	tɕɿ^{44}	tə ɢɑ	thɑqɑ	tʻqɒ	tɑqhɑ	thaqaɤə	tʻox
1001	戌(狗)	kəɯ^{42}	kəu^{44}	noʁəi	noʁe	nuquai	nɔqhej	əʂt	iʃt
1002	亥(猪)	tʂu^{324}	tʂu^{44}	qiɢəi	hei	qʻqai	qəqej/xɑwɑn	qhawan	toŋos

附录二

语言介绍人和调查人简介

1．河州话积石山点

语言介绍人马长禄，男，保安族，1974 年 5 月 16 日出生，甘肃省临夏回族自治州积石山保安族东乡族撒拉族自治县刘集乡刘集村人，文化程度为大学，中央民族大学中文系学生，会汉语和英语。

语言调查人钟进文，1963 年 3 月出生，记录时间 1995 年 5－6 月（每周 2 小时），记录地点：中央民族大学 15 号楼 127 房间。

2．河州话循化点

语言介绍人韩占祥，男，撒拉族；韩启禄，男，撒拉族；马秀兰，女，撒拉族。出生年月无记录。工作单位青海省循化撒拉族自治县文化局和文化馆。文化程度为大学，会撒拉语和汉语。

语言调查人陈其光，1927 年出生，记录时间 1995 年 7 月 19－20 日，记录地点：青海省循化撒拉族自治县政府招待所。

3．土族语民和点

语言介绍人胡芳，女，土族，1972 年 3 月 16 日出生，青海省民和回族土族自治县中川乡胡李家村人，文化程度为大学，所在单位中央民族大学中文系 91 级学生，会土族语、汉语和英语。

语言调查人钟进文，1963 年 3 月出生，记录时间 1995 年 3－5 月（每周 2 小时），记录地点：中央民族大学 15 号楼 127 房间。

4．东部裕固族语

语言介绍人安光华，女，裕固族，1942 年出生，甘肃省肃南裕固族自治县红石窝乡康丰村人，文化程度为中专，所在单位甘肃省肃南县康乐区兽医站，会汉语和东部裕固语。

语言介绍人安建花，女，裕固族，1965 年出生，甘肃省肃南裕固族自治县红石窝乡康丰村人，文化程度为中学，所在单位甘肃省肃南县交通局，会汉语和东部裕固语。

语言调查人钟进文，1963 年 3 月出生，记录时间 2001 年 8 月 6－9 日，记录地点：甘肃省肃南裕固族自治县宾馆 320 房间。

5．撒拉语（salar）

语言介绍人马进明，男，撒拉族，出生年月不详，青海省循化撒拉族自治县积石镇人。

语言调查人钟进文，1963 年 3 月出生，记录时间 1995 年 7 月 17－18 日，记录地点：青海省循化撒拉族自治县政府招待所。

6．东乡语

语言介绍人陈元龙，本族语名：伊布拉黑麦（iburahime），男，东乡族，自称撒尔塔（sarta），1964 年 12 月出生，甘肃省东乡族自治县积达坂乡陈家村人，文化程度为大学，所在单位甘肃省临夏回族自治州委秘书处，会东乡语、汉语。

语言调查人钟进文，1963 年 3 月出生，记录时间 1995 年 7 月 8－9 日，记录地点：甘肃省临夏州政府招待所。记音说明：在东乡语词一栏中，b、d 相当于国际音标中不送气清塞音，p、t 等同于送气清塞音。G、g 等同于不送气清塞音，q、k 等同于送气清塞音。

7．保安语

语言介绍人马六十一，本族语名：六十一，男，保安族，1934 年出生，甘肃省积石山保安族东乡族撒拉族自治县大河家乡大墩三社人，基本不识汉字，会保安语、汉语和藏语（一般）。

语言介绍人马黑娃，男，保安族，56岁（1995年），甘肃省积石山保安族东乡族撒拉族自治县大河家乡大墩三社人，不识汉字，会保安语、汉语、藏语和撒拉语（母亲是撒拉族）。

语言调查人钟进文，1963年3月出生，记录时间1995年7月10－14日，记录地点：甘肃省临夏州积石山县大河家乡民族旅社。

8．西部裕固语

语言介绍人钟自昌，男，裕固族，1938年出生，小学文化程度。甘肃省肃南裕固族自治县明花乡人，所在单位甘肃省肃南县隆畅河林场。会汉语和西部裕固语。

语言介绍人钟自信，男，裕固族，1935年出生，高中文化程度，甘肃省肃南裕固族自治县明花乡人，在家乡放牧。会汉语、西部裕固语及简单藏语。

语言介绍人杜发贵，男，裕固族，79岁（2007年）原肃南县大岔牧场人，初中文化程度，红湾寺镇民族中学大门口居住。会汉语、西部裕固语及一点藏语。

语言调查人钟进文，1963年3月出生，记录时间2007年7月22－27日，记录地点：甘肃省肃南裕固族自治县明花乡莲花聚居点、红湾寺镇等。

9．五屯话

语言介绍人才旦卓玛，女，藏族（自称五屯人也称saŋkeɕyn），1975年10月出生，青海省黄南藏族自治县同仁县隆务镇乡加查麻村人，青海民族学院藏语文系毕业，同仁县政府民族语文翻译室工作。会藏语文、汉语和五屯话。

语言调查人钟进文，1963年3月出生，记录时间2001年8月15日－21日，记录地点：青海省同仁县政府民族语文翻译室。记录基本词汇1200个。

附录三

河州话话语材料

(一) 甘河滩马相明老人用汉语讲的《保安人的腰刀》

我们保安人的历史以来，就是创造的这个工业，就是这个刀子，这个腰刀。腰刀上的，是有这个几种腰刀。一个腰刀是雅乌切，雅乌切是很是简单。主要是它的刃口好，刃口好。啊，刃口好。把子看起简单，鞘子比较粗糙，比较牢实。啊，刃口好，它就是什的一些割是能够……啊能够……这是雅乌切。

再这个是什样锦。也认得是这个……比较是功大一些。这个坯子打哩，这个罗把腰，一寸，一寸，一寸地上成这么几个什样锦。化学，铜丝，铁丝，牛角，全部着双着双立式，双这个合着，这个就叫什样锦。

再往里这个是满把子。很简单，重要是刃口好。铁打着来，钢加上，又是火里一烧，也打也烧。合着来是这个，磨工也磨合着，之前我们是这个着，阿，磨石弹弹拉磨着，磨石上，把这个双手要磨着。现在，机械是不用，机械用上，刀子是不好，完全是手工。完全是手工。完全是磨石。这么来是，后头是，牛角把子钉上，盖子也上上，鞘子一括，好好得功加上，做上，在一个木鞘好好的套在腰匣上，胶上的厚厚的，盖嘎上厚些，这么着，做上以后是这个……这是满把子。满把子看着简单，使着不同。钢水也好，看着也耐用，使着也锋利，这是满把子。

再这个马头刀。看似很是简单，这里写下着呢。马头刀，叫是马头刀，是蒙古刀，还是我们这里创造的。马头刀，叫是马头刀，它就是尖子尖上，把子要弯形大一些。也是牛角把子紧得好好的，钢加得好好的，蘸水蘸得好好的。这个一下，做的一下，也是手工活，也是水里面磨石磨着，磨着……在一个磨石弹弹拉揉着，揉着，揉着。它这个抓些个，很是漂亮。使着很是刃口好，这是马头刀。

再一个，我们这个，宰牛角，那个刀子，那一个叫屠家刀。也还是个也是牛角把子紧上，钢是要加，蘸水要蘸得好好的。再一次，磨石磨着，磨着…刃口要出来，刃口出来。打罢之后，坯子，把磨石弹弹打拉磨着磨着，像镜子一样绕明，绕明。

把这个质量，很好很好。我们保安人的腰刀，不加钢，刃口不好，质量不好是，我们保安人的刀子是不要。有质量，有数量，刃口要好的。这么着才我们这个外国也出是内蒙古去哩，北京也去哩，天津，上海也去哩，西藏也去哩，拉萨也去哩，新疆也去着哩。这是一括。保安腰刀，这个，这个质量，这个数量是好。一个问题，一个好是各国的人都买开了。我这个解释就是的。这么个，完了。这个5种刀子。哈哈哈……

发表日期：2006年9月17日　出处：日本广岛大学　作者：佐藤畅治

（二）用河州话讲述民间故事一则

作　诗

ʈʂuə^{42}ʂʅ^{243}

“啊　一　文　哥，　庄　稼　们　家　呢　好　阿
A　vəŋ^{243}　kə^{243}，ʈʂuaŋ^{243}　ʨiA^{42}　məŋ　ʨiA^{243}　ȵi　xɔ^{43}　A
呢　啥？”　“缓　啊　哩！”　“缓　啊　呢　是　好　啊　哩！　我
ȵi　ʂA?　xu æ^{43}　A　li!　xu æ^{43}　A　ȵi　ʂʅ^{42}　xɔ^{43}　A　li!　ŋə^{43}

你 啊 今 个 说 的 个 事 情：李 家 爸

ȵi^{43} A ʨiŋ kə ʂuə^{243} ʈi kə ʂʅ^{42} ʨ‘iŋ^{243}：li^{43} ʨiA^{243} pA^{42}

啊 个 古 今 是 说 给 哩，你 听 者，

A—i^{243} kə，ku^{43} ʨiŋ^{243} ʂʅ^{42} ʂuə^{243} kɯ li，ȵi^{43} ʨiŋ^{243} ʈʂə，

今 晚 起 你 多 吃 两 碗 呢！李

ʈȵiŋ^{243} v æ^{43} ʨ‘i^{243} ȵi^{43} ʈuə^{243} ʈʂ‘ʅ^{243} liaŋ^{43} V æ^{43} ȵi！li^{43}

家 爸 说 呢：□ □ 引 了 个 尕 娃 呢，引

ʨiA pA^{42} ʂuə^{243} ȵi：vu xuei^{243} iŋ^{43} liɔ kə kA^{43} vA^{243} ȵi，iŋ^{43}

上 个 尕 娃 一 挂 个 人 个 人 者 一

ʂaŋ kə kA^{43} vA^{243} i^{243} kuA^{42} kə^{42} ʐəŋ^{243} Zkə^{42} ʐəŋ^{243} ʈʂə i^{243}

挂 能 者 飞 哩，什 么 是 一 挂 是 比

kuA^{42} nəŋ^{43} ʈʂə fei^{243} li，ʂʅ^{243} mə ʂʅ^{42} i^{243} kuA^{42} ʂʅ^{42} pi^{43}

人 家 们 能 者 一 挂 是 没 有！一

ʐəŋ^{243} ʨiA^{243} miei nəŋ ʈʂə i^{243} kuA^{42} ʂʅ^{42} miei iou^{43}！i^{243}

天，阿 哥 和 兄 弟 一 搭 进 城

ʨ‘i æ^{243}，A kə^{243} xuə^{243} ɕyŋ^{243} ʨi^{42} i^{243} ʈA^{243} ʨiŋ^{42} ʈʂ‘əŋ^{243}

去 呢，两 个 人 走 到 城 墙 根

ʨ‘i^{42} ȵi，liaŋ^{243} kə ʐəŋ^{243} ʈsou^{43} ʈɔ^{42} ʈʂ‘əŋ^{243} ʨiaŋ^{243} kəŋ^{243}

前，阿 哥 说 开 了：尕 兄 弟，我

ʨ‘iŋ^{243}，A kə^{243} ʂuə^{243} k‘ɛ^{243} liɔ：kA^{43} ɕyŋ^{243} ʨi^{42}，ŋə^{43}

们 今 个 作 个 诗 啊！尕 兄 弟 说 呢：

miei ʨiŋ^{243} kə ʈsuə^{42} kə ʂʅ^{243} A！kA^{43} ɕyŋ^{243} ʨi^{42} ʂuə^{243} ȵi：

啊 哥 啊 你 先 作 呗，我 续 上 啊！”阿

A kə^{243} A ȵi^{43} ɕi æ^{243} ʈsuə^{42} pɛ，ŋə^{43} ɕy^{42} ʂaŋ^{42} A！ A

哥 思 谋 了 半 天 啊 是 说 呢：“远

kə^{243} sʅ^{243} mu^{243} liɔ p æ^{42} ʨ‘i æ^{43} A ʂʅ^{42} suə^{243} ȵi：y æ

看 城 墙 地 地 起，” 兄 弟 后

k‘æ^{42} ʈs‘əŋ^{243} ʨ‘iaŋ^{243} ʨi^{42} ʨi^{42} ʨ‘i^{43}，ɕyŋ^{243} ʨi^{42} xou^{42}

脑 勺 挖 了 几 把 者 说：近 看

nɔ^{43} ʂuə^{243} VA^{243} liɔ ʨi^{43} pA^{43} ʈʂə ʂuə^{243}：ʨiŋ^{42} k‘æ^{42}

城 墙 尺 尺 起。兄 弟 说
tʂ 'əŋ^{243} tɕ 'iaŋ^{243} tʂ 'ʅ^{43} tʂ 'ʅ^{43} tɕ 'i^{43}" ɕyŋ^{243} tɕi^{42} ʂuə^{243}
罢 者 阿 哥 脖 子 根 子 里 抱 住 者 稀
pA^{42} tʂə A kə^{243} pə^{243} tsʅ kəŋ^{243} tsʅ li^{43} pɔ^{42} tʂu^{42} tʂə ɕi^{243}
流 泪 行 者 哭 脱 了。阿 哥 说 哩:
liou^{243} luei^{42} xaŋ^{243} tʂə k 'u^{243} t 'uə^{243} liɔ。A kə^{243} ʂuə^{243} li:
"尕 兄 弟 你 阿 们 哭 者 咋 呢? 阿
kA^{43} ɕyŋ^{243} tɕi^{42}, ȵi^{43} A məŋ k 'u^{243} tʂə tsuA^{43} ȵi?" A
哥, 不 成 了, 我 们 活 不 成 了,
kə^{243}, pu^{42} tʂ 'əŋ^{243} liɔ, ŋə^{43} məŋ xuə^{243} pu^{42} tʂ 'əŋ^{243} liɔ,
我 啊 两 个 人 啊 们 这 么 能 吵 这 么
ŋə^{43} A liaŋ^{43} kə zəŋ^{243} A məŋ tʂʅ^{43} miei nəŋ^{243} sA! tʂʅ^{43} miei
精 的 诗 啊 们 作 下 了 吵! 阳 间 上
tɕiŋ^{243} ti ʂʅ^{243} A məŋ^{243} tsuə^{42} xA^{42} liɔ sA! iaŋ^{42} tɕi æ^{243} ʂaŋ^{42}
写 这 么 好 的 诗 的 没 有 啥 们 个 劲
ɕiə^{43} tʂʅ^{42} miei xɔ^{43} ti ʂʅ^{243} ti miei iou^{43}, tɕiA meŋ kə^{42} tɕiŋ^{42}
说 呢 人 能 的 挂 死 呢 是, 我 们 两
ʂuə^{243} ȵi, zəŋ^{243} nəŋ^{243} ti kuA^{42} sʅ^{43} ȵi ʂʅ^{42}, ŋə^{43} məŋ liaŋ^{43}
个 人 死 里 是 吧! 两 个 人 正 说 哩
kə zəŋ^{243} sʅ^{43} li ʂʅ^{42} pA! liaŋ^{43} kə zəŋ^{243} tʂəŋ^{42} ʂuə^{243} li
是, 一 个 老 者 过 来 了, "咋 呢 两 个 人
ʂʅ^{42}, i^{243} kə lɔ^{43} tʂə kuə^{42} lɛ^{243} liɔ, tsuA^{43} ȵi? liaŋ^{43} kə zəŋ^{243}
咋 呢 眼 泪 巴 巴 掉 呢, 一 挂
tsuA^{43} ȵi, ȵi æ^{43} luei^{42} pA^{243} pA^{243} tɕiɔ^{42} ȵi, i^{243} kuA^{42}
哭 者 这 么 寒 心 者 咋 呢?" 这 么
k 'u^{243} tʂə tʂʅ^{42} miei x æ^{243} ɕiŋ^{243} tʂə tsuA^{43} ȵi? tʂʅ^{42} miei
是 阿 哥 兄 弟 说 下 的 给 尕 老 者 说
ʂʅ^{42} A kə^{243} ɕyŋ^{243} tɕi^{42} ʂuə^{243} xA ti kei^{43} kA^{43} lɔ^{43} tʂə suə^{243}
给 了, 尕 老 者 乐 者 笑 下 了 "哈 哈 哈
kei^{43} liɔ, kA^{43} lɔ^{43} tʂə luə^{42} tʂə ɕiɔ^{42} xA liɔ, xA xA xA,

两 个 呆 口 你 两 个 作 下 的 诗 啊 不
liaŋ^{43} ke ʈɛ^{243} suŋ^{43} ȵi^{43} liaŋ^{43} ke ʈsuə^{42} xA ʈi ʂʅ^{243} A pu^{42}
是? 作 下 的 是 遗 屎, 一 泡 狗 屎! 家
ʂʅ^{42}? ʈsuə^{42} xA ʈi ʂʅ^{42} i^{243} ʂʅ,^{43} i^{243} p‘ɔ^{243} kou^{43} ʂʅ^{42} ʈɕiA^{243}
呢 去, 家 呢 去 乖 乖 家 呢 去,
ȵi ʈɕ‘i^{42}, ʈɕiA^{243} ȵi ʈɕ‘i^{42}, kuɛ^{243} kuɛ^{243} ʈɕA^{243} ȵi ʈ‘ɕi^{42},
书 啊 好 好 念 的 挂。口 口 口, 这 么 个
ʂu^{243} A xɔ^{43} xɔ^{43} ȵi æ^{42} ʈi kuA^{42}。kɛ iA mu‘ ʈʂʅ^{42} miei kə
当 诗 者, 丢 人 死 了, 去 吧 啊!”
taŋ^{42} ʂʅ^{243} ʈʂə, ʈɕiou^{243} ʐəŋ^{243} sʅ^{43} liɔ, ʈɕ‘i^{42} pA A!

引自《临夏方言》第 55—58 页,兰州大学出版社 1996 年版。

附录四

日本对甘青地区特有民族的研究

甘青地区特有民族是指传统意义上居住生活在我国甘肃省和青海省的少数民族，在此主要指东乡族、保安族、撒拉族、土族和裕固族。这5个民族人口较少，民族来源各不相同，迁徙到甘青地区的时间不长，也只有几百年的历史。这些原来特色各异的民族生活在甘青地区的这一特殊环境中以后，与周边民族频繁接触，相互影响，在语言文化方面发生了一系列的变化，形成了鲜明的区域特征。

甘青地区上述5个民族形成的一些区域特点也引起了日本学界的关注，近年来他们从不同角度进行了调查研究。这些调查研究可归纳为以下几方面：作为突厥民族进行的历史研究，作为蒙古语系民族进行的语言研究、作为伊斯兰－穆斯林民族进行的文化研究，以及作为不断变迁的民族进行的当代社会文化研究。

一、作为突厥民族进行的历史研究

在日本史学界一直把裕固族和撒拉族作为延伸至最东端的突厥民族来研究，而且在研究中关注的更多的是其中的变迁。据作者查阅到的资料，1928年桑田六郎在《东洋学报》发表的《回纥衰亡考》[①] 是这方面的早期代表作。全文分5个部分，前4部分与裕固族关系较远，主要叙说唐代回纥史；辽史中的回鹘；金史中的回鹘和宋史中的回鹘等。第5部分题为“元代的撒里畏吾儿与明代的安定卫”。这一部分主要探讨了撒里畏吾儿与明代安定诸卫之间的关系。作者认为撒里畏吾儿四部中的阿真部是安定卫的主体，其次是阿端和曲先，综合诸多研究可归纳如下关系，即阿真——安定卫；阿端、贴里——阿端卫；苦先——曲先卫。

与撒拉族有关的早期研究有《撒拉回及蒙古回回》和《撒拉尔回教徒与第一次反乱》，[②] 还有1946年柴田武发表了《关于青海省循化的撒拉语》[③] 和中田吉信1960年为《亚洲历史事典》(第4卷第64页）撰写的《撒拉尔》条目。

另外，20世纪40年代前后，日本翻译了大量涉及内陆亚洲诸民族和地域的西方文献，其中也有与裕固族、撒拉族及土族等有关的内容。例如，俄国探险家波尔热瓦斯基的巨著《蒙古和唐古特》1940年作为日本“亚洲内陆丛刊”由生活社翻译出版。在日文版第162页记述了有关尧乎尔人（裕固族）的情况：几百年前在青海住着一支自称是尧乎尔人的唐古特部落，他们信奉佛教，因为他们抢了朝拜者的贡物，受到厄鲁特部落汗王固什的惩罚，一部分被杀，一部分退到今甘肃西北与当地土人杂居。另G.F.安德鲁1921年出版的《撒拉人的移居故事》也有完整的日

① 桑田六郎：《回纥衰亡考》，载《东洋学报》1928年第17期，第111—136页。《唐宋诸代回纥衰亡考》，钟道铭译：载《国闻周报》1930年第1期，第1—3页。由于新中国成立前后民族称谓发生较大变化，写作本文前作者又重新翻译了该文第五部分，译文全文将另外发表。

② 作者不详，《撒拉回及蒙古回回》和《撒拉儿回教徒与第一次反乱》，载《回教事情》1938年第1期，第75—78页和1939年第2期第3—12页。

③ 柴田武：《关于青海省循化的撒拉语》，载《The Toyogo Kenkyu》1946年第1期，第25—77页。

文译本。

20世纪60年代开始，原金泽大学文学部教授佐口透发表了一系列关于裕固族和撒拉族历史社会方面的论文，具体如下：

1967年发表了《撒拉民族史诸问题——资料和文献》①。1972年发表了《撒里畏吾儿族源考》②。该文主要探讨了13世纪前后到16世纪和17世纪的裕固族历史。1984年发表了《撒里畏吾儿民族史补考——向甘肃移住的年代》③。该文主要探讨了清朝以来撒里畏吾儿人的居住变迁情况，既介绍了清朝官府文献中的相关记载，也摘录分析了地方志的内容。作者根据《重修肃州新志》整理了一份肃州地区黄番分布表（详见译文）。据此表可以了解到，清朝在肃州城及其附近有8个小村庄，有8名黄番头目管辖461户（家，从事农业的362户）。甘州地区的西喇古儿原来附属于准噶尔头目噶尔丹，由于1696年噶尔丹被清朝军队从甘肃、青海边境驱逐出去，西喇古儿1698年向甘州清朝地方政府请求内附并得到许可。

1986年发表了《与撒拉族历史有关的民间传说》④ 和《撒里畏吾儿的历史发展》⑤。后者认为根据明、清两朝的史料及近代探险家的考察，裕固族的起源可以追溯到13世纪和14世纪分布在柴达木——甘肃西部直到沙州一带的撒里畏吾儿。16世纪中

① 佐口透：《撒拉民族史诸问题——资料和文献》，载《金泽大学法文学部论集·史学篇》，1967年，第20—44页。

② 佐口透：《撒里畏吾儿族源考》，载《山本博士还历纪念东洋史论丛》1972年，1979年吴永明译为中文。

③ 佐口透：《撒里畏吾儿民族史补考——向甘肃移住的年代》，载《内陆亚洲史研究》1984年第1期，第1—10页。2006年钟进文译为中文。

④ 佐口透：《与撒拉族历史有关的民间传说》，载《内陆亚洲史研究》1986年第1期，第19—26页。

⑤ 佐口透：《撒里畏吾儿的历史发展》，载《东洋文库研究部论文集》1986年。1988年郭立摘译为中文。

叶，为了躲避吐鲁番汗国军队的入侵，他们离开故土，迁移到明朝的沙州及甘州。18世纪在清朝的统治下被称为西喇固儿或黄番、黄鞑子。20世纪初，讲突厥语的一部分被称为撒里尧乎尔。他们分布在南山的山谷及甘州地区的平原地区从事畜牧业。包括7个部落（“族”或“家”），新中国成立前，有10个家，包括大约30个骨头（即氏族）。在氏族的名称中，有些起源于突厥，有些起源于蒙古部落。其中药罗葛和俺章特别值得注意。讲突厥语的撒里尧乎尔认为，他们比讲蒙古语的西喇尧乎尔高贵一些，尽管后者可能是蒙古帝国的蒙古族后裔。

1986年佐口透以上述论文为基础（包括其他内容）结集出版了《新疆民族史研究》[①]。该书第一部分为“甘肃的少数民族”，第一章题为“裕固族的历史和社会”，包括“裕固族的发展”，“集团组织——otok制”和“移居传说”3部分。第二章为“撒拉族的历史和社会”，包括“循化撒拉族的形成”，“移居传说”，“起源问题”，“社会制度——土司和工”，“伊斯兰制度”5部分。

此外，1980年大阪教育大学的片冈一忠发表了《撒拉族史研究序说》[②] 的长篇论文。全文分序言、移住年代、明代的撒拉族、清代的撒拉族、关于“工”、与撒拉族相关文献目录等6大部分。作者认为，清代中国西北发生的数次穆斯林反乱中，撒拉族起了非常重要的作用。撒拉族是一直信仰伊斯兰教的突厥语系民族，传说14世纪从撒马尔罕经过中亚移居到中国西北的循化一带。通过明清两代，撒拉族强悍的民族性格为人所知，明清王

---

① 佐口透：《新疆民族史研究》，东京，吉川弘文馆1986年出版。章莹译，新疆人民出版社，1993年版。

② 片冈一忠：《撒拉族史研究序说》，载《大阪教育大学纪要》1980年第28（2—3）期，第85—109页。

朝多次调集军队进行镇压。另 18 世纪以来，撒拉族中间传播从西边传来的伊斯兰“新教”，循化一度成为教派斗争之地，由于当地官府的介入引发了大动乱。基于上述认识作者对撒拉族的基本历史，即移住循化的年代，明代撒拉族的族长（土司）世袭情况，清代撒拉族的农业生产、生活习俗、服饰及周边关系，明初以来形成的十二工、八工和外五工的基本情况等进行了探讨。文末附录有与撒拉族有关的文献目录索引，分欧文、中文、日文和中国史料 4 部分。

二、作为蒙古语系民族进行的语言研究

由于土族语、东乡语、保安语和东部裕固语在甘青这特殊的环境中发展形成了一些新的特点，日本学界常把这 4 种语言作为“孤立的”蒙古语系语言来研究。这种研究既有综合比较，也有单一语言的专题讨论。

综合研究主要有以下内容：东北大学东北亚研究中心粟林均于 1989 年发表了《蒙古语族和近邻的诸语言之间的语言接触——以中国青海省、甘肃省的“孤立的”蒙古语系诸语言为中心》[①] 的论文。该文认为关于甘肃、青海的“孤立的”蒙古语系诸语言的研究是崭新的，此前除土族 1920—1940 年之间出版有辞书等研究资料外，其他三种语言的研究都是 1955 年从中国民族语言大调查开始的。作者认为，将这 4 种语言和蒙古语族的其他语言相比较，它们拥有自己的一些共同特征，在语音方面的共性是重音从原来的词首移动到词尾，与突厥语保持一致；词首元音弱化并有逐渐消失的趋势；除东部裕固语之外元音和谐都遭到

---

① 粟林均：《蒙古语族和近邻的诸语言之间的语言接触——以中国青海省、甘肃省的“孤立的”蒙古语系诸语言为中心》，载《民族接触》东京，六興出版，1989 年，第 273—289 页。

不同程度的破坏；出现了很多复辅音，音节末的辅音逐步脱落等等，这些变化的出现可能受汉语和藏语影响有关。此外在语法形式上也出现了一些变化。同年还发表了《蒙古语系诸语言对照基本词汇——根据中国少数民族语言简志丛书资料》[①]。

1991年广岛大学佐藤畅治发表了《关于中国甘肃、青海的蒙古语系诸语言的词头不送气音的软化和硬化问题》[②]。该文也认为上述4种语言既保持了古代蒙古语言的一些特点，又与其他语言不断接触中发生了一些变化，其中包括诸语言的词头不送气音的软化和硬化问题。作者通过比较研究认为，关于词头kv、qv的d、j的软化和bv的t、C、k、q的硬化，在4种语言中不完全一致，特别是后者的区别非常明显。一般认为，这样的状态暗示着4种语言即使能追溯到从祖语分化发展的一个共同体，那些声音变化的产生已经丢失了当时既有的统一性。而且4种语言的kv、qv的软化和bv的硬化的不一致，其确切年代无法确认，相对而言暗示的是一种早期出现的特征。

1992年京都大学盐谷茂树发表了《关于中国境内蒙古语系孤立诸语言词尾附加成分一览·蒙古文索引》[③] 的长篇文章。该文除甘青蒙古语系4种语言外，又包括达斡尔语。主要整理了5种语言的动名词变名词、名词变动词、动词变名词、动词变动词和副动词变动词的附加成分。与此同时又和蒙古语、满语的相应附加成分进行了对比研究。

---

① 粟林均：《蒙古语系诸语言对照基本词汇——根据中国少数民族语言简志丛书资料》，载《关于语言文化接触研究》，东京外国语大学亚非语言文化研究所1989年，第153—383页。

② 佐藤畅治：《关于中国甘肃、青海的蒙古语系诸语言的词头不送气音的软化和硬化问题》，载《日本蒙古学会纪要》1991年第22号，第14—28页。

③ 盐谷茂树：《关于中国境内蒙古语系孤立诸语言词尾附加成分一览·蒙古文索引》，载《日本蒙古学会纪要》1992年第23号，第165—199页。

1991年角道正佳发表了题为《青海、甘肃蒙古语系民族中流传的蟒古斯故事》[①]；1995年发表了《土族和东乡族〈逃走型红头巾〉的相似性》[②]。

与综合比较研究相比，关于单一语言的专题讨论更丰富一些。

(1) 土族语研究

大阪外国语大学角道正佳教授1987年发表《土族语的下位方言》[③]；1988年发表《关于土族语的位格和向格的用法》[④]。后者强调指出，其他蒙古语系语言中不存在，而只有土族语言中存在的这一位格附加成分很早就引起学界的注意，但是只是简单的描述，中国学者的著作（照那斯图）中见不到关于这个格的记述。托达耶娃所说的这个位格其实只存在于互助方言，民和方言不存在。基于上述认识该文对土族语中的位格和向格的用法做了新的描写说明。同年还发表了《Geser redzia-wu的语言—自由交替—》[⑤] 和《Geser redzia-wu的语言—分布—》[⑥] 等文章。

1989年发表了《关于土族语附加成分-ngge》[⑦]；1990年发表

① 角道正佳：《青海、甘肃蒙古语系民族中流传的蟒古斯故事》，社团法人日本蒙古协会主办，载《日本和蒙古》1991年第26号，55—67页。

② 角道正佳：《土族和东乡族〈逃走型红头巾〉的相似性》，载《大阪外国语大学论集》1995年14号，第117—134页。

③ 角道正佳：《土族语的下位方言》，载《大阪外国语大学学报》1987年第75号，第49—63页。

④ 角道正佳：《关于土族语的位格和向格的用法》，载《日本蒙古学会纪要》1988年第19号，第30—39页。

⑤ 角道正佳：《Geser redzia-wu的语言—自由交替—》，载《大阪外国语大学学报》1988年第76号，第25—50页。

⑥ 角道正佳：《Geser redzia-wu的语言—分布—》，载《大阪外国语大学学报》1988年第76号，第23—44页。

⑦ 角道正佳：《关于土族语附加成分-ngge》，载《大阪外国语大学论集》1989年，第1—27页。

了《土族语的正字法》[①] 和《土族语的一个方言——Aus der Volksdichtung der Monguor 的语言》[②]。1991 年发表书评《土族语中 -nge（-ge）的用法》[③]，该文主要对土族学者李克郁 1983 年在《青海民族学院学报》（第 3 期，第 54—61 页）发表的同名论文的部分观点提出了不同看法。1994 年发表了《关于席元麟“土族语音位系统”元音的分类问题》[④] 和《土族民间故事〈黑马〉的 bashon》[⑤] 的论文。1996 年发表《格赛尔 redzia-wu 的词汇》[⑥] 和《格赛尔的求婚和青蛙的求婚——从土族语的民间故事而言》[⑦]。1997 年发表《天祝土族语的特征——根据〈格萨尔文库〉第 3 卷》[⑧]；同年在日本蒙古学研究会春季大会上宣读了《土族的“格赛尔”》的论文，该文后刊发在《大阪外国语大学论集》（第 18 号，第 225—250 页）。2002 年发表了《土族语的词干末添

---

① 角道正佳：《土族语的正字法》，载《大阪外国语大学论集》1990 页第 4 号，第 49—76 页。

② 角道正佳：《土族语的一个方言——Aus der Volksdichtung der Monguor 的语言》，载《内陆亚洲语言研究》1990 年，VI，神户市外国语大学载《外国语研究》1990 年，（XXIII），第 179—200 页。

③ 角道正佳：《土族语中-nge（-ge）的用法》，载《日本蒙古学会纪要》1991 年第 22 号，第 57—70 页。

④ 角道正佳：《关于席元麟“土族语音位系统”元音的分类问题》，载《日本蒙古学会纪要》1994 年第 25 号，第 15—28 页。

⑤ 角道正佳：《土族民间故事〈黑马〉的 bashon》，载《大阪外国语大学论集》1994 年第 11 号，第 103—107 页。

⑥ 角道正佳：《格赛尔 redzia-wu 的词汇》，载《大阪外国语大学论集》1996 年第 15 号，第 83—108 页。

⑦ 角道正佳：《格赛尔的求婚和青蛙的求婚——从土族语的民间故事而言》，载《大阪外国语大学蒙古语研究室主办．朔风》1996 年第 4 号，第 94—108 页。

⑧ 角道正佳：《天祝土族语的特征——根据〈格萨尔文库〉第 3 卷》，载《大阪外国语大学论集》1997 年第 17 号，第 33—61 页。

加音 n》[①] 的论文。在该文中作者研究认为，土族语某些特定词的向格、位格和从格等附加成分前面的词干末出现 n，也就是常说的存在“隐藏的 n”。这种现象在喀尔喀、布里亚特、卡尔梅克和内蒙古各方言中存在，但是土族以外的河湟语（东部裕固语、保安语、东乡语、康家语）或者达斡尔语中不存在。另外，土族语还有蒙古诸语言和方言中不存在的一些其他现象。如-gu（< ki）〈的〉、da〈也〉的前面也可以出现 n。形动词-gu（< -qu，-ku）被添加向格、位格、从格等附加成分时，-gu 的后面也可以出现 n。还有极少见的让步副动词-sada（即使）也伴随 n 可出现-sanda 这样的形式。对于名词而言，哪个词拥有隐藏的 n，哪个词拥有稳定的 n，哪个词末的 n 已经丧失，这些无法从历史性或者其意义方面进行规定。因为存在着，由于 n 的有没有意义而有差别的词，也有由于 n 的有没有意义而没有差别的词。同年还发表了《土族语正字法的变化》[②]。该文主要探讨了 1975 年讨论通过的《土文法案》（草案）在此后编写出版的辞书及其他读本中出现的一些问题，并进行了举例分析。2005 年发表了研究笔记《互助土族语丹麻方言的特征》（同上，第 31 号，第 187—213 页）。该文主要根据互助县编辑出版的土文杂志《赤列布》（Chileb，即祁连山）中刊布的土文材料分析了丹麻方言的一些特征。

土族语研究方面的另一位学者是大阪民族学博物馆的庄司博史，据介绍他自 1997—1999 年先后 5 次赴青海土族地区进行语

① 角道正佳：《土族语的词干末添加音 n》，载《日本蒙古学会》2002 年第 32 号，第 29—39 页。

② 角道正佳：《土族语正字法的变化》，载《大阪外国语大学论集》2002 年第 26 号，第 69—96 页。

言调查。2000 年发表了《关于中国青海省土族语言危机的意义》[①] 的调查报告；2003 年又发表了长篇调查研究报告《土族语言是如何残留下来的——关于青海土族的汉化和母语维持》[②]。全文分序言、土族的社会自然环境状况、土族语言、土族的形成、土族的农业化和汉族的影响、维持土族语言的社会语言学分析、关于维持土族语言的综合考察、结论等 8 大部分 36 小节。其中重点是第六、第七部分。作者认为土族语在日常生活中基本完全被保持着，通过上述可见他们一代代的继承关系直到现在仍比较顺利。一般而言，语言交替、语言同化都被认为要通过所谓的双语化和语言并用的过程。根据研究者的不同，语言并用是指作为结果主流语言对弱小语言的同化、或者作为交替的中间过程，实际上，双语化和同化、交替大体上是同一层面的概念。作者从语言使用人口和居住环境；和汉语的接触；语言继承和语言能力；通用度和宣传媒介；书面语和共用语；语言的使用阶段；语言政策和汉语教育；语言意识和感情等方面分析了土族语言得以存续的条件。

另外，盐谷茂树 1989 年发表了《土族语互助方言（特别是东沟土语）的圆唇中圆音 O 的发展》[③] 的学会发言。

(2) 保安语研究

近 10 年广岛大学的佐藤畅治发表了一系列研究保安语的论

---

① 庄司博史：《关于中国青海省土族语言危机的意义》，载《关于中国各民族文化的动态和围绕国家的人类学研究》2000 年，第 99—110 页。

② 庄司博史：《土族语言是如何残留下来的——关于青海土族的汉化和母语维持》，载《民族的移动和文化的动态——中国周缘地域的历史和现在》. 冢田诚之编 . 东京：风乡社 2003 年，第 343—417 页。

③ 盐谷茂树：《土族语互助方言（特别是东沟土语）的圆唇中圆音 O 的发展》，载《语言学研究》1989 年第 8 期，第 122 页。

著。1996年发表了《关于保安语同仁方言格表示体系的问题》[1]。同年还发表了《从藏语安多方言来的借词看保安族和藏族的接触》[2]。该文分“民族接触的历史位置”；“民族接触的形态”；“从词义分类看文化接触”；“关于借用时期的有关考察”等。研究结论认为，保安族和藏族的接触可从以下几方面认识，从借词的形式可判断至少有400多年的接触历史；从接触的程度而言，大多数重要的领域及身体器官的名称等都有涉及，从接触的方向而言，不完全是从藏语向保安语借词，从与婚姻有关的借词可见保安语影响藏语的现象也存在。而且藏语对保安语的影响，不单纯是物质方面的，也涉及社会制度和精神活动方面，其中特别引人注目的是与畜牧和冶炼有关的借词很多。这使人容易想到在青海居住时期的保安族，在畜牧和冶炼方面可能不够精通，但实际情况是否这样还无法确定。同年向广岛大学提交了《资料：关于保安语大河家方言从藏语安多方言的借词》的报告书。

1997年发表了《有关保安语同仁方言自动词主语的格表示》[3]。1998年发表了《关于保安语同仁方言年都乎复数表示的问题》[4]。全文分“存在的问题”；“复数表示显现的名词句范围”和“用法意义”等内容。

2000年发表了《保安语的变化与社会变化——问题与今后

---

① 佐藤畅治：《关于保安语同仁方言格表示体系的问题》，载《吉川守先生御退官纪念语言学论文集》东京：溪水社出版1996年，第115—125页。

② 佐藤畅治：《从藏语安多方言来的借词看保安族和藏族的接触》，载《西日本语言学会》，《NIDABA》，1996年第25号，第28—37页。

③ 佐藤畅治：《有关保安语同仁方言自动词主语的格表示》，载《东亚语言研究》1997年第1期，第18—27页。

④ 佐藤畅治：《关于保安语同仁方言年都乎复数表示的问题》，载《东亚语言研究》1998年第2期，第32—43页。

的研究课题》[①]。该文主要探讨了保安语积石山方言在与汉语接触当中发生的一系列变化。作者认为，保安语积石山方言在发生着巨大的变化，对此如果进行语言变化和社会变化的综合研究可能更能了解事实真相。但是遗憾的是除了有充分的文本之外，目前社会语言学方面的研究成果还很少，应该从社会语言学角度进行调查研究。

2001年发表了《关于年都乎保安语的若干特征》[②]。该文主要探讨了年都乎保安语的不同形态、格词尾和动词词尾等，并和天祝土族语、康家语的相关语法成分进行了比较。同年还向广岛大学提交了题为《濒危语言“保安语”的调查研究之一积石山方言调查》的报告书。

2003年发表了《保安语积石山方言的下位方言和归属意识——从说话者角度进行的考察》[③]。该文主要探讨的是怎样认识操积石山方言的老人在谈话中出现的村与村之间的语言差异问题，这种差异又意味着什么。经作者研究认为，大墩村、甘河滩、高李村相比较，只有大墩村的语言有差别，甘河滩和高李村的共同点很多。这可以说明甘河滩和高李村的保安族曾在青海省同仁县同一地域生活过。但是拥有相同语言意识，由于词汇差异而出现的方言又意味着什么呢？这主要是今日的保安族村庄之间并不相连，而是处于相互隔离状态。与这种隔离状态相关的是，保安族在拥有民族意识前，有很强的自己属于哪个村庄的意识，由于这样，在交流中尤其日常生活中就频繁使

① 佐藤畅治：《保安语的变化与社会变化　问题与今后的研究课题》，载《东亚语言研究》2000年第4期，第61—70页。

② 佐藤畅治：《关于年都乎保安语的若干特征》，载《东亚语言研究》2001年第5期，第43—51页。

③ 佐藤畅治：《保安语积石山方言的下位方言和归属意识》，载《东亚语言研究》2003年第6期，第19—29页。

用所属村庄的方言词，方言词便成为归属意识的某种标志。同年还提交了《中国积石山地域濒危语言——保安语的调查研究：大墩保安语和甘河滩保安语话语材料》。11月在大阪国际大学举办的“日本蒙古学会秋季大会”上宣读了题为《濒危的高李保安语现状》的论文。

2004年发表了《大墩保安语材料——变化后的“toligaga”》[①]；同年向广岛大学提交了《大墩保安语语言资料》的调查报告。

2005年发表了《在大墩村的一个小插曲》[②]。该文主要讲述了作者自2000年到2004年3次赴保安族地区向马骥学习保安语的过程中出现的一些有趣的语言现象。文章写道，通过整理马骥的语言材料发现，在日常生活中说保安话的马骥所说的保安话，与自己出生并成长的大墩村保安话相比，或者说和大墩村其他老人所说的保安话相比，马骥的话更具有甘河滩保安话的特征。这主要是由于祖母和母亲是从甘河滩嫁到大墩村的原因，马骥自小从祖母和母亲那儿自然学到的保安话具有甘河滩保安话的特征。马骥本人也知道二者的差别。我从2000年开始跟马骥学习保安语，最初，马骥认为远自日本来的客人学习的是大墩保安语，便用大墩保安语说话，而且尽量避免使用汉语借词。但是随着访问次数的增加和其他原因，他开始给我提供他自然拥有的语言，但是这已经是2004年了（据作者介绍，大墩村保安语和其他村子相比是受汉语影响较少的一种语言，而甘河滩保安语是受汉语影响很深的语言）。

① 佐藤畅治：《大墩保安语材料　变化后的“toligaga”》，载《北研学刊》2004年第1期，第177—185页。

② 佐藤畅治：《在大墩村的一个小插曲》，载《东亚语言研究》2005年第8期，第37—45页。

(3) 东乡语研究

和土族语、保安语相比，东乡语研究比较薄弱。1982 年角道正佳发表了《东乡语方言的音韵变化》[1]；1986 年编写了《〈东乡语词汇〉蒙古文索引》（东京外国语大学）；1995 年发表了《东乡语的音韵体系》[2] 等。

1989 年佐藤畅治发表了《关于东乡语家畜词汇》[3] 一文。该文认为，语言和语言使用者所拥有的文化有着密切关系。蒙古语系各民族在从事游牧社会时期，其代表性的语汇之一就是家畜用语——马、牛、羊等，在此基础上进一步细化为雄、雌、年龄等。东乡语的家畜用语和中世纪蒙古语的家畜用语相比较，二者间有了一定的差异。东乡族的形成与突厥民族、汉族、藏族等异民族有很大关系，与各个民族接触的具体状况现在很难描述，但是从突厥语民族借词，对东乡语的形成有重要作用；另一方面从汉语吸收了大量家畜用语词汇。由此可以说，东乡语的有关家畜词汇体系正从“蒙古语系词汇的重组”向“汉语词替换”的方向发展。

1993 年他发表了《关于东乡语指小附加成分 - u》[4]；该文认为，东乡语拥有的某些特定的身体、工具、动物、人、自然物等词汇的指小性附加成分-u，可能是从汉语的指小词尾——“儿”吸收而来的，从这种词素的借用可以反映出汉语对东乡语的巨大

---

① 角道正佳：《东乡语方言的音韵变化》，载《大阪外国语大学学报》1982 年第 59 号，第 17—35 页。

② 角道正佳：《东乡语的音韵体系》，载《大阪外国语大学论集》1995 年第 13 号，第 31—56 页。

③ 佐藤畅治：《关于东乡语家畜词汇》，载《日本蒙古学会纪要》1989 年第 20 号，第 17—26 页。

④ 佐藤畅治：《关于东乡语指小附加成分 - u》，《日本蒙古学会纪要》1993 年第 22—23 号，第 98—103 页。

影响。同年还发表《关于东乡语汉语动词的借用方法的变迁》[①]；1995年发表《关于东乡语词头双唇不送气音》[②]。

2003年山口大学更科慎一在东欧亚语言研究会第11次会议上做了《〈华夷译语〉的汉字音译法与东乡语的音韵变化的平行性》的大会发言。

（4）东部裕固语研究

在日本较早关注东部裕固语的还是东北大学的粟林均教授，1987年他编写了《"东部裕固语词汇"蒙古文索引》（东京外国语大学，正文132页），并进行了一些综合研究（详见前文）。

近年来关注东部裕固语的是佐藤畅治先生，1988年他发表了《关于蒙古语孤立小方言的长元音——西喇裕固语》[③] 的论文。该文运用比较语言学的方法，将东部裕固语和现代蒙古语、构拟的古代蒙古语以及其他亲属语言进行比较研究，全文选择了近百个东部裕固语词汇与相关语言相比较，进而勾勒出东部裕固语辅音脱落后形成长元音的过程。结论认为，和蒙古语词头元音相对应的观察结果是，东部裕固语的长元音可分为"A类长元音"和"B类长元音"两类。其中将7个拥有"A类长元音"的东部裕固语词和蒙古语相对比，二者的长元音基本一致。随着发展，语言的分化特征也不断出现，东部裕固语拥有的"B类长元音"和蒙古语相一致的特别少（只观察到2个），更多的是相互不一致的特征。

---

① 佐藤畅治：《关于东乡语汉语动词的借用方法的变迁》，载《外国语？外国文学研究》1993年第15号，第23—29页。

② 佐藤畅治：《关于东乡语词头双唇不送气音》，载《西日本语言学会主办》.《NIDABA》，1995年第24号，第115—122页。

③ 佐藤畅治：《关于蒙古语孤立小方言的长元音——西喇裕固语》，载《日本：蒙古研究》1988年18号，第78—93页。

1999年发表了《关于东部裕固语第一人称复数代名词》[①]，该文要点如下：

东部裕固语在蒙古语族语言中，处于蒙古语、布里亚特语等大语言和中国甘肃、青海等地部分人使用的东乡语、保安语、土族语等独立的各语言的中间状态。从历史而言，东部裕固语，在新的层面有和蒙古语、布里亚特等语言相一致的地方，从旧的层面，有和东乡、保安、土等语言相一致的地方。因此可以说，东部裕固语是这两个语言群的历史连结语。或者说，它具有媒介语言（link language）的地位。

关于东部裕固语的第一人称复数，托达耶娃（Todaeva，1966）对排除形和包括形的区别没有任何解释，照那斯图（1981）或是保朝鲁、贾拉森的著作（1991）里明确指出了排除形（buda）和包括形（budas）的存在。但是也没有十分说清楚在什么样的情况下有这样的区别意义。在这些著作中，用实例来探讨研究认为，实际上，就东部裕固语中第一人称的排除形和包括形来说，其不同也并非简单地在于是否在说话者中包含听话者。该文根据以上观点，围绕东部裕固语第一人称复数，对排除形和包括形的用法进行了以下进一步的探讨。若将一个群体分为说话者和听话者，buda指说话者。此时，这个群体也可以由一位说话者和一位听话者即两个人组成。这是因为说话者自己在心理上要疏远听话者。

budas指群体中的说话者、听话者、或是无论其是否在场的第三者的全体参与者。此时，群体中有的时候也会不包括听话者，这是因为说话者在心理上将听话者作为非相关参与者而排除在这个群体之外。

---

① 佐藤畅治：《关于东部裕固语第一人称复数代名词》，载《东亚语言研究》1999年第3期，第14—21页。

该文主要利用保朝鲁、贾拉森编著的（1988）《东部裕固语话语材料》进行分析，并认为这本资料是目前有关东部裕固语能够利用的最大的语料（具体举例分析见译文）。这篇文章主要从排除形 buda 和包括形 budas 这两个词的使用中，从说话者一方是否包含听话者这一问题提出了一些新的认识，从中能反映出说话者对听话者保持的心理距离。这种使用方法，是东部裕固语独有的呢？还是拥有第一人称排除形和包括形的其他语言中也能被观察到的呢？是语言学中十分有趣的现象。

同年，角道正佳发表了《猪头算命先生》[①]，该文认为在卡尔梅克、布里亚特等蒙古族中流传的该故事类型在操东部裕固语的民族中也流传，并在该文第 125—127 页引用了一篇用东部裕固语讲述的名为《猪头打卦人》的民间故事。

三、作为伊斯兰—穆斯林民族进行的文化研究

日本对甘青特有民族研究的第三个特点是把东乡族、撒拉族和保安族纳入中国西北伊斯兰—穆斯林民族的范畴内研究。早期研究如前面所述有《撒拉回及蒙古回回》和《撒拉儿回教徒和第一次反乱》等。另中田吉信 1972 年发表的《关于乾隆帝对回教新派的镇压》[②] 也涉及撒拉、东乡等民族。

片冈一忠 1979 年发表了《关于光绪二十一、二十二年甘肃回民起义》[③]。该文分上、下两篇，其中把撒拉族也纳入回民范畴，并认为这次起义的发生与撒拉族地区有密切关系，在起义声

① 角道正佳：《猪头算命先生》，载《大阪外国语大学论集》1999 年 21 号，第 115—140 页。

② 中田吉信：《关于乾隆帝对回教新派的镇压》，载《和田博士古稀纪念东洋史论丛》1972 年，第 639—648 页。

③ 片冈一忠：《关于光绪二十一、二十二年甘肃回民起义》，载《大阪教育大学纪要》1979 年，27（2）第 53—77 页；（3）第 119—139 页。

势的扩大中撒拉族起着重要作用。作者花费大量笔墨来探讨撒拉族在这次回民起义中所扮演的重要角色。

近年来将上述 3 个民族作为伊斯兰—穆斯林民族来研究的另一个特点是，把他们视为中国境内阿拉伯文字文化的使用者。

2001 年东京外国语大学亚非语言文化研究所，在日本文部科学省资助下，申请了"基于亚洲格式语料库的文字情报建设"项目，其子项目就是对我国西北流行的"小经"文字进行为期 5 年的调查研究。经过 2001—2002 年的调查，收集到大量"小经"文献资料，并出版了《关于中国阿拉伯文字文化概貌》的调查报告集。其中黑岩高撰写的调查报告为《关于中国各地小儿锦的使用状况和出版物——以云南、甘肃省为中心》（第 11—50 页）。该报告第 6 部分为"关于民族语的小儿锦"，重点介绍了东乡族和保安族使用"小经"的情况①。

东乡族中流行一种用阿拉伯字母拼写东乡语的拼音文字，本民族称为 tuxua qiaodin，即"土话小经"。东乡族群众甚至认为这就是东乡族的本民族文字，tuxuani urau（东乡语的文字）。本民族学者普遍认为，东乡族的"小经"文字是受回族小经文启发和影响而产生的。

黑岩高在临夏市和东乡族地区的问卷调查认为，虽然学界对东乡族"小经"文字进行了调查介绍，但是在东乡族地区向宗教人士，或学生打听，他们并不了解东乡族"小经"的具体情况。只有东乡锁南清真寺的两个满拉说："清真寺没有教过'小儿锦'文字，我们也没有专门学习过'小儿锦'，只要学会了阿拉伯文字就可以书写'小儿锦'，但是书写的是临夏汉语。另外，写信用汉字，只有汉字不会写的时候才用'小儿锦'文字，用'小儿

① "小经"和"小儿锦"是同一文字的不同名称，本文除原书名和引文使用"小儿锦"外，其他论述中统一使用"小经"名称。——作者注

锦’文字代替汉语。”进一步说，虽然东乡族在日常生活中使用东乡语，但是清真寺中的正规经书无法翻译成东乡语，因此，东乡族清真寺里书写的“小经”文献也是汉语，但是东乡人所说的汉语由于受东乡语的影响，和通常所说的临夏方言有显著差别，形成独特的“口音”，因此，所谓东乡族“小经”文献，主要是指反映东乡式汉语“口音”的这种“小经”文献。

作者指出在实地调查中没有发现保安语“小经”，但是相当一批保安族使用临夏汉语（即河州话）的“小经”文字。从问卷调查可知，在保安族聚居的大河家地区开“刀剑店”或者“民族用品店”的店主都是保安族，当问及他们有没有保安语“小经”时，普遍回答“没有”；当问及会不会读汉语“小经”时，普遍回答能读，而且有的当场给调查者读解。问及使用情况时，回答“使用”，主要用来记账[①] 等。由此调查者认为，有相当一批东乡族和保安族在实际生活中使用的是具有临夏汉语特点的“小经”文字。

2004年东京外国语大学亚非语言文化研究所又出版了《周缘阿拉伯文字文化的世界——规范与扩张》的调查报告集。该书中有两篇报告与甘青特有民族有关，第一篇是武藏大学黑岩高的《“小儿锦”出版物及其标记法——以甘肃省临夏的例子为中心》(第27—63页)。全文两大部分，第一部分“使用状况和著作”分以下内容：一、关于“小儿锦”的基础情报；二、使用状况和著作；三、“小儿锦”出版物的种类和出版流通情况；四、展望使用“小儿锦”的未来。第二部分主要探讨了文字的标记方法，如语音的对应、个别音值的区别问题以及标记的难点等。该文虽然探讨的是“小儿锦”的标记法，但例文大多数来自临夏、东乡、大河家等地的回族、东乡族、保安族使用的“小经”文献，

① 详见报告第46—47页。

所以与上述民族也有着密切关系。

另一篇是日本学术振兴会特别研究员安藤润一郎撰写的《与撒拉语“小儿锦”文献有关的预备报告——撒拉语〈醒世录〉的介绍和今后调查展望》（第67—84页）。全文分序言；撒拉族历史及现状概述；撒拉族的语言和文字文化；撒拉语《醒世录》的发现经过；撒拉语《醒世录》封面、起首、封底等所能见到的该书的信息；撒拉语《醒世录》正字表的讨论；今后的调查与研究。该文重点介绍了撒拉语《醒世录》的发现经过：2002年8月16日，调查者在循化县城大清真寺附近的穆斯林“民族用品店”，与年轻店主交谈中得知有撒拉语“小经”文献，并且拿出了撒拉语的《醒世录》读本，但是他们不卖这种读本，收藏的《醒世录》是从认识的老人那儿得到的。询问出版地，回答封面上写有“骆驼泉”。“骆驼泉”即现街子乡一带。由于各种原因，调查者只对《醒世录》的封面、第一页、目录、正字表、序文、正文起头和最后一页共计7张拍摄了照片，整个书的拍摄计划下次完成。调查者认为，今后关于撒拉语“小经”调查最重要的工作是，先得到文献资料并能够解读。即首先对《醒世录》全册进行拍照录像，并努力发现撒拉语“小经”文献《杂学本本》，在此基础上进一步确认是否还有其他文献存在。同时对已有文献进行解读、内容分析；整理后缀方式和语音方面的材料；并和类似的汉语“小经”文献进行比较研究等。经过上述调查研究，可以进一步深化中国西北地区的“小经”文献研究工作，也可以“文字”为切入点，考察了解撒拉族的社会以及今日西北地区的社会的变化。

2005年和2006年又出版了《周缘阿拉伯文字文化的世界——规范与扩张》(2)、(3)两本调查研究文集，但没有关于甘青特有民族方面的专文。据介绍，日本“‘小儿锦’文字资料语料库构筑”课题组收集的文献资料，将由东京外国语大学亚非语言文化研究所收藏，并经适当整理后公开，供大家阅览。

2004年静冈大学杨海英发表了《黄土高原的伊斯兰教——2003—2004保安族、东乡族调查报告》[①]。

四、作为变迁中的民族进行的社会和文化研究

近几年甘青特有民族的当代社会文化也引起了日本学界（包括旅日华裔学者）的关注，这类研究成果的出现，一是由于近年来日本学界开展的一些宏观研究课题与这些民族的社会文化生活有关；二是一些从事语言研究的学者在调查语言过程中也对其社会文化进行了调查研究。

如对裕固族当代社会文化生活的关注是因为，新近成立的日本“综合地球环境学研究所”在实施“时代比较与干燥地域的水资源、关于水资源利用的几个问题”的大型课题中，把穿越青海、甘肃、内蒙古的黑河作为调查研究对象。而裕固族一直是以黑河上游和中游流域的草原为生的民族。

该课题经过几年的实地调查，2004在日本《沙漠绿洲地域研究会报》（第4卷第1号）刊发了以下与裕固族、或者与肃南裕固族自治县有关的调查报告：

《黑河上游民族学调查报告》（尾崎孝弘）

《肃南裕固族自治县明花区（黑河中游）预备调查》（迈丽莎）

《关于黑河上游的调查报告》（中村知子）

《关于黑河中游人间活动与水利用——以肃南裕固族自治县明花区为例》（迈丽莎）

《黑河上游的人与自然——青海省祁连县、甘肃省肃南县的

① 杨海英：《黄土高原的伊斯兰教——2003—2004保安族、东乡族调查报告》，载《人文论集》2004年第55号，第33—51页。

预备调查报告》(新吉乐图)

此前该杂志还用英文和日文两种文字刊发了钟进文的《黑河诸流域生态优化中的社会人文关注》(英文版载 2002 年第 1 期,日文版载 2002 年第 2 期)一文。

2002 年,迈丽莎博士在爱知大学现代中国学会主办的《中国 21 世纪》(第 18 号,第 79—86 页)刊物上发表了《西部大开发中的少数民族生态移民——关于肃南裕固族自治县的调查报告》。该文以裕固族聚居的明花为个案调查,介绍了移民移出地莲花和移入地明海的基本情况,比较了移民移出前后的生活变化情况以及今后的发展趋势。

2005 年 7 月 1 日,本昭和堂出版了《中国的环境政策:生态移民能防治绿色大地内蒙古的沙漠化吗》,该书共 11 章,与裕固族或肃南裕固族自治县有关的内容占三分之一左右。主要从经济社会角度和文化角度考察了在裕固族地区实施生态移民以及裕固族生业转换中存在的一些问题。由于该书已出版有中文版[①],在此只简单介绍其中的两部分。

第五章是迈丽莎博士撰写的从经济角度考察裕固族"生态移民"的贫困机制问题。该研究报告以明花为个案调查,分"实施生态移民政策的背景"、"生态移民生业转换的个案"和"环境保护的另一种可能"3 部分。

第十章是日本学术振兴会外国人特别研究员新吉勒图博士从文化角度考察而撰写的《"生态移民"中居民的自然认识——裕固族自治县 A 村事例》的调查报告。全文分"流传于 A 村的'传闻'"、"被客体化的森林"和"被人格化的森林"3 部分。

从事语言研究的学者发表的与甘青特有民族社会文化有关的

---

① 中国环境政策报告——生态移民(副标题:"来自中、日两国学者对中国生态环境的考察"). 新吉乐图主编,内蒙古大学出版社 2005 年版。

成果大致如下：

庄司博史 1994 年发表了《中国青海省土族的服饰文化的变迁》[①]；2005 年发表《三杯酒和安昭——中国青海省》[②]；同年同刊物 9 月号发表了《土族民族村的出现》(第 14 页)。

佐藤畅治 1999 年翻译发表了《保安族民间故事》[③]；2003 年发表了《从保安族老人处采集的现代化的 Torigaga》[④]；2004 年在勉诚出版的《亚洲游学》杂志用连载形式发表了以下与保安族社会文化有关的文章：《被称作保安族的人》(1 月号第 59 页)，《保安族的村庄“保安三庄”》(2 月号第 60 页)，《变化中的保安语》(4 月号第 62 页)，《保安族的骄傲——保安腰刀》(5 月号第 63 页)，《保安族的民间故事》“Torigaga”(6 月号第 64 页)，《民族文化的再构建》(7 月号第 65 页)，《老人说唱的保安族歌谣》(8 月号第 66 页)，《保安族和临近的各民族》(9 月号第 67 页)。

还值得一提的是，京都大学文学部木田章义教授近 10 多年来一直致力于日语和阿尔泰诸语言的型态比较研究，先后进行了日语与维吾尔语、蒙古语、满语、锡伯语和朝鲜语等语言的比较研究，并编写有《五语言共同语法汇编》一书。近几年为了该课题的深入研究，开始将日语和阿尔泰语系诸小语种语言进行比较研究。2004 年木田章义教授和中央民族大学钟进文博士以共同合作研究身份向“日本学术振兴会”申请了《日语和西部裕固语

---

① 庄司博史：《中国青海省土族的服饰文化的变迁》，载《化妆文化》1994 年第 5 期，第 45—46 页。

② 庄司博史：《三杯酒和安昭——中国青海省》，载《Minpoku》，2005 年第 8 期，第 14 页。

③ 佐藤畅治：《保安族民间故事》，载《东亚语言研究会》1999 年，第 1—81 页。

④ 佐藤畅治：《从保安族老人处采集的现代化的 Torigaga》载《中国民间故事学会通讯》2003 年第 67 号，第 12—18 页。

类型学比较研究》的课题，该课题当年获得批准，并资助钟进文博士赴日本从事博士后共同合作研究2年。该项目预期成果为《日语和西部裕固语型态比较研究》。

此外，近年来东京大学人文社会系的林辙教授多次赴裕固族地区调查裕固语，师从西北民族大学的安子军（裕固族）先生学习西部裕固语，并进行合作研究；东京昭和女子大学副教授呼和巴特尔博士2004年在日本《中国21世纪》[①] 杂志发表了《肃南裕固族自治县的喀尔喀蒙古人——政治避难越境以来的70年》的研究笔记，其中介绍了居住在肃南的蒙古族和裕固族的关系。

① 呼和巴特尔《肃南裕固族自治县的喀尔喀蒙古人——政治避难越境以来的70年》，载《中国21世纪》2004年第19号，第177—190页。

后记

本课题的写作缘于10多年前同名硕士学位论文。1993年我师从陈其光教授攻读语言学硕士学位，培养方向是语言关系。陈先生在语言关系研究领域有很多成果问世（《苗瑶语浊声母的演变》、《五色话》、《语言间的区域特征》等）。在先生的悉心指导下，我对这一研究领域产生了浓厚兴趣，并于1995年同先生一起赴甘青地区进行语言调查实习。实习中，我们记录了东乡语、保安语、撒拉语、土族语（民和方言）和河州话的两个语言点（积石山和循化）各1500个词汇。根据上述语言材料完成了约3万字的硕士学位论文，即本课题第二章和第三章的雏形。在学位论文答辩会上，论文得到答辩委员的一致好评，并很快得以公开发表（后又获中央民族大学与香港中文大学的优秀论文奖）。虽然我的博士学位论文是专门研究西部裕固语的，但我一直关注着语言关系领域的研究动态。2000年我以硕士学位论文为基础申请了国家社科基金，很幸运当年获得批准。

虽然这一课题由于我两次出国（2002年9月至2003年9月；2004年11月至2006年11月）而拖延了很长时间，但是我还是像当年陈先生教导我做硕士学位论文一样认真、严谨地完成了，并请陈先生审阅了书稿。此外，本书在正式出版之前还根据国家社科基金项目鉴定专家提出的修改意见，对部分章节进行了修改、补充。

在课题将要结束的时候，再次向陈先生表示感谢！谢谢多年来对我的指导，陈先生严谨的治学态度使我终生受益。此外我要感谢在这一课题的田野调查中给予帮助或热心支持的各民族同胞、朋友及地方领导。还要感谢日本京都大学文学部的木田章义教授，在两年的博士后研究中，不仅给予我精心的学术指导，而且为我提供了优越舒适的科研环境，使我在国外合作研究的同时，也顺利完成了此项课题。

本书出版之际，得到中央民族大学少数民族语言文学学院院长文日焕教授的大力支持和精心关照，深表感谢！

钟进文

2007 年 12 月